Buch-Updates

Registrieren Sie dieses Buch auf unserer Verlagswebsite. Sie erhalten damit Buch-Updates und weitere, exklusive Informationen zum Thema.

Galileo BuchUpdate

Und so geht's
> Einfach **www.sap-press.de** aufrufen
<<< Auf das Logo **Buch-Updates** klicken
> Unten genannten **Zugangscode** eingeben

Ihr persönlicher Zugang zu den Buch-Updates: 05GP73111805

Liebe Leserin, lieber Leser,

vielen Dank, dass Sie sich für ein Buch von SAP PRESS entschieden haben.

SAP PRESS ist eine gemeinschaftliche Initiative von SAP und Galileo Press. Ziel ist es, Anwendern qualifiziertes SAP-Wissen zur Verfügung zu stellen. SAP PRESS vereint das fachliche Know-how der SAP und die verlegerische Kompetenz von Galileo Press. Die Bücher bieten Expertenwissen zu technischen wie auch zu betriebswirtschaftlichen SAP-Themen.

Eine Einführung in die Sprache ABAP muss dabei ganz besonderen Anforderungen genügen: ABAP-Anwendungen müssen über Jahre und mehrere Software-Releases hinweg zuverlässig und performant arbeiten. Diesem Buch liegen daher die strengen Programmierrichtlinien der SAP zugrunde, und es ist viel von der langjährigen Erfahrung unserer Autoren Julia Kirchner und Günther Färber mit SAP-Programmierung und ABAP-Schulungen eingeflossen.

Bei diesem Buch handelt es sich um die 3., durchgesehene Auflage unseres Klassikers »Praktischer Einstieg in ABAP«. Der Erfolg dieses Buches beruht auf der vollständigen und abgeschlossenen Darstellung aller klassischen Themenbereiche der Programmiersprache ABAP. Da Ihnen dieses Konzept weit mehr bietet als einen bloßen Einstieg, haben wir uns nun entschieden, Ihnen das Buch fortan unter dem Titel »ABAP-Grundkurs« zu präsentieren.

Jedes unserer Bücher will Sie überzeugen. Damit uns das immer wieder neu gelingt, sind wir auf Ihre Rückmeldung angewiesen. Bitte teilen Sie uns Ihre Meinung zu diesem Buch mit. Ihre kritischen und freundlichen Anregungen, Ihre Wünsche und Ideen werden uns weiterhelfen.

Wir freuen uns auf den Dialog mit Ihnen.

Ihr Stefan Proksch
Lektorat SAP PRESS

Galileo Press
Rheinwerkallee 4
53227 Bonn

stefan.proksch@galileo-press.de
www.sap-press.de

SAP PRESS wird herausgegeben von
Bernhard Hochlehnert, SAP AG

Horst Keller
ABAP-Referenz
2. Auflage 2004, 1128 Seiten, geb., 3 CDs
ISBN 3-89842-444-8

Horst Keller
ABAP-Schnellreferenz
2005, 217 Seiten, geb.
ISBN 3-89842-680-7

Horst Keller, Sascha Krüger
ABAP Objects – Einführung in die SAP-Programmierung
2. Auflage 2001, 665 Seiten, geb., mit 2 CDs
ISBN 3-89842-147-3

Sascha Krüger, Jörg Seelmann-Eggebert
ABAP Best Practices
2005, 448 Seiten, geb.
ISBN 3-89842-354-9

Andreas Blumenthal, Horst Keller
ABAP – Fortgeschrittene Techniken und Tools
2005, 432 Seiten, geb.
ISBN 3-89842-522-3

Frédéric Heinemann, Christian Rau
Webentwicklung in ABAP mit dem SAP Web Application Server
2. Auflage 2005, 640 Seiten, geb., mit 3 CDs
ISBN 3-89842-523-1

Aktuelle Angaben zum gesamten SAP PRESS-Programm finden Sie unter *www.sap-press.de*.

Günther Färber, Julia Kirchner

ABAP®-Grundkurs

Galileo Press

Bibliografische Information Der Deutschen Bibliothek
Die Deutsche Bibliothek verzeichnet diese Publikation in der Deutschen Nationalbibliografie; detaillierte bibliografische Daten sind im Internet über http://dnb.ddb.de abrufbar.

ISBN 3-89842-731-5

© Galileo Press GmbH, Bonn 2005
3., durchgesehene Auflage 2005

Die ersten beiden Auflagen sind unter dem Titel »Praktischer Einstieg in ABAP« erschienen.

Der Name Galileo Press geht auf den italienischen Mathematiker und Philosophen Galileo Galilei (1564–1642) zurück. Er gilt als Gründungsfigur der neuzeitlichen Wissenschaft und wurde berühmt als Verfechter des modernen, heliozentrischen Weltbilds. Legendär ist sein Ausspruch **Eppur se muove** (Und sie bewegt sich doch). Das Emblem von Galileo Press ist der Jupiter, umkreist von den vier Galileischen Monden. Galilei entdeckte die nach ihm benannten Monde 1610.

Lektorat Florian Zimniak und Stefan Proksch
Korrektorat Alexandra Müller, Oer-Erkenschwick, und Stefan Proksch **Einbandgestaltung** Silke Braun **Herstellung** Iris Warkus **Satz** Typographie & Computer, Krefeld **Druck und Bindung** Bercker Graphischer Betrieb, Kevelaer

Das vorliegende Werk ist in all seinen Teilen urheberrechtlich geschützt. Alle Rechte vorbehalten, insbesondere das Recht der Übersetzung, des Vortrags, der Reproduktion, der Vervielfältigung auf fotomechanischen oder anderen Wegen und der Speicherung in elektronischen Medien.

Ungeachtet der Sorgfalt, die auf die Erstellung von Text, Abbildungen und Programmen verwendet wurde, können weder Verlag noch Autor, Herausgeber oder Übersetzer für mögliche Fehler und deren Folgen eine juristische Verantwortung oder irgendeine Haftung übernehmen.

Die in diesem Werk wiedergegebenen Gebrauchsnamen, Handelsnamen, Warenbezeichnungen usw. können auch ohne besondere Kennzeichnung Marken sein und als solche den gesetzlichen Bestimmungen unterliegen.

Sämtliche in diesem Werk abgedruckten Bildschirmabzüge unterliegen dem Urheberrecht © der SAP AG, Neurottstr. 16, D-69190 Walldorf.

SAP, das SAP-Logo, mySAP, mySAP.com, mySAP Business Suite, SAP NetWeaver, SAP R/3, SAP R/2, SAP B2B, SAPtronic, SAPscript, SAP BW, SAP CRM, SAP Early Watch, SAP ArchiveLink, SAP GUI, SAP Business Workflow, SAP Business Engineer, SAP Business Navigator, SAP Business Framework, SAP Business Information Warehouse, SAP inter-enterprise solutions, SAP APO, AcceleratedSAP, InterSAP, SAPoffice, SAPfind, SAPfile, SAPtime, SAPmail, SAPaccess, SAP-EDI, R/3 Retail, Accelerated HR, Accelerated Hi-Tech, Accelerated Consumer Products, ABAP, ABAP/4, ALE/WEB, BAPI, Business Framework, BW Explorer, Enjoy-SAP, mySAP.com e-business platform, mySAP Enterprise Portals, RIVA, SAPPHIRE, TeamSAP, Webflow und SAP PRESS sind Marken oder eingetragene Marken der SAP AG, Walldorf.

Inhalt

	Vorwort	**9**

	Einleitung	**11**
	Was enthält dieses Buch?	12
	Schriftkonventionen	14
	Systemvoraussetzungen	15
	Weiterführende Informationen, Download der Quellcodes	16

1	**Technischer Überblick und erste Schritte im System**	**19**
1.1	SAP-Software und -Architektur im Überblick	19
1.2	Hinweise zum Einrichten eines SAP-Zugangs	24
	1.2.1 Reguläres System	25
	1.2.2 Testsystem unter Linux	26
	1.2.3 Testsystem unter Windows	27
1.3	Checkliste für Programmierer zum Projektbeginn	29
1.4	Login, erste Schritte und Systemeinrichtung	34

2	**Arbeiten mit der Entwicklungsumgebung – Object Navigator**	**55**
2.1	Erste Schritte im Object Navigator	58
2.2	Entwicklungsklassen/Pakete	67
2.3	Namensräume	70
2.4	Erstes Programm »Hallo Welt« – REPORT, INCLUDE, Anwendungsmenü	77
2.5	Online-Hilfe, help.sap.com, service.sap.com, SAP-Hinweise	103

3 Prozedurale Sprachelemente — 113

- 3.1 Grundlegende Befehle und Felder – WRITE, PARAMETERS, MOVE, SY-Felder ... 116
- 3.2 Daten und Datentypen – DATA, PARAMETERS, CONSTANTS, FIELD-SYMBOLS, TYPE, CREATE, Textelemente ... 122
- 3.3 Strukturen und interne Tabellen – TABLE, MOVE-CORRESPONDING, INSERT, APPEND, READ, MODIFY, DELETE, LOOP ... 147
- 3.4 Unterprogramme und Funktionen – FORM, FUNCTION, EXCEPTIONS ... 159
- 3.5 Verzweigungen und logische Ausdrücke – IF, CASE ... 178
- 3.6 Schleifen – WHILE, DO ... 192

4 Datenbanktabellen definieren und verwalten — 199

- 4.1 Feldeigenschaften – DATA ELEMENT, DOMAIN ... 200
- 4.2 Datenbanktabellen definieren und verarbeiten – SELECT, INSERT, UPDATE, DELETE ... 215

5 Bildschirmein- und -ausgabe — 235

- 5.1 Einfache Ein- und Ausgabeoberflächen – SELECTION SCREEN, SELECT-OPTIONS, CALL SELECTION SCREEN, SAP List Viewer ... 236
- 5.2 Komplexe Ein- und Ausgabeoberflächen – Dynpros ... 269

6 Objektorientierte Sprachelemente — 331

- 6.1 Klassen und Objekte – CLASS, CREATE OBJECT, METHOD ... 333
- 6.2 Vererbung und Polymorphie – INHERITING FROM, REDEFINITION ... 365
- 6.3 Ereignisse – EVENTS ... 384

7 Praxisszenario – Automatisierte Buchführung für Konzernniederlassungen — 409

- 7.1 Fachliche Anforderungsdefinition und Funktionalitätsliste ... 410
  - 7.1.1 Funktionalitätsliste ... 411
  - 7.1.2 Abgrenzungsliste ... 413
- 7.2 Softwarearchitektur ... 415

7.3	Softwaredesign		417
	7.3.1	Grobdesign	418
	7.3.2	Feindesign	422
7.4	Implementation		431
	7.4.1	DDIC-Objekte	432
	7.4.2	Programme	438
	7.4.3	Funktionsgruppen	440

A   Programmierrichtlinien und Tools — 467

A.1	Programmierrichtlinien	467
A.2	Tools zur Programmprüfung	476

B   Quellen und Literaturhinweise — 479

C   Glossar — 481

Die Autoren — 487

Index — 489

Vorwort

In den letzten Jahren hat sich ABAP von einer rein SAP-intern verwendeten Programmiersprache zu einer anerkannten und weltweit von mehr als einer Million Programmierern genutzten Plattform zur Entwicklung von betriebswirtschaftlichen Applikationen auf SAP-Anwendungsservern gemausert. Entsprechend groß ist der Bedarf an Informationen rund um ABAP, seine objektorientierten Erweiterungen und Tools: Wie fangen Sie am besten an, ABAP Objects zu nutzen? Was sind die typischen Aufgaben, die Sie als ABAP-Programmierer lösen müssen? Welche grundlegenden Konzepte stehen hinter der Programmierung von SAP-Applikationen mit ABAP Objects und wo liegen die Unterschiede zu anderen Programmiersprachen? Was verbirgt sich hinter den Transaktionen der ABAP-Entwicklungsumgebung und welche sind für Sie wichtig? Dies sind nur einige der Fragen, von denen wir uns als Autoren dieses Buches bei unserer Arbeit haben leiten lassen.

Wir freuen uns sehr, dass wir Ihnen die substanziellen Komponenten, Konzepte und Ideen rund um die SAP-Programmierung vorstellen können, die Sie zur Beantwortung solcher Fragen kennen müssen. Dabei wenden wir uns an Leser, die einen aktuellen und schnellen Einstieg in die SAP-Programmierung mit ABAP Objects suchen – und zwar anhand von praxisbezogenen Aufgaben und deren Lösungen. Der Titel ist Programm: Wir bieten Ihnen einen Grundkurs in die Programmiersprache ABAP Objects; das Buch setzt deshalb auf Anwendungsszenarien, die typische Alltagsprobleme und Lösungen im Zusammenspiel mit der umfangreichen SAP-System- und Anwendungsbasis erörtern. Die Praxis steht dabei immer im Vordergrund, Screenshot für Screenshot wird die konkrete Vorgehensweise aufgezeigt. Die Erläuterungen zu den Sprachelementen haben bewusst nicht den Anspruch auf Vollständigkeit, sondern vermitteln die gängigen Nutzungsmöglichkeiten – so wird Ihr Lernerfolg maximiert.

Dieses Buch ist auf der Grundlage langjähriger Schulungs- und Praxiserfahrungen rund um die Themen entstanden, die heute unter den Schlagworten *SAP-* und *ABAP-Programmierung* zusammengefasst werden. Eine permanente intensive Zusammenarbeit mit den Entwicklungsabteilungen der SAP in Walldorf hat es möglich gemacht, dass Sie vieles über den »SAP-Weg« erfahren, d.h., auf welche Weise man eine Problemlösung bei SAP angehen würde und welche Bedingungen dabei beachtet werden sollten. Ein Praxisszenario, das das in den einzelnen Kapiteln erworbene

Wissen aufgreift, demonstriert die Erstellung einer umfangreichen professionellen Anwendung. Für Sie ist das ein großer Vorteil, denn so finden Sie sich viel besser in SAP-eigenen Quelltexten zurecht.

Unser Dank gilt insbesondere Horst Keller (SAP), der die Reviews der einzelnen Kapitel durchgeführt hat und uns jederzeit mit Rat und Tat zur Seite stand, sowie Florian Zimniak (SAP PRESS), der durch seine Arbeit im Lektorat ein frühzeitiges Erscheinen dieses Werkes sichergestellt hat.

Allen Leserinnen und Lesern wünschen wir, dass das vorliegende Buch ihnen dabei helfen möge, einen schnellen und problemlosen Einstieg in ABAP und die SAP-Anwendungsprogrammierung zu finden.

Heidelberg, im Juli 2003

Julia Kirchner und **Günther Färber**
NEXONTIS IT GmbH

Einleitung

Die Programmiersprache ABAP Objects ist im Lauf der Jahre zu der wichtigsten Sprache für die Entwicklung von Unternehmensanwendungen geworden. Software in diesem Bereich muss stabil laufen, mit den Anforderungen vieler Benutzer zur gleichen Zeit zurechtkommen und eine hohe Verarbeitungsgeschwindigkeit bieten. Zur Erfüllung dieser Aufgaben ist ABAP als Programmiersprache die erste Wahl.

Mit der rasanten Ausbreitung betriebswirtschaftlicher Standardsoftware hat sich die Programmierlandschaft innerhalb der Unternehmen grundlegend verändert. Das Anwendungsspektrum, in dem solche Software eingesetzt wird, reicht heute weit über die Buchhaltung und die Produktionsverwaltung hinaus bis in die entlegensten Bereiche eines Unternehmens und umfasst z.B. auch die »Elektronisierung« von Beziehungen zwischen Lieferanten, Kunden und Geschäftspartnern.

Auf Kosten unternehmenseigener Entwicklungen in einer der jeweils branchenüblichen »Hausprogrammiersprachen« COBOL, Visual Basic, Delphi, C++ oder Java wächst die Zahl der Modifikationen und Erweiterungen der eingesetzten betriebswirtschaftlichen Standardsoftware. Die Verwendung der SAP-eigenen Programmiersprache ABAP Objects liegt dabei überall da nahe, wo sich SAP-Software im Einsatz befindet, d.h. in über 50.000 großen und mittleren Unternehmen auf der ganzen Welt. Denn auf Grundlage dieser Sprache sind nicht nur die über 40 Business-Module der bekannten Enterprise-Resource-Planning-Software SAP R/3 entstanden, wie z.B. FI (Finance) oder MM (Material Management), sondern auch alle mySAP-Lösungen, die SAP R/3 in wesentlichen Bereichen erweitern, z.B. in puncto Verwaltung von Kundenbeziehungen (mySAP CRM) und Lieferketten (mySAP SCM).

Die logische Konsequenz daraus ist die Popularisierung der Sprache ABAP Objects in einem Ausmaß, wie es vielen Analysten vor einigen Jahren noch undenkbar erschien. SAP vermeldete im Jahr 2001 nicht ohne Stolz die Registrierung von über einer Million ABAP-Entwicklern weltweit, die diese Plattform zur Erstellung und Erweiterung von Applikationen nutzen.

Dieses Buch führt Sie schrittweise in die Programmierung effizienter betriebswirtschaftlicher Applikationen mit ABAP Objects ein. Dabei wird streng darauf geachtet, speziell der Zielgruppe der Einsteiger in die Programmierung, aber auch den Umsteigern von anderen Sprachen eine praxisorientierte Starthilfe zu bieten. Alle Kapitel folgen demselben Aufbau, indem anhand von Aufgaben und Fragestellungen in praxisnahe betriebswirtschaftliche und technische Problemhintergründe eingeführt wird, die dann mithilfe von Schritt-für-Schritt-Anleitungen zu konkreten Applikationen und Lösungen führen. Besonderer Wert wird dabei neben der Vermittlung der Grundlagen auf die Erläuterung der Art und Weise gelegt, wie professionelle ABAP-Programmierer – auch bei der SAP selbst – die einzelnen Sprachelemente zur Lösung komplexer Probleme einsetzen. Nach der Lektüre dieses Buches werden Sie sich daher schnell in realen Projekten und Programmen zurechtfinden.

Was enthält dieses Buch?

Dieses Buch führt Sie in die Softwareentwicklung mit ABAP Objects und in die Entwicklungs- und Laufzeitplattform SAP (Web) Application Server ein. Gegliedert nach den wichtigsten Themenschwerpunkten der SAP-Entwicklung wird Ihnen der Einstieg in ABAP Objects ermöglicht. Am Anfang eines jeden Teilkapitels werden Ihnen jeweils die für das Thema wichtigsten ABAP-Befehle vorgestellt. In diesen theoretischen Teilen erfahren Sie, was die einzelnen Schlüsselwörter bewirken und wie Sie sie richtig einsetzen. Ein kapitelübergreifendes Praxisszenario, das über das ganze Buch hinweg Stück für Stück ausgebaut wird, zeigt Ihnen dann, wie Sie das erworbene Wissen in funktionsfähigen ABAP-Programmen anwenden. Anhand von Screenshots und konkreten Handlungsanweisungen werden Lösungen zu typischen Aufgaben und Problemen eines Programmierers im SAP-Umfeld erarbeitet.

Folgende Schwerpunktthemen werden in den Kapiteln behandelt:

System-Zugang, Architektur, Checkliste für Programmierer

In **Kapitel 1** erfahren Sie zunächst die wichtigsten Eckdaten der Geschichte der SAP-Software und es werden Ihnen die wichtigsten Konzepte in den Releases 4.6 sowie 6.10 bis 6.30 erläutert und deren Architektur umrissen. Sie erhalten Hinweise zur Beschaffung eines Zugangs zu einem SAP-System – sei es ein reguläres System in Ihrem Unternehmen oder eines der von SAP und SAP PRESS speziell zu Trainingszwecken zur Verfügung gestellten »abgespeckten« Versionen ohne betriebswirtschaftliche Applikationen. Anschließend werden Sie – beginnend bei der Anmeldung und ersten Konfigurationsänderungen – die ersten Schritte in einem SAP-System unternehmen.

Der Hauptteil des Buches befasst sich neben einer kompakten Einführung in die SAP-eigene Entwicklungsumgebung SAP Object Navigator (**Kapitel 2**) mit der Vermittlung von erstem praxisrelevanten Know-how anhand von betriebswirtschaftlich orientierten Programmbeispielen. Aufgrund des zugrunde liegenden Programmiermodells von Programmiersprachen der 4. Generation besitzt die Sprache ABAP Objects wesentlich mehr Elemente als die meisten anderen Programmiersprachen. Diesem Umstand wird mit der Aufteilung in die **Kapitel 3** und **6** Rechnung getragen, in denen zum einen die Benutzung der essenziellen prozeduralen Sprachelemente und zum anderen die Benutzung der objektorientierten Spracherweiterungen demonstriert wird.

Prozedurale und objektorientierte Programmierung

Der Bedeutung von Datenbanken und dem Datenzugriff widmet sich **Kapitel 4** mit seinen zahlreichen Vorgehens- und Programmierbeispielen. Wie man Daten analog zu den großen SAP-Applikationen von der Datenbank bis auf den Bildschirm des Anwenders bekommt und von dort eingegebene Daten wieder zurück in die Datenbank, beschreibt **Kapitel 5**. Den Abschluss bilden in **Kapitel 7** Programmierbeispiele zu ausgewählten Funktionen und Klassen aus der System- und Anwendungsbasis, die für eine professionelle Entwicklung unerlässlich sind.

Datenverwaltung und weiterführende Funktionen

Der **Anhang** enthält eine Beschreibung wesentlicher Programmierrichtlinien und Namenskonventionen, wie sie bei SAP selbst sowie in allen Programmierbeispielen dieses Buches angewandt werden. Schließlich finden Sie im Anhang ein umfassendes **Glossar** mit allen Fachbegriffen, die in diesem Buch verwendet werden, ein **Quellenverzeichnis** für weiterführende Informationen sowie einen **Index**, mit dessen Hilfe Sie den Inhalt des Buches beim späteren Nachschlagen schnell nach Stichwörtern durchsuchen können.

Anhang mit Glossar und Index

Die meisten Kapitel greifen bestimmte Aspekte eines großen Praxisszenarios auf, um Sie unverzüglich in die Lage eines professionellen Entwicklungsteams hineinzuversetzen. In diesem Entwicklungsteam bearbeiten Sie auf »SAP-Weise« eine konkrete Aufgabe nach der anderen und erlernen dabei die notwendigen Handgriffe zu deren Lösung und wertvolles Hintergrundwissen. Übungen am Ende eines Kapitels variieren darüber hinaus den Lernstoff und vermitteln Ihnen die notwendige Flexibilität, sowohl Programmiersprache als auch Entwicklungsumgebung wie ein Werkzeug oder einen Baukasten für eigene Applikationen zu begreifen. Wir hoffen, dass Sie mit diesem »Learning-by-Doing«-Ansatz das Wissen intensiv und dauerhaft aufnehmen können.

Praxisszenarien, Aufgaben und Übungen

Tipps für Umsteiger Die Hinweis-Marginalie »Tipps für Umsteiger« weist darauf hin, dass es an diesen Stellen ein wenig in die Tiefe geht; hier werden Vergleiche zu anderen Programmiersprachen gezogen, die Umsteigern mit Programmiererfahrung die Unterschiede zu anderen Sprachen aufzeigen, und Sie erhalten Anregungen für die Praxis professioneller Softwareentwicklung. Wenn Sie noch keine Programmiererfahrung haben und zunächst einmal daran interessiert sind, ohne tiefes Hintergrundwissen erste lauffähige Programme zu schreiben, können Sie diese Abschnitte getrost überspringen.

Schriftkonventionen

Um den Text des Buches übersichtlicher zu gestalten und bestimmte Elemente grafisch voneinander abzuheben, werden einige Begriffe durch eine besondere Schrift hervorgehoben:

- *Kursiv*
  Kursive Schrift wird überall da verwendet, wo ein wichtiger Begriff besonders hervorgehoben werden soll bzw. zum ersten Mal erwähnt wird. Außerdem werden Datei- und Verzeichnisnamen, Dateisystempfade und Hyperlinks kursiv gesetzt.

- **Fett**
  Fette Schrift wird überall da verwendet, wo von Bildschirmelementen des SAP-Systems die Rede ist. So sind z.B. Menüpfade, Buttons, Karteireiter etc. fett gesetzt. Auch Tastenkombinationen werden durch fette Schrift gekennzeichnet.

- `Nicht-Proportionalschrift`
  In Nicht-Proportionalschrift werden alle Codebeispiele gesetzt und auch alle Schlüsselworte von ABAP. Auch für Parameterbezeichnungen wird diese Schrift verwendet. ABAP-Schlüsselwörter werden dabei immer `GROSS` geschrieben.

- »Anführungszeichen«
  Wenn Sie aufgefordert werden, bestimmte Werte in die Eingabemasken des SAP-Systems einzugeben, werden diese Werte in Anführungszeichen gesetzt (es sei denn, es handelt sich um ABAP-Befehle).

- Transparentes Dreieck (▷)
  Nach diesem Zeichen folgt eine Handlungsanleitung.

Systemvoraussetzungen

Dieses Buch diktiert Ihnen nicht den Release-Stand, den Sie für das Nachvollziehen des Inhalts mindestens benötigen, sondern berücksichtigt die bisweilen unterschiedlichen Handhabungsweisen der Releases 4.6 bis 6.20.

Die in diesem Buch beschriebenen Applikationen, Customizing-Oberflächen und Quelltexte sind auf den populärsten SAP-Releases lauffähig:

- SAP Application Server, Release 4.6
  (auch *SAP-Basissystem* genannt)
- SAP Web Application Server, Release 6.10 und höher

Darüber hinaus benötigen Sie für die Übungsaufgaben und Programmbeispiele keine installierten R/3-Business-Module oder mySAP-Softwarelösungen. Lediglich auf die allen Releases gemeinsame Anwendungsbasis (ABA), in der die modul- bzw. lösungsübergreifenden Funktionalitäten wie beispielsweise der Umgang mit weltweit eindeutigen Schlüsseln (GUIDs) zur Verfügung gestellt werden, gehen wir ein.

Neuerungen, die sich gegenüber Release 4.6 erst ab Release 6.10 und folgenden ergeben haben, werden im Text hervorgehoben, so dass das Buch uneingeschränkt auch für Release 4.6 verwendbar ist. Die folgenden, für dieses Buch wesentlichen Änderungen haben sich seit Release 4.6 ergeben und werden im Text detailliert behandelt:

Release 4.6 vs. Release 6.10 und höher

- Der SAP Application Server heißt seit Release 6.10 *SAP Web Application Server*. Wir werden die neue Bezeichnung aus Gründen der Lesbarkeit immer verwenden – wohl wissend, dass sich die Software den Zusatz »Web« erst ab Release 6.10 verdient hat.
- Die Entwicklungsumgebung Object Navigator verfügt in der linken oberen Ecke zusätzlich über Buttons zum Aufruf von fünf spezialisierten Browsern, z.B. zum Suchen von Entwicklungsobjekten. Ferner sind die notwendigen Menüpunkte und Editoren zur Entwicklung von Webapplikationen ergänzt worden.
- Ein Großteil der Systemfunktionen und der Anwendungsbasis sind nun unicodefähig, d.h. sie können mit allen zurzeit auf der Welt bekannten Schriftzeichen umgehen, und auch selbst geschriebene ABAP-Programme können unicodefähig gemacht werden.
- ABAP Objects erhält einige Ergänzungen zum komfortableren Umgang mit Referenzen auf Daten.

Release 6.20 bis 6.30 Seit Release 6.10 hat SAP sowohl am ABAP Objects-Sprachumfang wie auch dem diesbezüglichen Teil des SAP Web Application Servers, der ABAP Personality, nur wenige Erweiterungen vorgenommen. Stattdessen konzentriert man sich dort mehr auf die Integration von Fremdapplikationen via Internet-Technologie und die gleichberechtigte Einbeziehung von Java als Programmiersprache neben ABAP. Angesichts einer bestehenden Kundenbasis mit über 50.000 Installationen und der Tatsache, dass betriebswirtschaftliche Neu- und Weiterentwicklungen bei SAP überwiegend in und für ABAP Objects erfolgen (z.B. SAP Bank Analyzer, SAP R/3 Enterprise), brauchen Sie sich um die Wichtigkeit und Aktualität des in diesem Buch vermittelten Wissens keine Sorgen zu machen. Dennoch, wer mehr über die SAP-Programmierung mit Java erfahren möchte, findet im Anhang lesenswerte weiterführende Literatur.

Weiterführende Informationen, Download der Quellcodes

Bücher Dieses Buch stellt einen *Grundkurs* in ABAP Objects dar. Aufgrund des Sprachumfangs von ABAP mussten wir aus den mehr als 500 Befehlen diejenigen auswählen, die für einen Einstieg unerlässlich sind, und Sie werden demnach in diesem Buch nicht jedes Schlüsselwort und erst recht nicht alle möglichen Verwendungsoptionen dokumentiert finden. Sollten Sie nach der Lektüre unseres Buches weiterführende Informationen benötigen, empfehlen wir Ihnen die beiden offiziellen SAP-Bücher *ABAP Objects. Einführung in die SAP-Programmierung* (Horst Keller und Sascha Krüger) und die *ABAP Objects-Referenz* (Horst Keller und Joachim Jacobitz). Das erstgenannte Buch hilft Ihnen dabei, Ihre Programmier- und ABAP-Kenntnisse zu vertiefen und Routine in der professionellen Entwicklung zu gewinnen. Die *ABAP Objects-Referenz* erklärt Ihnen auf über 1.100 Seiten alle ABAP-Schlüsselwörter, ihre Verwendung und alle ihre Optionen. Sie ist das ideale Nachschlagewerk für die tägliche Arbeit des Programmierers.

Internet Für alle Fragen rund um dieses Buch und rund um das Programmieren mit ABAP gibt es auf den Webseiten von SAP PRESS (*www.sap-press.de*) ein Forum, in dem Sie mit den Autoren, mit dem Verlag und mit anderen Lesern über Ihre Erfahrungen mit der ABAP-Programmierung diskutieren können.

Download des Quellcodes Auch wenn die Entwicklungsumgebungen moderner Programmiersprachen dem Entwickler heutzutage eine Menge Arbeit abnehmen und große Teile des Codes automatisch generiert werden, kommt man doch nicht darum herum, selbst größere Codestrecken einzugeben. Das gilt auch für die Beispielprogramme in diesem Buch. Natürlich ist es hilfreich, wenn Sie am Anfang lernen, wie Sie sich in der Entwicklungsumgebung zurechtfinden, und auch ein Gefühl dafür bekommen, wie es sich »anfühlt«, ABAP-Code manuell einzugeben. Sollte Ihnen diese Arbeit aber irgendwann zu langweilig werden, können Sie sie abkürzen und die Transportaufträge mit den Beispielprogrammen und Entwicklungsobjekten auf der Webseite zum Buch unter *www.sap-press.de* herunterladen.

1 Technischer Überblick und erste Schritte im System

In diesem Kapitel erhalten Sie einen Überblick über die Architektur eines SAP-Systems, und Sie erfahren, wie Sie sich ein eigenes Trainingssystem zum Nachvollziehen der Beispiele in diesem Buch einrichten können.

Die im Jahr 1972 als »**S**ysteme, **A**nwendungen, **P**rodukte in der Datenverarbeitung« von fünf ehemaligen IBM-Mitarbeitern gegründete SAP AG hat ihren Hauptsitz im deutschen Walldorf (in der Nähe von Heidelberg). SAP konzentriert sich auf die Entwicklung und Vermarktung von Softwarelösungen, die Geschäftsprozesse in Unternehmen und über Unternehmensgrenzen hinweg abbilden und miteinander integrieren. Weltweit ist SAP der drittgrößte unabhängige Softwarelieferant nach Microsoft und Oracle. Mehr als 30.000 Mitarbeiter (Stand 2003) in mehr als 50 Ländern arbeiten für das Unternehmen. Mehr als 20.000 meist größere Kunden setzen Software von SAP ein und werden dabei von ca. 1.000 Partnerunternehmen sowie der SAP selbst betreut. Eine ausführliche Chronologie der Unternehmensgeschichte finden Sie unter *http://www.sap-ag.de/germany/aboutSAP/profil/geschichte.asp*.

SAP blickt also mittlerweile auf eine mehr als 30-jährige Geschichte zurück. In dieser Zeit hat das Unternehmen seine Software dreimal neu »erfunden« und bietet heute als vorläufig letzte Weiterentwicklung einen Applikationsserver als technische Basis für eigene und fremde Software, der problemlos mit den besten Produkten auf diesem Markt konkurrieren kann.

1.1 SAP-Software und -Architektur im Überblick

Im Jahr 1973 wurde die erste Finanzbuchhaltungs-Software, das System RF, von SAP fertig gestellt. Auf Lochkarten gestanzt, bildete sie den Grundstein für die kontinuierliche Entwicklung weiterer Softwaremodule, wie der Anlagenbuchhaltung und der Rechnungsprüfung des (allerdings erst nachträglich so benannten) Gesamtprodukts R/1. Als softwaretechnische Grundlage wurden ausschließlich Großrechner von IBM und dessen Betriebssystem DOS (nicht zu verwechseln mit MS-DOS) genutzt.

Von R/1 ...

Präsentationsschicht
Applikationsschicht
Datenbankschicht

Abbildung 1.1 Überblick über die Architektur unter R/1

... über R/2 ... Anfang der 80er Jahre erwuchs den IBM-Großrechnern in Unternehmen starke Konkurrenz durch preisgünstigere UNIX-Server und immer mehr Hardwarehersteller wie beispielsweise Siemens und DEC betraten diesen Markt. Dies war Anlass genug, bei SAP die Softwarearchitektur ein erstes Mal grundlegend zu überdenken: Statt sich auf ein Betriebssystem nebst dazugehöriger Hardwareplattform festzulegen, sollten die Softwareprodukte sowohl auf Großrechnern als auch auf UNIX-Systemen lauffähig sein. Diese multiuserfähigen Systeme konnten sich vornehmlich große Unternehmen leisten, was zusammen mit dem beachtlichen Erfolg der Software die vorrangige Präsenz von SAP in Großunternehmen bis in die heutige Zeit hinein erklärt. Gespeichert wurde mittlerweile auf Disketten und Festplatten, und sowohl Anwender als auch Programmierer saßen vor textbasierten Bildschirmen und Tastaturen. Die Programme selbst samt ihrer Benutzeroberfläche wurden jedoch immer noch vollständig auf dem zentralen Server ausgeführt, der sich zur Datenspeicherung einer so genannten *hierarchischen Datenbank* bediente. Diese zwei Schichten – zum einen der Server und zum anderen die Datenbank – gaben der 1981 herausgebrachten SAP-Software ihren Namen: R/2.

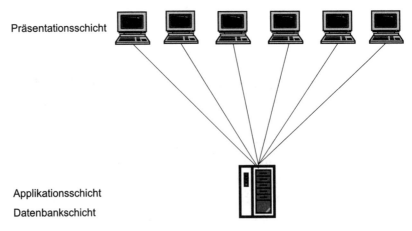

Abbildung 1.2 Überblick über die Architektur unter R/2

Die Kernkomponente der R/2-Architektur war die *SAP-Basis*, die auf dem zentralen Server die Laufzeitumgebung für die eigentlichen Applikationen bereitstellte und diese von den Unterschieden der einzelnen Betriebssysteme und Hardwareplattformen abschirmte. Programmiert wurde innerhalb dieser Umgebung teils in einer maschinennahen Sprache für schreibende Zugriffe auf die Datenbank und teils in einer Hochsprache, die durch einen »**A**llgemeinen **B**erichts**a**ufbereitungs-**P**rozessor«, kurz ABAP, interpretiert wurde und neben dem lesenden Zugriff auf Daten die flexible Aufbereitung von listenartigen Berichten gestattete. Diese Hochsprache diente vorrangig den Kunden vor Ort zur Anpassung von Bildschirmausgaben an spezielle Bedürfnisse.

Anfang der 90er Jahre folgte bei SAP der Übergang zu einer neuen und zu R/2 nur eingeschränkt kompatiblen Architektur. Angetrieben durch die stetig wachsenden Benutzerzahlen der SAP-Software in den Großunternehmen, den Siegeszug vernetzter PCs sowie die Verbreitung grafischer Benutzeroberflächen konnte und musste die Gesamtlast der betriebswirtschaftlichen Software neu verteilt werden. Die Arbeitsplatzrechner der Anwender, die so genannten *Clients*, konnten nun komfortable grafische Benutzeroberflächen eigenständig darstellen, Prüfungen der Tastatur- und Maus-Eingaben vornehmen und so als vollwertige Komponente in der Architektur berücksichtigt werden. Die insgesamt drei Softwareschichten Client, Server und Datenbank gaben der neuen Architektur R/3 ihren Namen. Gleichzeitig wurde dies der Oberbegriff für alle auf ihr ablaufenden betriebswirtschaftlichen Applikationen der SAP, die so genannten *Business-Module*. Mittlerweile auf über 40 Business-Module angewachsen, bietet R/3 heute Unterstützung für beinahe jeden erdenklichen Prozess innerhalb eines Unternehmens. Das Akronym ERP (*Enterprise Resource Planning*) steht sinnbildlich für diesen ganzheitlichen Ansatz einer einzigen Software für die Planung und Verwaltung sämtlicher Ressourcen (Geld, Personal, Güter) in einem Unternehmen. Zu den bekanntesten Business-Modulen von R/3 gehören Sales & Distribution (SD), Finance (FI), Controlling (CO), Human Resources (HR) und Production Planning (PP).

... über R/3 ...

Die Kernkomponente der R/3-Architektur ist der SAP Application Server (auch *SAP-Basissystem* genannt). Dieser ist in der Sprache C implementiert, auf einer Vielzahl von UNIX-Derivaten, OS/400- und Windows-Betriebssystemen lauffähig und kann seinerseits Applikationen in einer Datenbank verwalten und ausführen, die in der Programmiersprache ABAP/4 geschrieben sind – ja tatsächlich, jeder Quelltext, jede Programmoberfläche, alle Einstellungsmöglichkeiten für den Kunden (Customizing) und sogar die Entwicklungsumgebung selbst werden in der Datenbank abgelegt.

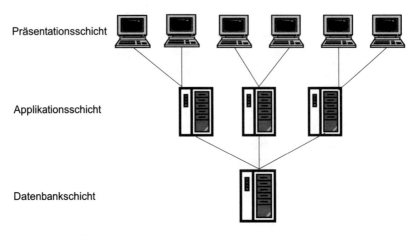

Abbildung 1.3 Überblick über die Architektur unter R/3 (Release 1.0 bis 4.6D)

Die alte Auflösung des Akronyms ABAP wurde von SAP unter dem Einfluss der Internationalisierung im Jahr 1993 in »**A**dvanced **B**usiness **A**pplication **P**rogramming Language« geändert; »/4« steht als Abkürzung für »4th Generation Language«; das bedeutet, es handelt sich um eine Sprache, die sich bereits sehr nahe an der natürlichen Sprache des Menschen befindet und die für jeweils ganz spezielle Aufgaben designt ist. Wie der Name bereits suggeriert, geht auch ABAP/4 auf die Sprache ABAP unter R/2 zurück, ist jedoch um etliche Features erweitert und zu einer vollwertigen Programmiersprache ausgebaut worden. Den Beweis dafür tritt die SAP selbst an, indem sie sämtliche R/3-Business-Module in dieser Programmiersprache entwickelt und sogar die Entwicklungsumgebung selbst in ABAP/4 realisiert.

... zu mySAP Technology und SAP NetWeaver

Zwischen den Jahren 1999 und 2002 vollzog sich bei SAP der vorläufig letzte Architekturwandel, allerdings 100% kompatibel zur R/3-Architektur und eher als bedeutende Erweiterung zur Unterstützung wesentlicher Internet-Technologien und Java zu verstehen. Seitdem können alle betriebswirtschaftlichen Applikationen der SAP über einen normalen Webbrowser genutzt werden, ein SAP-eigener Webserver bietet Unterstützung für die wesentlichen Internet-Protokolle und ist gleichzeitig die Basis für neue Portal- und Middleware-Komponenten zur Integration von Applikationen unterschiedlicher Hersteller unter einer einheitlichen, webbasierten Benutzeroberfläche. Wieder kreierte SAP mit *mySAP.com* einen neuen Namen für diese Architektur und wieder ist dieser Name gleichzeitig der Oberbegriff für alle neuen Softwarelösungen, die regen Gebrauch von den neuen Möglichkeiten dieser Architektur machen, wie beispielsweise das mySAP Customer Relationship Management (CRM), mySAP Supply Chain Management (SCM) oder mySAP Product Lifecycle Management (PLM). Aufgrund der uneingeschränkten Kompatibilität zur R/3-Architektur nutzen die neuen Softwarelösungen durchweg die Funktionalität eines oder mehrerer R/3-Business-Module, so zum Beispiel mySAP PLM die Funktionalität der Module PP und MM (Material Management).

Seit November 2001 ist SAP offiziell in den Markt der Technologieanbieter eingestiegen und vermarktet seitdem seine mySAP.com-Architektur auch separat unter dem Namen *mySAP Technology*. Gleichzeitig wurde damit die Doppelbelegung des Namens mySAP.com aufgelöst. Anfang 2003 nahm SAP eine weitere Namensänderung vor und ersetzte mySAP.com durch *mySAP Business Suite*. Ferner nennt sich die technologische Grundlage nun *SAP NetWeaver*.

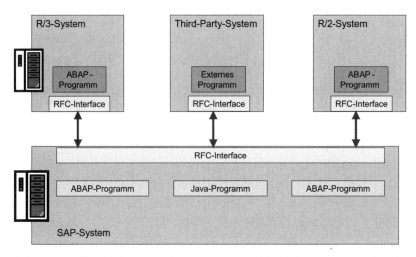

Abbildung 1.4 Überblick über die Architektur unter SAP NetWeaver (Release 6.10 bis Release 6.30)

Die Kernkomponente von SAP NetWeaver trägt seit Sommer 2000 den Namen SAP *Web* Application Server, um den Erweiterungen in Sachen Internet-Technologie schon in der Bezeichnung gerecht zu werden. Beinahe gleichzeitig wurde die SAP-eigene Programmiersprache dank objektorientierter Spracherweiterungen in *ABAP Objects* umbenannt. Gerade für Umsteiger von anderen Programmiersprachen bedeutet dies eine enorme Erleichterung, denn während ABAP/4 konzeptionell nur schwer mit gängigen Programmiersprachen vergleichbar ist, orientieren sich die objektorientierten Spracherweiterungen von ABAP Objects klar an C++ und Java. Bis heute haben sich trotz all dieser Erweiterungen einige grundlegende Prinzipien nicht geändert: ABAP Objects ist nach wie vor eine Interpreter-Sprache, d.h., Quelltexte werden vom Compiler lediglich in einen Zwischencode übersetzt, der von einem speziellen Bereich innerhalb des SAP Web Application Servers, der so genannten *ABAP-Laufzeitumgebung*, interpretiert und ausgeführt wird. Auch umfasst ABAP Objects aus Kompatibilitätsgründen alle jemals eingeführten Befehle aus den ABAP- und ABAP/4-Zeiten, so dass in der Programmierpraxis meist mehrere Wege zum Ziel führen. Mittlerweile nutzt der größte Teil des SAP-eigenen Programmcodes die objektorientierten Erweiterungen von ABAP Objects.

Wenn Sie mehr über SAP NetWeaver bzw. den Vorgänger mySAP Technology erfahren möchten, empfehlen wir Ihnen das Buch *mySAP Technology. Einführung in die neue Technologie-Plattform der SAP*, das bei Galileo Press in Bonn erschienen ist.

1.2 Hinweise zum Einrichten eines SAP-Zugangs

Das Erlernen einer Programmiersprache lässt sich nicht durch die Lektüre eines Buches alleine bewerkstelligen. Um den Stoff hundertprozentig zu verstehen und auch auf Dauer behalten zu können, muss man das Gelernte unter möglichst realen Bedingungen nachvollziehen können.

Mehrere Wege führen zu einem SAP-Trainings- und Entwicklungssystem, mit dessen Hilfe Sie die zahlreichen und teils umfangreichen Programmierbeispiele in diesem Buch ausprobieren und gegebenenfalls auch um eigene Features erweitern können. Neben der regulären SAP-Lizenz stehen zwei nahezu kostenlose Alternativen bereit, die Sie zum praktischen Nachvollziehen der Übungsaufgaben in diesem Buch heranziehen können und die wir Ihnen nachfolgend beschreiben.

1.2.1 Reguläres System

Wird in Ihrem Unternehmen bereits SAP-Software eingesetzt, können Sie sich von Ihrem Systemadministrator beraten lassen, der Ihnen gegebenenfalls den Zugang zu einem vorhandenen SAP-System einrichten wird. Die SAP gestattet in ihren regulären Lizenzvereinbarungen zur Software explizit die Installation von bis zu vier vollständig voneinander getrennten Systemen, wovon eines produktiv genutzt werden darf und die anderen für Evaluierung/Training, Implementierung oder Qualitätssicherung eingesetzt werden können. Um das Produktivsystem nicht zu beeinträchtigen und damit ein für Ihr Unternehmen geschäftskritisches System zu gefährden, sollten Sie selbstredend einen weiten Bogen darum machen und stattdessen eines der anderen Systeme zum Üben verwenden.

SAP bietet ihre Software aus der R/3- und mySAP-Linie für eine ganze Reihe unterschiedlicher Betriebssystem- und Hardwareplattformen wie beispielsweise Windows, OS/400 und diverse UNIX-Derivate an. Auf welcher Plattform die Datenbank läuft, ist unwichtig, solange es sich um eine von SAP zertifizierte, d.h. für kompatibel befundene, Datenbank handelt wie beispielsweise von IBM, Oracle oder Microsoft.

Hardware

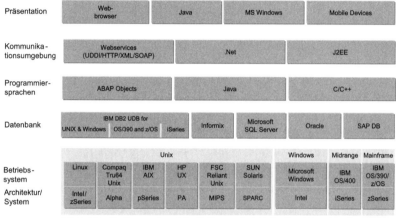

Abbildung 1.5 Überblick über die von SAP unterstützten Plattformen

Der SAP Web Application Server (SAP Web AS) sorgt für die notwendige Abstraktion zum Betriebssystem, der Datenbank und der Hardware und stellt auf jeder Plattform eine identische Funktionalität zur Verfügung. Als ABAP-Programmierer kann es Ihnen gleichgültig sein, welche Betriebssystem- und Hardwareplattform sowie Datenbank in Ihrem Unternehmen zum Einsatz kommt.

Backend

Auf Ihrem Arbeitsplatzrechner sollte das vollständige SAP GUI for Windows oder SAP GUI for Java installiert sein. Grundsätzlich ist auch der installationsfreie Zugang per Webbrowser über das SAP GUI for HTML ausreichend, beispielsweise per Internet Explorer oder Netscape Navigator. Jedoch stehen dort nicht alle Tastenkombinationen zur Verfügung und der in Kapitel 5 benötigte SAP Screen Painter zum grafischen Erstellen von Programmoberflächen ist wesentlich unkomfortabler. Hinzu kommen leichte Unterschiede in der Darstellung von Fenstern und Dialogen, die das Nachvollziehen der Handlungsanweisungen unnötig erschweren.

Frontend

Entwickler- Schließlich benötigen Sie in einem regulären SAP-System einen auf Ihr
schlüssel System und Ihren Benutzernamen eingetragenen »Entwicklerschlüssel«, um die Entwicklungswerkzeuge nicht nur zum Betrachten von Programmen nutzen zu können (lesender Zugriff), sondern auch für eigene Entwicklungen oder Modifikationen vorhandener Anwendungen (schreibender Zugriff). Diesen Entwicklerschlüssel kann Ihr Systemadministrator bei SAP unter *http://service.sap.com* beantragen. Beim ersten Anlegen oder Ändern eines ABAP-Programms werden Sie danach gefragt und müssen ihn angeben.

1.2.2 Testsystem unter Linux

Seit Dezember 1999 werden R/3 und mySAP-Lösungen offiziell in einer Linux-Variante angeboten. Damit gewährleistet SAP die Verfügbarkeit auf einem der mittlerweile populärsten Server-Betriebssysteme für den unteren und mittleren Leistungsbereich. Neben der regulären Vollversion mit allen Business-Modulen bzw. mySAP-Lösungen stellt SAP speziell zu Trainingszwecken eine abgespeckte Version ohne diese betriebswirtschaftlichen Anwendungen zur Verfügung. Diese umfasst alles Notwendige, damit Systemadministratoren und Programmierer sich mit dem System vertraut machen können. Auf der Seite *http://www.sap.com/solutions/netweaver/linuxleval/index.asp* können Sie diese Version kostenlos bestellen. Zur Auswahl stehen zwei CD-Sets mit folgendem Inhalt:

- **Demo CD SAP Web Application Server on Linux and IBM DB2**
  - SAP Web Application Server 6.10
  - DB2 Universal Database for Linux V. 7.2
  - SAP GUI for the Java Environment 6.10
- **mySAP Technology TestDrive SAP Web Application Server on Linux**
  - SAP Web Application Server 6.10
  - SAP DB 7.3
  - SAP GUI for the Java Environment 6.10

Trotz des unterschiedlichen Namens differieren beide CD-Sets lediglich in der verwendeten Datenbank. Wenn Sie bereits über Erfahrung mit IBMs DB2-Datenbank verfügen, können Sie dieses CD-Set wählen. Ansonsten raten wir Ihnen zum CD-Set mit SAP DB, da es dieses Bundle mit an Sicherheit grenzender Wahrscheinlichkeit auch für zukünftige Releases des SAP Web Application Servers geben wird und Sie somit Ihre Programme bei einer Umstellung von IBM DB2 auf SAP DB nicht verlieren bzw. umständlich ex- und dann wieder importieren müssen.

Hardware — Als Hardware empfiehlt sich ein moderner Arbeitsplatzrechner mit optimal 512 MB RAM, wenn sowohl das Backend (Datenbank und Web Application Server) als auch das Frontend (SAP GUI) auf dem gleichen Rechner installiert werden sollen.

Backend — Dem SAP Web Application Server für Linux haftet seit langem der Ruf an, schwer installierbar zu sein. Das können wir so nicht bestätigen, jedoch müssen eine ganze Reihe von Voraussetzungen auf Seiten der Linux-Konfiguration erfüllt werden, die Linux-Laien zweifellos vor größere Probleme stellen. Aus diesem Grund bieten die Linux-Distributoren SUSE und Red Hat spezielle zertifizierte Versionen ihrer Betriebssysteme an, die einem die lästige Konfigurationsarbeit ersparen, dafür aber teurer sind. Die jeweilige Datenbank wird von der Setup-Routine direkt mit installiert und erfordert in der Regel keine gesonderten Vorbereitungen.

Frontend — Das beiliegende SAP GUI for Java arbeitet schnell, zuverlässig und ist für das Nachvollziehen aller Beispiele, Aufgaben und Übungen in diesem Buch gut geeignet.

Entwicklerschlüssel — Den Entwicklerschlüssel finden Sie auf der ersten CD. Beim ersten Anlegen oder Ändern innerhalb der Entwicklungsumgebung werden Sie vom System danach gefragt und müssen ihn eingeben.

1.2.3 Testsystem unter Windows

Seit 1994 wird R/3 offiziell in einer Variante für Windows NT angeboten und seit ihrer Markteinführung im Jahr 1999 sind auch die mySAP-Lösungen für Windows NT/2000 verfügbar. Seitdem ist die Kombination von Windows- und SAP-Software bei den Kunden so populär geworden, dass mittlerweile mehr als 50 % aller Neuinstallationen darauf entfallen (Stand: März 2003). Entsprechend wichtig war es für SAP, neben der regulären Vollversion mit allen Business-Modulen bzw. mySAP-Lösungen auch bald eine spezielle Version zu Trainingszwecken ohne betriebswirtschaftliche Anwendungen anzubieten, die, wie schon die Linux-Variante, alles Notwendige umfasst, damit Systemadministratoren und Programmierer mit dem System arbeiten können. Im August 2000 wurde ein erstes CD-Set auf Basis des Releases 4.6 zusammen mit dem Buch *ABAP Objects. Einführung in die SAP-Programmierung* (Horst Keller und Sascha Krüger, erschienen bei SAP PRESS, Bonn) auf den Markt gebracht. Ein neueres CD-Set auf Basis des Releases 6.10 folgte im August 2002 zusammen mit dem Buch *ABAP Objects-Referenz* (Horst Keller und Joachim Jacobitz, ebenfalls SAP PRESS). Die zwei CD-Sets haben den folgenden Inhalt:

- **Testversion SAP-Basissystem**
  - SAP Application Server 4.6D
  - Microsoft SQL Server Desktop Edition
  - SAP GUI for Windows 4.6D
- **Testversion SAP Web Application Server 6.10**
  - SAP Web Application Server 6.10
  - SAP DB 7.3
  - SAP GUI for Windows 6.10

Alle Beispielprogramme in diesem Buch wurden auf der Grundlage dieser beiden CD-Sets erstellt. Wenn Sie in Ihrem Unternehmen bzw. Kundenprojekt R/3 einsetzen, kann die Verwendung des ersten CD-Sets für Sie interessant sein, da die Benutzeroberfläche sich in machen Dingen geringfügig von der neueren Version unterscheidet. Ansonsten raten wir Ihnen zum zweiten CD-Set, das sich in unseren Tests als stabiler erwies und keine Größenbeschränkung der Datenbank auf 2 GB besitzt.

Hardware Als Hardware empfiehlt sich wie schon bei der Linux-Variante ein moderner Arbeitsplatzrechner. Für unsere Zwecke reichen 256 MB RAM vollkommen, wenn sowohl das Backend (Datenbank und Web Application Server) als auch das Frontend (SAP GUI) auf dem gleichen Rechner installiert werden.

Backend Während die Installation des SAP Application Server 4.6D recht zimperlich auf bereits installierte SQL-Server reagiert, erweist sich die Installation des SAP Web Application Server 6.10 dank der SAP DB unter den diversen Windows 32-Bit-Betriebssystemen von Windows 2000 bis Windows XP als unproblematisch. Lediglich ein belegter TCP/IP-Port 3600 (z. B. wenn man von CD-Set 1 auf das neuere CD-Set 2 upgraden möchte) konnte in unseren Tests die Installation zum Abbruch bringen. In diesem Fall mussten wir die Datei *c:\winnt\system32\drivers\etc\services* editieren und den Eintrag für den Port 3600 mit einem #-Zeichen auskommentieren. Näheres dazu erfahren Sie in den Support-Foren auf *www.sap-press.de*.

Frontend Das jeweils beiliegende SAP GUI for Windows arbeitet recht zuverlässig und ist für das Nachvollziehen aller Beispiele, Aufgaben und Übungen in diesem Buch ideal geeignet, da es von uns für die Anfertigung sämtlicher Screenshots herangezogen wurde.

In dieser Testversion sind bereits zwei vordefinierte Benutzernamen *BC-USER* und *DDIC* mit dem Passwort *minisap* und der Berechtigung zum Entwickeln bzw. zum Modifizieren von Datenbanktabellen eingetragen, so dass Sie den Entwicklerschlüssel zum Einstieg nicht extra beantragen müssen. SAP verlangt allerdings eine regelmäßige Verlängerung der Lizenz. Dies ist unter *http://www.sap.com/solutions/netweaver/minisap.asp* kostenlos möglich.

Entwicklerschlüssel und Lizenzerneuerung

1.3 Checkliste für Programmierer zum Projektbeginn

Anders als bei der Programmentwicklung in den Sprachen C oder Basic üblich, arbeitet ein ABAP-Projektteam immer gemeinsam in einem zentralen System. Dies hat weit reichende Konsequenzen in Bezug auf die Zusammenarbeit und den abteilungsübergreifenden Arbeitsfluss.

Entwicklungen im Team erfolgen bei Verwendung der Programmiersprache ABAP grundsätzlich in gemeinsam genutzten SAP-Systemen. Dort stehen eine Vielzahl von Applikationen bereit, die die Arbeit aller Projektbeteiligten unterstützen, angefangen beim Produktmanagement über die Entwicklung, das Qualitätsmanagement, die Dokumentation bis hin zur Übersetzung. SAP fasst alle zu diesem Zweck erforderlichen Applikationen unter dem Begriff *ABAP Workbench* zusammen. Wie wir im folgenden Kapitel sehen werden, finden sich diese Applikationen alle unter einem entsprechenden Menüpunkt des SAP-Anwendungsmenüs.

Entwicklung im Team

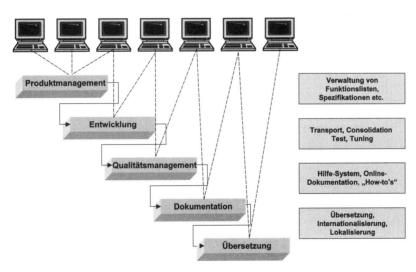

Abbildung 1.6 Unterstützung für den gesamten Entwicklungsprozess vom Produktmanagement zur Übersetzung

Bei einer derart engen Zusammenarbeit aller Projektmitarbeiter muss es technische Vorgaben und organisatorische Richtlinien geben, an die man sich bei der Entwicklung zu halten hat.

Ziel ist es dabei gerade für Programmierer, die Anwendung hinterher wie aus einem Guss erscheinen zu lassen, den Quelltext der anderen Programmierer ohne Umgewöhnung lesen zu können und für eine einheitliche Übersetzbarkeit der Texte und Dokumentation zu sorgen. Diese Vorgaben werden von der Projektleitung bestimmt und müssen von allen Beteiligten eingehalten werden. Oftmals ist es daher sinnvoll, beim Einstieg in ein Projekt die Projektleitung danach zu fragen, falls sie nicht von sich aus auf die Projektmitarbeiter zukommt. Um Ihnen das Nachfragen zu erleichtern, haben wir eine Checkliste für Programmierer entworfen, in der einige der wesentlichen Knackpunkte aufgeführt sind.

Die Angaben in der rechten Spalte sind Beispiele. Sie können die Checkliste von der Katalogseite zum Buch auf *www.sap-press.de* als PDF herunterladen und so auch für Ihre zukünftigen Projekte verwenden. Die Erläuterungen zu den einzelnen Angaben finden Sie im Anschluss an die Checkliste.

Checkliste für Programmierer zum Projekteinstieg	
1. Auf welchem System und in welchem Mandanten werden die Programme entwickelt oder modifiziert (Entwicklungssystem/-mandant)?	z.B. FND(500)
2. Auf welchem System und in welchem Mandanten werden die Programme ausgetestet (Testsystem/-mandant)?	z.B. FNQ(540)
3. Auf welchem System und in welchem Mandanten werden die Programme produktiv eingesetzt (Produktivsysteme/-mandanten)?	z.B. FNP(300)
4. In welcher Sprache werden die Kommentare im Quelltext verfasst (Kommentarsprache)?	z.B. Englisch
5. In welcher Sprache werden die Programmoberfläche, Druck-Formulare, Meldungen und Texte verfasst (Oberflächensprache)?	z.B. Deutsch
6. In welcher Sprache wird die technische Dokumentation im System verfasst (Entwicklungssprache)?	z.B. Deutsch
7. Wurde bei SAP ein eigener Namensraum reserviert und, wenn ja, wie lautet dieser (Kunden- bzw. Projektnamensraum)?	z.B. /BA1/

Tabelle 1.1 Checkliste für Programmierer zum Projekteinstieg

Checkliste für Programmierer zum Projekteinstieg	
8. Welche Programmierrichtlinien sowie Konventionen zur Benennung von Entwicklungsobjekten und Daten gelten für das Projekt (Programmierrichtlinien)?	siehe z. B. im Anhang dieses Buches
9. Welche Daten und Schnittstellen vorhandener R/3-Business-Module, mySAP-Lösungen oder Eigenentwicklungen werden benutzt?	z.B. BAPIs des Moduls FDB

Tabelle 1.1 Checkliste für Programmierer zum Projekteinstieg (Forts.)

SAP empfiehlt ihren Kunden zur Minimierung von Ausfallzeiten und Maximierung der Verfügbarkeit dringend, separate und voneinander unabhängig lauffähige SAP-Systeme für die Entwicklung, die Qualitätssicherung und den Produktivbetrieb von Applikationen einzusetzen. Extra zu diesem Zweck enthalten die gängigen SAP-Lizenzverträge einen Passus, der den Einsatz einer Benutzerlizenz nicht nur im Produktivsystem, sondern explizit auch in bis zu vier weiteren Systemen erlaubt, die speziell der Evaluierung, Implementierung oder Qualitätssicherung dienen.

Zu 1–3: Entwicklungs-, Test- und Produktivsystem

Die Entwicklung erfolgt in einem gemeinsamen *Mandanten* (siehe auch Abschnitt 1.4), einem Ordnungskriterium, das wichtige Einstellungen und Konfigurationen zusammenfasst. In der Regel besitzt jeder Programmierer nur unter einem von mehreren Mandanten Entwicklerrechte.

Kommentare sind zum guten und langfristigen Codeverständnis unbedingt erforderlich und werden vom ABAP-Programmierer während der Erstellung der Quelltexte in diese hinein geschrieben (siehe hierzu Abschnitt 2.4). Aus Sicht des gesamten Entwicklungsprozesses handelt es sich dabei um die einzigen Texte, die üblicherweise nicht von der Dokumentationsabteilung nachbearbeitet werden und von denen die Übersetzungsabteilung keine Übersetzungen anfertigt. Damit das komplette Kollegium etwas mit den Kommentaren anfangen kann, sollten diese in einer von allen verstandenen Sprache abgefasst werden. Bei kleineren, lokal zusammenarbeitenden Teams ist das üblicherweise die Landessprache, während es in großen, international verteilten Teams meist Englisch ist. Je nachdem, ob Sie Projektunterstützung von der SAP oder einem ihrer Implementierungspartner in Anspruch nehmen wollen, erübrigt sich diese Fragestellung eventuell: Zumindest bei den weltweit arbeitenden Organisationen ist in Hinblick auf eine reibungslose Unterstützung durch internationale und somit rund um die Uhr arbeitende Projektteams Englisch die Pflichtsprache. Auch bei den Programmbeispielen in diesem Buch verwenden wir daher von Anfang an Englisch als Kommentarsprache.

Zu 4: Kommentarsprache

Zu 5–6: Oberflächen- und Entwicklungssprache

Beim Anlegen von Entwicklungsobjekten wie Fehlermeldungen, Programmoberflächen etc. wird vom SAP-System automatisch registriert, in welcher Landessprache Sie sich zu diesem Zeitpunkt am System angemeldet haben, und diese Sprache wird als so genannte Originalsprache am Entwicklungsobjekt vermerkt (siehe auch Abschnitt 3.2). Sie können sich vorstellen, welche »Freude« Sie in der Dokumentations- oder Übersetzungsabteilung hervorrufen würden, wenn dort Programm- und Oberflächentexte abwechselnd in Deutsch, Englisch oder Türkisch abgeliefert würden, weil Sie und Ihre Kollegen sich nicht auf eine einheitliche Sprache einigen können, in der sich alle Projektmitarbeiter am SAP-System anzumelden haben, sofern sie programmieren wollen. Üblich ist die Landessprache des Projektteams oder bei internationalen Teams Englisch.

Ähnliches gilt analog für die Entwicklungssprache, in der Sie die zusätzliche technische Dokumentation zu jeder Funktion, globalen Klasse und anderen Entwicklungsobjekten verfassen (siehe auch Abschnitt 3.4). Auch diese kann von der Dokumentations- und Übersetzungsabteilung weiter verarbeitet werden. Um den Entwicklungsprozess für die Mitarbeiter nicht weiter zu erschweren, nimmt man häufig die gleiche Sprache, die auch für die Erstellung der Programm- und Oberflächentexte vorgeschrieben ist.

Zu 7: Namensraum

Mittlerweile ist es üblich, dass sich Entwicklungsteams – gleich, ob von SAP oder einer anderen Firma – vor größeren Neuentwicklungen einen so genannten *Namensraum* über den SAP Service Marketplace (*http://service.sap.com*) reservieren lassen. Dabei handelt es sich um ein Kürzel, das beim Anlegen neuer Entwicklungsobjekte an den Anfang des Namens gesetzt werden muss. Reserviert man keinen Namensraum, müssen alle Entwicklungsobjekte mit dem Buchstaben Y oder Z beginnen (freier Kundennamensraum); nur die SAP selbst durfte früher Entwicklungsobjekte anlegen, die mit einem anderen Buchstaben begonnen haben. Hat man jedoch einen Namensraum reserviert (wie z. B. »/BA1/« für das Softwareprojekt Bank Analyzer), verwendet man stattdessen dieses Kürzel und kann sich sicher sein, dass kein anderer Programmierer auf der Welt ein Entwicklungsobjekt mit dem gleichen Namen erstellt. Diese Sicherheit ist bei Verwendung der Anfangsbuchstaben X, Y und Z für Kundenprojekte nicht gegeben und es kann zu Konflikten kommen, wenn auf einem SAP-System z. B. zwei Applikationen eingespielt werden, die beide eine Datenbanktabelle mit Namen ZACCOUNT erwarten, die eine zum Speichern von Buchhaltungskonten und die andere zum Ablegen von Bankkonten. Wir gehen in Abschnitt 2.1 näher auf dieses Thema ein.

Gute Programmierrichtlinien sind das A und O für eine reibungslose Zusammenarbeit zwischen Programmierern. Fragen wie »Verwenden wir die objektorientierte Programmierung?«, »Benutzen wir die BAPI- oder BADI-Technik für Programmschnittstellen?« oder »Gibt es Vorschläge für die einheitliche Benennung von Variablen?« sollten gestellt und von der Projektleitung beantwortet werden, denn nur so bleibt der Quelltext für alle Programmierer nachvollziehbar und es ergibt sich später einmal eine harmonisch wirkende Gesamtapplikation. Die im Anhang dieses Buches zusammengestellten Programmierrichtlinien basieren inhaltlich weitgehend auf dem Stand des SAP-Geschäftsbereichs Financial Services, wo zurzeit einige der größten Neuentwicklungen der SAP stattfinden. Wenn Sie diese verwenden, erspart Ihnen das nicht nur die aufwändige Erstellung eigener Richtlinien, sondern Sie haben auch den nicht zu unterschätzenden Vorteil, dass Sie sich automatisch auch in einem Großteil der SAP-eigenen Quelltexte auf Anhieb zurechtfinden werden.

Zu 8: Programmierrichtlinien

Kaum ein ABAP-Programm werkelt für sich allein; stattdessen kommt es als Erweiterung einer bereits bestehenden (SAP-)Softwarelandschaft zum Einsatz und muss mit mehr oder minder vielen Applikationen über eine *Schnittstelle* kommunizieren. Oftmals gibt es technisch mehrere Möglichkeiten zur Kommunikation, im Falle von SAP beispielsweise der Informationsaustausch per Datei/Datenbanktabelle, der Aufruf von (BAPI-)Funktionen oder das Erweitern einer SAP-Applikation per BAdI (*Business Add-In*). Eine für das Projektteam einheitliche Regelung ist für einen effektiven Informationsfluss entscheidend und jede zu verwendende Schnittstelle sollte explizit aufgeführt werden.

Zu 9: Schnittstellen

1.4 Login, erste Schritte und Systemeinrichtung

Software von SAP genügt zweifellos modernen Ansprüchen an die Ergonomie der Benutzeroberfläche. Dennoch: Wer zum ersten Mal vor einer SAP-Applikation sitzt und bislang nur Windows-, Linux- oder Mac-Software gewohnt ist, dem werden einige wesentliche Unterschiede in der Bedienung auffallen. Spezielle Handhabungs- und Einrichtungshinweise für Programmierer helfen, die Einarbeitungszeit zu verkürzen.

Die offensichtlichen Unterschiede in der Handhabung zwischen einer SAP- und einer Windows-Applikation lassen sich auf die SAP-eigene Oberflächentechnik *Dynpro* (siehe hierzu auch Abschnitt 5.2) zurückführen, deren Ursprünge mehr als 20 Jahre zurück im Großrechnerumfeld liegen und die den Spielraum bei der Gestaltung von Programmoberflächen vorgibt bzw. einschränkt:

Grundlagen

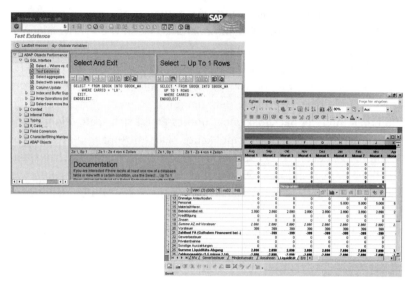

Abbildung 1.7 Look & Feel von ABAP- und Windows-Programmen im Vergleich

- **kaum MDI-Fenster-Unterstützung (Multi-Document-Interface)**
Diese unter Windows sehr verbreitete Fenstertechnik, bei der mehrere nicht-modale Kind-Fenster im Hauptfenster einer Applikation beliebig angeordnet und auch übereinander gestaffelt werden können (z. B. Workbook-Fenster in Microsoft Excel oder Grafik-Fenster in Corel-Draw), findet sich bei SAP-Applikationen kaum – eine der bekanntesten Ausnahmen ist der SAP Business Workflow Builder zum Erstellen von Workflow-Applikationen. Stattdessen ist es bei SAP-Applikationen üblich, sich per Vorwärts- und Rückwärtsnavigation von einem Fenster zum nächsten und wieder zurück zu hangeln.

- **kaum Drag & Drop-Unterstützung**
Seinerzeit durch den Apple Macintosh bekannt geworden, unterstützt Drag & Drop das intuitive Arbeiten mit Programmen, denn man kann wie auf einem echten Arbeitsplatz Dinge anheben, bewegen und in Ordnern oder Programmen wieder ablegen. SAP-Applikationen unterstützen nur in seltenen Fällen Drag & Drop, stattdessen ist Cut & Paste von Texten per Tastatur angesagt.

- **kaum Frontend- und durch den Anwender steuerbare Integration**
Schaut man sich moderne Windows-Programme wie beispielsweise Microsoft Office an, stellt man fest, dass dort thematisch unterschiedliche Programme sehr eng miteinander zusammenarbeiten können. So sorgen die OLE2- und ActiveX-Technik dafür, dass eine Excel-Tabelle mit Adressdaten aus Outlook und eine PowerPoint-Folie zusammen in

ein Word-Dokument eingebunden werden können, wobei dieses wiederum als Ganzes Bestandteil der »Outlook Heute«-Seite sein kann. Diese enge und durch den Anwender steuerbare Zusammenarbeit bezeichnet man als *Integration*, und da sie über Mechanismen auf dem Arbeitsplatzrechner abläuft, spricht man hier von *Frontend-Integration*. Bei ABAP-Programmen vermisst man häufig eine derartig durch den Endanwender steuerbare Integration der Programme untereinander oder mit anderen Windows-Programmen, denn sie laufen isoliert auf dem SAP Web Application Server ab und der Anwender sieht bildlich gesprochen durch das SAP GUI wie durch ein Fenster genau das, was das Programm auf dem Server gerade tut. Eine Integration müsste somit vom Arbeitsplatzrechner über das SAP GUI bis auf den Server wirken und diesen Aufwand treibt man bei SAP und ihren Implementierungspartnern nur in Ausnahmefällen.

Jede Medaille hat jedoch bekanntlich zwei Seiten, und so brachten SAP diese Beschränkungen im Jahr 1999 einen beachtlichen Wettbewerbsvorteil ein: Als erster großer ERP-Hersteller konnte SAP eine Webversion ihrer Software vorstellen, die über den sprichwörtlichen Internet-Browser in einem Café in New York und ohne »faule« und Kosten treibende Tricks wie Citrix oder Windows Terminal Server genutzt werden kann. Hätte SAP die Techniken MDI und Drag & Drop häufig in ihren Applikationen eingesetzt, wäre das Rendern der Programmoberfläche in HTML und JavaScript zum damaligen Zeitpunkt ungleich schwieriger, wenn nicht gar unmöglich gewesen.

Nur dem Namen nach mit der Dynpro-Technik verwandt ist *Web Dynpro*, das mittelfristig die Dynpro-Technologie ablösen soll. Es ist wesentlich leistungsfähiger, bringt erhebliche Verbesserungen in den oben genannten Punkten und unterstützt modernste Internet-Standards wie XML und Webservices. Diese neue Oberflächen-Technologie ist seit SAP Web Application Server 6.30 verfügbar.

Web Dynpro

Schauen wir uns nun das SAP-System und die Benutzeroberflächen seiner Programme etwas genauer an.

▷ Führen Sie das SAP GUI-Logon-Programm aus, indem Sie entweder zur Login-Webseite surfen, die Ihnen Ihr Administrator genannt hat, oder Ihre lokal installierte Windows- bzw. Java-Version starten.

Nach kurzer Ladezeit erscheint auf Ihrem Bildschirm ein Fenster wie in Abbildung 1.8. In diesem Fenster sind alle SAP-Systeme aufgelistet, für die Ihnen aktuell ein Zugang eingerichtet wurde.

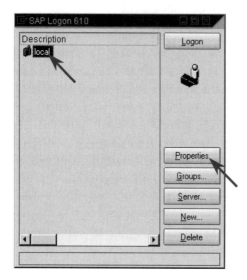

Abbildung 1.8 SAP-Logon-Fenster

▷ Wählen Sie nun den ersten Listeneintrag unterhalb von **Description** aus und klicken Sie anschließend auf den **Properties**-Button, denn wir wollen sehen, welche Einstellungen sich hinter dem eingerichteten Zugang verbergen.

Single Server   SAP-Systeme für wenige Anwender mit geringen Ansprüchen an die Ausfallsicherheit kommen mit nur einem physischen Server aus, auf dem der SAP Web AS ausgeführt wird. In diesem Fall wird die IP-Adresse oder DNS-Adresse des Servers direkt unter **Application Server** angegeben.

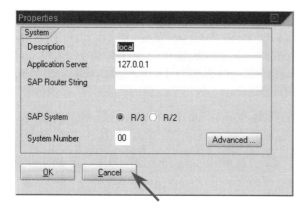

Abbildung 1.9 SAP-Logon-Einstellungen in einem kleinen System

Sofern Sie eines der in Abschnitt 1.2 beschriebenen Trainingssysteme verwenden, ist als IP-Adresse sogar die Ihres eigenen Rechners angegeben, denn auf dem befindet sich neben dem SAP GUI und der Datenbank ja auch der SAP Web AS selbst. SAP-Systeme für viele Anwender mit hohen Ansprüchen an die Verfügbarkeit benötigen hingegen gleichzeitig mehrere physische Server, auf denen der SAP Web AS ausgeführt wird. Ein Hardwareausfall legt so immer nur einen Teil des Gesamtsystems lahm. Alle SAP Web AS-Installationen greifen dabei auf eine gemeinsame Datenbank zu und erscheinen dem Endanwender wie ein einziges System.

Server-Cluster

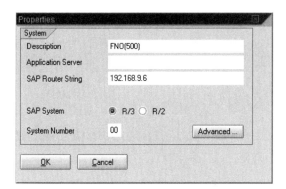

Abbildung 1.10 SAP-Logon-Einstellungen in einem großen System

Diese Konstellation wird allgemein als *Server-Cluster* bezeichnet und gibt sich dadurch zu erkennen, dass wie in Abbildung 1.10 eine IP-Adresse oder DNS-Adresse unter **SAP Router String** angegeben ist, unter der ein spezielles SAP-Programm (der *SAP Message Server*) dem Anwender zwecks Lastverteilung bei jedem Login einen Server aus dem Cluster zuweist.

▷ Schließen Sie nun den Dialog mit den Einstellungen wieder und klicken Sie anschließend im SAP-Logon-Fenster auf den **Logon**-Schalter, um den Anmeldevorgang zu starten.

Beim Anmeldevorgang handelt es sich um das erste ABAP-Programm, dem wir begegnen, und es läuft folglich auf dem SAP Web AS in einem eigenen Task der ABAP-Laufzeitumgebung ab, den wir für uns erzeugt haben. Das SAP GUI gestattet uns den Blick auf das dort ablaufende Programm und nimmt Eingaben dafür entgegen. Das Anmeldeprogramm wird von SAP direkt nach dem Start ausgeführt und verhindert unerlaubte Zugriffe auf das SAP-System.

Authentifizierung

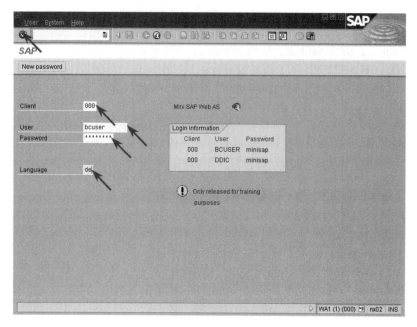

Abbildung 1.11 Authentifizierung gegenüber dem SAP Web AS

Einen optimalen Lernerfolg als Programmierer erzielen Sie, wenn Sie sich im Folgenden das SAP-System nicht als eine Anwendung, sondern als ein Betriebssystem vorstellen, mit eigenen Konzepten, Randbedingungen und Regeln. Bereits in Abschnitt 1.1 sprachen wir über die Architektur des SAP-Systems und die Nutzung relationaler Datenbanken, in denen alles gespeichert und verwaltet wird und es von daher weder Dateien noch Verzeichnisse noch Laufwerksbezeichnungen im herkömmlichen Sinn gibt. Falls Sie das ungewöhnlich finden sollten: Eine relationale Datenbank als Grundlage des Dateisystems ist von Microsoft für die übernächste Windows-Version im Jahr 2005 vorgesehen.

Die erfolgreiche Authentifizierung gegenüber dem SAP Web AS gelingt mithilfe dreier Angaben:

- **Mandant (Client)**
  Mithilfe des Mandantenkonzepts können theoretisch die Anwender mehrerer Unternehmen mit dem gleichen SAP-System arbeiten, ohne die Daten der anderen Unternehmen sehen oder modifizieren zu können. Sieht man einmal von der eher seltenen Nutzung durch verschiedene Kleinfirmen per Internet ab, wird der Mandant aber in der Praxis eher zur Trennung von Tochterfirmen oder Filialen eines Großunternehmens eingesetzt. Technisch gesehen ist der Mandant nichts ande-

res als ein von jedem Anwender beim Login eingegebener Wert (eine 3-stellige Nummer), der in den Primärschlüsseln der meisten Datenbanktabellen (siehe Kapitel 4) fortgeschrieben wird und so die Daten der einzelnen Mandanten voneinander unterscheidbar macht.

▶ **Benutzername (User)**
Maximal 12-stelliger Name, der den Anwender innerhalb eines Mandanten eindeutig identifiziert. Der Name muss mit einem Buchstaben beginnen und darf keine Umlaute oder Sonderzeichen enthalten. Groß- und Kleinschreibung werden nicht unterschieden.

▶ **Passwort**
Maximal 8-stellige Zeichen- und Ziffernfolge, die den Anwender authentifiziert. Im Gegensatz zum Benutzernamen sind hier die gängigen Sonderzeichen erlaubt und es wird zwischen Groß- und Kleinschreibung unterschieden.

An dieser Stelle offenbart sich bereits ein erster Unterschied zur Windows-, Mac- und UNIX-Welt, in der man sich lediglich mit seinem Namen und seinem Passwort am System anmeldet; eine Mandantennummer als zusätzliches Unterscheidungskriterium ist dort nicht vorgesehen.

▷ Füllen Sie die Eingabefelder mit Ihren Angaben (Windows-Testversion: **Client** »000«, **User** »bcuser« und **Passwort** »minisap«; Linux-Testversion: **Client** »000«, **User** »developer« und **Passwort** » «).

Sie können zusätzlich das Kürzel für die Sprache eingeben, in der Sie mit dem SAP-System arbeiten wollen, z.B. »en« für Englisch oder »de« für Deutsch, ansonsten zählt die Voreinstellung des Systems.

▷ Drücken Sie nun die **Enter**-Taste oder klicken Sie mit der Maus auf das grüne Häkchen in der linken oberen Ecke.

In großen Unternehmen kommen häufig so genannte *Single Sign-On*-Dienste zum Einsatz, die eine Authentifizierung der Anwender einmalig, z.B. beim Windows-Login-Dialog, durchführen und fortan das Einloggen an allen anderen (SAP-)Systemen mit dem jeweiligen Benutzernamen und Passwort automatisch erledigen. Verwendet ein Unternehmen jedoch mehr als einen Mandanten pro SAP-System, ist die Zuordnung eines Anwenders zu einem SAP-Benutzerkonto unter Umständen nicht mehr eindeutig. Beispiele dafür gibt es zur Genüge, z.B. Administratoren mit Wartungs- und Pflegeaufgaben in jedem Mandanten, Entwickler bei Applikationstests, die in allen Mandanten durchgeführt werden müssen,

Single Sign-On

oder Wirtschaftsprüfer beim Konsolidieren und Prüfen von Bilanzen mehrerer Tochterfirmen.

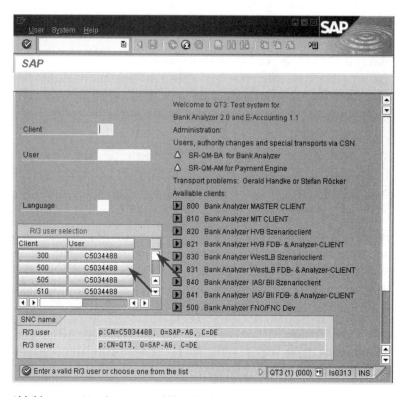

Abbildung 1.12 Mandantenauswahl bei Single Sign-On

In diesem Fall muss der SAP Web AS nachfragen, in welchen Mandanten sich der Anwender einloggen will, und es erscheint ein Fensterinhalt wie in Abbildung 1.12: Durch einen Mausklick auf die entsprechende Zeile kann ein Mandant ausgewählt werden und die Authentifizierung wird durchgeführt.

SAP Easy Access   Nach erfolgreicher Anmeldung erscheint das SAP-Menü mit Namen **SAP Easy Access**, über das sich alle im System vorhandenen Programme starten lassen. Selbstverständlich handelt es sich auch hierbei um ein ABAP-Programm – wie überhaupt alle Applikationen, mit denen wir es in diesem Buch zu tun haben werden.

Die gezeigte Strukturierung der Listeneinträge ähnelt stark einem Verzeichnisbaum, nur dass die Programme mit aufgeführt sind (alle Einträge, die mit einem weißem Klötzchen versehen sind). Hier zeigt sich ein zwei-

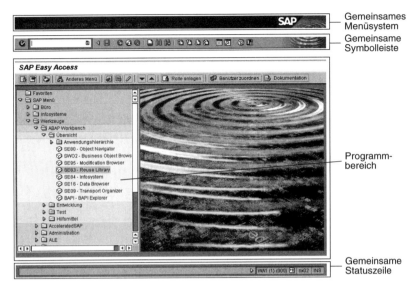

Abbildung 1.13 Menüsystem, Symbolleiste, Programmbereich und Statuszeile

ter Unterschied zu Windows und Co., denn wo es keine Dateien im herkömmlichen Sinn gibt, da erübrigt sich ein Dateifenster.

Das gemeinsame Menüsystem wird von SAP teilweise fest vorgegeben, z. B. sind die Menüpunkte unter **Hilfe** immer sichtbar. Programme können es um eigene Menüpunkte oder Untermenüs anreichern – ähnlich wie bei Mac OS. Ganz links außen beim Anklicken des Fenster-Symbols finden wir auch gleich einen der wichtigsten Menüpunkte für ABAP-Programmierer (siehe Abbildung 1.14): Wenn nichts mehr hilft und ein ABAP-Programm nicht mehr reagiert (ja, auch bei SAP kann das passieren, außerhalb der Entwicklung jedoch ungleich seltener als unter Windows), dann kann der Menüpunkt **Stop Transaction** helfen, das aktuelle Programm zu beenden und zum zuletzt ausgeführten Programm zurückzukehren.

Gemeinsames Menüsystem

Abbildung 1.14 SAP-Menü Stop Transaction

Login, erste Schritte und Systemeinrichtung

Gemeinsame Symbolleiste

Im Gegensatz zum Menüsystem sind die Buttons der gemeinsamen Symbolleiste vollständig von SAP vorgegeben; programmeigene Buttons lassen sich hier nicht ergänzen. Ein ABAP-Programm kann lediglich einige davon ausschalten, wenn sie nicht benötigt werden. Im Umkehrschluss muss es selbst für die Funktionalität hinter den meisten dieser Buttons sorgen. SAP veröffentlicht ein Styleguide-Dokument mit Quelltextbeispielen (Näheres dazu in Kapitel 2), an dem sich ein Programmierer orientieren sollte, um ein konformes Verhalten der Buttons in seinen Applikationen sicherzustellen.

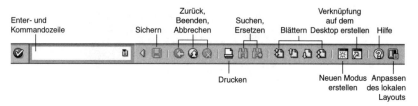

Abbildung 1.15 Gemeinsame Symbolleiste

Hier folgt nun ein kurzer Überblick über die Funktionalität der gemeinsamen Symbolleiste:

- **Enter und Kommandozeile**
  Die Funktionalität dieser beiden Oberflächenelemente ist von SAP vorgegeben und kann vom Programmierer nicht geändert werden. Der **Enter**-Button startet Kommandos, die in der Kommandozeile rechts daneben eingegeben wurden. Kommandos beginnen bei SAP in der Regel mit einem Schrägstrich (/), gefolgt von einem Erkennungsbuchstaben und einem Befehl. Wir werden uns etwas später damit beschäftigen. Hier nur so viel: Programmierprofis nutzen diese Zeile sehr häufig, da sie einen direkten und schnellen Zugriff auf viele Programme und Funktionalitäten ermöglicht. Die Kommandozeile kann mittels des rechts daneben liegenden Pfeils aus- und eingeblendet werden.

- **Sichern**
  Über den **Sichern**-Button wird das System angewiesen, eingegebene Daten in der Datenbank abzuspeichern. In Abbildung 1.15 ist der **Sichern**-Button deaktiviert, da hier keine Dateneingabe stattfindet. Für ABAP-Programmierer ist es der wichtigste Button überhaupt, und nur Anwendungen für den lesenden Zugriff auf Daten kommen ohne ihn aus.

- **Zurück, Beenden, Abbrechen**
  Der **Zurück**-Button funktioniert wie beim Browser, in dem er zum jeweils letzten Bildschirm zurückkehrt – ist man am ersten Bildschirm einer Applikation angelangt, funktioniert er wie der **Beenden**-Button, also beendet ein Programm und kehrt zum vorherigen Programm zurück. Hat der Anwender zuvor Daten eingegeben, die noch nicht gespeichert wurden, wird diesbezüglich eine Sicherheitsabfrage ausgeführt. Über den **Abbrechen**-Button kann der Anwender Eingabefenster verlassen, auch wenn die eingegebenen Daten noch nicht vollständig sind.

- **Drucken**
  Der **Drucken**-Button gibt den Inhalt des aktuellen Programmfensters auf einem im SAP-System eingerichteten Drucker aus. In Abbildung 1.13 wäre das der Inhalt der Hierarchie auf der linken Seite.

- **Suchen, Ersetzen**
  Der **Suchen**-Button ermöglicht den Aufruf eines Such-Dialogs, der je nach gerade laufendem Programm und den Daten, die damit verarbeitet werden, sehr unterschiedlich aussehen kann. Der **Ersetzen**-Button wird meist nur in Editor-Fenstern genutzt. Ansonsten werden Daten eher über separate Eingabebildschirme modifiziert.

- **Erste Seite, Vorherige Seite, Nächste Seite, Letzte Seite**
  Sofern in einer Programmoberfläche Daten tabellarisch angezeigt werden, die nicht alle auf einmal dargestellt werden können, kann über diese Buttons geblättert werden.

- **Neuen Modus erzeugen, Verknüpfung auf dem Desktop erstellen**
  Die Funktionalität dieser beiden Buttons ist von SAP vorgegeben und kann vom Programmierer nicht geändert werden. Über den Button **Neuen Modus erzeugen** können weitere SAP GUI-Hauptfenster aufgemacht werden, ohne erneut die Anmeldeprozedur durchführen zu müssen. Bis heute ist dafür die Bezeichnung *Modus* beibehalten worden. Als ABAP-Programmierer arbeitet man häufig mit mehreren Modi, um schnell zwischen verschiedenen Programmfenstern hin- und herwechseln zu können. Der Button zum Erzeugen einer Verknüpfung ist eher für sporadische SAP-Anwender von Bedeutung und ermöglicht das direkte Ausführen eines bestimmten ABAP-Programms, ohne dass einem erst das SAP Easy Access präsentiert wird.

- **Hilfe, Anpassen des lokalen Layouts**
  Die Funktionalität dieser beiden Buttons ist von SAP vorgegeben und kann vom Programmierer nicht geändert werden. Beim Anklicken des

Hilfe-Buttons wird zu einem Programm ein zusätzliches Fenster mit Hilfen und Tipps angezeigt. Über den Button **Anpassen des lokalen Layouts** können Sie Einstellungen bezüglich des Erscheinungsbildes und der Verhaltensweise der Benutzeroberfläche festlegen.

Gemeinsame Statuszeile und ausgewählte Systeminformationen

Über die *Statuszeile* kann ein ABAP-Programm zu beliebigen Zeitpunkten Meldungen an den Benutzer ausgeben und eine laufende Uhr bei länger laufenden Programmschritten einblenden. Am rechten Ende der Statuszeile können einige Systeminformationen mittels des Pfeils ein- und ausgeblendet werden, wobei die Anzeige von SAP fest vorgegeben ist.

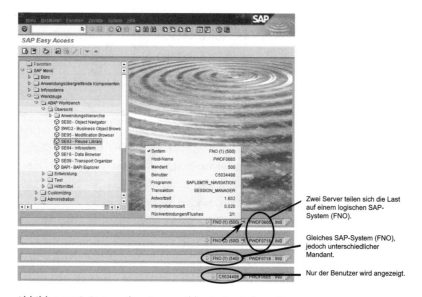

Abbildung 1.16 Statuszeile – Ausgewählte Systeminformationen

Standardmäßig wird dort angezeigt, auf welchem SAP-System man arbeitet, den wievielten Modus man zu einem Mandanten geöffnet hat, in welchem Mandanten man eingeloggt ist, wie der Server heißt, auf dem der ABAP-Task abläuft und ob der Einfüge- oder Überschreibmodus der Tastatur gewählt ist. In Abbildung 1.16 sehen Sie untereinander mehrere Bildausschnitte, die den Sinn der Anzeige beispielhaft verdeutlichen:

▶ Im ersten Bildausschnitt sehen wir das Kontextmenü, das bei Rechtsklick auf das kleine Menüsymbol erscheint und die Auswahl verschiedener Anzeigevarianten erlaubt. Auch ist zu sehen, dass der Anwender sich auf dem SAP-System FNO befindet, den ersten Modus im Mandanten 500 geöffnet hat, sein ABAP-Task auf dem Server PWDF0665 abläuft und der Einfügemodus (INS) auf der Tastatur aktiv ist.

- Im zweiten Bildausschnitt ist zu erkennen, dass ein zweiter Modus im Mandanten 500 geöffnet wurde, dieser läuft jedoch auf dem Server PBDF0718, so dass wir von einem großen SAP-System mit mindestens zwei Servern zur Lastverteilung ausgehen können.
- Im dritten Bildausschnitt zeigt sich, dass es im SAP-System FNO mindestens zwei Mandanten gibt, denn dort ist der erste Modus im Mandanten 540 geöffnet.
- Im vierten Bildausschnitt sehen wir ein Beispiel für die Systeminformationen, wenn wir **Benutzer** als Anzeigevariante ausgewählt haben.

Für Sie als Programmierer ist die Standardeinstellung **System** am hilfreichsten, denn so können Sie beim Wechsel zwischen mehreren Modi auf einen Blick erkennen, welches System und welchen Mandanten Sie gerade vor sich haben. Ein netter Gimmick sind auch Angaben zu Antwortzeit und Interpretationszeit; während Erstere die komplette Zeitspanne vom Einlesen des Programms aus der Datenbank über die Ausführung der Applikation durch die ABAP-Laufzeitumgebung bis hin zur nächstmöglichen Bereitschaft für Eingaben des Anwenders angibt, berücksichtigt die Interpretationszeit lediglich die Zeitspanne ab der Ausführung der Applikation durch die ABAP-Laufzeitumgebung.

Nach diesem Exkurs zu den Grenzen der Einflussnahme von ABAP-Programmen auf die Benutzeroberfläche wenden wir uns nun wieder dem SAP-Easy-Access-Programm zu und einer wichtigen Information, die es bislang vor uns verbirgt.

Technische Namen

▷ Wählen Sie den Menüpunkt **Zusätze · Einstellungen**, über den wir die Darstellung der Anwendungshierarchie für unsere Zwecke konfigurieren können.

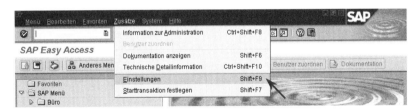

Abbildung 1.17 Menüpunkt Zusätze · Einstellungen auswählen

▷ Aktivieren Sie die Checkbox **Technische Namen anzeigen** und quittieren Sie die Änderung über den **OK**-Button.

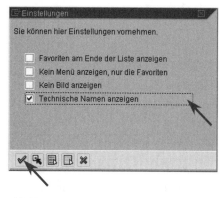

Abbildung 1.18 SAP-Easy-Access-Einstellungen

Nun wird in der Hierarchiedarstellung links neben der Programmbezeichnung auch die so genannte *Transaktion* angezeigt (z.B. SE80, SE83 etc.), über die man das Programm direkt von der Kommandozeile aus ausführen kann.

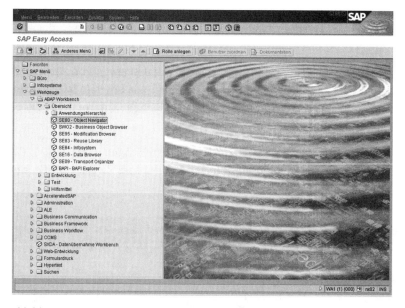

Abbildung 1.19 SAP Easy Access mit technischen Namen

Stellen Sie sich eine Transaktion einfach als Link oder Kurzbefehl vor und verwechseln Sie diesen historisch geprägten SAP-Begriff nicht mit einer Datenbanktransaktion. Wir werden uns in Abschnitt 2.2 ausführlich mit Programmtransaktionen und in Kapitel 4 mit Datenbanktransaktionen befassen. Professionelle ABAP-Programmierer geben häufig Transaktionen in der Kommandozeile ein, anstatt sich durch das SAP-Easy-Access-Menü zu klicken.

Doch bevor wir das ausprobieren, wollen wir dem System noch weitere Statusinformationen entlocken, die für Sie als Programmierer wichtig sein können.

▷ Wählen Sie den Menüpunkt **System · Status**.

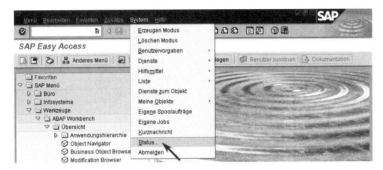

Abbildung 1.20 Menüpunkt System · Status auswählen

Dieser Dialog enthält eine Übersicht über Benutzer-, SAP-, Betriebssystem- und Datenbankdaten.

▷ Wählen Sie den Button mit dem gelben Pfeil, um weitere Kernelinformationen zum Server, zur Datenbank und zum SAP GUI zu erhalten.

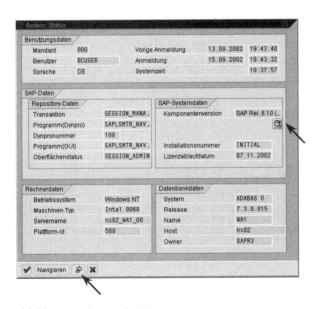

Abbildung 1.21 System-Status

Login, erste Schritte und Systemeinrichtung **47**

▷ Schließen Sie den Dialog.

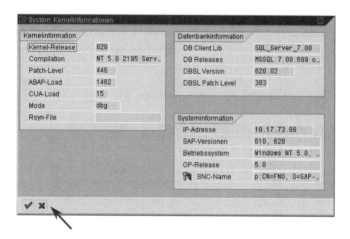

Abbildung 1.22 System-Kernelinformationen

▷ Wählen Sie stattdessen den Button mit der Lupe im Bereich **SAP-Systemdaten**, um Informationen über die eingespielten SAP-Komponenten und ihre Release-Stände zu erhalten.

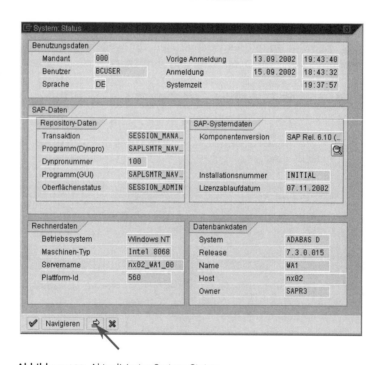

Abbildung 1.23 Aktualisierter System-Status

Es erscheint ein neuer Dialog mit Informationen über alle installierten SAP Komponenten.

▷ Schließen Sie den Dialog.

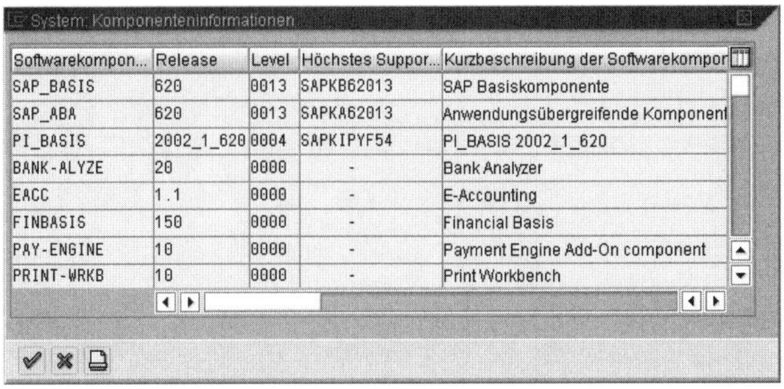

Softwarekompon...	Release	Level	Höchstes Suppor...	Kurzbeschreibung der Softwarekompor
SAP_BASIS	620	0013	SAPKB62013	SAP Basiskomponente
SAP_ABA	620	0013	SAPKA62013	Anwendungsübergreifende Komponent
PI_BASIS	2002_1_620	0004	SAPKIPYF54	PI_BASIS 2002_1_620
BANK-ALYZE	20	0000	-	Bank Analyzer
EACC	1.1	0000	-	E-Accounting
FINBASIS	150	0000	-	Financial Basis
PAY-ENGINE	10	0000	-	Payment Engine Add-On component
PRINT-WRKB	10	0000	-	Print Workbench

Abbildung 1.24 Systemkomponenten-Informationen

Diese Release-Stände sind von Bedeutung, wenn Sie größere Modifikationen oder Erweiterungen an SAP-Komponenten vornehmen, da sich die Low-Level-Schnittstellen von einem Release-Stand zum nächsten ändern können. Auch Patches (Korrekturen) müssen stets in Abhängigkeit vom Release-Stand eingespielt werden.

Das SAP-System bietet eine Reihe verschiedener Möglichkeiten zum Starten eines Programms an. Hier erhalten Sie einen ersten Überblick (siehe auch Abbildung 1.25):

Starten von Programmen

- Im SAP Easy Access: Per Doppelklick auf eine Transaktion bzw. Programmbezeichnung.
- Im SAP Easy Access: Per Kontextmenü (rechte Maustaste auf Transaktion bzw. Programmbezeichnung) und anschließend Auswahl des Menüpunkts **Ausführen**.
- In der Kommandozeile: Per Eingabe des Befehls »/n« mit nachfolgender Transaktion, z.B. »/nSE83«. Der Vorteil dieser Art des Programmstarts ist, dass er immer und aus jeder Applikation heraus funktioniert; Sie sind nicht auf SAP Easy Access angewiesen. Es verdrängt das gerade laufende Programm jedoch ohne weitere Sicherheitsabfragen, z.B. ob Sie vor dem Schließen speichern möchten.

▷ Schließen Sie nun alle eventuell noch geöffneten Dialoge, bis Sie sich wieder im Hauptfenster befinden, und probieren Sie die verschiedenen Startmöglichkeiten anhand der Applikation *Reuse Library* aus.

▷ Um alle Startmöglichkeiten durchzuprobieren, können Sie die Applikation Reuse Library jederzeit wieder durch Anklicken des grünen **Zurück**-Buttons verlassen.

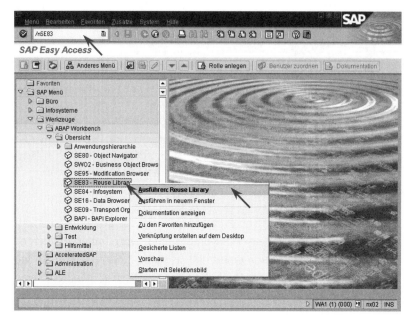

Abbildung 1.25 SAP-Easy-Access-Kontextmenü

Starten von Programmen in neuen Modi

Das Starten einer Applikation lässt sich noch über weitere Varianten vollziehen. Z.B. können Sie bereits zum Startzeitpunkt bestimmen, ob die Applikation in einem neuen Modus (Hauptfenster) ausgeführt werden soll, anstatt das gerade laufende Programm im vorhandenen Fenster zu verdrängen. Insgesamt können Sie bis zu sechs Modi auf einmal offen halten. Auch zu diesen Verfahrensweisen ein kurzer Überblick (siehe auch Abbildung 1.26):

▶ Im SAP Easy Access: Per Kontextmenü (rechte Maustaste auf Transaktion bzw. Programmbezeichnung) und anschließend Auswahl des Menüpunktes **Ausführen in neuem Fenster**.

▶ In der Kommandozeile: Per Eingabe des Befehls »/o« mit nachfolgender Transaktion, z.B. »/oSE83«. Der Vorteil dieser Art des Programmstarts ist, dass er immer und aus jeder Applikation heraus funktioniert und dabei das gerade laufende Programm nicht beeinflusst.

▶ In der Symbolleiste: Anklicken des **Neuen Modus erzeugen**-Buttons und anschließend im neuen Fenster Nutzung der oben beschriebenen Möglichkeiten zum Starten eines Programms.

▷ Probieren Sie die verschiedenen Startmöglichkeiten anhand der Application Reuse Library aus.

▷ Nachdem Sie alle Startmöglichkeiten durchprobiert haben, schließen Sie die neuen Fenster einfach wieder.

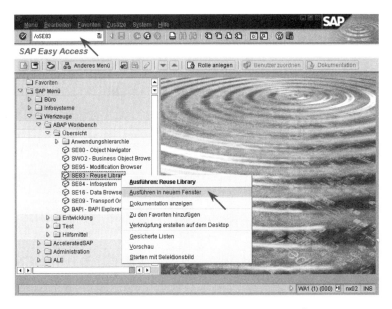

Abbildung 1.26 SAP Easy Access – Starten in einem neuen Modus

Die auf diese Weise gestarteten neuen Modi greifen immer auf den gleichen Server zu wie der vorhandene Modus. Neue ABAP-Tasks werden selbst im Cluster-Betrieb niemals auf andere Server gelenkt. ABAP-Programmierer wissen dieses Verhalten zu schätzen, ermöglicht es ihnen doch beim Debuggen (Testen und Fehler beseitigen), in einem Fenster den Debugger laufen zu lassen und in den anderen Fenstern währenddessen Breakpoints (Haltepunkte) zu setzen oder zu löschen. Würden Sie jeden Modus per SAP-Logon erzeugen, könnten bei Server-Clustern die einzelnen Modi auf unterschiedlichen Servern ablaufen.

Schließlich können Sie eine Applikation durch die so genannte *Vorwärtsnavigation* starten. SAP hat diese Möglichkeit gerade in den entwicklungs- und administrationsnahen Applikationen ausgiebig vorgesehen. Sie können dort auf beinahe jedes Eingabefeld, jede Beschriftung und sogar jedes Wort im Quelltext doppelklicken und gelangen in ein weiteres Programm. Umgekehrt können Sie mithilfe des grün hinterlegten **Zurück**-Buttons aus der Symbolleiste stets wieder an die vorherige Programm-

Vorwärts- und Rückwärtsnavigation

stelle springen. Nur als kleinen Vorgeschmack auf das nächste Kapitel wollen wir die Vorwärtsnavigation anhand der Reuse Library demonstrieren.

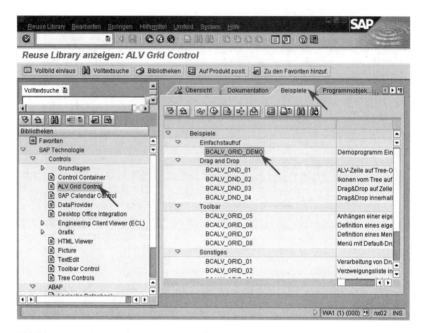

Abbildung 1.27 Reuse Library mit Beispielprogrammen, z. B. zum ALV Grid Control

▷ Starten Sie die Reuse Library erneut.

▷ Doppelklicken Sie unter **SAP-Technologie** · **Controls** auf den Eintrag **ALV Grid Control**.

▷ Wählen Sie den Karteireiter **Beispiele** aus.

▷ Doppelklicken Sie anschließend auf das Demoprogramm BCALV_GRID_DEMO.

Das aktive Programm hat gewechselt, und es erscheint das Programm ABAP-Editor, in dem der Quelltext des ausgewählten Demoprogramms angezeigt wird. Per Vorwärtsnavigation wurde also ein neues Programm gestartet.

▷ Sie können nun z. B. auf den Text »SFLIGHT« im Quelltext doppelklicken, um sich per Vorwärtsnavigation zum nächsten Programm zu bewegen, und so fort.

▷ Per **Zurück**-Button können Sie jederzeit wieder an die Ausgangsposition zurückkommen.

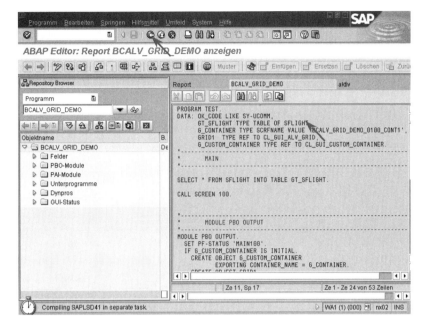

Abbildung 1.28 Quelltext des Programms BCALV_GRID_DEMO

Wahrscheinlich haben Sie während Ihres Streifzugs durch das SAP-System bereits Bekanntschaft mit der Wartuhr in der Statuszeile gemacht, wie sie auch in Abbildung 1.28 zu sehen ist. Wenn Sie auf einem frisch installierten SAP-System (z. B. der in Abschnitt 1.2 beschriebenen Trainingsversion) arbeiten, kann dies in den ersten Stunden der Benutzung zu einer wahren Geduldsprobe ausarten, denn sie erscheint bei jedem ersten Start eines Programms. In Abschnitt 1.1 haben wir bereits darüber gesprochen, dass ABAP-Programme ausschließlich im Quelltext ausgeliefert werden. Beim allerersten Start müssen die Programme folglich als Quelltext von der Datenbank eingelesen und kompiliert werden, bevor sie von der ABAP-Laufzeitumgebung ausgeführt werden können. Dies verursacht die langen Wartezeiten an einem frisch installierten System.

ABAP-Just-In-Time-Compiler

2 Arbeiten mit der Entwicklungsumgebung – Object Navigator

Eigene ABAP-Programme entwickelt man mithilfe der integrierten Entwicklungsumgebung Object Navigator. Diese Software beinhaltet die wichtigsten Werkzeuge zur Erstellung und Pflege von Quelltexten, Programmoberflächen und Datenbanktabellen, die ein ABAP-Programmierer bei seiner täglichen Arbeit benötigt.

Der Object Navigator ist natürlich selbst ein ABAP-Programm und kann folglich von jedem Anwender mit SAP-Zugang ausgeführt werden, sofern er die notwendigen Berechtigungen besitzt. Innerhalb des Object Navigators läuft die Applikationserstellung immer nach dem gleichen Schema ab und beinhaltet die folgenden Schritte:

Grundlagen

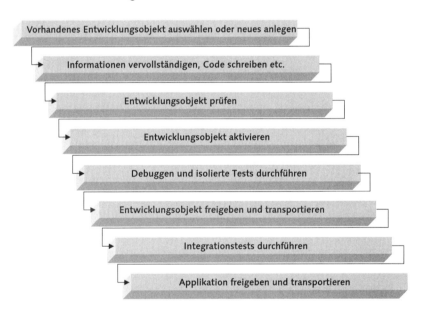

Abbildung 2.1 Der Weg vom Entwicklungsobjekt zur fertigen Applikation

- **Vorhandenes Entwicklungsobjekt auswählen oder neues anlegen**
  Die Arbeit mit dem Object Navigator gestaltet sich sehr visuell und mit vielen Subfenstern, Dialogen und Sicherheitsabfragen. Der Grund hierfür liegt in der Vielzahl an verschiedenartigen Entwicklungsobjekten, die es neben dem eigentlichen Quelltext gibt und die zusammenge-

nommen das ABAP-Programm ergeben. Beispiele hierfür sind Daten- und Tabellendefinitionen, Suchhilfen und Transaktionen, um nur einige zu nennen. In den folgenden Kapiteln werden Sie sie alle kennen lernen.

- **Informationen vervollständigen, Code schreiben etc.**
  Konkret werden Sie feststellen, dass Sie nur etwa die Hälfte Ihrer Programmierzeit mit dem Schreiben von ABAP-Quelltext verbringen werden und die andere Hälfte mit dem Anlegen von anderen Entwicklungsobjekten (z.B. Datenbanktabellen oder Funktionsgruppen).

- **Entwicklungsobjekt prüfen**
  Jedes Entwicklungsobjekt muss eine manuell gestartete oder automatische Prüfung durchlaufen, analog zum Syntax-Check eines Quelltextes. Typisch für Datenbankanwendungen im Allgemeinen und für den Object Navigator im Besonderen ist die »Penetranz«, mit der darauf Wert gelegt wird, fehlerhafte oder unvollständige Angaben erst gar nicht auf die Datenbank zu lassen. Der Ihnen abverlangte hohe Aufwand ist jedoch einer der Hauptgründe für die hohe Laufzeitstabilität von ABAP-Programmen, die bei SAP-Systemen mit potenziell Hunderttausenden Anwendern notwendig ist.

- **Entwicklungsobjekt aktivieren**
  Bevor ein Entwicklungsobjekt (z.B. Tabellendefinition) von einem anderen Entwicklungsobjekt (z.B. Quelltext) genutzt werden kann, muss es aktiviert werden. Die ganze Entwicklungsumgebung und das Transportwesen zum Kopieren von ABAP-Programmen sind eingebettet in ein Versionskontrollsystem, das nicht nur über die Versionen wacht, sondern zu jedem Entwicklungsobjekt zwischen einem aktiven und einem inaktiven Zustand unterscheidet. Während die aktive Variante von anderen Entwicklungsobjekten genutzt wird, können Sie und Andere an der inaktiven Variante unbehelligt Veränderungen vornehmen, die die übrigen Entwicklungsobjekte (und Teamkollegen, die damit arbeiten) so lange nicht beeinflussen, bis Sie die Änderungen aktiviert haben.

- **Debuggen und isolierte Tests durchführen**
  Der Object Navigator beinhaltet selbstverständlich einen Debugger zum Testen von ABAP-Programmen. So können Sie das entwickelte Programm nicht nur als Ganzes, sondern auch Befehl für Befehl nachvollziehen und testen. Nicht selbstverständlich ist indes, dass der Object Navigator eine Testumgebung für einzelne Funktionen, Klassen und Methoden mitbringt, in der man funktionale Tests auf unterster Ebene durchführen kann, auch wenn das Programm als Ganzes noch

gar nicht lauffähig ist. Gerade bei größeren Entwicklungsteams ist das ein nützliches Feature, denn man muss nicht unbedingt auf die Arbeit der Kollegen warten. Ein angenehmes Komfortmerkmal ist auch, dass man beim Debuggen ähnlich wie in Visual Basic den Befehlscursor einfach vor- oder zurücksetzen kann und so den Programmablauf direkt beeinflusst. Wir werden das später ausprobieren.

▶ **Entwicklungsobjekt freigeben und transportieren**
Nach dem positiven Abschluss der isolierten Tests wird das Entwicklungsobjekt für gewöhnlich in ein zweites, unabhängiges SAP-System speziell zur Qualitätssicherung transportiert. Zusammen mit den übrigen Bestandteilen entsteht dort eine Kopie des ABAP-Programms.

▶ **Integrationstests durchführen**
Tester und Qualitätsbeauftragte führen auf dem Qualitätssicherungssystem weitere Tests und Integrationsprüfungen mit anderen Applikationen durch und probieren gegebenenfalls auch das Verhalten bei unterschiedlichen Customizing-Einstellungen, sofern Sie dies in Ihrem Programm vorgesehen haben.

▶ **Applikation freigeben und transportieren**
Schließlich kann die Applikation als Ganze in ein oder mehrere Produktivsysteme kopiert oder als verkaufsfertige Applikation auf CD gebrannt werden.

In seinem Buch *The Road Ahead* beschreibt Bill Gates, dass es in den einzelnen Entwicklungsabteilungen bei Microsoft einen so genannten *Build Master* gibt, der den zentralen Compilerlauf organisieren und überwachen muss, bei dem alle Quelltexte zu einem Produkt gemeinsam kompiliert werden. Bei großen Produkten wie z.B. dem Windows-Betriebssystem kann die Vorbereitung und Durchführung dieses Build-Vorgangs durchaus eine ganze Nacht dauern und dementsprechend unbeliebt ist der Job. Zum Build Master ernannt wurde immer der Entwickler, dessen Quelltexte beim letzten Compilerlauf einen Abbruch oder Fehler verursacht hatten, was dazu führte, dass die Tester am nächsten Tag nichts Aktuelles zum Testen hatten, was wiederum den gesamten Entwicklungsprozess verzögerte. Diesen Job machte der arme Tropf so lange, bis einen anderen Entwickler dieses Schicksal ereilte. Ähnliche Vorgehensweisen kennen wir von Unternehmen der Automatisierungstechnik, wo die Betriebssysteme für die speicherprogrammierbaren Steuerungen ebenfalls in C entwickelt werden.

Dezentrale Builds

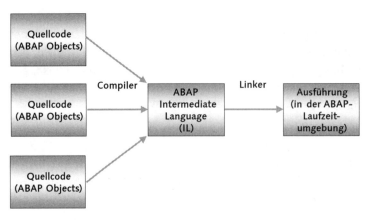

Abbildung 2.2 Dezentrale Builds in ABAP Objects

Im Gegensatz dazu müssen ABAP-Programme nicht zentral kompiliert und gelinkt werden, denn die ABAP-Laufzeitumgebung beherrscht so genannte *dezentrale Builds*, d.h., jedes einzelne Entwicklungsobjekt wird für sich aktiviert, gegebenenfalls in Zwischencode übersetzt und letztlich gegen die vorherige Version ausgetauscht – egal, wie umfangreich und komplex die Gesamtapplikation sein mag. Umsteiger von anderen Programmiersprachen mögen sich das ungefähr so vorstellen, als ob sie in C, Basic oder Delphi jede Methode, jede Funktion und sogar jeden Datentyp in eine eigene DLL verpacken, die Sie unabhängig voneinander kompilieren und in ein Programmverzeichnis zur Ausführung stellen können. Startet ein Anwender das Programm in diesem Verzeichnis, arbeitet er automatisch mit der aktuellsten Version aller Programmbestandteile, die dort abgelegt sind. Mit ebenso feiner Granularität lässt sich bei ABAP-Programmen ein Update durchführen: Dabei werden einfach die betroffenen Entwicklungsobjekte gegen neue ausgetauscht und der nächste Aufrufer des Programms arbeitet automatisch mit der aktualisierten Version. SAP nennt die Technologie, die hinter all diesen Fähigkeiten steckt, *Transportwesen* und wir werden ihr in diesem Buch immer wieder begegnen.

2.1 Erste Schritte im Object Navigator

Schauen wir uns nun den Object Navigator etwas genauer an und werfen wir einen Blick auf die Unterschiede der Releases 4.6 bis 6.30.

▷ Führen Sie die Transaktion SE80 – Object Navigator aus, indem Sie in der Kommandozeile »/nSE80« eingeben oder auf die entsprechende Zeile im SAP Easy Access doppelklicken.

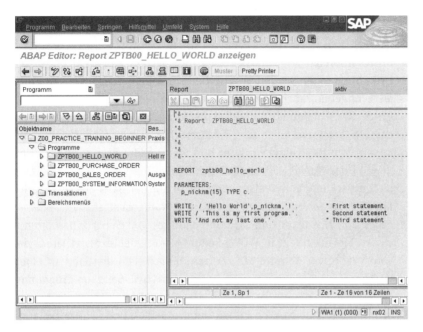

Abbildung 2.3 Der Object Navigator Release 4.6

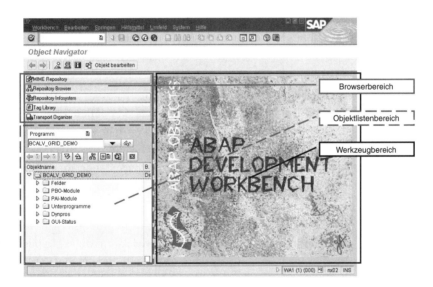

Abbildung 2.4 Der Object Navigator Release 6.10 – 6.30

Die Programmoberfläche des Object Navigators ist über die Jahre weitgehend unangetastet geblieben und dementsprechend ähnlich sehen sich die Programmversionen. Die Verbesserungen in neuen Releases beziehen sich vor allem auf die Fähigkeiten »behind the scenes«: Hier ein Menü-

Unterschiede der Releases

Erste Schritte im Object Navigator **59**

punkt mehr, dort eine neue Möglichkeit zur Vorwärtsnavigation. Einziger auffälliger Unterschied sind die neuen Browser im Browserbereich:

- **Browserbereich**

  Links oben sehen Sie den Browserbereich, in dem Sie Entwicklungsobjekte angeben, suchen und auswählen können. Beim direkten Vergleich der Abbildung 2.3 und Abbildung 2.4 können Sie erkennen, dass der Browserbereich zum Release 6.10 stark ausgebaut wurde und neben dem Repository Browser nun vier weitere Browser beinhaltet. Sowohl das MIME Repository als auch der Tag Browser unterstützen die Entwicklung von Webanwendungen auf der Basis der so genannten *Business Server Pages*. Analog zu den Namensvettern Active Server Pages von Microsoft und Java Server Pages von Sun können Sie mit dieser Technik direkt in HTML-Seiten ABAP-Quelltext platzieren, der vom Webserver unmittelbar vor dem Verschicken der Seite an einen Webbrowser abgearbeitet wird und so die HTML-Seite um programmgesteuerte Inhalte ergänzen kann. Das Repository Infosystem ermöglicht die Suche nach allen Entwicklungsobjekten und kann dabei auch Platzhalter (*) oder Textbeschreibungen berücksichtigen. Es fasst die vielen Einzelwerkzeuge im Verzeichnis *ABAP Workbench* des SAP Easy Access unter einer eigenen Oberfläche zusammen. Wir kommen später in diesem Kapitel darauf zurück. Auch der Transport Organizer ist nicht neu, sondern wurde lediglich in den Object Navigator integriert.

- **Objektlistenbereich**

  Die Objektliste nimmt den gesamten Platz unterhalb des Browserbereichs für sich in Anspruch. Sie korrespondiert direkt mit dem im Browserbereich gerade ausgewählten Browser und enthält eine hierarchische Auflistung von Entwicklungsobjekten, die Sie auswählen und bearbeiten können. Je nach Art des Listeneintrags stehen Ihnen hier unterschiedliche Befehle im Kontextmenü zur Verfügung.

- **Werkzeugbereich**

  Im Werkzeugbereich werden die eigentlichen Bearbeitungsfenster für das im Objektlistenbereich ausgewählte Entwicklungsobjekt eingeblendet. Hier können Sie beispielsweise Quelltexte bearbeiten, Tabellen definieren oder Datentypen verwalten.

Beispiele

Im Menüsystem des Object Navigators sind weitere wichtige Funktionen untergebracht. Besonders interessant sind die umfangreichen Programmierbeispiele, die SAP zur Verfügung stellt.

▷ Wählen Sie den Menüpunkt **Umfeld · Beispiele**.

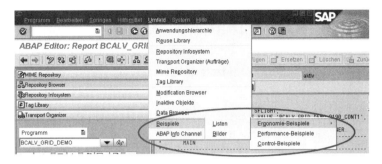

Abbildung 2.5 Programmierbeispiele zu diversen Themen

Hier gibt es eine umfangreiche Sammlung von Quelltexten zu den Themen Ergonomie, Performance und Controls sowie ab Release 6.20 und darüber hinaus auch zu jedem ABAP-Befehl (Menüpunkt **ABAP-Beispiele**). Vor Release 6.20 ist diese Dokumentation mit Beispielen über die **F1**-Hilfe und dort den **Dokumentation**-Button bzw. über die Transaktion /nABAPDOCU erreichbar. Wir wollen uns den Menüpunkt **Performance-Beispiele** genauer anschauen.

▷ Wählen Sie den Menüpunkt **Umfeld · Beispiele · Performance-Beispiele**.

Im Objektlistenbereich sehen Sie eine strukturierte Liste, in der alle Performance-Beispiele aufgelistet werden. Meist dreht es sich um die Gegenüberstellung zweier ABAP-Befehle, wobei inhaltlich jeweils ein bestimmter Aspekt der Performanceoptimierung abgedeckt wird.

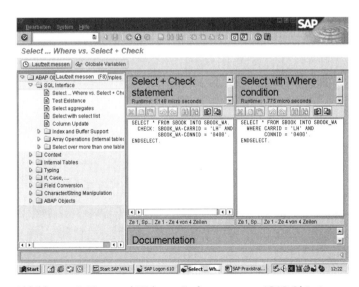

Abbildung 2.6 Tipps und Tricks zur Performance von ABAP Objects

Erste Schritte im Object Navigator **61**

▷ Doppelklicken Sie in der Liste auf das Beispiel **Select ... Where vs. Select + Check**. Zwei Quelltexte werden in den Werkzeugbereich geladen, deren Performanceverhalten zeitlich gegenübergestellt werden soll.

▷ Klicken Sie auf den Button **Laufzeit messen**.

Wie Sie sehen, ist die Laufzeit des SELECT-WHERE-Konstrukts mit 1,7 Mikrosekunden (gerundet) deutlich geringer als die Laufzeit der SELECT+CHECK-Anweisung mit 5,1 Mikrosekunden.

Repository Infosystem und ABAP Workbench

Das Repository Infosystem gehört seit Release 6.10 zum Ausstattungsumfang des Object Navigators und gestattet den direkten Zugriff auf alle Entwicklungsobjekte. Hierfür stellt es ein leistungsfähiges Suchsystem zur Verfügung, mit dessen Hilfe nach Namen und Beschreibungen mit und ohne Platzhalter gesucht werden kann. Wir wollen das einmal ausprobieren, indem wir eine Suchabfrage nach Transaktionscodes starten, die den Text »SE8« beinhalten. Nach unseren Erwartungen müsste sich die Transaktion SE80 in der Ergebnisliste befinden. Ab Release 6.10 können Sie die Abfrage wie folgt durchführen:

▷ Klicken Sie im Browserbereich auf den Button **Repository Infosystem** oder wählen Sie den Menüpunkt **Umfeld · Repository Infosystem**.

▷ Wählen Sie im Objektlistenbereich den Eintrag **Weitere Objekte/ Transaktion** aus.

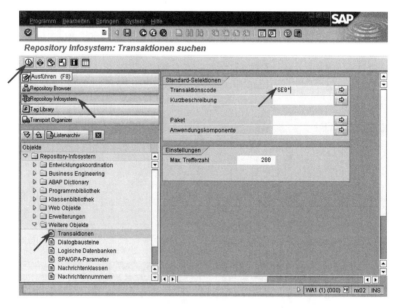

Abbildung 2.7 Nach Transaktionen suchen im Repository Infosystem

▷ Geben Sie als Transaktionscode »*SE8*« ein, denn wir wollen belegen, dass die Abfrage auch mit Platzhalten problemlos funktioniert.

▷ Drücken Sie den **Ausführen**-Button oder die Taste **F8**.

Als Ergebnis erhalten Sie eine Liste mit allen Treffern, auf die die eingegebene Suchbedingung zutrifft.

▷ Doppelklicken Sie auf den Transaktionscode SE80, um Details über dieses Entwicklungsobjekt anzuzeigen.

Wie Sie sehen, stellt das Repository Infosystem daraufhin das Programm zum Bearbeiten von Transaktionen im Werkzeugbereich des Fensters dar. Wir könnten von hier aus die Transaktion modifizieren oder per Vorwärtsnavigation, beispielsweise auf den Namen des Pakets, weitere Informationen abfragen.

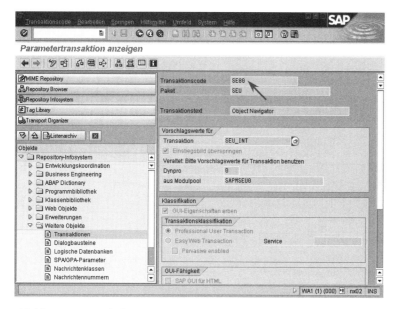

Abbildung 2.8 Detailinformationen zur Parametertransaktion

Stattdessen wollen wir demonstrieren, wie mit dem Repository Infosystem das Suchen nach Entwicklungsobjekten in Release 4.6 und davor möglich ist. Zum einen kann das Repository Infosystem zu Release 4.6 über das Hilfsmittel-Menü im Object Navigator aufgerufen werden. Die Programme, die das Repository Infosystem zum Anzeigen von Detailinformationen eines Entwicklungsobjekts aufruft, lassen sich jedoch auch einzeln starten und bieten dann ebenfalls die Möglichkeit zur Suche mit Platzhaltern, was auch vor Release 4.6 bereits möglich war:

▷ Klicken Sie in der gemeinsamen Symbolleiste so lange auf den **Beenden**-Button, bis Sie sich wieder im SAP Easy Access befinden.

▷ Im Anwendungsmenü finden Sie unter **Werkzeuge • ABAP Workbench • Entwicklung** alle Einzelprogramme, die vom Repository Infosystem angesteuert werden.

▷ Führen Sie das Programm SE93 – Transaktionen aus, das Sie im Anwendungsmenü unter **Werkzeuge • ABAP Workbench • Entwicklung • Weitere Werkzeuge** finden.

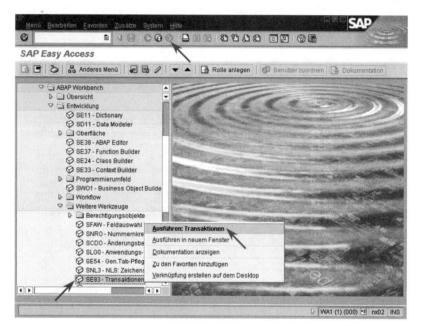

Abbildung 2.9 Applikation SE93 – Transaktionen

Es erscheint die Oberfläche des Programms.

▷ Geben Sie den Suchtext »*SE8*« in das Eingabefeld ein.

▷ Klicken Sie auf den **Auswahl**-Button rechts neben dem Eingabefeld oder drücken Sie alternativ dazu die **F4**-Taste, um die so genannte *Werthilfe* aufzurufen. Die Werthilfe (auch *Auswahl-* oder *F4-Hilfe* genannt) steht Ihnen in ABAP-Programmen zur Verfügung, in denen Benutzereingaben gemacht werden müssen. Durch den Aufruf der Werthilfe erfährt der Anwender, welche Werte für ein bestimmtes Eingabefeld zulässig sind.

Es erscheint die Trefferliste zu unserer Suchabfrage, in der auch die Transaktion SE80 enthalten ist.

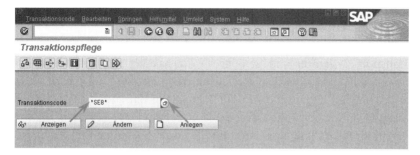

Abbildung 2.10 Der Startbildschirm der Transaktionsoberfläche

▷ Wählen Sie die Transaktion SE80 aus und bestätigen Sie mit dem **OK**-Button. Alternativ genügt auch ein Doppelklick auf die Transaktion.

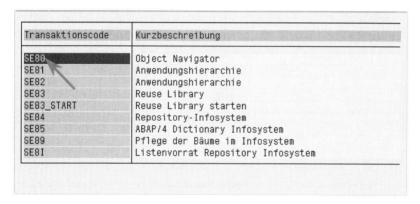

Abbildung 2.11 Auswahldialog zum Transaktionscode

Daraufhin schließt der Auswahldialog und der ausgewählte Transaktionscode wird in das Eingabefeld übernommen.

▷ Klicken Sie anschließend auf den **Anzeigen**-Button.

Sie gelangen nun in die gleiche Detailanzeige, die auch vom Repository Infosystem aus angesteuert wird (siehe Abbildung 2.8).

Spätestens ab diesem Punkt wird offensichtlich, dass dasselbe Programm auch vom Repository Infosystem angesprungen wird und deshalb letztlich die Funktionalität ab diesem Punkt identisch ist. Im Prinzip ließe sich diese Demonstration der Gegenüberstellung auch für alle anderen Entwicklungsobjekte wiederholen. Als Entwickler in Release 4.6 hat man also funktional keine Nachteile. In Ausnahmefällen ist lediglich die Bedienung etwas anders.

Transport Organizer Der Transport Organizer ist seit Release 6.10 Bestandteil des Object Navigators. Er residiert als separate Anwendung im Anwendungsmenü des SAP Easy Access unter **Werkzeuge · ABAP Workbench · Übersicht · Transport Organizer** und ist über die Transaktion SE09 erreichbar. Als Programmierer wird er für Sie relevant, wenn Sie eine (Teil-)Entwicklung abgeschlossen haben und nun Ihr Ergebnis in ein anderes SAP-System kopiert werden soll. Der Transport läuft dabei in vier Schritten ab, von denen für Sie als Programmierer nur die ersten beiden und für Administratoren die letzten beiden interessant sind:

1. Bevor Sie ein vorhandenes Entwicklungsobjekt neu anlegen bzw. modifizieren können, werden Sie in einem Dialog gefragt, in welchen Auftrag Sie Ihre Arbeit aufzeichnen lassen wollen. Entweder Ihr Projektleiter oder Administrator legt einen solchen Auftrag an oder Sie besitzen die Erlaubnis, sich selbst einen anzulegen. In einem Auftrag entsteht automatisch für jeden Programmierer eine Aufgabe, so dass man die Arbeit der einzelnen Mitarbeiter besser auseinander halten kann. Das Verfahren wird in Abschnitt 2.3 demonstriert.

2. Sobald Sie Ihre Entwicklung abgeschlossen bzw. einen ersten funktionsfähigen Stand erreicht haben, geben Sie über den Transport Organizer Ihre Aufgabe frei. Dazu rufen Sie in Release 4.6 die Transaktion SE09 auf, geben als Auswahlkriterium zur Anzeige von Aufträgen Ihren Login-Namen an und wählen aus der Liste dann den relevanten Auftrag mit der freizugebenden Aufgabe aus. Ab Release 6.10 ist der Transport Organizer in den Object Navigator integriert und Sie bekommen die Übersicht über Ihre Aufträge und Aufgaben, indem Sie den entsprechenden Button im Browserbereich auswählen. Über die rechte Maustaste erreichen Sie nun in jedem Fall das Kontextmenü, in dem Sie auch den Menüpunkt **Aufgabe freigeben** finden. Falls Sie auch den Auftrag selbst angelegt haben, können Sie diesen ebenfalls per Kontextmenü freigeben, sobald alle Aufgaben freigegeben wurden. Daraufhin übernimmt das Transportwesen alle modifizierten und erstellten Entwicklungselemente und schreibt sie in eine Datei, die im Export-Verzeichnis auf dem Server abgelegt wird.

3. Von dort kann Ihr Administrator mit der Datei anstellen, was er möchte. Üblich ist, dass die Entwicklung zunächst auf einem separaten SAP-System erneut getestet wird. Dazu wird die Datei in das Import-Verzeichnis des entsprechenden SAP-Systems kopiert und vom Administrator mittels des so genannten *Transport Management Systems*, einem Werkzeug zum Konfigurieren, Ausführen und Überwachen von Änderungen an einem SAP-System, importiert.

4. Im Falle von SAP und seinen Implementierungspartnern, aber auch bei Kunden mit weit verteilter Systemlandschaft, wird die Datei nach erfolgreichem Test auf eine CD gebrannt, um sie als Produkt zu verschicken.

2.2 Entwicklungsklassen/Pakete

Pakete bzw. Entwicklungsklassen helfen bei der Strukturierung größerer Entwicklungen, denn man kann mit ihnen Entwicklungsobjekte thematisch ordnen und zusammenfassen. Namensräume lassen sich bei SAP reservieren und sind Voraussetzung für ein reibungsloses Kopieren von ABAP-Programmen auf beliebige fremde SAP-Systeme.

Die Entwicklung von ABAP-Programmen wird in Release 4.6 über so genannte *Entwicklungsklassen* strukturiert. Diese haben nichts mit Klassen im objektorientierten Sinn zu tun, sondern man kann sie sich wie ein Verzeichnis vorstellen, in das man andere Entwicklungsobjekte ablegt. Und genauso wie eine Dateiablage in thematisch geordneten Verzeichnissen zur Ordnung beiträgt, erhöht die Zuordnung von Entwicklungsobjekten zu einer Entwicklungsklasse die Übersichtlichkeit größerer Programme.

Seit Release 6.10 tragen Entwicklungsklassen den neuen Namen *Pakete*, da sie neben der Ordnung von Entwicklungsobjekten einige wesentliche Eigenschaften hinzugewonnen haben. Vom Konzept her lassen sich diese neuen Eigenschaften mit den Paketkonzepten in Java, Microsoft.NET oder Borland Delphi vergleichen. Im Gegensatz zu letzteren beiden können in ABAP jedoch keine unterschiedlichen Versionen eines Pakets im SAP-System gleichzeitig vorhanden sein und auch Kompatibilitätsangaben (z. B. Paket A läuft mit den Versionen 1.0 bis 1.3 des Pakets B) werden nicht unterstützt.

Als Beispiel für die Nutzung von Paketen bzw. Entwicklungsklassen stelle man sich eine größere Applikation vor, in der alle Datenbank-relevanten Funktionen in einem Paket liegen, die Funktionalität der Anwendungslogik in einem anderen, die Benutzerdialoge und -fenster in einem weiteren usw. Große SAP-Applikationen, wie z. B. der SAP Bank Analyzer, bestehen im Kern aus mehr als 190 Paketen, die ihrerseits auf mehr als 20 weitere Pakete aus angrenzenden Entwicklungen und Basisfunktionalitäten zurückgreifen.

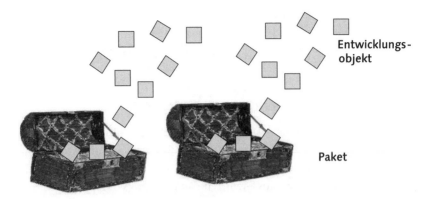

Abbildung 2.12 Pakete bzw. Entwicklungsklassen erhöhen die Ordnung

Strukturpakete Eine Verschachtelung der Pakete ineinander ist möglich, wobei man die übergeordneten Pakete als *Strukturpakete* bezeichnet und diese schließlich in einem *Hauptpaket* münden, das im Regelfall die gesamte Applikation umfasst. Abbildung 2.13 verdeutlicht dies in einem Beispiel.

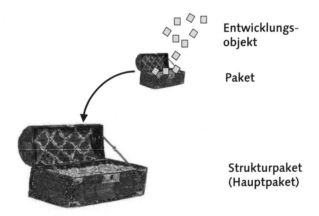

Abbildung 2.13 Verschachtelte Pakete einer Applikation

Pakete suchen und deren Verschachtelung verfolgen Um ein besseres Gefühl für den Umgang mit Paketen bzw. Entwicklungsklassen zu bekommen, wollen wir uns einige vorhandene Pakete und deren Verschachtelung ineinander etwas näher anschauen. Die folgende Demonstration ist nur mit einem SAP Web Application Server ab Release 6.10 nachvollziehbar.

▷ Starten Sie den Object Navigator und wählen Sie den Browser **Repository Infosystem**.

▷ Wählen Sie im Objektlistenbereich den Eintrag **Entwicklungskoordination/Pakete** aus.

▷ Geben Sie als Paketnamen »S*« ein und wählen Sie den **Ausführen**-Button oder **F8**.

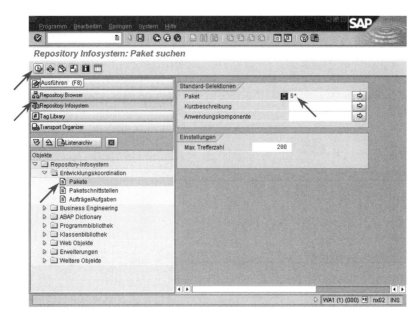

Abbildung 2.14 Suche nach Paketen mit dem Anfangsbuchstaben S

Als Ergebnis erhalten Sie eine Liste mit allen Treffern, auf die die eingegebene Suchbedingung zutrifft.

▷ Doppelklicken Sie auf das Paket SABA, um Details über dieses Entwicklungsobjekt anzuzeigen.

Daraufhin erscheint die Detailansicht zum Paket SABA im Werkzeugbereich und wir lesen, dass das Paket SABA ein direkt umgebendes Paket mit Namen BASIS besitzt. Natürlich können Sie nun per Doppelklick auf den Namen BASIS zu diesem Paket wechseln, um nähere Informationen darüber zu erhalten. Übersichtlicher ist jedoch ein anderer Weg, den wir nun beschreiten wollen.

▷ Markieren Sie den Namen SABA und wählen Sie die Tastenkombination **Strg+C** zum Kopieren des Namens in die Zwischenablage.

▷ Wählen Sie im Browserbereich den Button **Repository Browser** aus.

▷ Fügen Sie den Namen des Pakets mit **Strg+V** in das Eingabefeld ein.

▷ Drücken Sie die **Enter**-Taste oder klicken Sie auf den **Anzeigen**-Button (mit dem Brillen-Icon), um das Paket in den Object Navigator zu laden.

▷ Klicken Sie nun auf den Button **Übergeordnete Objektliste**, um die Hierarchie der Pakete anzuzeigen.

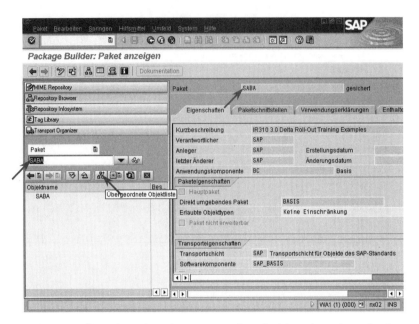

Abbildung 2.15 Übernahme des Paketnamens in den Objektlistenbereich per Cut & Paste

Nun sehen wir, dass das Paket SABA neben vielen anderen Bestandteil des Pakets BASIS ist und es sich um eine sehr große Pakethierarchie handelt. Über diese Hierarchie können wir nun bequem zwischen den thematisch verwandten Paketen navigieren.

2.3 Namensräume

Jeder kennt das Problem, wenn man zwei Dateien mit gleichem Namen, jedoch unterschiedlichem Inhalt im gleichen Verzeichnis ablegen will. Man muss eine davon umbenennen, will man nicht den Inhalt einer Datei verlieren. Ein analoges Problem zeigt sich beim Anlegen sowie beim Kopieren von Entwicklungsobjekten, denn Entwicklungsobjekte müssen immer einen eindeutigen Namen haben. Verschärft wird diese Forderung dadurch, dass dies sogar übergreifend über Pakete bzw. Entwicklungsklassen gilt. In ABAP ist daher beinahe jedes Entwicklungsobjekt global, d.h. im gesamten SAP-System bekannt, und lediglich direkt innerhalb eines Quelltextes definierbare Entwicklungsobjekte (z.B. Unterprogramme oder lokale Klassen) können vom Namen her mehrfach vorkommen.

Nun gibt es aber neben SAP Hunderte von Implementierungspartnern, die Applikationen in ABAP entwickeln. Sprechen die sich alle ab, oder wie vermeiden sie Namenskonflikte, wenn zwei Applikationen unterschiedlicher Hersteller auf einem System, beispielsweise bei einem gemeinsamen Kunden installiert werden? Die Lösung liegt in den Namensräumen, die man als Kunde oder Partner bei SAP exklusiv für sich reservieren kann. Letztlich handelt es sich dabei um ein Präfix, mit dem alle Entwicklungsobjekte beginnen müssen. Der Namensraumbezeichner beginnt und endet mit einem »/« (Delimiter) und kann insgesamt maximal 10-stellig sein. So hat man sich beispielsweise bei SAP für das Produkt Bank Analyzer den Namensraum »/BA1/« reserviert und folglich beginnt jedes zugehörige Entwicklungsobjekt mit diesem Präfix (z.B. gibt es dort eine Funktion /BA1/B1_API_FP_TOTALS_GET).

Vermeidung von Namenskonflikten

Wer einmal einen Blick auf die in seinem SAP-System bekannten Namensräume werfen will, der kann die folgenden Schritte ausführen:

Namensräume auflisten und ergänzen

▷ Wechseln Sie in das SAP Easy Access-Menü und rufen Sie den Menüpunkt **Werkzeuge · ABAP Workbench · Übersicht · Transport Organizer** auf bzw. die Transaktion SE09.

Daraufhin startet der Transport Organizer und es wird die Einstiegsoberfläche des Programms angezeigt.

▷ Klicken Sie auf den Button **Transport Organizer Tools** oder drücken Sie **Umsch+F6**.

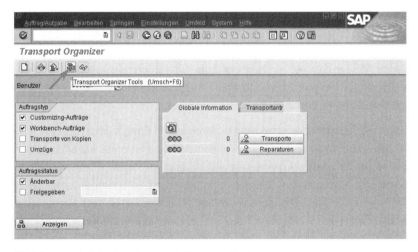

Abbildung 2.16 Aufruf der Transport Organizer Tools

Es erscheint eine Programmoberfläche, die etwas Ähnlichkeit mit dem SAP Easy Access-Menü hat, im Objektlistenbereich jedoch ausschließlich Hilfsprogramme zum Thema Transport-Organisation beinhaltet.

▷ Wählen Sie den Menüpunkt **Administration · Namensräume anzeigen/ändern**.

Je nachdem, mit welchem SAP-System Sie arbeiten, erscheinen nun mehr oder weniger viele Namensräume, die bereits registriert wurden.

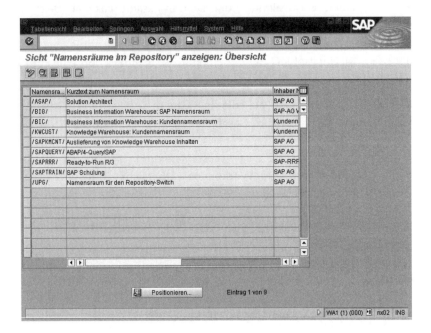

Abbildung 2.17 Reservierte Namensräume im System

Wenn Sie bei SAP einen Namensraum für Ihr Projekt reserviert haben, können Sie ihn über diese Oberfläche eintragen. Danach steht er Ihnen für Ihre eigenen Entwicklungen zur Verfügung.

| Namenskonventionen für dieses Buch | Bevor wir nun mit der Erstellung unseres ersten Entwicklungsobjekts fortfahren, möchten wir noch auf die Namenskonventionen für dieses Buch hinweisen, die das Arbeiten sowohl allein als auch in einer Gruppe ermöglicht. Speziell für Gruppenschulungen ist zu beachten, dass jeder Teilnehmer eine eindeutige zweistellige Nummer (01, 02 etc.) erhält und er diese statt der 00 (für den Trainer reserviert) in den Namensbestandteil jedes Entwicklungsobjekts mit aufnimmt. Wird im Buch beispielsweise das Anlegen eines Pakets oder Programms mit Namen Z00_PRACTICE_TRAINING_BEGINNER bzw. ZPTB00_HELLO_WORLD beschrieben, gilt |

für den ersten Schulungsteilnehmer der Paketname Z01_PRACTICE_TRAINING_BEGINNER respektive für den Programmnamen ZPTB01_HELLO_WORLD, für den zweiten Schulungsteilnehmer Z02_PRACTICE_TRAINING_BEGINNER respektive ZPTB02_HELLO_WORLD usw. Dadurch werden Namenskonflikte vermieden, wie sie sonst bei der Arbeit am gleichen SAP-System entstehen können.

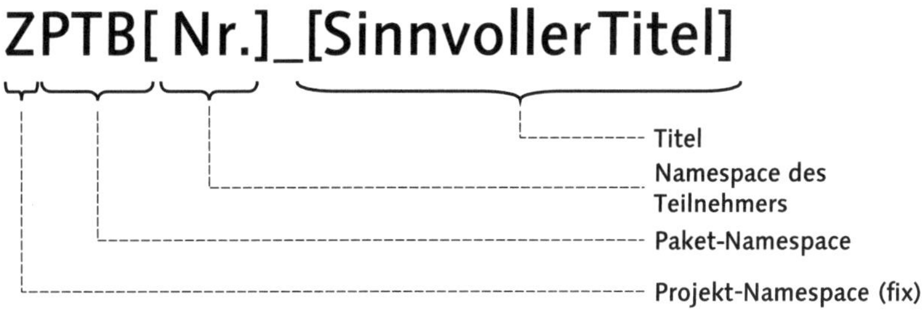

ZPTB[Nr.]_[Sinnvoller Titel]

- Titel
- Namespace des Teilnehmers
- Paket-Namespace
- Projekt-Namespace (fix)

Beispiele Praxistraining
- Programm   ZPTB00_PROGRAM_TEMPLATE
- Datenelement   ZPTB07_DTE_ORDERS_ID

Beispiele SAP
- Funktion   /BA1/B1_FMP_PARALLEL_START
- Tabelle   /BA1/B1_FPTOTALS

Abbildung 2.18 Namen und ihre Verwendung bei Gruppenschulungen

Sollten Sie statt des allgemeinen Kundennamensraums Z einen anderen Namensraum für sich reserviert haben bzw. im SAP-Namensraum operieren, ersetzen Sie den Anfangsbuchstaben Z eines jeden Entwicklungsobjekts einfach durch Ihren eigenen Namensraum (beispielsweise S01_PRACTICE_TRAINING_BEGINNER, /ABB/01_PRACTICE_TRAINING_BEGINNER etc.).

> **Aufgabe 2.1**
>
> Legen Sie eine Entwicklungsklasse bzw. ein Paket mit Namen Z00_PRACTICE_TRAINING_BEGINNER an.

▷ Wählen Sie den Button **Anderes Objekt** oder die Tastenkombination **Shift+F5**.

Paket/Entwicklungsklasse anlegen

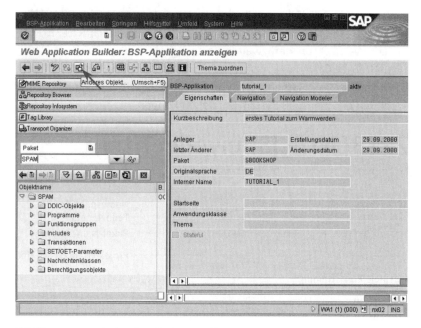

Abbildung 2.19 Aufrufen der Objektauswahl zum Anlegen eines Pakets

Daraufhin öffnet sich ein Dialog, in dem Sie geordnet unterhalb verschiedener Karteireiter Entwicklungsobjekte auswählen oder anlegen können.

▷ Wechseln Sie auf den Karteireiter **Entwicklungskoordination** und geben Sie im Eingabefeld **Paket** bzw. **Entwicklungsklasse** den Namen »ZOO_PRACTICE_TRAINING_BEGINNER« an.

▷ Wählen Sie den **Anlegen**-Button oder die Taste **F5**.

Daraufhin erscheint ein weiterer Dialog, in dem Sie nähere Informationen zum Paket bzw. der Entwicklungsklasse angeben müssen.

▷ Geben Sie eine kurze Beschreibung des Pakets bzw. der Entwicklungsklasse an, z. B. »Praxistraining für Umsteiger und Einsteiger«.

▷ Geben Sie als Softwarekomponente »HOME« an.

▷ Wählen Sie den **Sichern (Enter)**-Button oder die Taste **Enter**.

Als letzter Dialog erscheint die Abfrage des Transportauftrags, unter dem Ihre Entwicklung mitprotokolliert und später von einem System ins nächste kopiert werden kann.

Normalerweise sollte Ihr Administrator Ihnen das Anlegen von Aufträgen erlauben oder Ihnen bereits einen Auftrag eingerichtet haben, unter dem Sie nun das Paket anlegen können.

▷ Geben Sie entweder den von Ihrem Administrator eingerichteten Auftrag ein und bestätigen Sie Ihre Eingabe mit **OK** oder klicken Sie auf den **Neu**-Button.

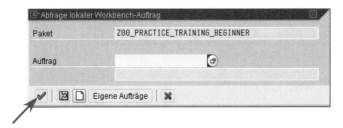

Abbildung 2.20 Anlegen eines neuen Transportauftrags

Für den Fall, dass Sie einen neuen Transportauftrag anlegen müssen, sind zusätzlich die folgenden Schritte notwendig:

▷ Geben Sie eine kurze Beschreibung des Transportauftrags ein, z.B. »Praxistraining für Umsteiger und Einsteiger« und bestätigen Sie Ihre Eingabe mit **OK**.

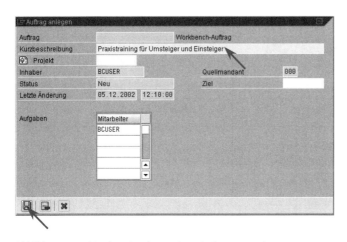

Abbildung 2.21 Kurzbeschreibung eines Auftrags angeben

Nachdem der Auftrag angelegt wurde, wird dieser mit Nummer und Beschreibung im Dialog angezeigt.

▷ Bestätigen Sie Ihre Eingaben mit **OK**, bis alle Dialoge geschlossen sind.

Abbildung 2.22 Auftragsnummer quittieren

Im Werkzeugbereich sehen Sie nun eine ganze Reihe der Detailinformationen angezeigt, die Sie zuvor eingegeben haben. Wir wollen nun unser Paket auch im Objektlistenbereich anzeigen lassen, um dort komfortabel weitere Entwicklungsobjekte anlegen bzw. auswählen zu können.

▷ Markieren Sie den Namen des Pakets und kopieren Sie den Text per **Strg+C** in die Zwischenablage.

▷ Wählen Sie als Objekttyp **Paket** bzw. **Entwicklungsklasse** aus.

▷ Fügen Sie den Text per **Strg+V** in das Eingabefeld ein und quittieren Sie über den **Anzeigen**-Button oder per **Enter**.

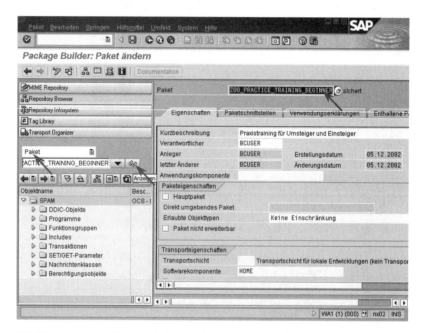

Abbildung 2.23 Paket bzw. Entwicklungsklasse in den Objektlistenbereich laden

Alle Vorbereitungen für die Erstellung unseres ersten eigenen Programms sind nun abgeschlossen. Im Objektlistenbereich wird unser – noch leeres – Paket angezeigt und wir können darin nun weitere Entwicklungsobjekte hinzufügen.

2.4 Erstes Programm »Hallo Welt« – REPORT, INCLUDE, Anwendungsmenü

Das Wort »Programm« gehört heutzutage zum Wortschatz eines jeden Erstklässlers und unter den häufigsten Assoziationen befinden sich die Begriffe Computer, Software und Internet. Doch was steckt speziell in Bezug auf ABAP eigentlich hinter einem Programm, wie kann man es erstellen und wie kann es von einem Endanwender genutzt werden?

Wohl keine andere Programmiersprache hat über die letzten 30 Jahre eine derart bewegte Vergangenheit durchlaufen wie ABAP. In den Anfängen der Sprache bis hin zu R/2 war ABAP lediglich für das Entwerfen so genannter *Reports* konzipiert, d.h. betriebswirtschaftlicher Berichte wie eine Auflistung aller offenen Forderungen gegenüber Kunden oder eine Unternehmensbilanz zum Jahresende. Tatsächlich konnten ABAP-Programme lediglich lesend auf die Daten in der Datenbank zugreifen und diese Daten in Form von tabellarisch angeordnetem Text, so genannten *Listen*, auf dem Bildschirm ausgeben. Kunden, die SAP-Software einsetzten, konnten die ABAP-Quelltexte dieser Reports selbst modifizieren oder neue entwerfen, die ihren Anforderungen genügen. Programme mit schreibendem Zugriff auf die Datenbank mussten zu dieser Zeit in Assembler (direkt in Maschinensprache) programmiert werden, und man kann sich aufgrund der damit einhergehenden Komplexität und Mühsal vorstellen, dass diese Aufgabe ausschließlich SAP vorbehalten war.

Grundlagen

Mit der Einführung von R/3 Anfang der 90er Jahre wurde die Programmiersprache ABAP so weit ausgebaut, dass sich mit ihr auch schreibende Zugriffe auf die Daten einer Datenbank realisieren ließen. Damit wurde es möglich, alle R/3-Applikationen vollständig in ABAP und ohne die Hilfe anderer Programmiersprachen zu verfassen.

Generell gibt es unter ABAP mehrere Möglichkeiten, ein startbares Programm zu schreiben, wovon die beiden wichtigsten der so genannte *Modulpool* und der *Report* sind. Anfänglich war die Regelung eindeutig, wann welche Alternative zu benutzen war. Komplexere Eingabemasken, die per SAP Dynpro-Oberflächentechnik (siehe Abschnitt 5.2) realisiert werden mussten, setzten einen Modulpool voraus, wie z.B. die Erfassung eines Buchungsbelegs in der Buchhaltung. Einfache Eingabemasken, wie

Modulpool vs. Report

z. B. die Auswahlkriterien Jahr und Periode für einen Zwischenbilanzbericht wurden als Report programmiert. Seit Release 3.0 gibt es keine technischen Beschränkungen mehr für die eine oder andere Technik. Dennoch findet man von SAP nur noch wenige Programme, die als Modulpool realisiert sind, d.h. Reports haben sich auf breiter Front durchgesetzt. Aus diesem Grund werden wir die Realisierung von Programmen mit Modulpools in diesem Buch nicht weiter betrachten, sondern uns auf die Programme vom Typ Report konzentrieren. Darüber hinaus bietet APAP für Spezialfälle eine Reihe weiterer Programmtypen an, die wir jedoch innerhalb dieses Buches nicht behandeln wollen. Wer dennoch mehr darüber erfahren möchte, dem sei das Buch *ABAP Objects-Referenz* (Horst Keller und Joachim Jacobitz, SAP PRESS, Bonn 2002) empfohlen.

Im SAP-Sprachgebrauch wird der Begriff Report aus der Historie heraus oft für die Umschreibung von Programmen gebraucht. Technisch gesehen ist ein Report jedoch nur eine von mehreren Möglichkeiten, wie ein Programm realisiert werden kann.

ABAP-Programme, klein geschnitten

Wer in Windows schon einmal Word oder Excel gestartet hat, der kennt sie, die großen Programme, die mehrere MB auf der Platte belegen und beim Programmstart komplett in den Hauptspeicher geladen werden. SAP-Applikationen, wie z. B. der Object Navigator oder SAP CRM, bestehen hingegen immer aus sehr vielen kleinen, manchmal mehr als hundert Einzelprogrammen. Für den Anwender vollzieht sich der Wechsel von einem Programm zum nächsten häufig unbemerkt. Oftmals dient ein einzelnes ABAP-Programm nur einem sehr speziellen Zweck, beispielsweise ist eines für das Erfassen eines Verkaufsauftrags zuständig, ein anderes für das Erstellen des Lieferscheins und wieder ein anderes für das Ausdrucken der Rechnung. Nur das Anordnen der Programme zu einem Thema in einem Verzeichnis im Anwendungsmenü (SAP Easy Access) sowie die Vorwärtsnavigation sorgen für den optischen Eindruck, es handle sich um eine zusammengehörende große Applikation.

Dieses Konzept stellt einen grundsätzlichen Unterschied im Vergleich zu anderen Programmiersprachen wie C, Basic oder Pascal dar. Dieser Unterschied ist historisch aus dem Konzept erwachsen, für jede Schreiboperation auf die Datenbank ein eigenes Assemblerprogramm zur Verfügung zu stellen, und hat sich bis heute auch in ABAP gehalten.

Includes

Includes bieten die Möglichkeit, Quelltextteile zu modularisieren, also in kleine, handliche Einzelteile aufzuspalten. Analog zu den Include-Dateien in anderen Programmiersprachen wie C oder Pascal ist es auch in ABAP

Objects möglich, beliebig große (oder kleine) Teile eines Quelltexts in separat per INCLUDE name ladbare Einheiten auszulagern, wobei name den Namen des Includes enthält, unter dem der Teil des Quelltextes abgespeichert wurde. Beispielsweise verwendet man Includes zum Ablegen von Konstanten, die in mehreren Anwendungen verwendet werden sollen. Jedes Programm bindet dann Teile des Quelltextes per INCLUDE-Anweisung an geeigneter Stelle in sein Programm ein und kann diese fortan verwenden. Das folgende Codefragment soll dies verdeutlichen; es berechnet aus dem vom Anwender eingegebenen Nettopreis den Bruttopreis, wobei es auf die in einem INCLUDE namens ZPTB00_CONSTANTS definierte Konstante CON_SALES_TAX für den Mehrwertsteuersatz zurückgreift:

Listing 2.1 Codefragment zum Einbinden eines Includes

```
REPORT zptb00_business_transaction.
INCLUDE zptb00_constants.
PARAMETERS:
  net_price TYPE p DECIMALS 2.
DATA:
  gross_price TYPE p DECIMALS 2.
* con_sales_tax is in include zptb00_constants defined.
  Gross_price = net_price + net_price * con_sales_tax.
```

Include-Programme haben eine reine Bibliotheksfunktion für ABAP-Quelltext und können nicht als eigenständiges Programm ausgeführt werden.

Grundsätzlich muss man als Entwickler mindestens folgende Schritte durchführen, um eine eigenes ABAP-Programm für einen Endanwender verfügbar zu machen:

Programm verfügbar machen

1. **Programm anlegen**
   Startbare Programme werden als Quelltext innerhalb des Object Navigators angelegt und mit dem Schlüsselwort REPORT oder PROGRAM eingeleitet.

2. **Programmcode schreiben**
   Der Programmcode, d.h. die einzelnen ABAP-Befehle, wird unterhalb des Schlüsselwortes REPORT eingefügt.

3. **Transaktion für das Programm anlegen**
   Nachdem das Programm fertig gestellt ist, wird für das Programm ein Transaktionscode vergeben, unter dem man es direkt aus der Kommandozeile heraus aufrufen kann.

4. **Rechte vergeben für das Starten der Transaktion**
   Das Ausführen einer Transaktion kann optional vom Administrator auf bestimmte Benutzer oder Benutzergruppen eingeschränkt werden.
5. **Transaktion in das Anwendungsmenü aufnehmen**
   Schließlich wird die Transaktion in das Anwendungsmenü des SAP Easy Access aufgenommen. Dort kann das Programm vom Endanwender leicht gefunden und ausgeführt werden.

> **Aufgabe 2.2**
>
> Erstellen Sie ein Programm ZPTB00_Hello_World, das Ihren Namen abfragt und anschließend auf dem Bildschirm einen Gruß ausgibt.
>
> Testen Sie das Programm mit dem Debugger.
>
> Weisen Sie dem Programm einen Transaktionscode zu, damit es von Endanwendern aufgerufen werden kann.
>
> Erweitern Sie das SAP-Anwendungsmenü um einen Eintrag, über den sich Ihre Transaktion komfortabel aufrufen lässt.

Erstes Programm: »Hallo Welt«

Wir verfügen nun über das notwendige Know-how, um unser erstes Programm in ABAP zu entwickeln. Wie bei Programmiereinführungen üblich, wird es ein einfaches »Hello World« auf dem Bildschirm ausgeben und wir werden die Gelegenheit nutzen, um den Object Navigator noch besser kennen zu lernen.

▷ Wechseln Sie in den Repository Browser des Object Navigators. Am schnellsten geht dies über Eingabe des Befehls »/nSE80« in der Kommandozeile.

▷ Wählen Sie als Objekttyp **Paket** (unter Release 4.6 entsprechend **Entwicklungsklasse**) aus.

▷ Geben Sie den Namen Ihrer Entwicklungsklasse bzw. Ihres Pakets an (Z00_PRACTICE_TRAINING_BEGINNER) und wählen Sie den **Anzeigen**-Button bzw. **Enter**.

▷ Wählen Sie im Kontextmenü zu Ihrem Paket bzw. zu Ihrer Entwicklungsklasse den Menüpunkt **Anlegen · Programm**.

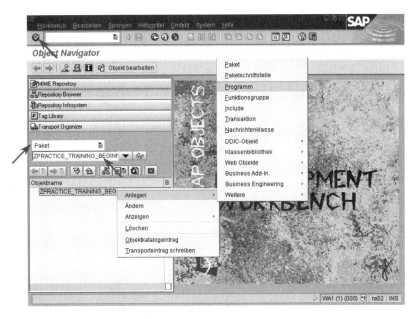

Abbildung 2.24 Programm anlegen per Kontextmenü

Daraufhin erscheint ein Dialog, in dem Sie den Namen des Programms angeben können:

▷ Geben Sie als Namen für das Programm »ZPTB00_Hello_World« an.

▷ Deaktivieren Sie die Checkbox **Mit TOP-Include** und bestätigen Sie Ihre Eingaben mit **OK**.

Es erscheint ein weiterer Dialog, in dem Sie zusätzliche Angaben zum Programm machen können. Wie Sie sehen, wurde bereits implizit angenommen, dass das Programm im Paket Z00_PRACTICE_TRAINING_BEGINNER liegen soll.

▷ Geben Sie als Titel des Programms »Hallo Welt« ein, alle anderen Angaben belassen Sie in der Voreinstellung.

▷ Bestätigen Sie Ihre Eingaben mit **OK**.

Als letzter Dialog erscheint die Abfrage des Transportauftrags, unter dem Ihre Entwicklung mitprotokolliert und später von einem System ins nächste kopiert werden kann. Da wir bereits zuvor ein Paket angelegt haben, erscheint der dort angegebene Auftrag hier bereits als Vorauswahl (siehe Abbildung 2.26).

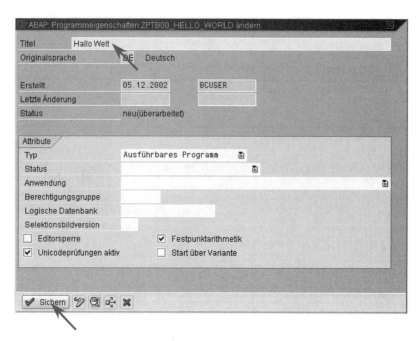

Abbildung 2.25 Zusätzliche Angaben zum Programm

▷ Quittieren Sie den voreingestellten Transportauftrag. Falls kein Auftrag voreingestellt ist, können Sie über die **F4**-Hilfe zum Auftrag einfach einen bereits angelegten auswählen.

Abbildung 2.26 Transportauftrag zum Programm angeben

Programmgerüst und Kommentare   Nun ist das neue Programm endlich angelegt, und es wurden bereits die erste Zeile Quelltext als Programmgerüst sowie einige Kommentare automatisch eingefügt. Wie in Abschnitt 1.3 bereits erläutert, sind gute Kommentare äußerst wichtig, damit auch Entwickler, die an dem entsprechenden Programm nicht mitgeschrieben haben, später einmal leichter verstehen, was das Programm macht bzw. machen soll. Kommentare können entweder eine ganze Zeile einnehmen oder am Ende einer Code-Zeile stehen. Im ersten Fall wird ihnen ein Sternchen (*) vorangestellt, im zweiten ein Anführungszeichen ("). Alles was in der Zeile hinter diesen Zeichen steht, wird nicht als ABAP-Text interpretiert und vom Compiler ignoriert.

▷ Tippen Sie die folgenden Zeilen zusätzlich zum Programmgerüst unterhalb der Kommentarzeilen ein:

```
WRITE: / 'Hello World', '!'.
WRITE / 'This is my first program.'.
WRITE 'And not my last one'.
```

Der Befehl WRITE bewirkt die Ausgabe des dahinter angegebenen Textes auf dem Bildschirm. Wir werden ihn später genauer beschreiben.

▷ Klicken Sie auf den **Prüfen**-Button bzw. drücken Sie **Strg+F2**.

Ist das Programm syntaxfehlerfrei, erscheint in der Statuszeile ein entsprechender Hinweis.

▷ Klicken Sie auf den **Aktivieren**-Button bzw. drücken Sie **Strg+F3**.

Laufen alle weiteren Programmprüfungen und die Aktivierung ohne Fehler durch, erscheint in der Statuszeile ein entsprechender Hinweis. Ferner ändert sich der Text neben dem Programmnamen im Werkzeugbereich von **inaktiv** auf **aktiv**.

▷ Wählen Sie den **Direkt**-Button bzw. **F8**.

Das Programm wird gestartet und gibt den gewünschten Text auf dem Bildschirm aus. Zusätzlich erscheint das als Programmtitel angegebene »Hallo Welt« zweimal, nämlich in der Titelzeile des Programms und noch einmal im Ausgabebereich, quasi als Überschrift der Darstellung und getrennt durch einen horizontalen Strich vom eigentlichen Ausgabetext.

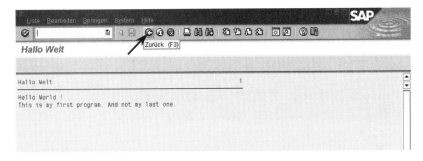

Abbildung 2.27 Das Programm ZPTB00_Hello_World in Aktion

▷ Klicken Sie auf den **Zurück**-Button, um zum Object Navigator mit seiner Quelltextansicht zurückzukehren.

Wie Sie sehen, hat unser Programm bereits funktionierende **Zurück**-, **Beenden**- und **Abbrechen**-Buttons.

Wir möchten nun den Titel des Programms nachträglich ändern.

▷ Wählen Sie den Menüpunkt **Springen · Eigenschaften** aus.

▷ Geben Sie im Eingabefeld **Titel** den Text »Hello my friend« ein und quittieren Sie mit dem **Sichern**-Button.

Als Nächstes wollen wir die Quelltextformatierung gemäß der gebräuchlichsten Verwendung einstellen.

▷ Wählen Sie den Menüpunkt **Hilfsmittel · Einstellungen** aus.

Es erscheint ein Dialog, in dem Sie eine Reihe von Einstellungen des ABAP-Editors ändern können.

▷ Wählen Sie den Karteireiter **Pretty Printer** aus.

▷ Aktivieren Sie die Checkbox **Groß-/Kleinkonvertierung durchführen**.

▷ Wählen Sie den Radiobutton **Schlüsselwort groß** aus und bestätigen Sie die Einstellungen.

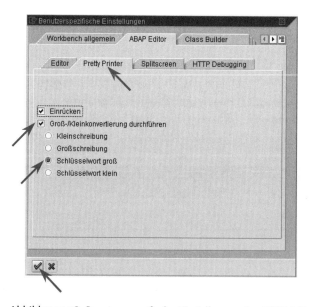

Abbildung 2.28 Benutzerspezifische Einstellungen des ABAP-Editors

Außerdem wollen wir das Programm noch ein wenig erweitern, so dass es den Anwender zunächst nach seinem Spitznamen fragt und ihn dann mit diesem Spitznamen begrüßt.

▷ Fügen Sie den folgenden Quelltext ein:

```
PARAMETERS:
  p_nicknm(15) TYPE c.
WRITE: / 'Hello World', p_nicknm, '!'.    "First state-
ment
```

Auf den PARAMETERS-Befehl gehen wir später genauer ein. An dieser Stelle soll genügen, dass man damit zu Beginn eines Programms Eingaben des Anwenders entgegennehmen kann, die einem anschließend zur weiteren Verarbeitung zur Verfügung stehen.

▷ Klicken Sie anschließend auf den **Pretty Printer**-Button.

▷ Aktivieren Sie den Quelltext per **Strg+F3** und starten Sie das Programm per **F8**.

Daraufhin erscheint unser Programm mit geändertem Titel und einem Eingabefeld (vgl. Abbildung 2.29).

▷ Geben Sie Ihren Spitznamen ein, z.B. »Heidelberger« und wählen Sie den **Ausführen**-Button bzw. **F8**.

Abbildung 2.29 Eingabe des Spitznamens

Es erscheint die bereits bekannte Ausgabe, in der nun zusätzlich Ihr Spitzname auftaucht.

▷ Wählen Sie den **Zurück**-Button bzw. **F3**.

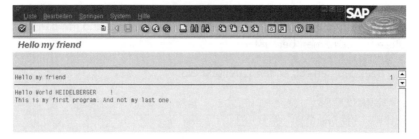

Abbildung 2.30 Ausgabe des Programms ZPTB00_Hello_World

Debugging Wir wollen nun einmal das Programm per Debugging im Einzelschritt ausführen, um den Debugger näher kennen zu lernen. Umsteiger von Delphi, Visual Basic oder Java (JBuilder) werden sich an eine andere Benutzeroberfläche gewöhnen müssen, denn das Debugging von ABAP-Programmen findet nicht im Editor, sondern in einem separaten Debugging-Programm statt. Die von anderen Programmiersprachen gewohnte Funktionalität ist jedoch vorhanden.

Der ABAP-Debugger bietet unter anderem die folgenden, wesentlichen Features:

- **Einzelschritt-Button**
  Führt ein Programm Zeile für Zeile aus. Nach dem Ausführen der Anweisung in einer Zeile wird der Verarbeitungspfeil auf die nächste Anweisung gesetzt. Falls es sich bei der aktuellen Anweisung um ein Unterprogramm, eine Funktion oder eine Methode handelt, wird darin die nächste vorkommende Anweisung gesucht und der Verarbeitungspfeil dorthin gesetzt.

- **Ausführen-Button**
  Führt ein Programm Zeile für Zeile aus, jedoch werden die Anweisungen von Unterprogrammen, Funktionen oder Methoden auf einmal, d.h. als ein einziger Schritt, ausgeführt und der Verarbeitungspfeil anschließend auf die nächste Anweisung im gleichen Programmteil gesetzt.

- **Return-Button**
  Führt alle Zeilen des aktuellen Programmteils auf einmal aus, kann also dazu verwendet werden, alle verbleibenden Anweisungen eines Unterprogramms, einer Funktion oder einer Methode auszuführen. Im Falle unseres Programmbeispiels, das nur aus einem Hauptprogrammteil besteht, wird das Programm bis zum Ende ausgeführt.

- **Weiter (bis Cursor)-Button**
  Führt das Programm nicht weiter Schritt für Schritt, sondern als Ganzes aus, wie man es auch ohne Debugging gewohnt ist. Hat man jedoch zuvor eine der folgenden Anweisungen im Debugger per Doppelklick markiert, stoppt die Ausführung dort und der Verarbeitungspfeil steht auf eben dieser Anweisung.

- **Debugging/Zu Anweisung springen**
  Markiert man zuvor per Mausklick eine Anweisung, wird der Verarbeitungspfeil an diese Anweisung versetzt, ungeachtet dessen, ob die Anweisung vor oder hinter dem Verarbeitungspfeil liegt und ob dies von der Programmlogik her Sinn machen würde.

- **Debugging/Neustart**
  Dieser Menüpunkt stoppt das Programm an der aktuellen Anweisung und kehrt in den Object Navigator zurück. Von dort kann das Programm dann neu gestartet werden.

- **Kontextmenü/Breakpoint anlegen/löschen**
  Auf beinahe jede Anweisung kann ein Breakpoint – auch *Haltepunkt* genannt – angelegt werden, an dem die Ausführung des Programms zwangsweise anhält, egal, welchen der oben genannten Buttons man zuvor angeklickt hat. Per **Sichern**-Button bleiben Breakpoints dauerhaft bestehen, bis man den Modus schließt. Wählt man den Menüpunkt erneut aus, wird der Breakpoint wieder gelöscht. Alternativ kann man einen Breakpoint auch per Doppelklick links neben eine Anweisung anlegen und löschen.

- **Breakpoint/Breakpoint bei**
  Unterhalb dieses Menüs hat man die Auswahl, Breakpoints an bestimmte Stellen innerhalb des Programms zu setzen, ohne dass sich der Verarbeitungspfeil gerade in der Nähe befindet. Häufig braucht man z. B. **Breakpoint bei Funktionsbaustein** und **Breakpoint bei Anweisung**.

- **Feldinhalt betrachten**
  Per Doppelklick auf ein Feld wie z. B. den Parameter `p_nicknm` in unserem Quelltext wird dessen Inhalt unterhalb des Quelltextes angezeigt.

- **Feldinhalt ändern-Button**
  Feldinhalte lassen sich sogar während des Debuggings ändern. Dazu verfährt man zuerst so wie beim Betrachten von Feldinhalten. Dort, wo der Feldinhalt angezeigt wird, kann man in der Eingabezeile einen neuen Wert eingeben und per Mausklick auf den **Feldinhalt ändern**-Button übernehmen.

▶ **Aufrufe-Button**
Beim Debugging von größeren Programmen, die Unterprogramme, Funktionsbausteine oder Methoden beinhalten, ist es wichtig zu wissen, von wo im Quelltext sie aufgerufen wurden. Diese so genannte *Stackliste* wird nach Anklicken des **Aufrufe**-Buttons angezeigt. Per **Zurück**-Button kann man jederzeit wieder in die Quelltext-Darstellung des Debuggers wechseln.

▶ **Einstellungen-Button**
Das Verhalten des Debuggers lässt sich beeinflussen. Zu diesem Zweck steht der **Einstellungen**-Button zur Verfügung, über den man alle Konfigurationsmöglichkeiten angezeigt bekommt und verändern kann.

Schauen wir uns nun den ABAP-Debugger in der Praxis an.

▷ Wählen Sie im Kontextmenü des Programms den Menüpunkt **Ausführen · Debugging** aus.

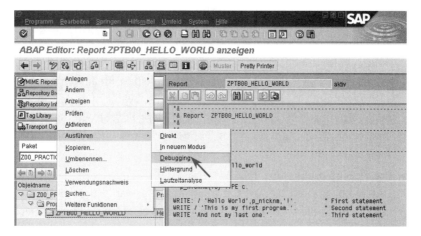

Abbildung 2.31 Kontextmenü Ausführen • Debugging

Es erscheint das Eingabefeld, in das Sie Ihren Spitznamen eintragen können.

▷ Geben Sie Ihren Spitznamen ein und bestätigen Sie mit **F8**.

Nachdem alle Parameter abgefragt wurden, gelangen Sie in den Debugger und der Verarbeitungspfeil steht auf der ersten Anweisung, in diesem Fall der REPORT-Anweisung.

▷ Wählen Sie den **Einzelschritt**-Button oder **F5**.

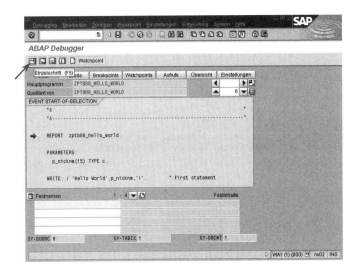

Abbildung 2.32 Der Debugger auf der REPORT-Anweisung

Der Verarbeitungspfeil wechselt von der REPORT-Anweisung vor die erste WRITE-Anweisung.

▷ Doppelklicken Sie auf den Parameter p_nicknm.

Der aktuelle Inhalt des Parameters wird in der Liste unterhalb des Quelltextes angezeigt.

▷ Wähen Sie den **Ausführen**-Button oder **F6**.

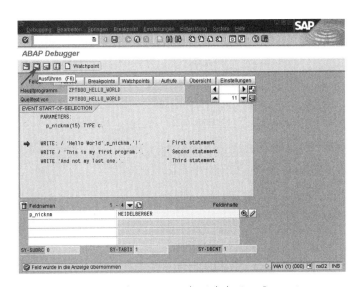

Abbildung 2.33 Der Debugger zeigt den Inhalt eines Parameters an.

Erstes Programm »Hallo Welt« **89**

Der Verarbeitungspfeil steht nun auf der zweiten WRITE-Anweisung.

▷ Ändern Sie den Inhalt des Eingabefeldes von »Heidelberger« in »Berliner«.

▷ Klicken Sie auf den **Ändern**-Button.

▷ Klicken Sie auf die erste WRITE-Anweisung.

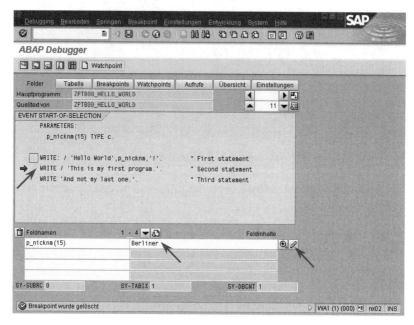

Abbildung 2.34 Der Debugger zeigt den geänderten Inhalt des Parameters an.

Noch steht der Verarbeitungspfeil auf der zweiten Anweisung.

▷ Wählen Sie den Menüpunkt **Debugging · Zu Anweisung springen**.

Daraufhin wechselt der Verarbeitungspfeil seine Position vor die erste WRITE-Anweisung.

▷ Klicken Sie auf die letzte WRITE-Anweisung.

▷ Wählen Sie den **Weiter (bis Cursor)**-Button bzw. **F8**.

Anschließend steht der Verarbeitungspfeil auf der letzten WRITE-Anweisung.

▷ Wählen Sie den **Return**-Button bzw. **F7**.

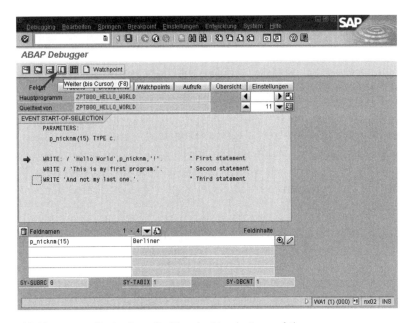

Abbildung 2.35 Manipulierte Position des Verarbeitungspfeils

Somit werden alle weiteren Anweisungen unseres Hauptprogramms (die letzte Anweisung) ausgeführt und das Resultat wird auf dem Bildschirm sichtbar.

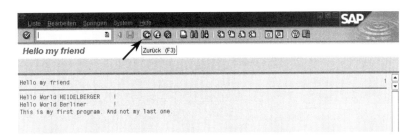

Abbildung 2.36 Alle Programmausgaben werden angezeigt.

Wie Sie sehen, haben wir durch unsere Modifikation des Parameters und das anschließende erneute Ausführen der ersten WRITE-Anweisung die Logik unseres Programms »umgebogen« und erhalten nun statt eines zwei Spitznamen ausgegeben. Letztlich soll dieses Beispiel zeigen, wie mächtig die Fähigkeiten des Debuggers sind; man sollte insbesondere die Fähigkeiten zum Modifizieren und zum Umsetzen des Verarbeitungspfeils mit Bedacht nutzen. Ansonsten kann dem Programm beim Debugging ein Verhalten aufgezwungen werden, das im realen Betrieb nie auftreten würde.

Transaktion Wir möchten nun unser Programm auch Endanwendern zugänglich machen, die typischerweise über keine Berechtigung zum Starten von Entwicklungswerkzeugen verfügen. Zu diesem Zweck wird üblicherweise eine *Transaktion* angelegt, also ein Link, über den man das Programm aus der Kommandozeile heraus aufrufen kann.

Im SAP-Sprachgebrauch wird der Begriff »Transaktion« aus der Historie heraus auch an Stelle des Begriffs »Programm« gebraucht. Technisch gesehen ist eine Transaktion jedoch der Link auf ein Programm, wie wir ihn im Folgenden anlegen wollen. Um die Mehrfachnutzung des Begriffs vollständig aufzuklären, werden wir in Kapitel 4 auch über Datenbanktransaktionen sprechen.

▷ Wählen Sie im Kontextmenü Ihres Pakets bzw. Ihrer Entwicklungsklasse den Menüpunkt **Anlegen · Transaktion**.

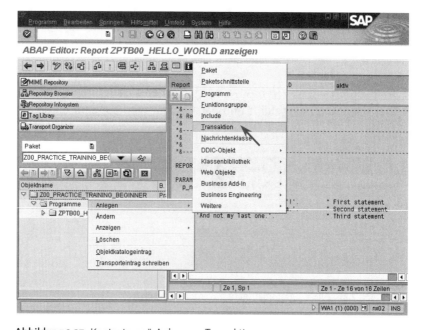

Abbildung 2.37 Kontextmenü Anlegen · Transaktion

Daraufhin erscheint ein Dialog, in dem Sie neben einem möglichst kurzen Transaktionscode weitere Detailinformationen zur Transaktion angeben können.

▷ Geben Sie als Transaktionscode »ZPTB00_HW« und als Kurztext »Hello World and Nickname« ein.

▷ Definieren Sie die Transaktion vom Typ **Programm und Selektionsbild (Reporttransaktion)** und bestätigen Sie mit **OK**.

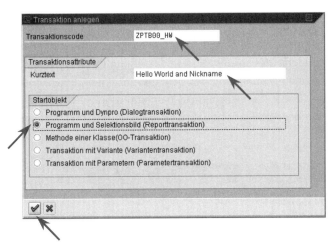

Abbildung 2.38 Transaktion anlegen

Daraufhin erscheinen im Werkzeugbereich weitere Detailinformationen, die Sie angeben können.

▷ Geben Sie als Programm »ZPTB00_HELLO_WORLD« ein.
▷ Definieren Sie die **GUI-Fähigkeit** als geeignet für HTML, Java und Windows und wählen Sie den **Sichern**-Button bzw. **Strg+S**.

Wie immer beim Anlegen eines neuen Entwicklungsobjekts muss ein Transportauftrag angegeben werden, unter dem unsere Tätigkeit protokolliert wird.

▷ Quittieren Sie die übliche Transportauftragsnummer mit **OK**.

Nun ist die Transaktion angelegt und wir können sie ausprobieren:

▷ Geben Sie den Transaktionscode mit vorangestelltem »/n« in die Kommandozeile ein und bestätigen Sie mit **Enter**.

Abbildung 2.39 Ausprobieren der neuen Transaktion

Daraufhin startet tatsächlich unser selbst geschriebenes Programm ZPTB00_HELLO_WORLD.

Erstes Programm »Hallo Welt« **93**

▷ Mit **F3** gelangen Sie zurück in den Object Navigator.

Bereichsmenü Wie Sie sehen, ist es recht einfach, ein Programm für Endanwender verfügbar zu machen. Da diese jedoch nur bei sehr häufigem Gebrauch Transaktionscodes auswendig lernen, wollen wir unser Programm noch ein wenig komfortabler, nämlich über das Anwendungsmenü im SAP Easy Access, zur Verfügung stellen. Bei diesem Anwendungsmenü handelt es sich um einen großen Menübaum, der sich aus einzelnen Bereichsmenüs zusammensetzt. Diese Bereichsmenüs beinhalten jeweils thematisch zusammenhängende Applikationen und ordnen diese in Menüs und Untermenüs an.

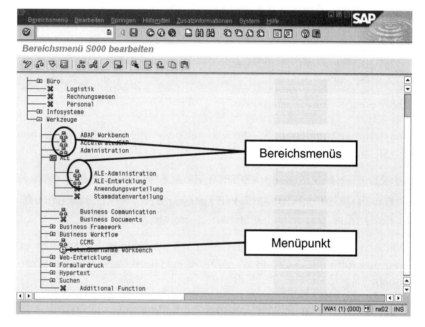

Abbildung 2.40 Das Anwendungsmenü von SAP Easy Access setzt sich aus vielen Bereichsmenüs zusammen.

Demzufolge handelt es sich beim Anwendungsmenü letztlich auch nur um ein Bereichsmenü, wenn auch eines, in das besonders viele andere Bereichsmenüs eingehängt wurden und das vom SAP Easy Access standardmäßig angezeigt wird.

Bereichsmenü anlegen Unsere Aufgabe wird es sein, ein Bereichsmenü anzulegen, worin wir unsere Transaktion zusammen mit einem Menütext hinterlegen können. Anschließend werden wir es an einer ausgesuchten Stelle in das Anwendungsmenü einhängen, um es von dort aus allen Anwendern zur Verfügung zu stellen.

▷ Wählen Sie im Kontextmenü des Pakets bzw. der Entwicklungsklasse den Menüpunkt **Anlegen · Weitere · Bereichsmenü**.

Daraufhin erscheint ein Dialog, in dem Sie sowohl einen eindeutigen Namen wie auch einen Kurztext als Beschreibung angeben können.

▷ Geben Sie als Namen der Transaktion »ZPTB00« ein.

▷ Geben Sie als Kurztext »Praxistraining für Umsteiger und Einsteiger« ein und bestätigen Sie mit **OK**.

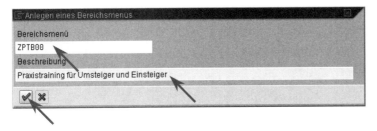

Abbildung 2.41 Anlegen eines Bereichsmenüs

Es erscheint ein Programm, das den gesamten Werkzeugbereich für sich beansprucht.

▷ Markieren Sie den Eintrag **Praxistraining für Umsteiger und Einsteiger**.

▷ Wählen Sie den Button **Eintrag eine Ebene tiefer einfügen** bzw. **Shift+F7**.

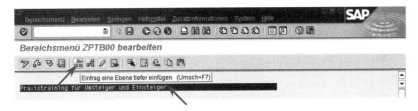

Abbildung 2.42 Bereichsmenü bearbeiten

Daraufhin erscheint ein Dialog, in dem Sie Einträge für das Bereichsmenü angeben können.

▷ Tragen Sie als Text »Hello World and Nickname« ein, als Transaktionscode »ZPTB00_HW« und quittieren Sie mit **OK**.

Daraufhin erscheint wieder das Hauptfenster und wir können das Bereichsmenü speichern.

Erstes Programm »Hallo Welt« **95**

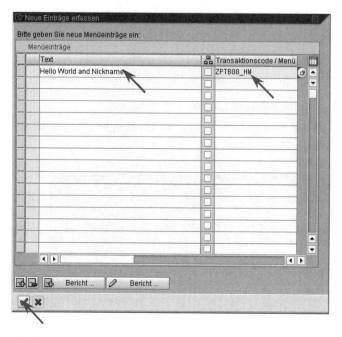

Abbildung 2.43 Neuen Menüeintrag erfassen

▷ Wählen Sie den **Sichern**-Button oder **Strg+S**.

Daraufhin erscheint ein Dialog, in dem das Paket bzw. die Entwicklungsklasse abgefragt wird, wo das Bereichsmenü gespeichert werden soll.

▷ Geben Sie als Paket »Z00_Practice_Training_Beginner« ein und sichern Sie.

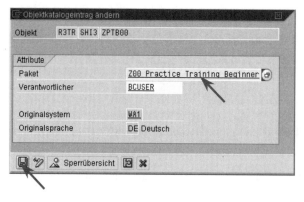

Abbildung 2.44 Paket, in dem das Bereichsmenü gespeichert werden soll

Zum Schluss wird wie immer nach dem Transportauftrag gefragt, in dem Ihre Änderungen an diesem Entwicklungsobjekt protokolliert werden sollen.

▷ Bestätigen Sie mit **OK**.

Wir haben nun ein eigenes kleines Untermenü für unsere Programme respektive Transaktionen angelegt. Was jetzt noch fehlt, ist die Erweiterung des von der SAP vorgegebenen Anwendungsmenüs um unser Untermenü.

In Anwendungsmenü einhängen

▷ Drücken Sie so lange den **Beenden**-Button, bis Sie sich wieder im SAP Easy Access befinden.

▷ Starten Sie dort die Applikation **SAP-Menü · Werkzeuge · ABAP Workbench · Weitere Werkzeuge · Bereichsmenüs** bzw. die Transaktion SE43N.

Daraufhin erscheint ein Fenster, in dem Sie das Bereichsmenü angeben können, mit dem Sie arbeiten möchten. Wir möchten das SAP-Anwendungsmenü erweitern, das unter dem Namen »S000« abgelegt ist.

▷ Geben Sie den Namen des SAP-Anwendungsmenüs »S000« ein oder wählen Sie es per **F4**-Hilfe aus.

▷ Wählen Sie den Button **Bereichsmenü anzeigen** bzw. **F7**.

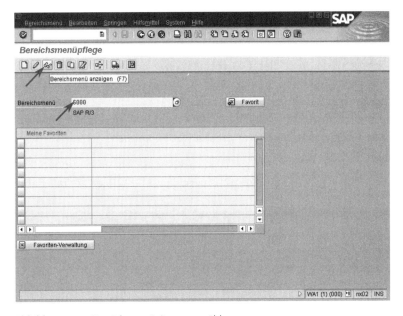

Abbildung 2.45 Bereichsmenü S000 auswählen

Erstes Programm »Hallo Welt« **97**

Daraufhin erscheint das Bereichsmenü, wie Sie es auch aus dem SAP Easy Access kennen.

▷ Markieren Sie den Eintrag **SAP R/3**.
▷ Wählen Sie den Button **Anzeigen <-> Ändern** bzw. **Strg+F1**.

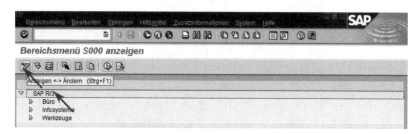

Abbildung 2.46 Bereichsmenü S000 anzeigen

Daraufhin erscheint eine Sicherheitsabfrage, in der Sie den Bearbeitungsmodus angeben sollen.

▷ Klicken Sie auf den **Erweitern**-Button.

Erweiterungs-ID Es erscheint ein Abfragedialog, in dem Sie eine so genannte *Erweiterungs-ID* angeben müssen, unter der Sie Ihre Modifikationen abspeichern wollen. Vereinfacht ausgedrückt, werden Ihre Änderungen dann nicht am Original durchgeführt, sondern an einer Kopie, die später mit dem Original vermengt wird. Da Sie noch keine Erweiterungs-ID angelegt haben, müssen Sie dies jetzt nachholen. Alle späteren Modifikationen am Menü können Sie dann unter dieser ID vornehmen.

▷ Klicken Sie auf den Button **Erweiterungs-ID anlegen**.

Es erscheint ein weiterer Dialog, in dem Sie die ID und einen beschreibenden Text für Ihre Erweiterungs-ID angeben können.

▷ Geben Sie als Erweiterungs-ID »ZPTB00« an, als erläuternden Text »Erweiterung für eigenes Bereichsmenü« und bestätigen Sie mit **Enter**.

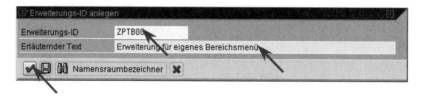

Abbildung 2.47 Erweiterungs-ID anlegen

Ihre Erweiterungs-ID erscheint nun unter der Rubrik **Originale** und Sie können mit der Modifikation beginnen.

▷ Klicken Sie mit der Maus auf die Erweiterungs-ID **ZPTB00**.

▷ Wählen Sie den Button **Auswählen** (Lupe).

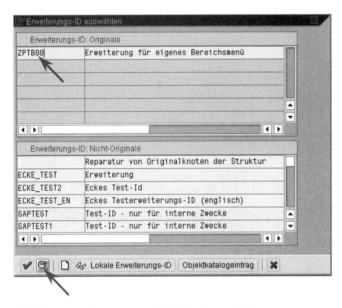

Abbildung 2.48 Erweiterungs-ID-Originale auswählen

Sie befinden sich nun im Editier-Modus für das Menü und möchten nun in zweiter Ebene Ihr Bereichsmenü einfügen.

▷ Klicken Sie mit der Maus auf den obersten Listeneintrag (in der Regel **SAP R/3**).

▷ Wählen Sie aus dem Kontextmenü den Menüpunkt **Eine Ebene tiefer einfügen.**

In dem nun folgenden Dialog (siehe Abbildung 2.50) können Sie entweder direkt Menüpunkte eingeben oder auch Bereichsmenüs einhängen. Da wir bereits ein Bereichsmenü angelegt haben, wollen wir dieses natürlich verwenden.

▷ Geben Sie als Text »Practice Training Beginner« ein.

▷ Markieren Sie die nebenstehende Checkbox, um Ihren Eintrag als Bereichsmenü zu kennzeichnen.

▷ Drücken Sie in der Spalte **Transaktionscode/Menü** die **F4**-Taste, um Ihr Bereichsmenü komfortabel auszuwählen.

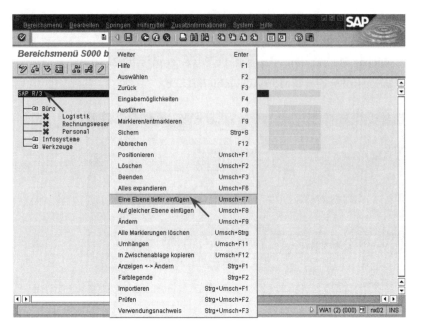

Abbildung 2.49 Bereichsmenü eine Ebene tiefer einfügen

Abbildung 2.50 Neue Einträge erfassen

In der Werthilfe finden Sie Ihr Bereichsmenü ganz unten.

▷ Markieren Sie das Bereichsmenü **ZPTB00** und drücken Sie den **OK**-Button, um Ihr Bereichsmenü in das Eingabefeld zu übernehmen.

▷ Drücken Sie erneut den **OK**-Button, um Ihr Bereichsmenü in das Anwendungsmenü zu übernehmen.

▷ Wählen Sie den **Sichern**-Button, um Ihre Änderungen zu sichern.

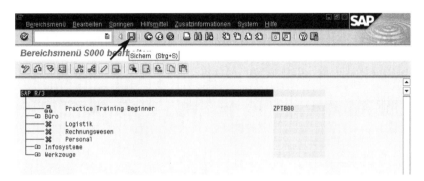

Abbildung 2.51 Änderungen am Menü sichern

Es erscheint der übliche Dialog, in dem Sie zur Angabe eines Transportauftrags aufgefordert werden.

▷ Quittieren Sie mit **Enter**, um den vorgeschlagenen Auftrag zu verwenden.

Jetzt wollen wir uns ansehen, wie unsere Erweiterungen in Wirklichkeit aussehen, und wechseln deshalb zurück in den Anzeigemodus.

▷ Klicken Sie auf den Button **Anzeigen <-> Ändern**, um in den Anzeigemodus zu wechseln.

Das Anwendungsmenü ist nun um unser Bereichsmenü erweitert und enthält auch die neue Transaktion unseres Hello-World-Programms.

▷ Verlassen Sie nun die Applikation durch Anklicken des **Beenden**-Buttons, bis Sie sich wieder im SAP Easy Access befinden.

Im SAP Easy Access werden Sie feststellen, dass Ihre Änderungen (noch) nicht angezeigt werden. Sie müssen das erneute Einlesen des Menüs erzwingen, damit Ihre Änderungen auch sichtbar werden.

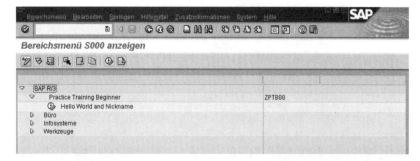

Abbildung 2.52 Anwendungsmenü mit neuem Bereichsmenü und Transaktion

▷ Wählen Sie den Button **SAP-Menü**.

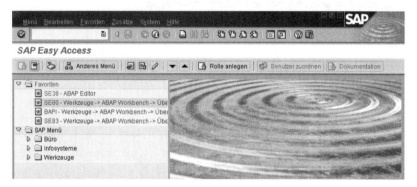

Abbildung 2.53 Anwendungsmenü vor der Aktualisierung

Daraufhin wird das komplette Menü neu geladen und Ihre Erweiterung erscheint wie gewünscht als erstes Untermenü.

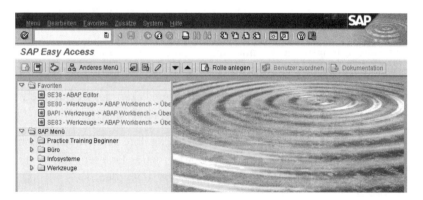

Abbildung 2.54 Anwendungsmenü nach der Aktualisierung

2.5 Online-Hilfe, help.sap.com, service.sap.com, SAP-Hinweise

Hilfe und Unterstützung sind das oberste Gebot, wenn es um das effiziente Erlernen einer Programmiersprache geht – alles selbst zu ertasten und sich den Sinn zusammenzureimen, kostet viel mehr Zeit. Aus diesem Grund gibt es dieses Buch und auch SAP bietet eine ganze Reihe von Informationen.

Neben klassischen Schulungen und der Unterstützung durch Berater bieten SAP und ihre Partner eine Reihe von elektronischen Informationsquellen, die für unterschiedliche Zielgruppen geeignet sind. Einige der wichtigsten wollen wir in diesem Kapitel vorstellen.

Grundlagen

- **Online-Hilfe**
  Heutzutage enthält nahezu jede Applikation eine Online-Hilfe und auch bei SAP-Applikationen ist dies nicht anders. Unterschieden wird dabei einerseits die Online-Hilfe zu den diversen Anwendungen (Object Navigator, Reuse Library etc.) und andererseits die Online-Hilfe zur Programmiersprache ABAP selbst mit ihren Anweisungen (WRITE, PARAMETER etc.) und Entwicklungsobjekten (Programm, Tabelle etc.). Während erstere über die lokale Installation des webbasierten SAP Knowledge Warehouses abgedeckt werden, wird die ABAP-Schlüsselwort-Dokumentation in der Datenbank verwaltet.

- **SAP Help Portal (help.sap.com)**
  Diese Informationsquelle wendet sich an SAP-Anwender und Entwickler und ist für jeden frei zugänglich im Internet verfügbar und durchaus mit den Hilfe-Portalen anderer Hersteller, wie z.B. *MSDN.microsoft.com* vergleichbar. Es enthält neben der Online-Hilfe für verschiedene SAP-Releases umfangreiche übergreifende Dokumentationen zu allen Entwicklungs- und Administrationswerkzeugen sowie zu ABAP-Anweisungen und -Entwicklungsobjekten.

- **SAP Service Marketplace (service.sap.com)**
  Diese Informationsquelle wendet sich primär an SAP-Administratoren und -Berater. Sie ist für SAP-Kunden und -Partner zugänglich, im Internet verfügbar und bietet neben technischen Installations- und Konfigurationsanleitungen auch betriebswirtschaftliche Funktionslisten, Business-Szenarien und Best-Practice-Beschreibungen zu den einzelnen SAP-Applikationen.

▶ **SAP-Hinweise**

Als Hinweise werden von SAP die Antworten auf Supportanfragen der Kunden und Partner bezeichnet, die nicht nur für den Fragesteller wichtig sind, sondern von allgemeinem Interesse sein könnten. Nach vollständiger Anonymisierung und Aufbereitung in eine allgemein verständliche Form werden derartige Informationen als Hinweis unter einer eindeutigen Nummer und kategorisiert nach Applikationen veröffentlicht. Tipps, Problemlösungen und sogar Patches werden über diesen Kanal allen Interessenten zur Verfügung gestellt.

> **Aufgabe 2.3**
>
> Benutzen Sie die Online-Hilfe zum ABAP-Editor, um sich Informationen über die Verwendung des ABAP-Schlüsselwortes REPORT anzeigen zu lassen.
>
> Surfen Sie zum SAP Help Portal unter *help.sap.com* und lesen Sie dort weitere Informationen zum Thema »Report ausführen« nach.
>
> Surfen Sie zum SAP Service Marketplace unter *service.sap.com* und holen Sie sich dort die neuesten Problemberichte und Patches zum Thema »Datenelemente aktivieren« ab.

Online-Hilfe   Beginnen wir mit der Online-Hilfe, die mit **F1** aus jedem Programm heraus aufgerufen werden kann. Je nachdem, ob der Eingabefokus sich gerade auf einem Eingabefeld, einem Karteireiter oder einem Fenster befindet, wird eine mehr oder minder spezialisierte Hilfe zur Applikation bzw. zu einem Teilaspekt angezeigt. Dazu ein kleines Praxisbeispiel:

▷ Platzieren Sie den Cursor auf dem Schlüsselwort REPORT im Quelltext Ihres Programms und drücken Sie die Taste **F1**, um die Online-Hilfe zu diesem Befehl abzurufen.

Daraufhin erscheint das neue Fenster **ABAP-Schlüsselwortdokumentation**, in dem der Befehl REPORT inklusive der möglichen Zusätze erläutert wird. Auf der linken Seite sehen Sie den Navigationsbaum, in dem Sie die einzelnen Dokumentationen nach Themen geordnet aufgelistet finden.

Uns interessiert noch die Dokumentation des Schlüsselwortes PROGRAM, das wir aus anderen Programmiersprachen als Einleitung eines Quelltextes kennen.

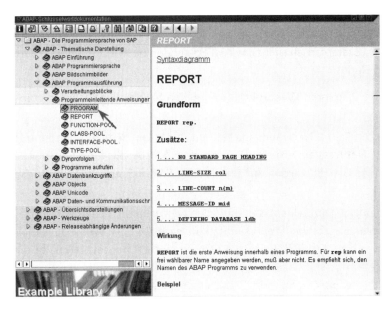

Abbildung 2.55 Online-Hilfe zum Schlüsselwort REPORT

▷ Doppelklicken Sie im Navigationsbaum der Online-Hilfe auf das Schlüsselwort PROGRAM.

Die Beschreibung auf der rechten Seite wechselt und erklärt uns, dass der Befehl PROGRAM ein Synonym zum Befehl REPORT ist.

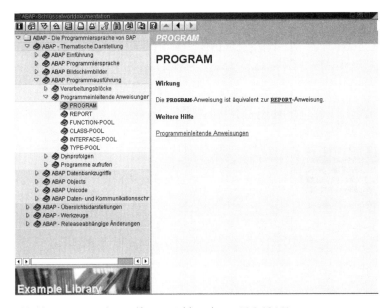

Abbildung 2.56 Online-Hilfe zum Schlüsselwort PROGRAM

SAP Help Portal Schauen wir uns nun das SAP Help Portal etwas genauer an, über das Programmierer mit Informationen rund um die ABAP-Entwicklung versorgt werden. Exemplarisch suchen wir im Folgenden nach Informationen zum Thema Report.

▷ Starten Sie Ihren Webbrowser und geben Sie als URL »help.sap.com« ein.

▷ Klicken Sie im Navigationsbalken auf der linken Seite auf den Eintrag **SAP NetWeaver**. Arbeiten Sie mit dem SAP Application Server 4.6, müssen Sie stattdessen auf den Eintrag **SAP R/3 and R/3 Enterprise** klicken.

▷ Daraufhin wird eine Liste mit allen verfügbaren Releases sichtbar. Wählen Sie das von Ihnen genutzte Release aus (SAP Web Application Server bzw. SAP R/3 Release 4.6C), woraufhin auf der rechten Seite die Hilfe zum jeweils letzten Support Package (inklusive der Hilfe zu allen vorangegangenen Support Packages des Releases) sowie die Gesamthilfe als Auswahl angeboten wird.

▷ Klicken Sie aus der Gesamthilfe die von Ihnen favorisierte Sprache an (siehe Abbildung 2.57).

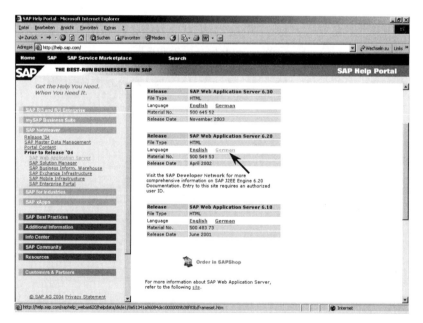

Abbildung 2.57 Das SAP Help Portal

Es erscheint das SAP Knowledge Warehouse, das über einen Themenbereich auf der linken Seite sowie einen Inhaltsbereich auf der rechten Seite verfügt. Sie können entweder per Themenüberschrift nach Informationen stöbern oder die Volltextsuche nutzen.

▷ Klicken Sie im Menü auf den Menüpunkt **Suchen**.

▷ Geben Sie als Suchbegriff »Report ausführen« ein, wählen Sie als Search Mode **Phrase** aus und überprüfen Sie, ob bei den weiteren Angaben **SAP NetWeaver** ausgewählt, als Application **SAP Web Application Server** im Release **6.20** sowie Ihre favorisierte Sprache eingestellt sind. Bestätigen Sie die Auswahl mit dem **Search**-Button.

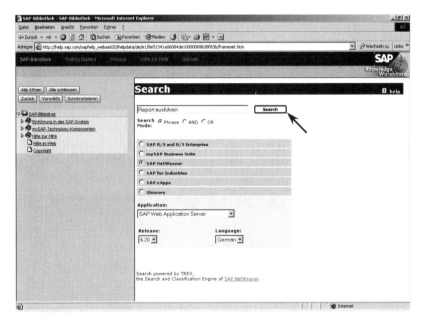

Abbildung 2.58 Volltextsuche in der SAP-Bibliothek

Daraufhin wird die Ergebnisliste mit den wichtigsten Treffern zum eingegebenen Suchbegriff angezeigt.

▷ Klicken Sie auf den Treffer **Report ausführen**.

Es erscheint das Hilfe-Dokument zum Thema »Report ausführen«.

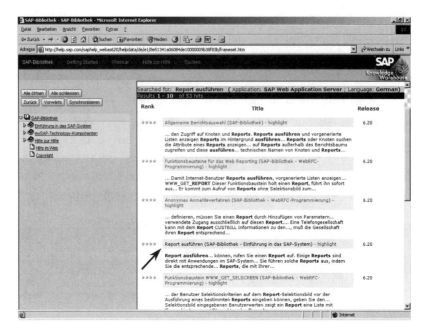

Abbildung 2.59 Ergebnisliste bei der Suche nach »Report ausführen«

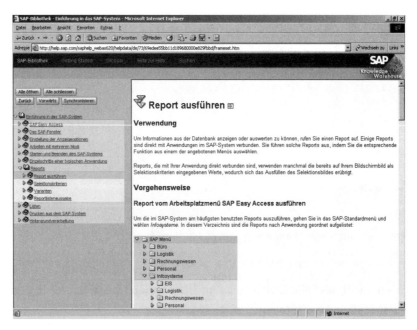

Abbildung 2.60 Hilfe zum Thema »Report ausführen«

Das Help-Portal ist in einigen Fällen sogar dann vorzuziehen, wenn die gesuchte Information auch in der Online-Hilfe zu finden wäre (z. B. Hilfe zu einer ABAP-Anweisung). Der Grund liegt in der leistungsfähigen Suchmaschine, die in weniger als einer Sekunde eine Ergebnisliste mit relevanten Seiten zusammenstellt und somit einen sehr schnellen Zugriff auf Informationen bietet.

Der SAP Service Marketplace lässt sich sowohl über das Hilfe-Menü einer jeden SAP-Applikation als auch über den Webbrowser aufrufen. Wir wollen Ihnen hier exemplarisch einige Seiten aus dem überaus umfangreichen Portal präsentieren.

SAP Service Marketplace

▷ Wählen Sie den Menüpunkt **Hilfe · SAP Service Marketplace** aus oder öffnen Sie mit Ihrem Webbrowser die URL *service.sap.com*.

Daraufhin erscheint die Homepage des SAP Service Marketplace, in der Sie sich mit den von Ihrem SAP-Administrator zur Verfügung gestellten Informationen einloggen können.

▷ Klicken Sie auf den **Login Now**-Button und loggen Sie sich ein.

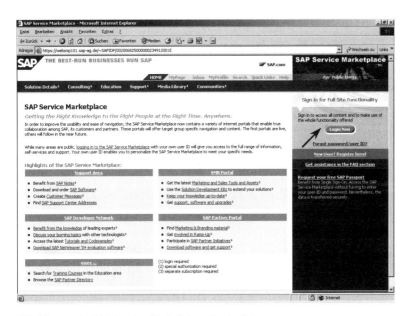

Abbildung 2.61 SAP Service Marketplace: Login-Seite

Nach dem Einloggen gelangen Sie zur Homepage des SAP Service Marketplace. Hier finden Sie neben den sehr interessanten »Lösungen im Detail« auch Informationen zu den Themen Consulting, Schulung und Support.

▷ Klicken Sie auf den Menüpunkt **Support**.

Dies ist der mit Abstand umfangreichste Teil des SAP Service Marketplace. Auf der rechten Seite finden Sie einen Menübereich, in dem Sie alle weiteren Informationen der Support-Seite ansteuern können.

SAP-Hinweise   Am wichtigsten für Administratoren und Entwickler sind zweifelsohne die Hinweise, die Sie hier auf den Support-Seiten des SAP Service Marketplace über den Link **SAP-Hinweise suchen** abrufen können. Wir wollen hier als Praxisbeispiel mögliche Hinweise zum Thema »Aktivieren von Entwicklungsobjekten« ausfindig machen und uns anschauen.

▷ Klicken Sie auf den Link **SAP-Hinweise suchen**.

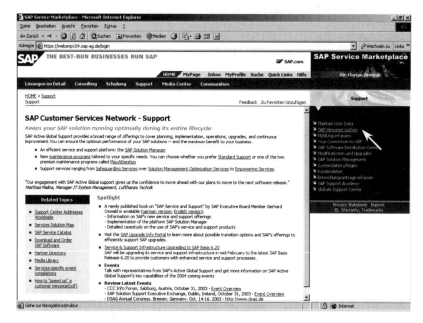

Abbildung 2.62 Die Support-Seite des SAP Service Marketplace

Es erscheint eine Suchmaske, in der Sie einerseits direkt nach Stichworten und Nummern suchen können und andererseits auch über die Angabe eines Themenkreises nach Hinweisen zu einer bestimmten Applikation.

▷ Klicken Sie auf die Lupe neben der Beschriftung **Themenkreis**.

Es erscheint ein Auswahldialog, der alle SAP-Komponenten (Applikationen) in Form einer hierarchischen Liste anzeigt. Wir wollen nach Hinweisen zum Thema »Aktivieren von Entwicklungsobjekten« fahnden.

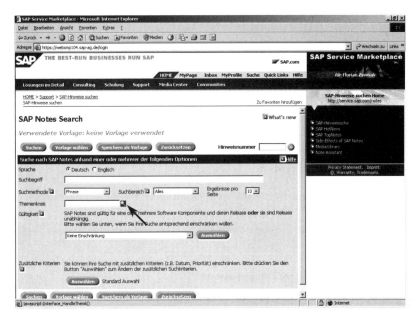

Abbildung 2.63 Suche nach Hinweisen

▷ Navigieren Sie durch den Baum der Anwendungskomponenten und klicken Sie auf die Komponente **BC-DWB-DIC-AC**.

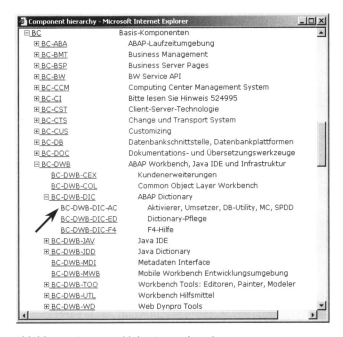

Abbildung 2.64 Auswahl der Anwendungskomponente

Der Auswahldialog schließt sich und Ihre Eingabe wird in die Suchmaske übernommen.

▷ Klicken Sie auf den **Suchen**-Button.

Daraufhin wird die Ergebnisliste mit allen Treffern zur ausgewählten Anwendungskomponente angezeigt.

▷ Navigieren Sie durch die angebotenen Suchtreffer und klicken Sie auf den von Ihnen gesuchten Hinweis, z.B. **Fehler bei Hintergrundaktivierung v. Datenelementen**.

Es erscheint das gewünschte Hinweis-Dokument.

Abbildung 2.65 Ausgewählter Hinweis bzgl. Hintergrundaktivierung von Datenelementen

3 Prozedurale Sprachelemente

ABAP besitzt über 500 verschiedene Sprachelemente und damit ein Vielfaches im Vergleich zu anderen populären Programmiersprachen wie C, Java, Pascal oder Visual Basic mit ihren 30 bis 50 Sprachelementen. Glücklicherweise lassen sich die meisten Sprachelemente als Variationen einiger weniger Hauptelemente begreifen und sich auf diese Weise thematisch sortieren.

Für jeden Zweck einen eigenen Befehl – so oder ähnlich lässt sich das ursprüngliche Konzept der Programmiersprache ABAP umschreiben. Resultat ist die mit über 500 unterschiedlichen Sprachelementen wohl umfangreichste Liste an Befehlen (einschließlich der zahlreichen Varianten), die man je bei einer populären Programmiersprache angetroffen hat. *Grundlagen*

Wissenschaftlich betrachtet ist die Ursache hierfür das deklarative Konzept hinter ABAP, das sich eher mit Natural- oder anderen Großrechner- bzw. 4GL-Sprachen vergleichen lässt als mit typischen 3GL-Sprachen wie C, Java, Pascal oder Visual Basic. In der Tat hat ABAP eigene Befehle zur Kommunikation zwischen Prozessen über einen gemeinsamen Hauptspeicherbereich, wie es bei Großrechnersprachen üblich ist (z.B. `SET`, `GET` etc. anstatt über API-Funktionen des Systems wie bei Windows oder UNIX) und verfügt über eine Reihe von Sprachelementen zur Mengenverarbeitung von tabellarischen (Datenbank-)Daten, wie man sie bei 4GL-Sprachen findet (z.B. `LOOP` oder `SELECT`), anstatt über `FOR`-Schleifen und komplexe objektorientierte Klassen wie in C++ und Delphi. Daneben fallen die paar Befehle, wie sie in den 3GL-Sprachen ebenfalls zu finden sind (z.B. `IF-THEN-ELSE`, `CASE` oder `WHILE`), mengenmäßig gar nicht mehr ins Gewicht. Aber genau diese Befehle sind es, die ABAP letztlich zu einer vollwertigen Programmiersprache machen. *4GL-Sprache ABAP Objects*

Statt ABAP als den Sonderling unter den Programmiersprachen schlechthin abzustempeln, hilft es insbesondere Umsteigern mehr, sich ABAP als eine normale 3GL-Sprache wie C, Java, Pascal oder Visual Basic vorzustellen, die zusätzlich eine Reihe von speziellen und sehr leistungsfähigen Sprachelementen zum Arbeiten mit Tabellen im Hauptspeicher (anstatt Arrays) und auf der Datenbank (anstatt komplexer ADO-, JDBC- oder BDE-Klassen) mitbringt. Und noch ein Tipp für Umsteiger: Vielleicht haben Sie in anderen Programmiersprachen mit Pointern oder varianten Datentypen (z.B. `Variant` unter Visual Basic oder Delphi) gearbeitet. *Tipps für Umsteiger*

Dies und noch einiges andere mehr gibt es in ABAP nicht, da man bei SAP die Typsicherheit gefährdet sieht. Weiterhin werden Sie sich an viel mehr Datendeklarationen (z.B. von Variablen) pro Quelltext gewöhnen müssen, im Schnitt ca. 5-mal mehr als in anderen Programmiersprachen. Die Verschachtelung von Funktionen, die Mehrfachdereferenzierung bei Methoden oder die Formelberechnung innerhalb von Verzweigungen (z.B. `Write(Time(Now))`, `Application.Workbooks('Sheet1').Caption`, `IF (A>=3*B) THEN`) ist nämlich nicht möglich, so dass man das Ergebnis jedes Zwischenschritts erst in einer Variablen ablegen muss und dann erst die nächste Operation ausgeführt werden kann.

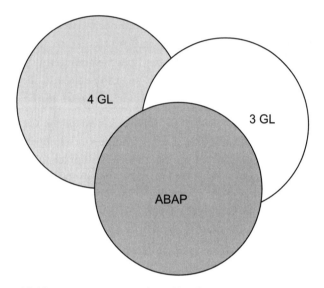

Abbildung 3.1 Gruppierung der zahlreichen Sprachelemente von ABAP Objects

Zum Vergleich: Aus der Anweisung in Pascal

`Write(TimeToString(date-1))`

würde in ABAP:

```
DATA: yesterday TYPE d.
yesterday = sy-datum - 1.
WRITE yesterday.
```

Aus der Anweisung der Sprache Visual Basic

`Application.Workbooks('Sheet1').Caption,`

würde in ABAP

```
DATA: WB TYPE Workbook.
Call method application->Workbook
   exporting
      Name = 'Sheet1'
   receiving
      result = wb.
```

Als Trennung zwischen mehreren Anweisungen kommt in ABAP der Punkt zum Einsatz. Innerhalb einer Anweisung werden Leerzeichen zum Trennen der notwendigen Angaben benutzt, während in anderen Sprachen meist ein Komma dafür verwendet wird. Eine Besonderheit von ABAP ist, dass Befehlen wie z. B. CALL FUNCTION ein Doppelpunkt folgen kann, wodurch dann mehrere Anweisungen hintereinander ohne dieses Schlüsselwort im Quelltext aufgelistet werden können, die jeweils durch ein Komma getrennt werden. Während die grundlegende Notationsregel also so aussieht:

Grundlegende Notationsregeln

```
CALL FUNCTION   'erste_Funktion'
CALL FUNCTION   'zweite_Funktion'
CALL FUNCTION   'dritte_Funktion'
```

ist alternativ auch folgende Notation möglich:

```
CALL FUNCTION: ' erste_Funktion ',
               ' zweite_Funktion ',
               ' dritte_Funktion '.
```

ABAP ist nicht gleich ABAP. Während wir es in den meisten Kapiteln dieses Buches mit der Programmiersprache ABAP Objects zu tun haben, befasst sich Abschnitt 5.2 mit der Aufbereitung komplexerer Benutzeroberflächen, zu deren Programmierung so genannte *Dynpro-Ablauflogik* verwendet wird. Hier gelten andere Rahmenbedingungen und es gibt andere Anweisungen. Die neue *Web Dynpro-Technologie* macht die Dynpro-Ablauflogik zwar überflüssig und verwendet stattdessen normales ABAP zur Programmierung der Benutzeroberfläche; solange jedoch Kunden Applikationen auf dem SAP Web Application Server mit Release kleiner 6.30 im Einsatz haben – und das wird noch über Jahre hinaus hauptsächlich der Fall sein –, kommt diese neue Technologie nicht zum Einsatz.

ABAP vs. Dynpro-Ablauflogik

3.1 Grundlegende Befehle und Felder – WRITE, PARAMETERS, MOVE, SY-Felder

Die grundlegenden Befehle von ABAP bieten Funktionalitäten wie z.B. die Ausgabe von Texten und Zahlen auf dem Bildschirm, die Entgegennahme von Eingaben des Anwenders per Tastatur oder die Abfrage von generellen Informationen über das System und den Benutzer.

Grundlagen

Die grundlegenden Befehle und Felder gehören in den Anfängen einer neuen Programmiersprache zu den wichtigsten und am häufigsten eingesetzten Funktionalitäten überhaupt. Im Laufe der Zeit kommen jedoch von den Softwareherstellern ganze Hundertschaften an komfortableren und mächtigeren Funktions- oder Klassenbibliotheken dazu, die die älteren Befehle und Felder zunehmend ablösen. Genauso eine Entwicklung hat sich auch in ABAP vollzogen und aus diesem Grund werden wir uns nur sehr selektiv mit einigen wichtigen Aspekten auseinander setzen.

Grundlegende Befehle

Die folgenden Befehle gehören auch heute noch zu den gebräuchlichsten:

- WRITE – **Ausgaben auf den Bildschirm oder in eine Textvariable**
  Der Befehl WRITE ist eigentlich Bestandteil eines äußerst leistungsfähigen Listenkonzepts, das von der SAP viele Jahre lang die favorisierte Methode zur Bildschirmausgabe war. Im Kern gestattet der Befehl die Ausgabe von Texten, Zahlen und Daten auf dem Bildschirm, berücksichtigt dabei Positions- und Formatieranweisungen wie beispielsweise die sprachspezifische Ausgabe von Datumswerten, kann Symbole sowie Linien ausgeben und sogar Quickinfos einbeziehen, die beim Überfahren eines Textes mit der Maus angezeigt werden. Heutzutage wird die WRITE-Anweisung hauptsächlich zur Formatierung von Daten verwendet, die anschließend an komplexe Ein- und Ausgabecontrols zur Anzeige am Bildschirm und Entgegennahme von Maus- und Tastureingaben weitergegeben werden (siehe auch Abschnitt 5.2). Um es direkt vorwegzunehmen: Einen Systembefehl READ, wie er in anderen Programmiersprachen für die Entgegennahme von Tastatureingaben genutzt wird, gibt es in ABAP nicht. Wir werden auf den PARAMETERS-Befehl, der stattdessen in ABAP diese Aufgabe übernimmt, in Abschnitt 3.2 zu sprechen kommen.

- GET – **Auslesen von Werten**
  Je nach zusätzlich angegebenen Schlüsselworten liest der Befehl GET einmal die Systemzeit (GET TIME) und ein anderes Mal die aktuelle Cursor-Position am Bildschirm (GET CURSOR) usw. Insgesamt stehen allein zwölf solcher Grundformen des GET-Befehls zur Verfügung, mit jeweils völlig unterschiedlichen Aufgaben. Die heutzutage wichtigste

Grundform dient jedoch der Verwaltung von Datenreferenzen (GET REFERENCE OF) und wird in Abschnitt 3.2 detailliert erläutert. Wir wollen den GET-Befehl in diesem Kapitel im Zusammenhang mit dem Auslesen der aktuellen Uhrzeit vorstellen.

- **SET – Setzen von Werten**
  Wir wollen den SET-Befehl in diesem Kapitel im Zusammenhang mit dem Setzen von Werten im globalen Speicher vorstellen. Insgesamt hat er jedoch nicht weniger als 21 Grundformen. Die am häufigsten gebrauchten sind zweifellos SET PARAMETER zum Setzen eines Wertes im globalen Speicher, SET EXTENDED CHECK ON/OFF zum Ein-/Ausschalten der erweiterten Syntaxprüfung.

- **MOVE – Zuweisen von Daten, Kopieren von Teil-Strings**
  Der Befehl MOVE ist in seiner Grundform gleichbedeutend mit dem Zuweisungsoperator =, d.h., der Befehl MOVE a TO b bewirkt das Gleiche wie b = a, nämlich das Kopieren des Inhalts von a nach b (Zuweisung). Darüber hinaus besitzt der MOVE-Befehl jedoch weitere Varianten, wie zum Beispiel das Kopieren von Teilen aus einer Zeichenkette, was auch mit allen anderen zeichenartigen Operanden in ABAP möglich ist. Dabei wird zusätzlich die Angabe des *Offsets* benötigt, also die Angabe, ab welchem Zeichen kopiert werden soll, sowie die Angabe der Zeichenanzahl, die ab dort kopiert werden soll (MOVE f+[offset]([count]) TO g).

Neben der vorgestellten Auswahl an grundlegenden Befehlen besitzt die Sprache ABAP, wohlgeordnet in einer Struktur namens SY (siehe dazu Abschnitt 3.3), nicht weniger als 171 Felder, auch *Systemfelder* genannt, in denen das System bestimmte Informationen über seinen Zustand (z.B. das aktuelle Datum, den Release-Stand oder den Anmeldenamen des Benutzers) ablegt. Die Informationen in diesen Systemfeldern können aus eigenen Quelltexten heraus jederzeit abgefragt und benutzt werden. Einige der dort vorhandenen Felder sind nur für die ABAP-Laufzeitumgebung selbst von interner Bedeutung und andere erweisen sich auch für Programmierer als nützlich, weswegen wir einige der wichtigsten kurz beschreiben wollen:

Systemfelder

- **sy-subrc – Rückgabewert nach ABAP-Befehlen und Funktionen**
  Das mit Abstand am häufigsten gebrauchte Systemfeld. Sein Inhalt enthält nach dem Aufruf von ABAP-Befehlen und Funktionen den so genannten *Rückgabewert* (*sub*program *r*eturn *c*ode). Dieser signalisiert, ob der aufgerufene Befehl bzw. die Funktion fehlerfrei durchlaufen wurde (Inhalt hat den Wert 0) oder aber ein Fehler aufgetreten ist (Inhalt hat einen Wert <> 0). In der Online-Hilfe finden Sie zu jedem

ABAP-Befehl die möglichen Rückgabewerte beschrieben, beispielsweise »4=Datensatz nicht gefunden«, »2=Feld-Symbol ist nicht zugewiesen«, usw.

- `sy-uname` – **Login-Name des Anwenders**
  Über dieses Systemfeld kann ein ABAP-Programm sehr einfach feststellen, wie der Login-Name des Anwenders lautet, von dem das Programm ausgeführt wird. Gerade beim Drucken oder der Überprüfung von Berechtigungen wird gern auf diese Information zurückgegriffen. Bei Programmierern zu Testzwecken sehr beliebt sind auch Anweisungen im Quelltext wie die folgende:

  ```
  IF sy-uname = 'JOHNSON'.
    BREAK-POINT.
  ENDIF.
  ```

  Johnson ist hierbei der Login-Name des Programmierers, und wenn er das Programm ausführt, dann springt das Programm an dieser Stelle automatisch in den Debugger und stoppt, so dass man die folgenden Programmschritte einzeln verfolgen kann.

- `sy-host` – **Name des SAP Web Application Servers**
  Dieses Systemfeld gibt Auskunft über den Namen des SAP Web Application Servers, der im konkreten Fall das Programm ausführt. Bei SAP-Systemen für viele Anwender, die aus Gründen der Lastverteilung häufig aus mehreren SAP Web Application Servern bestehen, kann diese Information durchaus variieren und es lässt sich mit diesem Feld einfach nachvollziehen, auf welchem Web AS gerade gearbeitet wird.

Im weiteren Verlauf des Buches werden Sie einige Systemfelder kennen lernen, die nur in bestimmten Situationen einen gültigen Wert besitzen, nämlich `sy-index` (Anzahl der aktuellen Schleifendurchläufe), `sy-tabix` (Index des aktuellen Datensatzes beim Zugriff auf eine interne Tabelle) und `sy-dbcnt` (Anzahl der von einem SQL-Statement bearbeiteten Datensätze einer Datenbanktabelle).

Wir wollen uns anhand eines kleinen praktischen Beispiels die Wirkungsweise der genannten grundlegenden Befehle und Felder vor Augen führen, auch wenn wir einigen Wissensstoff über die Verarbeitung von Daten erst in den nächsten Kapiteln genauer kennen lernen.

> **Aufgabe 3.1**
>
> Erstellen Sie ein Programm ZPTB00_System_Information, das möglichst viele Informationen zu den folgenden Kategorien auf dem Bildschirm ausgibt:
>
> ▶ Datums- und Zeitinformationen
> ▶ Login-Informationen
> ▶ System- und Programminformationen
>
> Nutzen Sie dazu ausgewählte SY-Felder sowie die Systembefehle.

▷ Wählen Sie im Kontextmenü des Pakets bzw. der Entwicklungsklasse den Menüpunkt **Anlegen · Programm** aus.

Daraufhin erscheint der bereits bekannte Dialog, der nach dem Namen des Programms fragt.

▷ Geben Sie als Programmname »ZPTB00_System_Information« an.

▷ Deaktivieren Sie die Checkbox **Mit TOP-Include** und quittieren Sie Ihre Angaben mit dem **OK**-Button.

Der nächste Dialog fragt die Programmeigenschaften ab.

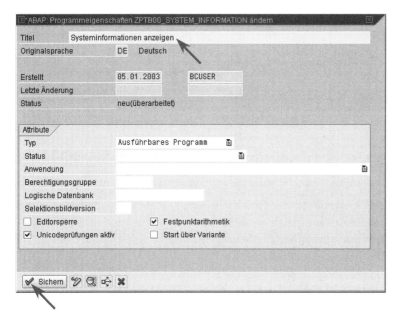

Abbildung 3.2 Programmeigenschaften zu ZPTB00_System_Information angeben

Grundlegende Befehle und Felder **119**

▷ Geben Sie als Titel »Show Systeminformationen« ein.

▷ Lassen Sie alle weiteren Einstellungsmöglichkeiten unverändert und quittieren Sie mit dem **Sichern**-Button.

Schließlich erfragt der Object Navigator noch den Transportauftrag.

▷ Die Nummer des bereits zuvor benutzten Transportauftrags ist voreingestellt und muss lediglich per **OK**-Button quittiert werden.

Wie gewohnt, legt der Object Navigator ein Programmgerüst an (siehe Abbildung 3.3), das Sie nun vervollständigen können.

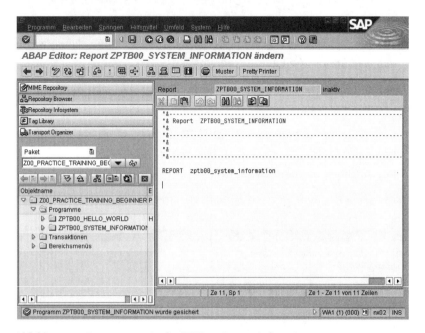

Abbildung 3.3 Programmgerüst für ZPTB00_System_Information

▷ Tippen Sie nun folgenden Quelltext unterhalb der Kommentarzeilen ein:

Listing 3.1 Programm ZPTB00_System_Information zur Abfrage von Systeminformationen

```
REPORT zptb00_system_information.

DATA:
* Date & time information variables
  l_timestamp TYPE timestampl,
  l_string(30) TYPE c.
```

```abap
* Refresh all internal date & time fields like
* sy-uzeit, etc.
GET TIME.

* Get exact time stamp up to nanoseconds and convert
* to string
GET TIME STAMP FIELD l_timestamp.
WRITE l_timestamp TIME ZONE sy-zonlo TO l_string.

* Write information to screen
WRITE: /, / 'Date & Time Information',
       / 'System Date: ', 30 sy-datum,
       / 'System Time: ', 30 sy-uzeit,
       / 'Exact System Time Stamp:', 30 l_string,
       / 'Daylight Saving Time: ', 30 sy-dayst AS
          CHECKBOX INPUT OFF,
       / 'Local Date: ', 30 sy-datlo,
       / 'Local Time: ', 30 sy-timlo,
       / 'Local Time Zone: ', 30 sy-zonlo.
WRITE: /, / 'Login Information',
       / 'Logical SAP System: ', 30 sy-sysid,
       / 'Client: ', 30 sy-mandt,
       / 'user_name: ', 30 sy-uname.
WRITE: /, / 'System & Program Information',
       / 'SAP WebAS Name: ', 30 sy-host,
       / 'Database Name: ', 30 sy-dbsys,
       / 'Operating System Name: ', 30 sy-opsys,
       / 'Program Transaction: ', 30 sy-tcode,
       / 'Program Name: ', 30 sy-repid.
```

Die Deklaration eigener Variablen mit Hilfe der DATA-Anweisung wird in Abschnitt 3.2 ausführlich erläutert. Diese Variablen sind notwendig, um den Zeitstempel der Anweisung GET TIME STAMP entgegennehmen zu können und zur Vorbereitung einer Ausgabe auf dem Bildschirm in einen String-Datentyp (Text) umzuwandeln. Die anschließenden Bildschirmausgaben mit Hilfe der WRITE-Anweisung lesen viel Wissenswertes aus der Struktur sy aus und geben es, zusammen mit einem erläuternden Text, auf dem Bildschirm aus. Der häufige Einsatz des Slashes (/) erzwingt die Ausgabe in einer separaten Zeile und erhöht dadurch die Übersichtlichkeit für den Endanwender.

Erläuterung zum Quelltext

▷ Aktivieren Sie das Programm per **Strg+F3** und starten Sie es per **F8**.

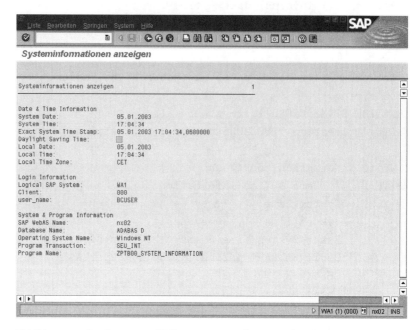

Abbildung 3.4 Das Programm ZPTB00_System_Information bei der Ausführung

Wie Sie sehen, hat der WRITE-Befehl keinerlei Probleme bei der Ausgabe der verschiedenen Systemangaben, lediglich beim Zeitstempel mit seiner Genauigkeit im Bereich bis zu 100 Nanosekunden benötigt er eine Sonderbehandlung durch die Angabe der zusätzlichen Formatangaben hinter dem Schlüsselwort TIME ZONE. Um zu demonstrieren, dass der WRITE-Befehl nicht nur Text auf dem Bildschirm, sondern auch in eine Variable (siehe Abschnitt 3.2) ausgeben kann, haben wir einmal den Zusatz TO verwendet.

Natürlich können Sie das Programm ergänzen und noch weitere Informationen auf dem Bildschirm ausgeben.

3.2 Daten und Datentypen – DATA, PARAMETERS, CONSTANTS, FIELD-SYMBOLS, TYPE, CREATE, Textelemente

Daten und Datentypen bilden das Grundgerüst einer modernen Programmiersprache. Gesteuert durch die Befehle Ihres Programms, ist die ABAP-Laufzeitumgebung in der Lage, Berechnungen und Manipulationen an Daten im Hauptspeicher (RAM) vorzunehmen und anschließend auf der

Festplatte dauerhaft abzuspeichern. Auf diese Weise entstehen Informationen und permanent abrufbares Wissen.

Jedes ABAP-Programm bekommt beim Start von der ABAP-Laufzeitumgebung einen Teil des Hauptspeichers (RAM) exklusiv zugewiesen, in dem es benötigte Daten temporär ablegen kann. Dort richtet es sich eine »künstliche« Ordnung für die Bits und Bytes ein, indem es Namen für einzelne Speicherbereiche vergibt und jeweils spezielle Interpretationsvorschriften für deren Inhalt vorschreibt. Welche Namen (Daten) und Interpretationsvorschriften (Datentypen) benötigt werden, geben Sie per Anweisung im Quelltext vor. Beispielsweise weist der Befehl

Grundlagen

```
DATA: l_pieces TYPE i.
```

die ABAP-Laufzeitumgebung an, zur Laufzeit des zugehörigen Programms unter dem Namen `l_pieces` einen Speicherbereich von 4 Byte Länge (definiert durch den Datentyp i, siehe dazu unten) zu reservieren, in dem ausschließlich ganze Zahlen zwischen -2.147.483.648 und +2.147.483.647 abgelegt werden können.

Fortan wird der Inhalt dieses Speicherbereichs als ganze Zahl interpretiert und Ihr Programm kann über den Namen `l_pieces` lesend oder schreibend auf den Inhalt zugreifen, d.h. ihn beliebig verarbeiten.

Um das Verarbeiten von Daten im Hauptspeicher weiter zu vereinfachen, werden diese in ABAP thematisch je nach Einsatzzweck untergliedert. Hierfür stehen eine Reihe von Schüsselwörtern zur Verfügung, die Sie bei der erstmaligen Bekanntmachung (Deklaration) von Daten im Quelltext voranstellen müssen:

Daten

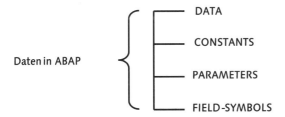

Abbildung 3.5 Thematische Untergliederung von Daten in ABAP

- **DATA – Deklaration von Variablen und Referenzvariablen**
  Als *Variablen* werden Datenbereiche im Hauptspeicher bezeichnet, deren Inhalt vom Programm zur Laufzeit per Anweisung geändert werden kann, sich also variabel verhält. Variablen werden mit Hilfe des Schlüsselworts DATA deklariert und dürfen maximal einen Namen von

30 Zeichen Länge besitzen, der mit einem Buchstaben beginnen muss und danach nur lateinische Zeichen, Ziffern und Unterstriche enthalten darf. Die Maximallänge der Variablen kann in Klammern hinter dem Variablennamen angegeben werden.

Unterschieden wird in ABAP zwischen so genannten *statischen Variablen* und *Referenzvariablen*. Eine statische Variable reserviert immer automatisch einen Datenbereich im Hauptspeicher, der sofort und ohne weiteres im Programm benutzt werden kann. Sie wird über das Schlüsselwort TYPE deklariert und ein initialer Wert kann hinter dem optionalen Schlüsselwort VALUE angegeben werden. Eine Referenzvariable hingegen reserviert *keinen* Datenbereich im Hauptspeicher, sondern dies kann durch den Befehl CREATE DATA im Programm bei Bedarf geschehen und man spricht deshalb auch von *dynamischen Daten*. Diese Vorgehensweise spart natürlich Hauptspeicherplatz, da Datenbereiche nur dann reserviert werden, wenn sie tatsächlich gebraucht werden, ist aber aufwändiger zu programmieren. Alternativ kann man der Referenzvariablen per Befehl GET REFERENCE OF einen Datenbereich zuordnen, der zuvor per Variable reserviert wurde. Eine Referenzvariable lässt sich über das Schlüsselwort TYPE REF TO deklarieren. Im Gegensatz zu anderen Programmiersprachen wie beispielsweise C kann man in ABAP mit dem Inhalt einer Referenzvariablen bis Release 4.6 im Programm nicht direkt arbeiten, sondern nur nach Zuweisung zu einem Feldsymbol (s.u.). Ab Release 6.10 ist diese Beschränkung aufgehoben und der Zugriff auf Referenzen ist per Operator ->* möglich (z.B. l_ref_consumer->*).
Beispiele:

```
DATA:
  l_amount TYPE REF TO f,
  l_consumer(30) TYPE c.
```

▶ CONSTANTS – **Deklaration von fixen Werten**
Als *Konstanten* werden Datenbereiche im Hauptspeicher bezeichnet, deren Inhalt vom Programm zur Laufzeit *nicht* geändert werden können soll, sich also konstant verhält. Den einzig gültigen Inhalt geben Sie bereits bei der Deklaration im Quelltext an und Sie können sicher sein, dass dieser Wert nicht durch eine versehentlich falsche Anweisung überschrieben wird. Konstanten werden mit Hilfe des Schlüsselworts CONSTANTS deklariert und dürfen wie auch Variablen maximal einen Namen von 30 Zeichen Länge besitzen, der mit einem Buchstaben beginnen muss und danach nur lateinische Zeichen sowie Zahlen

und Unterstriche enthalten darf. Konstanten sind immer statisch, d.h., sobald die ABAP-Laufzeitumgebung einen Befehl zur Deklaration einer Konstante ausführt, wird der Speicherbereich im Hauptspeicher reserviert und der Wert entsprechend Ihren Angaben gesetzt.
Beispiele:

```
CONSTANTS:
   con_pi TYPE f VALUE '3.41',
   con_eacc_fld_fiscyear TYPE string VALUE 'FISCYEAR'.
```

▶ PARAMETERS – **Deklaration von Eingabeelementen**
Eigentlich ist der PARAMETERS-Befehl Bestandteil eines leistungsfähigen Bildschirmeingabekonzepts namens Selection-Screen, auf die damit verbundenen weitergehenden Möglichkeiten werden wir jedoch erst in Abschnitt 5.1 eingehen. In diesem Kapitel verwenden wir den PARAMETERS-Befehl, um auf einfache Weise Eingaben von Anwendern entgegenzunehmen. Dabei müssen wir einerseits das Eingabeelement angeben, über das der Anwender die Eingabe vornehmen soll – wie beispielsweise ein Eingabefeld, Ankreuzfeld oder Listenfeld – und andererseits definieren, welchem Datentyp der Inhalt der Eingabe entsprechen soll. Zur Laufzeit werden dann die Eingaben des Anwenders in den Datenbereich des Parameters abgelegt und Sie können wie bei einer statischen Variablen auf den Inhalt zugreifen und ihn verarbeiten. ABAP besitzt strenge Restriktionen bezüglich der Kombinationsmöglichkeiten von Eingabeelementen und Datentypen, die Sie in der Online-Hilfe nachlesen können, und auch der Name des Parameters darf im Gegensatz zu einer Variablen oder Konstanten nur maximal acht Zeichen lang sein. Parameter besitzen kein direktes Pendant in anderen bekannten Programmiersprachen, die eher über READ-Befehle auf Eingaben des Anwenders horchen. Umsteiger erlernen die Benutzung von Parametern dennoch recht schnell, da damit sehr leicht einfache Eingabemasken erstellt werden können. Die Leistungsfähigkeit des PARAMETERS-Befehl wird dadurch gesteigert, dass er eine Reihe von optionalen Befehlen versteht. So lässt sich ein Parameter mittels OBLIGATORY als Muss-Eingabefeld auszeichnen oder per AS CHECKBOX als Checkbox auf dem Bildschirm ausgeben.
Beispiele:

```
PARAMETERS:
   p_date TYPE d OBLIGATORY,
   p_save TYPE c AS CHECKBOX.
```

▶ FIELD-SYMBOLS – **Deklaration von Referenzen auf Daten**
Mittels *Feldsymbolen* können Sie sehr flexibel auf vorhandene Datenobjekte von Referenzvariablen, statischen Variablen, Konstanten oder Parametern – kurz: den Inhalt jeglicher anderer Variablen – zugreifen, wobei der Typ des Feldsymbols sich sogar vom ursprünglichen Typ des Datenobjekts unterscheiden kann (so genanntes *Casting*, siehe dazu auch Abschnitt 6.1). Bis Release 4.6 war es darüber hinaus der einzige Weg, um auf den Inhalt von Referenzvariablen zugreifen zu können. Namen von Feldsymbolen beginnen und enden stets mit einer spitzen Klammer und dürfen maximal 30 Zeichen lang sein. Zwischen den spitzen Klammern gelten die gleichen Namenskonventionen wie für Variablen und Konstanten. Zu den Feldsymbolen in ABAP Objects gibt es kein direktes Pendant in C, Basic, Java, Pascal oder anderen bekannten Programmiersprachen. Gerade für Programmierumsteiger ist es deshalb häufig schwierig, den exakten Sinn von Feldsymbolen zu erkennen. Am ehesten hilft da noch die Vorstellung weiter, dass man per REF TO-Anweisung deklarierte Daten benötigt, um dynamische Variablen im Programm erzeugen und halten zu können und Feldsymbole, um mit deren Inhalt arbeiten zu können.

Vor der Einführung von echten Referenzen zu Release 4.6 waren Feldsymbole die einzige Art, dynamisch auf Datenobjekte zuzugreifen.

Beispiele:

```
FIELD-SYMBOLS:
  <l_amount> TYPE f,
  <l_fiscyear> TYPE string.
```

Datentypen In den obigen Beispielen haben wir bereits implizit mehrere grundlegende Datentypen verwendet (i, f, d, c und string), die wir nun erläutern wollen. Generell nehmen Datentypen Einfluss darauf, wie ein Speicherbereich vom Programm und Hauptprozessor interpretiert wird und welche Operationen mit dem jeweiligen Inhalt möglich sind. Die folgenden grundlegenden Datentypen, sprich Interpretationsmöglichkeiten, sind in ABAP vorgesehen:

Datentyp	Zeichen	Länge	Beispiel	Beispiel-Deklaration
c	Character	1–65535 Zeichen	'S'	DATA: l_customer (35) TYPE c.
n	Numerischer Text	1–65535 Zeichen	'069'	DATA: number TYPE n.
d	Datum	8 Zeichen	'20021231'	PARAMETERS: P_year TYPE d.

Tabelle 3.1 Grundlegende ABAP-Datentypen

Datentyp	Zeichen	Länge	Beispiel	Beispiel-Deklaration
t	Zeitpunkt	6 Zeichen	'233059'	DATA: l_booking_time TYPE t.
x	Byte	1–65535 Byte	'F7'	PARAMETERS: l_guid(16) TYPE x.
i	Ganze Zahl	4 Byte	8846	CONSTANTS: con_mount_everst TYPE i VALUE 8846
p	Gepackte Zahl	1–16 Byte	319	PARAMETERS: P_roomno(3) TYPE n DEFAULT '319'.
f	Gleitpunktzahl	8 Byte	'1.2345'	DATA: l_amount TYPE ref to f.
string	Zeichenfolge	variabel	'Hallo'	DATA: con_aecc_fld_ fiscyear TYPE string VALUE 'Fiscyear'.
xstring	Bytefolge	variabel	'F7A3'	DATA: l_header TYPE xstring

Tabelle 3.1 Grundlegende ABAP-Datentypen (Forts.)

▶ c – Zeichen bzw. **Text mit definierter Maximallänge (Character)**
Der Character-Datentyp wird benötigt, wenn einzelne Zeichen oder Zeichenketten mit einer definierten Länge zwischen 1 und 65535 Zeichen im Programm verarbeitet werden sollen. So benötigt man für das Verarbeiten einzelner Buchstaben und Zahlen wie 'A', 'z' oder '3' lediglich ein einzelnes Zeichen, für den Text 'Manual Posting' mindestens eine Zeichenkette mit der Länge von 14 Zeichen. Die Deklaration entsprechender Daten könnte beispielsweise so aussehen:

```
CONSTANTS:
  l_character TYPE c VALUE 'A'.
DATA:
  l_text(14) TYPE c VALUE 'Manual Posting'.
```

▶ n – **numerischer Text mit definierter Maximallänge (Numeric)**
Der Numeric-Datentyp sollte immer dann verwendet werden, wenn vom Programm eine Ziffernfolge verarbeitet werden soll, Berechnungen aber keinen Sinn machen würden, weil es sich nicht um eine Zahl,

sondern um eine Nummer handelt. Beispielsweise ist die Zimmernummer '319' eines Hotels zweifellos eine Ziffernfolge, Zimmernummern zu addieren macht jedoch keinen Sinn. Gleiches gilt für die Depotnummer '397293' bei einer Bank, die Nummer eines Schließfachs etc. Die Maximallänge eines numerischen Textes beträgt 65535 Ziffern. Die Deklaration entsprechender Daten könnte beispielsweise so aussehen:

```
PARAMETERS:
  p_roomno(3) TYPE n DEFAULT '319'.
DATA:
  l_depotno(10) TYPE n VALUE '397293'.
```

▶ **i – ganze Zahl (Integer)**
Zur schnellen Verarbeitung von ganzen Zahlen eignet sich der Datentyp Integer, da dieser vom Hauptprozessor direkt unterstützt wird und so von der ABAP-Laufzeitumgebung zur Weiterverarbeitung intern nicht erst konvertiert werden muss. Daten können ganze Zahlen zwischen -2.147.483.648 und +2.147.483.647 beinhalten und sind somit zur Berechnung großer Mengen geeignet. Integer-Werte werden beispielsweise zur Berechnung von Stückzahlen eingesetzt oder wenn bei Längenmessungen die Genauigkeit bis auf einen Meter ausreicht. Die Deklaration entsprechender Daten könnte beispielsweise so aussehen:

```
CONSTANTS:
  con_mount_everest TYPE i VALUE 8846.
DATA:
  l_pieces TYPE i.
```

▶ **f – Gleitpunktzahl (Floating point number)**
Was der Datentyp Integer für ganze Zahlen ist, das ist der Datentyp Float für Kommazahlen. Dank der direkten Unterstützung durch den Hauptprozessor werden Berechnungen sehr schnell durchgeführt, die Genauigkeit ist mit 15–16 signifikanten Stellen hoch und der daraus resultierende darzustellende Zahlenbereich ist mit 2,2250738585072014E-308 bis 1,7976931348623157E+308, und zwar positiv wie negativ inklusive der 0, sehr groß. Gleitpunktzahlen sind der Standard bei der Umsetzung wissenschaftlicher Formeln und kommen auch im Risikomanagement der Banken zum Einsatz. Die Deklaration entsprechender Daten könnte beispielsweise so aussehen:

```
CONSTANTS:
  con_pi TYPE f VALUE '3.14159265358979323846'.
DATA:
  l_radius TYPE f.
```

▶ **x – Byte (Hexadecimal)**

Der Datentyp Hexadecimal ist ursprünglich für das Verarbeiten kleiner Dateien mit einer Länge zwischen 1 und 65536 Byte vorgesehen, über dessen Inhalt ein Programm nicht näher Bescheid wissen muss. Die Deklaration entsprechender Daten könnte beispielsweise so aussehen:

```
PARAMETERS:
  l_guid(16) TYPE x.
CONSTANTS:
  con_mime_header(2) TYPE x VALUE '3FB1'.
```

▶ **p – Gepackte Zahl (Packed)**

Der Datentyp Packed ist der Standard für das Rechnen mit Längen, Gewichten und Geldbeträgen. Berechnungen mit diesem Datentyp werden von der ABAP-Laufzeitumgebung gemäß korrekter Dezimalarithmetik durchgeführt, also wie es beim Rechnen mit Papier und Bleistift und in der Finanzmathematik üblich ist. Ferner müssen Sie diesen Datentyp verwenden, wenn mit ganzen Zahlen gerechnet werden soll, die den Wertebereich des Integer-Datentyps übersteigen (z.B. größer als 2 Milliarden) oder eine höhere Genauigkeit als beim Floatingpoint-Datentyp gefordert ist (mehr als 15 Stellen). Maximal kann der Datentyp Packed Zahlen mit 31 Stellen plus Vorzeichen aufnehmen, wovon maximal 16 als Nachkommastellen per Schlüsselwort `DECIMALS` deklariert werden können. Das Rechnen mit gepackten Zahlen ist vergleichsweise langsam, denn der Datentyp wird nicht direkt vom Hauptprozessor unterstützt und muss intern umfangreiche Konvertierungen und Zwischenschritte durchlaufen. Die Deklaration entsprechender Daten ist gewöhnungsbedürftig, da die Gesamtlänge sich aus der Anzahl der genutzten Dezimalstellen ergibt und geteilt durch 2 minus Vorzeichen angegeben werden muss. Eine Deklaration könnte beispielsweise so aussehen:

```
PARAMETERS:
  p_price(16) TYPE p DECIMALS 2.
* 2*16-1=31 digits including 2 decimals
DATA:
  l_kgweight(3) TYPE p DECIMALS 3.
* 2*3-1=5 digits including 3 decimals
```

▶ **d – Datum**

Es gibt einen separaten Datentyp für die Ablage von Datumsangaben, der acht Ziffern im Format YYYYMMDD aufnehmen kann, d.h., die ersten vier Zeichen geben das Jahr an, die nächsten zwei Zeichen den Monat und die letzten zwei Zeichen den Tag. Vergleiche auf größer, kleiner oder Gleichheit zwischen zwei Daten werden durch Vergleich der Zeichen ausgeführt. Auch das Rechnen mit Daten (z.B. 30. April 2003 + 3 Tage) funktioniert. Die Deklaration entsprechender Daten könnte beispielsweise so aussehen:

```
PARAMETERS:
  l_date TYPE d DEFAULT sy-datum.   " Default: today
DATA:
  l_booking_date TYPE d.
```

- **t – Zeit**
Analog zum Datum gibt es auch einen Datentyp für die Aufnahme von Uhrzeiten. Dieser ist sechs Ziffern lang, und nimmt Uhrzeiten im Format HHMMSS auf, d.h. die ersten zwei Ziffern geben die Stunde an, die nächsten zwei Ziffern die Minute und die letzten zwei Ziffern die Sekunde. Vergleiche zwischen zwei Uhrzeiten können sehr schnell ausgeführt werden und auch Rechenoperationen werden von der ABAP-Laufzeitumgebung unterstützt. Die Deklaration entsprechender Daten könnte beispielsweise so aussehen:

```
CONSTANTS:
  l_early_morning TYPE t VALUE '010000'.   " 1 o'clock
DATA:
  l_booking_time TYPE t.
```

- **string – Zeichenfolge mit unbestimmter Gesamtlänge**
Der Datentyp String wird zur Verarbeitung sehr langer Zeichenfolgen (größer als 65535 Zeichen bis 2 GByte maximal) verwendet, bzw. wenn die Maximallänge der Zeichenfolge nicht abgeschätzt werden kann und sich die Reservierung eines Speicherbereichs mit definierter Länge per Datentyp c nicht rentiert. Daten vom Typ String können nicht direkt mit der PARAMETERS-Anweisung erfragt werden, sondern man muss einen c-Datentyp verwenden oder die komplexere Dynpro-Oberflächentechnik in Zusammenhang mit den EnjoySAP-Controls verwenden (siehe Abschnitt 5.2). Die Deklaration entsprechender Daten könnte beispielsweise so aussehen:

```
CONSTANTS:
  l_question TYPE string VALUE 'What is your name?'.
DATA:
  l_name TYPE string.
```

- **xstring – Bytefolge mit unbestimmter Gesamtlänge**
  Was der Datentyp String für die Verarbeitung langer Text-Dokumente ist, das ist der Datentyp XString für die Verarbeitung langer binärer Daten. Er eignet sich somit für die Aufnahme von Dateien mit unbekanntem Inhalt und unbekannter Länge, was jedoch in betriebswirtschaftlichen Applikationen nur selten gefordert ist. Daten vom Typ XString können nicht mit der PARAMETERS-Anweisung erfragt werden, die Verwendung als Konstante ist nicht möglich und die Angabe eines Initialwertes bei der Deklaration ist nicht erlaubt. Eine Deklaration könnte wie folgt aussehen:

```
DATA:
  l_header TYPE xstring,
  l_body TYPE xstring.
```

Umsteiger von anderen Programmiersprachen werden es sofort bemerkt haben: Es gibt keinen booleschen Datentyp, der die Werte *Wahr* bzw. *Falsch* aufnehmen könnte. Stattdessen ist es üblich, den Datentyp c zu verwenden, der dann für den Wert *Wahr* ein »X« zugewiesen bekommt und für den Wert *Falsch* ein » « (Leerzeichen).

Alle anderen Datentypen, mit denen Sie es im Laufe der Zeit und natürlich auch in diesem Buch zu tun bekommen werden, bauen auf den grundlegenden Datentypen auf. Insbesondere gibt es außerhalb von ABAP-Programmen definierte, wieder verwendbare Datentypen, die im ABAP Dictionary abgelegt werden (siehe Abschnitt 4.1). Dort können zusätzliche Metadaten definiert werden, d.h. zusätzliche beschreibende Informationen und besondere Einschränkungen für den Inhalt. Diese Metadaten werden bei der Programmausführung von der Programmoberfläche automatisch zur Inhaltsprüfung, zur Bereitstellung von Wertauswahl-Hilfen oder zur Anzeige von beschreibenden Texten herangezogen. In der professionellen SAP-Entwicklung ist es deshalb nur in Ausnahmefällen üblich, grundlegende ABAP-Datentypen direkt zu verwenden (wie in den obigen Beispielen zu sehen), da ihnen diese zusätzlichen Metadaten fehlen.

Metadaten

Während das dynamische Reservieren von Datenbereichen im Hauptspeicher per Referenzvariable in ABAP über den Befehl CREATE DATA möglich ist, übernimmt die ABAP-Laufzeitumgebung das Freigeben automatisch. Dazu überwacht der so genannte *Garbage Collector* permanent alle Datenbereiche und gibt sie automatisch frei, sobald keine Referenzvariablen mehr darauf verweist.

Dynamische Daten verwalten

In der Informatik haben sich im Laufe der Jahre Aufgabengebiete herauskristallisiert, in denen man die dynamische Verarbeitung von Daten aus Gründen der Effizienz regelmäßig in Erwägung ziehen sollte:

- **Arbeiten mit Variablen, die einen erheblichen Teil des Hauptspeichers belegen**
  Gerade bei der Arbeit mit vielen solcher Variablen (z. B. vielen Texten) kann es zu Performance-Engpässen kommen, falls Daten vom Betriebssystem wegen Hauptspeicherknappheit auf die Festplatte ausgelagert und wieder eingelesen werden müssen. Hauptspeicher wird zwar immer billiger, jedoch muss man bei ABAP-Programmen berücksichtigen, dass in der Regel auf einem Server viele Anwender gleichzeitig mit einem Programm arbeiten und sich der Gesamtspeicherbedarf entsprechend multipliziert. Hier kann die Verwendung von Referenzvariablen helfen zu sparen, denn es lässt sich vom Programmierer exakt bestimmen, wann welcher Speicherbereich reserviert, genutzt und letztlich auch wieder freigegeben wird.

- **Arbeiten mit Variablen, deren Datentyp erst während der Programmausführung bekannt ist**
  Dieser Fall kann bei der ausschließlichen Benutzung von statischen Variablen zu einem sehr unübersichtlichen Quelltext führen, denn man muss Datenbereiche für alle nur möglichen Datentypen vorsehen und stets darauf Rücksicht nehmen, welche Variable denn überhaupt den Inhalt besitzt und demzufolge verarbeitet werden muss. Einfacher ist da die Verwendung einer einzigen dynamischen Variablen, deren Datenbereich erst während der Programmausführung zu einem Zeitpunkt reserviert wird, wenn der Datentyp bekannt ist (z. B. nach einer Auswahl durch den Anwender).

- **Arbeiten mit Variablen, die miteinander verkettet sind**
  In der Informatik gibt es Algorithmen, die mit Referenzvariablen besonders performant und elegant ablaufen, z. B. die Verarbeitung von doppelt verketteten Listen, Hierarchiebäumen und Netzplänen. Der Einsatz von Referenzvariablen bzw. Zeigern hat sich hier über Generationen von Programmierern und in unterschiedlichsten Programmiersprachen bewährt, so dass es für viele Fragestellungen sogar vorgefertigte Quelltexte gibt.

Betrachtet man die Nutzung diverser Programmiersprachen über die letzten Jahre, gewinnt das Arbeiten mit Referenzvariablen immer mehr an Bedeutung, und schaut man sich die objektorientierte Programmierung an (siehe Kapitel 6), so gibt es dort keine bekannte Programmiersprache, die das Konzept nicht auf der Grundlage von Referenzvariablen bzw. Zeigern realisiert.

Im Gegensatz zu anderen bekannten Programmiersprachen beinhaltet ABAP eine explizite Unterstützung für mehrsprachige Applikationen, d.h. für Programme, die von Anwendern in mehreren Sprachen gleichzeitig auf einem SAP-System benutzt werden können. Zu diesem Zweck werden alle so genannten *Textelemente* in einer Tabelle verwaltet, auf die man sich im Quelltext wie auf eine Konstante beziehen kann. Im Quelltext selbst befinden sich dann nur noch die Verweise auf die zu verwendenden Textelemente, jedoch keine Texte mehr. Übersetzer brauchen die in dieser Tabelle vorhandenen Texte nur noch in eine andere Sprache zu übersetzen und ebenfalls dort abzulegen. Je nach eingestellter Landessprache beim Login wählt die ABAP-Laufzeitumgebung zum Programmstart die korrekte Version aus.

Textelemente

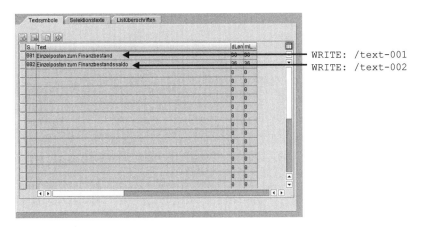

Abbildung 3.6 Textelemente für mehrsprachige Programme

ABAP unterscheidet zwischen drei Arten von Textelementen:

▶ **Listüberschriften**
Listüberschriften kommen heute quasi nicht mehr zum Einsatz. Es können Listen- und Spaltenüberschriften definiert werden, die bei Listenausgaben mit dem WRITE-Befehl berücksichtigt werden. Man verwendet stattdessen das ALV-Grid-Display (siehe Kapitel 5).

▶ **Selektionstexte**
Mit Selektionstexten werden aussagekräftige Bezeichnungen für die Parameter eines Programms bezeichnet. Statt den Anwender mit kryptischen Namen zu schocken, die auf acht Zeichen beschränkt sind und auch noch bestimmten Konventionen aus den Programmierrichtlinien

Daten und Datentypen **133**

entsprechen müssen, definiert man einfach pro Parameter einen treffenden Langtext.

▶ **Textsymbole**
Textsymbole eignen sich zur Hinterlegung von Programmtexten, benutzt werden sie z.B. in WRITE-Anweisungen, statt dort den Text direkt in Hochkommata anzugeben. Aber auch für alle anderen Textangaben im Quelltext, z.B. für Pop-up-Dialoge, sollten Textsymbole verwendet werden.

Erreicht werden können die entsprechenden Tabellen im Object Navigator über den Menüpunkt **Springen** · **Textelemente**.

Wir werden in diesem Buch vorwiegend Texte direkt im Quelltext angeben, wohl wissend, dass dies schlechter Programmierstil ist. Die Übersichtlichkeit über die Quelltexte erhöht sich dadurch jedoch so sehr, dass wir innerhalb des Buches diesen Kompromiss wagen wollen.

Aufgabe 3.2

Realisieren Sie das Programm ZPTB00_SALES_ORDER zum Erstellen einer Rechnung, wie sie beim Verkauf eines Produktes oder einer Dienstleistung benötigt wird. Als Eingabe werden die Artikelnummer, die Artikelbezeichnung, der Einzelpreis mit Währung, der Mehrwertsteuersatz sowie die Menge erwartet und heraus kommen soll der Bruttoeinzel- und Gesamtbetrag plus die üblichen Mehrwertsteuerangaben.

Weiterhin soll auch das monatliche Abstottern des Betrags möglich sein, wobei dann als zusätzliche Eingabe die Laufzeit in Monaten und als zusätzliche Ausgabe die monatliche Bruttobelastung sowie die Gesamtbelastung ausgewiesen werden sollen.

▷ Wählen Sie im Kontextmenü des Pakets bzw. der Entwicklungsklasse den Menüpunkt **Anlegen** · **Programm** aus.

Daraufhin erscheint der bereits bekannte Dialog, der nach dem Namen des Programms fragt.

▷ Geben Sie als Programmname »ZPTB00_SALES_ORDER« an.

▷ Deaktivieren Sie die Checkbox **Mit TOP-Include** und quittieren Sie Ihre Angaben mit dem **OK**-Button.

Der nächste Dialog fragt die Programmeigenschaften ab.

▷ Geben Sie als Titel »Ausgangsrechnung erstellen« ein.

▷ Lassen Sie alle weiteren Einstellungsmöglichkeiten unverändert und quittieren Sie mit dem **Sichern**-Button.

Schließlich erfragt der Object Navigator noch den Transportauftrag.

▷ Die Nummer des bereits zuvor benutzten Transportauftrags ist voreingestellt und muss lediglich per **OK**-Button quittiert werden.

Wie gewohnt legt der Object Navigator ein Programmgerüst an, das Sie vervollständigen können. Dies wollen wir nun tun, um aus den Eingaben Artikelnummer, Artikelbezeichnung, Einzelpreis, Währung, Mehrwertsteuersatz und Menge den Bruttoeinzel- und Gesamtbetrag plus die üblichen Mehrwertsteuerangaben zu erhalten.

▷ Tippen Sie den folgenden Quelltext unterhalb der Kommentarzeilen ein:

Listing 3.2 Quelltext des Programms ZPTB00_Sales_Order

```
REPORT   zptb00_sales_order.
PARAMETERS:
* Article data
  p_ano(10) TYPE n OBLIGATORY,
  p_aname(40) TYPE c OBLIGATORY,
  p_aprice TYPE p DECIMALS 2 OBLIGATORY,
  p_curr TYPE currencysap OBLIGATORY DEFAULT 'EUR',
  p_aquant TYPE i OBLIGATORY DEFAULT 1,
* Tax
  p_tax TYPE p DECIMALS 2 DEFAULT '16' OBLIGATORY,
* Terms of payment
  p_cash TYPE c RADIOBUTTON GROUP 0001 DEFAULT 'X',
  p_credit TYPE c RADIOBUTTON GROUP 0001,
  p_months TYPE i OBLIGATORY DEFAULT '24'.

CONSTANTS:
* Interest per year in percent
  con_annual_interest TYPE p DECIMALS 2 VALUE '6.75'.

DATA:
* Temporary data
  l_net_amount TYPE p DECIMALS 2,
  l_tax_factor TYPE f,
```

```
        l_credit_amount TYPE p DECIMALS 2,
        l_monthly_interest_factor TYPE f,
* Result data
        l_monthly_vat_amount TYPE p DECIMALS 2,
        l_monthly_amount TYPE p DECIMALS 2,
        l_vat_amount TYPE p DECIMALS 2,
        l_total_amount LIKE l_net_amount.

* Temporary calculations
  l_net_amount = p_aprice * p_aquant.
  l_tax_factor = p_tax / 100.
* Write article information to screen
  WRITE: /, / 'Article information',
         / 'Article number: ', 30 p_ano,
         / 'Article name: ', 30 p_aname,
         / 'Article net price: ', 30 p_aprice, p_curr,
         / 'Quantity: ', 30 p_aquant.

* Write conditions to screen
  WRITE: /, / 'Conditions',
         / 'Tax rate: ', 30 p_tax,
         / 'Quantity: ', 30 p_aquant.

  WRITE: /, / 'Result'.
  IF p_cash = 'X'.
* Calculate cash results
    l_vat_amount = l_net_amount * l_tax_factor.
    l_total_amount = l_net_amount + l_vat_amount.
* Write results to screen
    WRITE: / 'Total VAT amount: ', 30 l_vat_amount,
             p_curr,
           / 'Total amount: ', 30 l_total_amount, p_curr.
  ELSE.
* Calculate interest results
    l_monthly_interest_factor = con_annual_interest / 100
    / 12.
    l_credit_amount = l_net_amount + l_net_amount *
    l_monthly_interest_factor * p_months.
    l_vat_amount = l_credit_amount * l_tax_factor.
    l_total_amount = l_credit_amount + l_vat_amount.
```

```
    l_monthly_vat_amount = l_vat_amount / p_months.
    l_monthly_amount = l_total_amount / p_months.
* Write results to screen
    WRITE: / 'Month: ', 30 p_months,
           / 'Monthly VAT amount: ', 30
             l_monthly_vat_amount, p_curr,
           / 'Monthly amount: ', 30 l_monthly_amount,
             p_curr,
           / '(VAT amount: ', 30 l_vat_amount, p_curr,
             ')',
           / '(Total amount: ', 30 l_total_amount,
             p_curr, ')'.
ENDIF.
```

Zuerst haben wir alle Parameter deklariert, mittels derer die Eingaben des Anwenders entgegengenommen werden sollen. Anschließend programmieren wir die Algorithmen, die zur Berechnung des Bruttopreises »Total amount« sowie der Mehrwertsteuer »Total VAT amount« notwendig sind. In diesem Fall müssen wir lediglich den Einzelpreis `p_aprice` mit der Anzahl der bestellten Produkte `p_aquan` multiplizieren, anschließend den Mehrwertsteuerbetrag `l_vat_amount` ausrechnen und schließlich den Nettobetrag `l_net_amount` mit dem Mehrwertsteuerbetrag addieren, um den Bruttopreis `l_total_amount` bei Barkauf zu berechnen.

Erläuterungen zum Quelltext

Bei einer Bezahlung in Raten ist in jedem Fall der hausinterne Verzinsungssatz von 6,75 % pro Jahr zu berücksichtigen, den wir in die Kalkulation mit einbeziehen müssen. Da der Kunde die Anzahl der Monatsraten selbst bestimmen kann, müssen wir den Jahreszinssatz zunächst in einen Monatszins umrechnen. Anschließend ergibt sich der insgesamt zu entrichtende Nettokreditbetrag `l_credit_amount` ganz einfach aus dem Nettobetrag bei Barzahlung `l_net_amount` plus dem monatlichen Zins (`l_net_amount` mal `l_monthly_interest`) mal der Anzahl der Monate `p_month`. Mit diesem Wert kann man nun die anderen Ausgabedaten wie `l_monthly_amount` etc. ganz leicht ausrechnen, indem man durch die Anzahl der Monate teilt.

Als Besonderheit verwenden wir für die Deklaration des Parameters `p_curr` keinen grundlegenden Datentyp (z.B. Zeichenkette der Länge 3), sondern ein von der SAP definiertes Datenelement, hinter dem eine ganze Tabelle mit möglichen Währungen hinterlegt ist, aus der der Anwender zur Laufzeit eine auswählen kann. Dies ist ein Vorgriff auf den Abschnitt 4.1, bringt für uns jedoch den Vorteil einer inhaltlichen Prüfung bei der Eingabe sowie einer Auswahlhilfe, über die der Anwender die Währung komfortabel auswählen kann. Außerdem haben wir eine IF-Verzweigung »eingeschmuggelt«, die erst in Abschnitt 3.5 behandelt wird. Vor die Wahl gestellt, ob wir die Funktionsweise des Radiobuttons schlüssig demonstrieren wollen oder nicht, haben wir uns für den Einsatz der IF-Verzweigung vorab entschieden.

Wir wollen nun die Funktionsweise unseres Programms testen.

▷ Klicken Sie auf den **Prüfen**-Button, um die syntaktische Korrektheit des Quelltextes zu überprüfen.

▷ Klicken Sie auf den **Aktivieren**-Button, um aus dem Quelltext ein Programm zu erzeugen.

▷ Klicken Sie auf den **Direkt**-Button, um das Programm direkt zu starten.

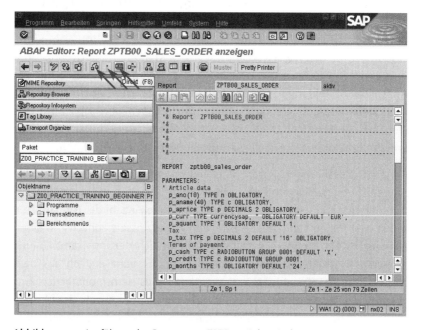

Abbildung 3.7 Ausführen des Programms ZPTB00_Sales_Order

Das Programm startet und zeigt seine Oberfläche auf dem Bildschirm.

▷ Geben Sie beispielhaft die Artikelnummer »4711«, die Bezeichnung »Microsoft Office SBE«, den Preis »549«, die Währung »EUR« und die Menge »7« ein.

▷ Wählen Sie Barzahlung (Parameter P_CASH) und klicken Sie auf den **Ausführen**-Button.

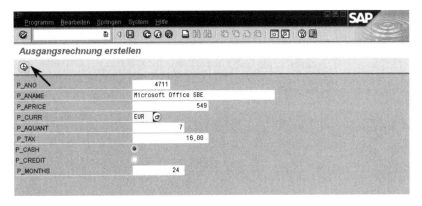

Abbildung 3.8 Das Programm ZPTB00_Sales_Order in Aktion

Das Programm übernimmt die Berechnung des Bruttogesamtpreises und gibt das Ergebnis aus.

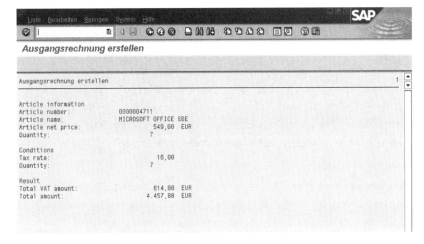

Abbildung 3.9 Das Programm ZPTB00_Sales_Order errechnet den Barbetrag.

Nun wollen wir statt des Barbetrags den monatlichen Kreditbetrag ausgerechnet haben und wechseln deshalb zurück in den Eingabebildschirm.

▷ Klicken Sie auf den **Zurück**-Button.

▷ Wählen Sie Ratenzahlung (Parameter `P_CREDIT`) und klicken Sie erneut auf den **Ausführen**-Button.

Nun kalkuliert unser Programm die vorgegebenen 6,75 % Zinsen mit ein und gibt neben der monatlich zu zahlenden Rate in Klammern einen entsprechend höheren Gesamtbetrag aus.

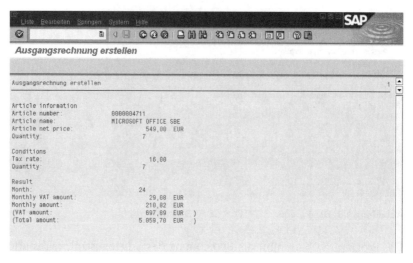

Abbildung 3.10 Das Programm ZPTB00_Sales_Order errechnet die monatliche Rate.

> **Aufgabe 3.3**
>
> Erstellen Sie das Programm ZPTB00_SALES_ORDER_DYNAMIC, in dem Sie die zur Berechnung der Ratenzahlung notwendigen Variablen nur im Speicher anlegen, wenn sie tatsächlich gebraucht werden. Arbeiten Sie in diesem Fall mit Referenzvariablen und Feldsymbolen. Verwenden Sie außerdem Textelemente, um Ihr Programm für eine Übersetzung in andere Sprachen vorzubereiten.

Wir beginnen mit der Aufgabe, indem wir zunächst eine vollständige Kopie des Programms ZPTB00_SALES_ORDER anlegen und anschließend an dieser Kopie alle notwendigen Veränderungen vornehmen.

▷ Rufen Sie das Kontextmenü zum Programm ZPTB00_SALES_ORDER auf und wählen Sie dort den Menüpunkt **Kopieren**.

Es erscheinen ein Dialog, in dem der Quellname des zu kopierenden Programms angezeigt wird, sowie ein Feld zur Eingabe des Zielnamens.

▷ Geben Sie als Namen für das Zielprogramm »ZPTB00_SALES_ORDER_DYNAMIC« ein und drücken Sie den **Kopieren**-Button.

Ein weiterer Dialog erscheint, in dem Sie einzelne Entwicklungsobjekte vom Kopiervorgang aus- bzw. einschließen können.

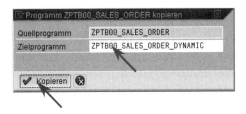

Abbildung 3.11 Programm ZPTB00_Sales_Order_Dynamic kopieren

▷ Da unser Programm keine separaten Entwicklungsobjekte benötigt, können wir die Standardeinstellungen übernehmen.

▷ Betätigen Sie abermals den **Kopieren**-Button.

Abbildung 3.12 Angabe der zu kopierenden Entwicklungsobjekte

Als Nächstes müssen Sie noch die Angaben zum Paket bzw. der Entwicklungsklasse, in die das Programm aufgenommen werden soll, sowie den verantwortlichen Programmierer auswählen.

▷ Geben Sie als Paket bzw. Entwicklungsklasse »ZPTB00_PRACTICE_TRAINING_BEGINNER« ein und drücken Sie den **Sichern**-Button.

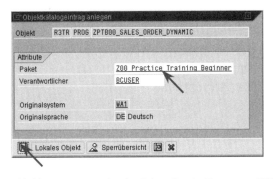

Abbildung 3.13 Angabe des Pakets für das Programm ZPTB00_Sales_Order_Dynamic

Daten und Datentypen **141**

Schließlich braucht die Entwicklungsumgebung wie immer einen Transportauftrag, in dem sie die Änderungen protokollieren kann.

▷ Belassen Sie die Voreinstellung Ihres zuvor angelegten Transportauftrags und wählen Sie den **Weiter**-Button.

Der Quelltext des Programms wurde nun kopiert, und wir können mit der Anpassung beginnen.

▷ Doppelklicken Sie auf das Programm ZPTB00_SALES_ORDER_DYNAMIC. Das ist wichtig, da beim Kopieren nicht automatisch die Kopie in den Editor geladen wird.

▷ Klicken Sie den Button **Anzeigen<->Ändern** an, um in den Edit-Modus zu wechseln.

Der Quelltext ist nun exklusiv für Sie zum Ändern reserviert; kein anderes Teammitglied kann daran Änderungen vornehmen, bis Sie den Edit-Modus durch einen erneuten Klick auf den Button **Anzeigen <-> Ändern** wieder verlassen.

▷ Ziehen Sie nun die folgenden Änderungen im Quelltext nach:

Listing 3.3 Der Quelltext des Programms ZPTB00_SALES_ORDER_DYNAMIC

```
REPORT  zptb00_sales_order_dynamic.
PARAMETERS:
* Article data
  p_ano(10) TYPE n OBLIGATORY,
  p_aname(40) TYPE c OBLIGATORY,
  p_aprice TYPE p DECIMALS 2 OBLIGATORY,
  p_curr TYPE currencysap, " OBLIGATORY DEFAULT 'EUR',
  p_aquant TYPE i OBLIGATORY DEFAULT 1,
* Tax
  p_tax TYPE p DECIMALS 2 DEFAULT '16' OBLIGATORY,
* Terms of payment
  p_cash TYPE c RADIOBUTTON GROUP 0001 DEFAULT 'X',
  p_credit TYPE c RADIOBUTTON GROUP 0001,
  p_months TYPE i OBLIGATORY DEFAULT '24'.
CONSTANTS:
* Interest per year in percent
  con_annual_interest TYPE p DECIMALS 2 VALUE '6.75'.
TYPES:
  currency TYPE p DECIMALS 2.
DATA:
```

```abap
* Temporary data
  l_net_amount TYPE p DECIMALS 2,
  l_tax_factor TYPE f,
* Result data
  l_vat_amount TYPE p DECIMALS 2,
  l_total_amount LIKE l_net_amount,
* Dynamic variables
  l_rda_credit_amount TYPE REF TO currency,
  l_rda_monthly_interest_factor TYPE REF TO f,
  l_rda_monthly_vat_amount TYPE REF TO currency,
  l_rda_monthly_amount TYPE REF TO currency.
FIELD-SYMBOLS:
* Access to reference variables
  <l_credit_amount> TYPE currency,
  <l_monthly_interest_factor> TYPE f,
  <l_monthly_vat_amount> TYPE any,
  <l_monthly_amount> TYPE currency.
* Temporary calculations
l_net_amount = p_aprice * p_aquant.
l_tax_factor = p_tax / 100.
* Write article information to screen
WRITE: /, / 'Article information',
       / 'Article number: ', 30 p_ano,
       / 'Article name: ', 30 p_aname,
       / 'Article net price: ', 30 p_aprice, p_curr,
       / 'Quantity: ', 30 p_aquant.
* Write conditions to screen
WRITE: /, / 'Conditions',
       / 'Tax rate: ', 30 p_tax,
       / 'Quantity: ', 30 p_aquant.
WRITE: /, / 'Result'.
IF p_cash = 'X'.
* Calculate results
  l_vat_amount = l_net_amount * l_tax_factor.
  l_total_amount = l_net_amount + l_vat_amount.
* Write results to screen
  WRITE: / 'Total VAT amount: ', 30 l_vat_amount,
  p_curr,
         / 'Total amount: ', 30 l_total_amount, p_curr.
ELSE.
```

```
* Calculate results
  CREATE DATA l_rda_monthly_interest_factor.
  ASSIGN l_rda_monthly_interest_factor->* TO
    <l_monthly_interest_factor>.
  CREATE DATA l_rda_credit_amount.
  ASSIGN l_rda_credit_amount->* TO <l_credit_amount>.
  CREATE DATA l_rda_monthly_vat_amount.
  ASSIGN l_rda_monthly_vat_amount->* TO
    <l_monthly_vat_amount>.
  CREATE DATA l_rda_monthly_amount.
  ASSIGN l_rda_monthly_amount->* TO <l_monthly_amount>.
  <l_monthly_interest_factor> = con_annual_interest /
    100 / 12.
  <l_credit_amount> = l_net_amount + l_net_amount *
    <l_monthly_interest_factor> * p_months.
  l_vat_amount = <l_credit_amount> * l_tax_factor.
  l_total_amount = <l_credit_amount> + l_vat_amount.
  <l_monthly_vat_amount> = l_vat_amount / p_months.
  <l_monthly_amount> = l_total_amount / p_months.
* Write results to screen
  WRITE: / 'Month: ', 30 p_months,
         / 'Monthly VAT amount: ', 30
             <l_monthly_vat_amount>, p_curr,
         / 'Monthly amount: ', 30 <l_monthly_amount>,
             p_curr,
         / '(VAT amount: ', 30 l_vat_amount, p_curr,
             ')',
         / '(Total amount: ', 30 l_total_amount,
             p_curr, ')'.
ENDIF.
```

Erläuterungen zum Quelltext

Zuerst definieren wir uns einen eigenen Datentyp mit Namen currency, den wir für die Deklaration der Referenzvariablen benötigen. Würden wir stattdessen als Datentyp p DECIMALS 2 angeben, käme es zu einer Fehlermeldung.

Als Nächstes wandeln wir diejenigen Variablen, die ausschließlich bei der Berechnung der Kreditraten benötigt werden, in Referenzvariablen um, wobei wir das Schlüsselwort TYPE REF TO gebrauchen. Im Einzelnen handelt es sich um die Variablen l_rda_credit_amount, l_rda_monthly_interest_factor, l_rda_monthly_vat_amount und l_rda_monthly_amount. Einige Variablen, die wir später im ELSE-Zweig benötigen (zur Erläuterung siehe Abschnitt 3.5), werden auch zur Berechnung des Barbetrags herangezogen, und diese ändern wir nicht.

Nun definieren wir für jede Referenzvariable ein Feldsymbol, mit dessen Hilfe wir später auf den Speicherinhalt der Referenzvariablen zugreifen können. Im Einzelnen handelt es sich um die Feldsymbole `<l_credit_amount>`, `<l_monthly_interest_factor>`, `<l_monthly_vat_amount>` und `<l_monthly_amount>`. Zu beachten ist, dass das Feldsymbol nicht denselben Datentyp wie die Referenzvariable, jedoch einen kompatiblen Datentyp besitzen muss. Am flexibelsten ist der spezielle Datentyp `any`, der nur bei Feldsymbolen erlaubt ist und bei einer Zuweisung zu einer Referenzvariablen automatisch deren Datentyp übernimmt. Wir setzen ihn hier exemplarisch in einem Fall ein, ansonsten übernehmen wir den Datentyp der Referenzvariablen uneingeschränkt, wie `currency` oder `f`. Alle Vorbereitungen sind nun getroffen, um bei der Berechnung der Ratenbeträge dynamisch den für die Berechnung notwendigen Speicherplatz zu reservieren. Diese Berechnung erfolgt innerhalb des `ELSE-ENDIF`-Teils und deshalb werden wir erst dort den Speicherplatz für die Referenzvariablen reservieren.

Zur Reservierung des Speicherplatzes benötigen wir den Befehl `CREATE DATA` und diesen wenden wir auf alle Referenzvariablen an. Als Nächstes greifen wir auf den Speicherplatz mit Hilfe von Feldsymbolen zu, zu denen es in anderen bekannten Programmiersprachen kein Pendant gibt. Mit Hilfe des Befehls `ASSIGN` weisen wir jeweils einem Feldsymbol den Speicherplatz einer Referenzvariablen zu. Anschließend können wir mit den Feldsymbolen genauso arbeiten wie mit normalen Variablen, so dass der Quelltext an dieser Stelle dem Original sehr ähnlich sieht.

Die Umstellung auf Referenzvariablen zur Berechnung der Ratenzahlungen ist nun abgeschlossen, und wir können das Programm testen.

▷ Klicken Sie auf den **Prüfen**-Button, um die syntaktische Korrektheit des Quelltextes zu überprüfen.

▷ Klicken Sie auf den **Aktivieren**-Button, um aus dem Quelltext ein Programm zu erzeugen.

▷ Klicken Sie auf den **Direkt**-Button, um das Programm direkt zu starten.

Um sicherzustellen, dass unser Programm korrekt arbeitet, werden wir es mit denselben Daten füttern wie zuvor das Programm ZPTB00_SALES_ORDER.

▷ Geben Sie beispielhaft die Artikelnummer »4711«, die Bezeichnung »Microsoft Office SBE«, den Preis »549«, die Währung »EUR« und die Menge »7« ein.

▷ Wählen Sie Ratenzahlung (Parameter `P_CREDIT`) und klicken Sie auf den **Ausführen**-Button.

Das Programm kalkuliert nun die vorgegebenen 6,75% Zinsen mit ein und sollte das gleiche Ergebnis ausgeben wie die Version mit statischen Variablen.

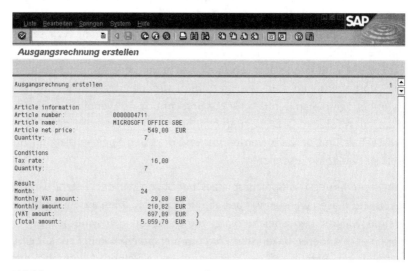

Abbildung 3.14 Das Programm ZPTB00_Sales_Order_Dynamic errechnet die monatliche Rate.

Der Umgang mit Referenzvariablen *und* Feldsymbolen ist zweifellos gewöhnungsbedürftig. Hat man jedoch erst mal den »Trick« verstanden, Referenzvariablen vor allem zur Speicherplatzreservierung und als Schnittstellenparameter (siehe Abschnitt 3.4) einzusetzen und ansonsten mit Feldsymbolen zu arbeiten, lässt es sich auch damit relativ problemlos arbeiten.

Noch ein Hinweis für größere Projekte: In der professionellen ABAP-Entwicklung ist es üblich, gemeinsame Parameter, Variablen und insbesondere Konstanten in Includes (siehe Abschnitt 2.4) abzulegen, um sie in mehreren Programmen wieder verwenden zu können und so ein gemeinsames Look & Feel sowie eine einheitliche Datengrundlage zu realisieren. In unserem Programmbeispiel wäre die Konstante `con_annual_interest` ein geeigneter Kandidat, denn ein unternehmensintern vereinbarter Ratenzinssatz sollte einheitlich über alle Programme verwendet werden.

3.3 Strukturen und interne Tabellen – TABLE, MOVE-CORRESPONDING, INSERT, APPEND, READ, MODIFY, DELETE, LOOP

Strukturen und interne Tabellen bilden in ABAP eine perfekte Grundlage zur Verarbeitung von Massendaten im Hauptspeicher. Massendaten kommen in fast allen betriebswirtschaftlichen Applikationen vor, werden von Anwendern (z. B. Rechnungen, Stücklisten) oder auch maschinellen Sensoren (z. B. Lichtschranke als Produktionszähler, Lagerscanner) erfasst und von ABAP-Programmen verarbeitet.

Massendaten in betriebswirtschaftlichen Applikationen lassen sich am besten folgendermaßen charakterisieren: Sie besitzen einen einheitlichen Aufbau und kommen wie in einer langen Liste hübsch hintereinander aufgereiht vor. Beispiele dafür gibt es genug, wie die Liste von Kunden mit Namen und Adressen, die Liste der Buchungen eines Tages mit Soll- und Haben-Position oder die Liste aller Lagergegenstände mit Bezeichnung, Menge und Lagerort.

Grundlagen

Land	Hauptstadt	Kontinent	Fläche	Alphabetisierung	Export
Nigeria	Abuja	Afrika	4.923.768	51	Kakao, Erdnnüsse, Erdöl
Ägypten	Kairo	Afrika	1.001.449	48	Erdöl, Baumwolle, Zwiebeln
Äthiopien	Addis Abeba	Afrika	1.097.000		Kaffee, Häute, Gemüse
Zaire	Kinshasa	Afrika	2.345.095	72	Kupfer, Kobalt, Kaffee
Südafrika	Pretoria	Afrika	1.221.037	61	Gold, Diamanten, Erze
Sudan	Khartum	Afrika	2.505.813	27	Baumwolle, Ölsaaten
Algerien	Algier	Afrika	2.381.741	57	Erdöl, Eisenerz, Gemüse, Wein
Kenia	Nairobi	Afrika	582.646	69	Kaffee, Tee, Sisal
Marokko	Rabat	Afrika	458.730	65	Phosphat, Früchte, Erze
Tansania	Dodoma	Afrika	945.087	85	Baumwolle, Kaffee, Sisal
Uganda	Kampala	Afrika	235.880	48	Kaffee, Baumwolle, Erze
Ghana	Accra	Afrika	238.537	60	Kaffee, Edelholz, Bauxit
Mosambik	Maputo	Afrika	799.380	33	Zucker, Baumwolle, Sisal
Elfenbeinküste	Yamoussoukro	Afrika	322.463	54	Kaffee, Kakao, Holz
Madagaskar	Antananarivo	Afrika	587.041	80	Kaffee, Vanille, Reis
Kamerun	Jaunde	Afrika	475.442	54	Kakao, Kaffee, Aluminium
Angola	Luanda	Afrika	1.246.700	42	Erdöl, Kaffee, Diamanten
Zimbabwe	Harare	Afrika	390.580	67	Chromerz, Asbest, Kupfer
Burkina Faso	Ouagadougou	Afrika	274.200	18	Viehzuchtprodukte, Nüsse
Malawi	Lilongwe	Afrika	118.484	41	Tabak, Tee, Erdnüsse, Mais
Sambia	Lusaka	Afrika	752.614	73	Kupfer, Blei, Kobalt, Tabak
Tunesien	Tunis	Afrika	163.610	65	Phosphat, Eisenerz, Erdöl
Mali	Bamaku	Afrika	1.240.142	32	Baumwolle, Viehzucht
Niger	Niamey	Afrika	1.267.000	28	Erdnüsse, Vieh, Baumwolle
Somalia	Mogadischu	Afrika	637.657	24	Vieh, Häute, Felle, Bananen
Senegal	Dakar	Afrika	196.192	38	Erdnüsse, Phosphate
Ruanda	Kigali	Afrika	26.338	50	Kaffee, Zinn, Tee
Guinea	Conakry	Afrika	245.857	24	Bauxit, Obst, Kaffee,
Tschad	Ndschamena	Afrika	1.284.000	30	Baumwolle, Viehzuchtprod.
Burundi	Bujumbura	Afrika	27.834	50	Kaffee, Baumwolle, Häute

Abbildung 3.15 Massendaten: lange Listen gleichförmiger Daten

Wer schon einmal mit langen Listen gleichartiger Daten gearbeitet hat (z. B. in Microsoft Excel), weiß, wie man diese am geschicktesten im Computer unterbringt: Man definiert Spaltenüberschriften für jedes einzelne Datum wie z. B. Vorname, Nachname, Straße, Hausnummer, Ort, Postleitzahl sowie Land und trägt darunter pro Zeile die jeweils zusammenhängenden Daten gemäß der Spaltenüberschriften ein. Genau das gleiche Konzept wird auch in ABAP verwendet, bloß bezeichnet man dort eine Zeile mit gleichartigen Daten im Hauptspeicher als *Struktur* oder auch *Datensatz* und mehrere Zeilen mit gleichartigen Daten im Hauptspeicher als *interne Tabelle*.

Strukturen Eine Struktur fasst thematisch zusammenhängende Daten in einem ABAP-Programm zusammen. Es handelt sich somit um ein Mittel zur Ordnung von Daten im Hauptspeicher und hilft darüber hinaus, den Programmcode übersichtlicher zu gestalten. Statt ein Dutzend oder mehr einzelner Daten zu deklarieren, fasst man diese in einer so genannten *Typendefinition* (Schlüsselwort TYPES) über die Schlüsselwörter BEGIN OF structurename und END OF structurename in einer Struktur zusammen und deklariert sie anschließend als Ganzes. Zugriffe auf die einzelnen Felder der Struktur sind im Quelltext über den deklarierten Namen gefolgt von einem Minus-Zeichen (-) sowie den Namen des einzelnen Datums möglich, d.h. nach dem Muster structurename-fieldname. Natürlich kann man Strukturen auch ineinander schachteln, so dass man aus einer Reihe von Strukturen eine so genannte *geschachtelte Struktur* zusammensetzen kann. Hier ein kleines Codefragment als Beispiel:

Listing 3.4 Codefragment zur Demonstration flacher und geschachtelter Strukturen

```
* Definition
TYPES:
  BEGIN OF str_address,
    street_and_number(40) TYPE c,
    zipcode_and_city(40) TYPE c,
  END OF str_address,
  BEGIN OF str_customer,
    name(80) TYPE c,
    address TYPE str_address,
  END OF str_customer.
* Declaration
DATA:
  l_str_customer TYPE str_customer.
FIELD-SYMBOLS:
  <l_str_customer> TYPE str_customer.
* Implementation
l_str_customer-name = 'Georg Meiers'.
```

```
l_str_customer-address-street_and_number = 'Goethe
Strasse 24'.
l_str_customer-address-zipcode_and_city = '69120 Heidel-
berg'.
```

Im obigen Codefragment werden hinter der TYPES-Anweisung die zwei Strukturen `str_customer` und `str_address` definiert, wobei die Schlüsselwörter BEGIN OF sowie END OF zum Einsatz kommen. Die Struktur `str_customer` bindet in sich über den Feldnamen address die Struktur `str_address` mit ein. `str_customer` stellt deshalb eine geschachtelte Struktur dar, da sie ihrerseits eine Struktur enthält. `str_address` wird demgegenüber als *flache Struktur* bezeichnet. Umsteiger von anderen Programmiersprachen werden ABAP-Strukturen als Records- bzw. Struct-Typen wieder erkennen, wie sie in Delphi, C und Visual Basic vorkommen. Darüber hinaus gibt es in ABAP noch den Begriff der *tiefen Struktur*. Eine tiefe Struktur liegt vor, wenn eine Struktur eine interne Tabelle, einen String oder ein Objekt enthält.

Die komfortable Verarbeitung von Strukturen mit teilweise unterschiedlichen und teilweise gleichnamigen Feldern stellt ABAP mit dem Befehl MOVE-CORRESPONDING sicher. Er geht eine Quellstruktur Feldname für Feldname durch und sucht nach einem gleichnamigen Feld in der Zielstruktur. Bei Erfolg wird der Inhalt übertragen, ansonsten nicht. Die Syntax des Befehls lautet

MOVE-CORRESPONDING

```
MOVE-CORRESPONDING struc1 TO struc2
```

wobei `struc1` die Quellstruktur und `struc2` die Zielstruktur darstellt. Die Anweisung arbeitet auch mit geschachtelten Strukturen und führt selbstständig ein MOVE-CORRESPONDING bis zur tiefsten gemeinsamen Ebene aus. Das folgende Codefragment soll die Benutzung des Befehls beispielhaft demonstrieren:

Listing 3.5 MOVE-CORRESPONDING im Einsatz bei flachen und geschachtelten Strukturen

```
* Definition
TYPES:
  BEGIN OF str_address,
    street_and_number(40) TYPE c,
    zipcode_and_city(40) TYPE c,
  END OF str_address,
  BEGIN OF str_customer,
    name(80) TYPE c,
```

```
      address TYPE str_address,
    END OF str_customer,
    BEGIN OF str_address2,
      street_and_number(40) TYPE c,
      zipcode_and_city2(40) TYPE c,
    END OF str_address2,
    BEGIN OF str_customer2,
      name(80) TYPE c,
      address TYPE str_address2,
    END OF str_customer2.
* Declaration
DATA:
  l_str_customer TYPE str_customer,
  l_str_customer2 TYPE str_customer2.
* Implementation
l_str_customer-name = 'Georg Meiers'.
l_str_customer-address-street_and_number = 'Goethe
Strasse 24'.
l_str_customer-address-zipcode_and_city = '69120 Heidel-
berg'.
MOVE-CORRESPONDIG l_str_customer TO l_str_customer2.
```

Der einzige Unterschied zwischen den Strukturen `str_customer` und `str_customer2` liegt innerhalb des geschachtelten Feldes `address` und betrifft dort das Feld `zipcode_and_address` bzw. `zipcode_and_address2`. Die Zuweisung von `l_str_customer` an `l_str_customer2` kann den Inhalt aller anderen Felder übertragen und folglich bleibt das Feld `zipcode_and_address2` nach dem `MOVE-CORRESPONDING` leer.

Interne Tabellen Hat man erst einmal eine Struktur definiert, ist der Weg zur internen Tabelle im Hauptspeicher nicht mehr weit. Die Programmiersprache ABAP bietet von sich aus für die effiziente Verarbeitung von gleichartigen Massendaten eine spezielle Unterstützung an und unterscheidet sich in dieser Hinsicht deutlich von anderen bekannten Programmiersprachen. Nicht wenige Entwickler bewerten das Konzept der internen Tabellen als das beste und herausragendste Feature in der Programmiersprache ABAP überhaupt. Die Deklaration einer internen Tabelle ist denkbar einfach und gelingt über das Schlüsselwort `TABLE OF`. Der Zugriff auf die Tabelle im Programm ist hingegen etwas gewöhnungsbedürftig und geschieht nicht wie bei Arrays über eckige Klammern und Indizes, sondern über eigene ABAP-Befehle wie beispielsweise `INSERT`, `MODIFY`, `READ` oder `DELETE`. Hier ein kleines Codefragment als Beispiel:

```
* Declaration
DATA:
  l_tab_customer TYPE STANDARD TABLE OF str_customer.
```

In diesem Beispiel wird eine interne Tabelle auf Basis der Strukturinformationen von `str_customer` angelegt. Ganz offensichtlich schreckt ABAP auch nicht vor Tabellen auf Basis von geschachtelten Strukturen zurück und so können wir flache wie tiefe Strukturen für die Deklaration von Tabellen verwenden. Umsteiger werden interne Tabellen noch am ehesten mit dem Datentyp `Variant` aus Delphi, C# oder Visual Basic vergleichen können, dessen Inhalt mit Hilfe von Strukturen und offenen Arrays so konstruiert werden kann, dass er dem Aufbau einer internen Tabelle recht nahe kommt. Doch spätestens dann, wenn es um das Gegenstück zu den speziellen ABAP-Befehlen für den schnellen lesenden und schreibenden Zugriff auf die internen Tabellen geht (z.B. `READ`, `MODIFY` oder `DELETE`, s.u.), müssen andere Sprachen passen.

ABAP bietet drei verschiedene Arten von internen Tabellen an, die mit teilweise unterschiedlichen Features aufwarten. Eine dieser Tabellenarten muss bei jeder Deklaration mit angegeben werden:

Interne Tabellenarten

▶ **STANDARD TABLE – geeignet für Tabellen, die sequenziell oder per Zeilenindex verarbeitet werden**
Standard-Tabellen werden intern von der ABAP-Laufzeitumgebung wie ein Array über einen logischen Zeilenindex verwaltet. Darüber hinaus können auch non-unique Keys (s.u.) definiert werden. Alle Zugriffsbefehle von ABAP sind erlaubt, im Einzelnen `INSERT`, `MODIFY`, `READ`, `DELETE`, `APPEND`, `COLLECT` und `LOOP`.
Beispiel:
```
DATA:
  l_tab_customer TYPE STANDARD TABLE OF str_customer.
```

▶ **SORTED TABLE – geeignet für Tabellen, deren Datensätze nach bestimmten Spalten sortiert werden sollen**
Sortierte Tabellen werden wie Standard-Tabellen über einen logischen Zeilenindex verwaltet, besitzen jedoch zusätzlich einen so genannten *Tabellenschlüssel*, der vom Programmierer per Schlüsselwort `NON-UNIQUE KEY` oder `UNIQUE KEY` angegeben wird und diejenigen Spalten definiert, nach denen die Tabelle sortiert werden soll. Beim Einfügen wird ein Datensatz dann automatisch in der korrekten Zeile eingefügt. Die folgenden Zugriffsbefehle von ABAP werden unterstützt: `INSERT`, `MODIFY`, `READ`, `DELETE` und `LOOP`.

Beispiel:

```
DATA:
  l_tab_customer TYPE SORTED TABLE OF str_customer
               WITH NON-UNIQUE KEY name.
```

- ▶ **HASHED TABLE – geeignet für Tabellen, in denen sehr häufig Datensätze gesucht werden**
  Hash-Tabellen werden intern über einen so genannten *Hash-Algorithmus* verwaltet und besitzen keinen logischen Zeilenindex, sondern ausschließlich einen Tabellenschlüssel. Alle Zeilen der Tabelle liegen ungeordnet im Speicher und die Position einer Zeile wird aus der Angabe der Schlüsselspalten über eine Hash-Funktion berechnet. Daraus folgt implizit, dass der Tabellenschlüssel pro Datensatz eindeutig sein muss. Das Faszinierende an Hash-Tabellen ist, dass der Zugriff auf einen Datensatz über den Tabellenschlüssel immer gleich schnell geht, egal, ob sich nur 100 oder 100 Millionen Datensätze in der internen Tabelle befinden. Die folgenden Zugriffsbefehle von ABAP werden unterstützt: INSERT, MODIFY, READ, DELETE und LOOP.

Beispiel:

```
DATA:
  l_tab_customer TYPE HASHED TABLE OF str_customer
               WITH UNIQUE KEY name.
```

Darüber hinaus definiert ABAP noch zwei so genannte *generische interne Tabellenarten*, die ausschließlich bei der Deklaration von Feldsymbolen (siehe Abschnitt 3.2) oder Übergabeparametern von Funktionen, Unterprogrammen (siehe Abschnitt 3.4) und Methoden angegeben werden können. Sie sind hilfreich, wenn man sich nicht sicher ist bzw. nicht von vorneherein einschränken möchte, mit welchen Tabellenarten ein Feldsymbol oder eine Routine arbeiten können soll. Die mit dem Schlüsselwort ANY TABLE deklarierten generischen internen Tabellenarten umschließen dabei alle internen Tabellenarten (STANDARD, SORTED und HASHED), während mit dem Schlüsselwort INDEX TABLE nur die internen Tabellenarten SORTED oder HASHED gemeint sein können. Grob geschätzt kommen Standard-Tabellen in ca. 80% aller Fälle zum Einsatz, während sortierte Tabellen und Hash-Tabellen sich die restlichen 20% teilen.

ABAP-Befehle für den Zugriff auf interne Tabellen

ABAP hält eine ganze Reihe von Befehlen für die Arbeit mit internen Tabellen bzw. den darin enthaltenen Datensätzen bereit. Diese lassen sich in vier Bereiche untergliedern, die dem Füllen (INSERT, APPEND und COLLECT), dem Lesen (READ und LOOP), dem Ändern (MODIFY) und dem Löschen (DELETE) von Datensätzen einer internen Tabelle dienen.

- **INSERT – Einfügen von Datensätzen in eine interne Tabelle**
  Dieser Befehl fügt einen oder mehrere Datensätze ab einer bestimmten Position in eine interne Tabelle ein. Je nachdem, ob die Position per Zeilenindex oder Tabellenschlüssel angegeben wird, ob es sich um einen Datensatz (Struktur) oder mehrere einzufügende Datensätze (interne Tabelle) handelt und in welcher Tabellenart die Zieltabelle vorliegt, kommen leicht unterschiedliche Varianten des Befehls zum Einsatz.
  Beispiel:
  ```
  INSERT l_str_customer INTO l_tab_customer.
  INSERT l_str_customer INTO l_tab_customer INDEX 1.
  ```

- **APPEND – Anfügen eines Datensatzes an eine interne Tabelle**
  Dieser Befehl fügt einen oder mehrere Datensätze an das Ende einer internen Tabelle an. Je nachdem, in welcher Tabellenart die Zieltabelle vorliegt, wird der Datensatz nur angefügt, wenn dies zur Sortierreihenfolge passt bzw. nicht zu zwei Datensätzen mit gleichem Tabellenschlüssel führt.
  Beispiel:
  ```
  APPEND l_str_customer TO l_tab_customer.
  APPEND LINES OF l_tas_customer TO l_tab_customer.
  ```

- **COLLECT – Einfügen bzw. Aufaddieren eines Datensatzes in eine interne Tabelle**
  Dieser Befehl fügt den Inhalt eines Datensatzes entweder in eine interne Tabelle ein oder addiert den Inhalt aller numerischen Spalten auf den Inhalt eines bereits vorhandenen Datensatzes mit gleichem Tabellenschlüssel auf. Diese Vorgehensweise bezeichnet man auch als »Verdichten« und nutzt sie häufig für die Erstellung von Berichten zur Errechnung von Zwischensummen. Der Befehl kann nur bei flachen Tabellen, d.h. ohne tiefe Strukturen, zum Einsatz kommen.
  Beispiel:
  ```
  COLLECT l_str_seats INTO l_tab_seats.
  ```

- **READ – Lesen eines Datensatzes aus einer internen Tabelle**
  Dieser Befehl liest einen Datensatz aus einer internen Tabelle. Bei nicht eindeutiger Spezifikation des zu lesenden Datensatzes wird der erste passende gelesen. Je nachdem, ob der zu lesende Datensatz über einen Zeilenindex oder einen Tabellenschlüssel spezifiziert ist und wohin der ausgelesene Datensatz zurückgeliefert werden soll (Struktur,

interne Tabelle oder gar nicht), kommen unterschiedliche Varianten des Befehls zum Einsatz.
Beispiel:

```
READ TABLE l_tah_customer WITH TABLE KEY name =
    'Georg Meiers' INTO l_str_customer.
READ TABLE l_tab_customer INDEX 1 INTO l_str_customer.
```

- ▶ **LOOP – Lesen mehrerer Datensätze nacheinander aus einer internen Tabelle**
  Bei diesem Befehl handelt es sich um eine Schleife, die durch die Schlüsselwörter LOOP und ENDLOOP angewiesen wird. Pro Schleifendurchlauf wird ein Datensatz aus der anzugebenden internen Tabelle ausgelesen und kann von den Anweisungen innerhalb der Schleife bearbeitet werden. Welche Datensätze ausgelesen werden sollen, kann über Bedingungen eingeschränkt werden. Die Reihenfolge, in der die Datensätze ausgelesen werden, hängt von der Tabellenart ab.
  Beispiel:

```
LOOP AT l_tas_customer ASSIGNING <l_str_customer>.
    <l_str_customer>-address-street_and_number =
       ' Neurottstraße 16'.
ENDLOOP.
LOOP AT l_tah_customer INTO l_str_customer.
    WRITE: / l_str_customer.
ENDLOOP.
```

- ▶ **MODIFY – Verändern von Datensätzen in einer internen Tabelle**
  Dieser Befehl ändert den Inhalt einer oder mehrerer Datensätze in einer internen Tabelle. Je nachdem, ob die Position der zu ändernden Zeile per Zeilenindex oder Tabellenschlüssel angegeben wird, ob die Änderungen per Datensatz (Struktur) oder mehrere Datensätze (interne Tabelle) angegeben werden und in welcher Tabellenart die Zieltabelle vorliegt, kommen leicht unterschiedliche Varianten des Befehls zum Einsatz. Über das optionale Schlüsselwort TRANSPORTING kann darüber hinaus das Überschreiben auf ausgewählte Spalten eingeschränkt werden.
  Beispiel:

```
MODIFY l_tab_customer FROM l_str_customer
    TRANSPORTING name WHERE name = 'Georg Meiers'.
MODIFY l_tas_customer FROM l_str_customer INDEX 1.
```

- **DELETE – Löschen von Datensätzen aus einer internen Tabelle**
  Dieser Befehl löscht eine oder mehrere Zeilen aus einer internen Tabelle und ist per optionalem Schlüsselwort DUPLICATES in der Lage, benachbarte doppelte Zeilen herauszulöschen. Je nachdem, ob die zu löschenden Datensätze per Zeilenindex oder Tabellenschlüssel angegeben werden und in welcher Tabellenart die Zieltabelle vorliegt, kommen leicht unterschiedliche Varianten des Befehls zum Einsatz.
  Beispiel:

  ```
  DELETE l_tab_customer WHERE name ='Georg Meiers'.
  DELETE l_tas_customer INDEX 2.
  ```

> **Aufgabe 3.4**
>
> Legen Sie ein Programm ZPTB00_INTERNAL_TABLE_JUGGLER an. Benutzen Sie die Strukturen str_customer und str_address aus Listing 3.5, um eine interne Tabelle (STANDARD TABLE) im Speicher aufzubauen, und füllen Sie die Tabelle beispielhaft mit drei Einträgen. Benutzen Sie dazu den APPEND-Befehl. Geben Sie den Inhalt der internen Tabelle anschließend mit Hilfe des LOOP-Befehls auf dem Bildschirm aus.
>
> Ändern Sie anschließend mit Hilfe des MODIFY-Befehls den Kundennamen des ersten Datensatz auf einen Namen, der mit Z anfängt. Benutzen Sie den SORT-Befehl, um die interne Tabelle anschließend nach den Namen der Kunden aufsteigend zu sortieren. Geben Sie den Inhalt der Tabelle erneut auf dem Bildschirm aus und verwenden Sie zum Auslesen der Daten aus der Tabelle den READ-Befehl.
>
> Löschen Sie schließlich den Inhalt der internen Tabelle.

▷ Legen Sie auf bekanntem Weg ein Programm mit dem Namen »ZPTB00_INTERNAL_TABLE_JUGGLER« ohne TOP-Include an.

▷ In den Programmeigenschaften vergeben Sie den Titel »Internal Table Juggler«, der Transportauftrag wird beibehalten.

▷ Tippen Sie den folgenden Quelltext in das Programmgerüst unterhalb der Kommentarzeilen ein:

Listing 3.6 Der Quelltext des Programms ZPTB00_INTERNAL_TABLE_JUGGLER

```
REPORT zptb00_internal_table_juggler.
* Definition
TYPES:
```

```abap
      BEGIN OF str_address,
        street_and_number(40) TYPE c,
        zipcode_and_city(40) TYPE c,
      END OF str_address,
      BEGIN OF str_customer,
        name(80) TYPE c,
        address TYPE str_address,
      END OF str_customer.
DATA:
* Customer
  l_tab_customer TYPE STANDARD TABLE OF str_customer,
  l_str_customer TYPE str_customer.
* Fill some data
l_str_customer-name = 'John Miller'.
l_str_customer-address-street_and_number = 'Yorkstr. 3'.
l_str_customer-address-zipcode_and_city = '69120 Heidelberg'.
APPEND l_str_customer TO l_tab_customer.
l_str_customer-name = 'Linda Evens'.
l_str_customer-address-street_and_number = 'Yorkstr. 4'.
APPEND l_str_customer TO l_tab_customer.
l_str_customer-name = 'Robbie Bush'.
l_str_customer-address-street_and_number = 'Yorkstr. 5'.
APPEND l_str_customer TO l_tab_customer.
* Use loop to write all data to screen
LOOP AT l_tab_customer INTO l_str_customer.
  WRITE: l_str_customer-name, l_str_customer-address-
    street_and_number.
ENDLOOP.
* Read data of first customer into structure
READ TABLE l_tab_customer INDEX 1 INTO l_str_customer.
* Modify name
l_str_customer-name = 'Zeta Jones'.
* Write it back to first line of internal table
MODIFY l_tab_customer INDEX 1 FROM l_str_customer.
* Sort the table by the content of name column
SORT l_tab_customer BY name.
* Just to train the read statement
WRITE sy-uline AS LINE.
READ TABLE l_tab_customer INDEX 1 INTO l_str_customer.
```

```
WRITE: l_str_customer-name, l_str_customer-address-
street_and_number.
READ TABLE l_tab_customer INDEX 2 INTO l_str_customer.
  WRITE: l_str_customer-name, l_str_customer-address-
    street_and_number.
READ TABLE l_tab_customer INDEX 3 INTO l_str_customer.
  WRITE: l_str_customer-name,
         l_str_customer-address-street_and_number.
* Actually, clearing l_tab_customer would be better
DELETE l_tab_customer FROM 1 TO 3.
```

Zuerst definieren wir die zwei Strukturen `str_address` und `str_customer` und deklarieren die interne Tabelle `l_tab_customer` sowie die Struktur `l_str_customer`, die wir später für den Zugriff auf die Daten der internen Tabelle benötigen. Anschließend beginnen wir mit der Wertzuweisung an die einzelnen Felder der Struktur `l_str_customer` und fügen diese mittels APPEND-Befehl an das Ende der internen Tabelle `l_tab_customer` an. Um uns die Programmierarbeit etwas zu erleichtern, ändern wir in den Demodaten lediglich die Hausnummer und lassen alle Kunden in Heidelberg wohnen.

Erläuterung zum Quelltext

Nun können wir mit Hilfe der LOOP-Schleife die Daten zeilenweise ausgeben, wobei wir uns auf den Namen sowie die Straße und Hausnummer des Kunden beschränken.

Um den ersten Datensatz zu modifizieren, müssen wir ihn zunächst aus der Tabelle per READ-Befehl in die Struktur einlesen. Hier können wir die gewünschte Veränderung durchführen und schreiben den Datensatz per MODIFY wieder zurück an die gleiche Stelle in der Tabelle.

Nur zu Übungszwecken verwenden wir für die anschließende Ausgabe nicht den LOOP-, sondern den READ-Befehl – wohl wissend, dass er in diesem Fall die weitaus schlechtere Alternative darstellt.

Wir wollen nun die Funktionsweise unseres Programms testen.

▷ Klicken Sie auf den **Prüfen**-Button, auf **Aktivieren** und schließlich auf den **Direkt**-Button, um das Programm direkt zu starten.

Das Programm startet und zeigt ohne weitere Eingabemöglichkeit sofort die Ergebnisse seiner Verarbeitung an.

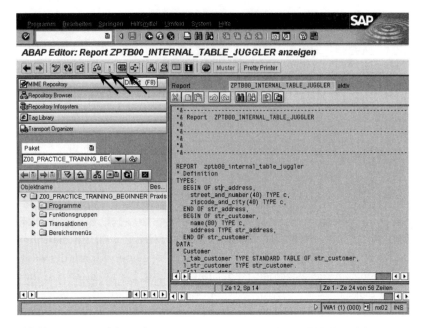

Abbildung 3.16 Ausführen des Programms ZPTB00_INTERNAL_TABLE_JUGGLER

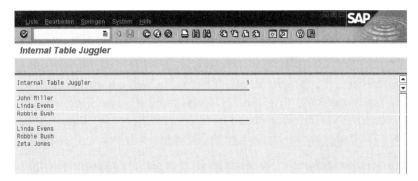

Abbildung 3.17 Das Programm ZPTB00_INTERNAL_TABLE_JUGGLER in Aktion

 In der professionellen ABAP-Entwicklung ist es üblich, Strukturen global im ABAP Dictionary abzulegen, d.h. als eigenständiges Entwicklungsobjekt und nicht wie in diesem Beispiel aus Gründen der Übersichtlichkeit im Quelltext. Wie das geht und welche Vorteile das bringt, wird ausführlich in Abschnitt 4.2 beschrieben. Beim in Abschnitt 5.1 erläuterten SAP List Viewer kommen im Quelltext definierte Strukturen vor.

3.4 Unterprogramme und Funktionen – FORM, FUNCTION, EXCEPTIONS

Wie in einem Bürogebäude mit mehreren Zimmern, die der Aufteilung der einzelnen Abteilungen und Projektgruppen dienen, so dienen Unterprogramme und Funktionen, allgemein auch *Prozeduren* genannt, der Strukturierung und Spezialisierung von Programmteilen. Ein gut organisiertes Bürogebäude unterstützt die Arbeitsabläufe, indem es intensiv zusammenarbeitende Mitarbeiter nahe beieinander positioniert und für kurze und klare Kommunikationswege sorgt. Genauso hilft ein gut organisiertes Programm bei der Optimierung des Arbeitsflusses, der Festlegung eindeutiger Zuständigkeiten und klarer Schnittstellen zwischen den einzelnen Programmteilen. Die prozedurale Programmierung erhielt auf diese Weise ihren Namen.

Grundlagen

Heutzutage bestehen Hauptprogramme in der Regel aus nicht mehr als zwei bis drei Aufrufen von Unterprogrammen, Funktionen oder Methoden. Delphi- und Microsoft.NET-Entwickler kennen z. B. die Anweisungen `Application.Init`, `Application.Run` und `Application.Done` als einzige Bestandteile des Hauptprogramms und auch in Java und Visual Basic sieht es nicht viel anders aus. Unterhalb des Hauptprogramms erschließen sich dann dem Entwickler sauber geordnet die einzelnen Funktionalitätsbereiche und sorgen für eine leicht nachvollziehbare Programmstruktur.

Unterprogramme und Funktionen

Ein gut entwickeltes ABAP-Programm sieht ähnlich aus und untergliedert seine Funktionalitäten sinnvoll in Hauptbereiche, Unterbereiche usw., die das Programm wie ein Baukastensystem erscheinen lassen und

- den Programmtext in logische Einheiten aufteilen, die jeweils genau definierte Aufgaben ausführen (Strukturierung)
- den wiederholten Aufruf gleicher Programmteile von unterschiedlichen Stellen im Programm aus ermöglichen (Redundanzvermeidung)
- die Verwendung von Programmteilen in anderen Programmen oder gar von anderen Systemen aus möglich machen (Modularisierung)

Zu diesem Zweck stellt ABAP neben den umfangreichen Möglichkeiten der objektorientierten Programmierung (siehe Kapitel 6) so genannte Unterprogramme und Funktionen zur Verfügung, die jeweils ihre eigenen, lokalen Daten und Datentypen verwenden können und darüber hinaus mittels so genannter *Schnittstellenparameter* vom übergeordneten Programmbereich mit Daten versorgt werden sowie (Zwischen-)Ergebnisse wieder zurückliefern können.

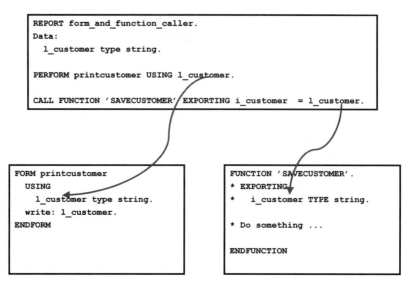

Abbildung 3.18 Ordnung eines Programms durch Unterprogramme und Funktionen

Unterprogramme und Funktionen unterscheiden sich teilweise in ihren Fähigkeiten sowie in der Art und Weise, wie sie aus einem übergeordneten Programmbereich heraus aufgerufen werden:

- FORM – **Unterprogramm**
  Unterprogramme werden mittels der Schlüsselworte FORM und END-FORM definiert und vom Programmierer mit einem Namen versehen, der innerhalb des Programms eindeutig sein muss. Jeglicher Programmcode zwischen den beiden Schlüsselwörtern gilt als Unterprogramm und kann über das Schlüsselwort PERFORM gefolgt von dem Namen des Unterprogramms und eventueller Übergabeparameter aufgerufen werden. Soll aus dem Unterprogramm ein Fehler an den aufrufenden Programmteil zurückgemeldet werden, muss dafür entweder ein extra Schnittstellenparameter vorgesehen sein (denn im Gegensatz zu Funktionen fehlt die Fähigkeit zur Übermittlung von Fehler- und Ausnahmezuständen), oder aber man verwendet den ab Release 6.10 gültigen RAISING-Zusatz. Eine Dokumentation von Unterprogrammen mit den Mitteln des Object Navigators ist nur über Kommentare im Quelltext möglich. Selbstverständlich können Unterprogramme in separate Quelltexte ausgelagert und per INCLUDE-Befehl in unterschiedliche Programme eingebunden werden. Die Syntax zum Aufruf eines Unterprogramms ist

  ```
  PERFORM [Name] [Schnittstellenparameter].
  ```

Beispiel:

```
DATA:
 l_timestamp TYPE timestamp1.
GET TIME STAMP FIELD l_timestamp.
* Call the subprogram
PERFORM write_timestamp_to_screen USING l_timestamp.
* Implement the subprogram
FORM write_timestamp_to_screen
  USING
     i_timestamp TYPE timestamp1.
  WRITE i_timestamp TIME ZONE sy-zonlo.
ENDFORM.
```

▶ FUNCTION – **Funktion**

Funktionen, im SAP-Sprachgebrauch oft auch als *Funktionsbausteine* bezeichnet, werden über eine komfortable Benutzeroberfläche innerhalb des Object Navigators angelegt, wobei ein Quelltextgerüst automatisch erstellt wird. Der systemweit eindeutige Name der Funktion, sämtliche Schnittstellenparameter sowie Rückgabewerte für Fehler- und Ausnahmezustände werden dialoggesteuert eingetragen und erscheinen danach im Quelltext. Zu jeder Funktion kann vom Programmierer eine separate Dokumentation angelegt werden, die auf andere Dokumente, Beispielquelltexte, Programme und sogar Webseiten verweisen kann und automatisch in den Arbeitsvorrat für Übersetzer gelangt; die Dokumentation einer Funktion in mehreren Landessprachen ist problemlos möglich. Weiterhin können Funktionen sehr einfach für den Remote-Aufruf freigeschaltet werden und sind somit von anderen SAP-Systemen, allen gängigen Programmiersprachen und Betriebssystemplattformen wie Java, Windows oder UNIX aus ansprechbar. Funktionen werden immer in so genannten *Funktionsgruppen* zusammengefasst, in der funktionsübergreifende Variablen definiert werden können und unterhalb derer auch wie in anderen Programmtypen eine ganze Reihe von Entwicklungsobjekten abgelegt werden können (z. B. Oberflächen). Die Syntax des Funktionsaufrufs ist aufgrund der verschiedenartigen Schnittstellen (siehe nächster Abschnitt) für Daten etwas umfangreich und lautet

```
CALL FUNCTION 'name' [EXPORTING par1 = var1]
[IMPORTING par2 = var2] [CHANGING par3 = var3]
[TABLES par4 = var4] [EXCEPTIONS exc1 = 1, others = 2]
[DESTINATION dest].
```

Erwähnenswert ist der Zusatz DESTINATION dest, durch den eine Funktion auch auf anderen SAP-Systemen aufrufbar ist. Hier ein einfaches Beispiel, in dem eine für Datenbankoperationen wichtige globale ID ermittelt wird:

```
DATA:
  l_guid TYPE guid_32.
CALL FUNCTION 'GUID_CREATE'
  IMPORTING
*   EV_GUID_16        =
*   EV_GUID_22        =
    ev_guid_32        = l_guid.
```

Schnittstellen Übergabeparameter, Übergabedaten, Übergabevariablen, Signatur, Schnittstelle, Schnittstellenparameter etc. – all diese Begriffe sind letztlich nur unterschiedliche Bezeichnungen für Daten, die zwischen dem aufrufenden Programmteil einerseits und dem Unterprogrammen bzw. der Funktion andererseits übergeben werden. Diese Datenversorgung in beide Richtungen muss gut durchdacht sein, entscheidet sie doch nicht nur über die generelle Funktionsfähigkeit des gesamten Programms, sondern auch über einen unkomplizierten Datenfluss und die Wiederverwendbarkeit von Programmteilen. Je komplexer Programme werden, desto größere Bedeutung kommt diesen Anforderungen zu:

▶ **Funktionsfähigkeit**
Ein Stecker, der nicht wie vorgesehen in eine Buchse passt, hat schon so manches Vorhaben im Leben eines Menschen vereitelt. Passen die Daten, die ein Programm übergibt, nicht mit denen zusammen, die eine Funktion oder ein Unterprogramm erwartet, sieht es nicht anders aus: Es reicht schon eine falsche Reihenfolge der Daten oder ein falscher Datentyp und schon ist die Funktionstüchtigkeit nicht mehr gewährleistet.

▶ **Unkomplizierter Datenfluss**
Wer schon einmal in Deutschland ein Auto umgemeldet hat, der weiß, was ein komplizierter Datenfluss ist: Man muss mühsam seinen Fahrzeugbrief, Fahrzeugschein und Führerschein zusammensuchen, danach bei einer Versicherung einen Vertrag abschließen und eine Versicherungsdoppelkarte beantragen, anschließend eine aktuelle Abgas-Messung sowie TÜV-Untersuchung in einer Werkstatt durchführen lassen und dann noch stundenlang anstehen, bevor der Schalterbeamte vom Straßenverkehrsamt den neuen Namen im Fahrzeugbrief vermerkt. Ein Programm, das auf dieselbe umständliche und zeitraubende Art seine

Daten verarbeiten würde, wäre mit Sicherheit unverkäuflich. »Keep it simple, stupid« lautet stattdessen die Devise oder anders: »In der Einfachheit liegt die Genialität«.

- **Wiederverwendbarkeit**
  Die Wiederverwendbarkeit ist ein zweischneidiges Schwert. Nehmen wir als Beispiel eine Funktion `Gross_To_Net_Amount`, die aus einem übergebenen Bruttobetrag automatisch den Mehrwertsteueranteil herausrechnet und als Ergebnis den Nettobetrag zurückliefert. Hier ließe sich die Wiederverwendbarkeit noch weiter steigern, indem man den Mehrwertsteuersatz als weiteren Übergabeparameter definiert und bei der Berechnung mit einbezieht. Dann nämlich könnte die Funktion auch in internationalem Umfeld und mit verschiedenen Mehrwertsteuersätzen verwendet werden und verkraftet klaglos die Mehrwertsteuerangleichung der Europäischen Union. Aus Sicht des aufrufenden Programmteils kommt nun jedoch das Problem hinzu, dass dort der gültige Mehrwertsteuersatz erst ermittelt werden muss, bevor die Funktion aufgerufen werden kann. Als Folge steigt die Komplexität. Dieses klassische Dilemma zwischen Wiederverwendbarkeit und Komplexität muss bei jeder Funktion erneut abgewogen werden. Entscheiden können letztlich nur Sie selbst von Einzelfall zu Einzelfall.

Organisatorisch unterscheidet man Schnittstellenparameter, die beim Aufruf an das Unterprogramm bzw. die Funktion übergeben werden (Eingabeparameter), die vom Unterprogramm bzw. der Funktion unmittelbar nach der Ausführung an den Aufrufer übergeben werden (Ausgabeparameter) und die in beide Richtungen übergeben werden (Veränderungsparameter). Hinzu kommen bei Funktionen noch spezielle Daten, die Fehler- oder Ausnahmezustände an den Aufrufer übermitteln (Ausnahmen). Leider sind die entsprechenden Schlüsselwörter bei Unterprogrammen und Funktionen teilweise unterschiedlich, was die Einarbeitung etwas schwieriger macht. Die folgenden Schlüsselwörter werden bei der Deklaration verwendet:

Ein-, Ausgabe- und Veränderungsparameter sowie Ausnahmen

- **USING (für Unterprogramme) bzw. IMPORTING (für Funktionen) – Eingabeparameter**
  Diese Schlüsselwörter werden Daten vorangestellt, die vom aufrufenden Programmteil an das Unterprogramm bzw. die Funktion übergeben werden. Da Funktionen komfortabel per Eingabemaske definiert werden, hier lediglich das Beispiel eines Unterprogramms:
  ```
  FORM mult USING a TYPE i b TYPE i
  ```

- **EXPORTING – Ausgabeparameter (nur bei Funktionen)**
Dieses Schlüsselwort wird Daten vorangestellt, die von der Funktion an den aufrufenden Programmteil übergeben werden.

- **CHANGING – Veränderungsparameter**
Dieses Schlüsselwort wird Daten vorangestellt, die vom aufrufenden Programmteil an das Unterprogramm bzw. die Funktion übergeben werden und nach dem Durchlaufen der Funktion (gegebenenfalls mit veränderten Werten) an den Aufrufer zurückgegeben werden.

- **TABLES – Veränderungsparameter (nur bei Funktionen)**
Dieses Schlüsselwort wurde früher Daten vorangestellt, die in Form einer internen Tabelle zwischen Aufrufer und Funktion übergeben werden sollten. Heutzutage können dazu auch die oben genannten Schlüsselwörter verwendet werden. In einigen wenigen, meist älteren Funktionen findet man derart deklarierte Übergabeparameter noch aus Kompatibilitätsgründen.

- **EXCEPTIONS – Ausnahmen (nur bei Funktionen)**
Dieses Schlüsselwort wird zur Deklaration eigener Ausnahmen- und Fehlerzustände definiert, die innerhalb der Funktion auftreten können und an den Aufrufer weitergemeldet werden sollen. Diese kann nach dem Aufruf der Funktion das Systemfeld sy-subrc abfragen und erhält so die Information, ob und wenn ja, welche Ausnahme aufgetreten ist. Ausnahmen stellen bei Funktionen einen standardisierten Weg zur Übermittlung solcher Ausnahmesituationen bereit und erfreuen sich großer Beliebtheit. Seit Release 6.10 gibt es darüber hinaus die Möglichkeit zur Definition von Fehlerklassen über die RAISING-Klausel. Diese werden wir jedoch hier nicht weiter erörtern.

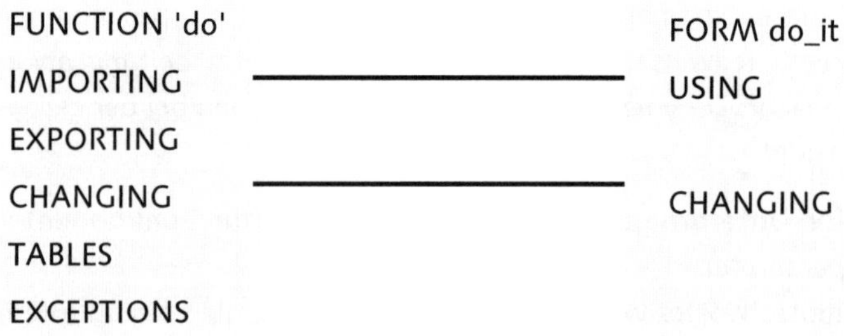

```
FUNCTION 'do'                          FORM do_it
IMPORTING  ─────────────────           USING
EXPORTING
CHANGING   ─────────────────           CHANGING
TABLES
EXCEPTIONS
```

Abbildung 3.19 Kategorisierung der Schnittstellenparameter nach Eingabe, Ausgabe, Veränderung und Ausnahme

Wissen muss man noch, dass der aufrufende Programmteil bei Funktionen die Schlüsselwörter »umdreht«, d.h., ein Schnittstellenparameter, der vom Aufrufer an die Funktion übergeben wird, ist aus seiner Sicht ein EXPORTING-Parameter, aus Sicht der Funktion jedoch ein IMPORTING-Parameter und umgekehrt.

Es gibt noch eine weitere Unterscheidung, die man als Programmierer beim Anlegen eines Unterprogramms und einer Funktion zu beachten hat. Dieser Aspekt besitzt ganz klar technischen Charakter und hat somit Auswirkungen auf die Art und Weise, wie Sie programmieren. Im Grunde geht es darum, ob ein Unterprogramm oder eine Funktion mit einer Kopie der übergebenen Daten arbeiten soll oder aber mit den Originaldaten:

Arbeiten mit Kopien oder Originaldaten

- ▶ **Call by Reference – Arbeiten mit Originaldaten**
  Dies ist die Standardeinstellung sowohl bei Unterprogrammen als auch bei Funktionen und so kann ein besonderes Schlüsselwort zur Kategorisierung der einzelnen Schnittstellenparameter entfallen. Als Programmierer muss man darauf achten, dass Änderungen an den übergebenen Daten (gleich, in welche Richtung) auch vom aufrufenden Programmteil wahrgenommen werden. Im Fall von Funktionen prüft zumindest der Compiler, ob im Quelltext innerhalb einer Funktion schreibend auf Importing-Parameter zugegriffen wird, und gibt eine Fehlermeldung aus. Ein Aufruf mit möglichst vielen oder ausschließlich Call by Reference-Parametern ist schneller und verbraucht weniger Hauptspeicher im Vergleich zu Call by Value.

- ▶ **Call by Value – Übergabe von Werten**
  Bei Unterprogrammen muss jeder Parameter mit dem Schlüsselwort VALUE([Parameter]) umschlossen werden. Bei Funktionen reicht ein Häkchen an entsprechender Stelle in der Benutzeroberfläche. Hier wird von der ABAP-Laufzeitumgebung während der Programmausführung automatisch vor jedem Aufruf eines Unterprogramms oder einer Funktion eine Kopie der Daten im Hauptspeicher angefertigt (dies kostet natürlich zusätzlichen Hauptspeicher und Zeit), so dass ausschließlich damit und nicht mit den Originaldaten gearbeitet wird. Das Gleiche gilt natürlich im umgekehrten Fall für Ausgabeparameter. Handelt es sich um eine remote aufrufbare Funktion, müssen alle Schnittstellenparameter als Call by Value deklariert werden.

Call by Value

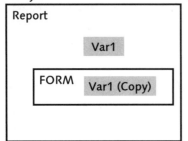

```
FORM callbyvalue changing value(ganze_zahl).
    ganze_zahl = ganze_zahl * 2.
    WRITE: / 'Form callbyvalue: ', ganze_zahl.
ENDFORM.
```

Call by Reference

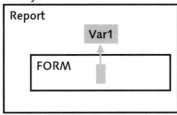

```
FORM callbyreferenz changing ganze_zahl .
    ganze_zahl type i.
    ganze_zahl =ganze_zahl * 2.
    WRITE: /' Form callbyreference: ', ganze_zahl.
ENDFORM.
```

Abbildung 3.20 Schnittstellenparameter übergeben per Value oder per Reference

Glücklicherweise bietet der Object Navigator einige Mechanismen, die das Arbeiten mit Unterprogrammen und Funktionen einfacher gestalten und den Programmierer insbesondere beim korrekten Aufruf und der Abfrage von Ausnahmen unterstützt. Schauen wir uns das Ganze einmal in der Praxis an.

> **Aufgabe 3.5**
>
> Legen Sie das Programm ZPTB00_PERFORMANCE_TESTER an. Erstellen Sie jeweils ein Unterprogramm und eine Funktion, die anhand der übergebenen Wegstrecke in Kilometern die zu erstattenden Fahrtkosten berechnet. Verwenden Sie als Kilometersatz 0,3 Euro.
>
> Rufen Sie das Unterprogramm fünfmal hintereinander mit unterschiedlicher Wegstrecke auf, anschließend fünfmal die Funktion und schließlich fünfmal die Funktion per Remote-Aufruf. Der Name der Funktion soll ZPTB00_CALCULATE_TRAVEL_EXPENS sein und die Funktionsgruppe ZPTB00_PRACTICE_TRAINING_B.
>
> Vergleichen Sie die Aufrufzeiten mit Hilfe des Befehls GET RUN TIME FIELD f.

Wir beginnen diesmal mit dem Schreiben der Funktion, die wir später in unserem Programm verwenden wollen. Da eine Funktion nur in einer Funktionsgruppe bestehen kann, müssen wir zuerst diese anlegen.

▷ Wählen Sie im Kontextmenü des Pakets bzw. der Entwicklungsklasse den Menüpunkt **Anlegen · Funktionsgruppe** aus.

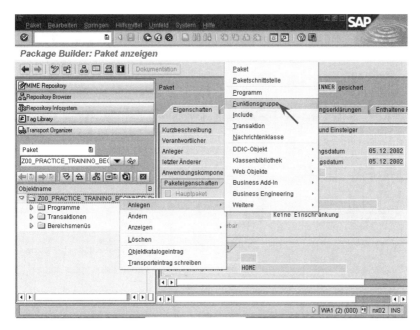

Abbildung 3.21 Kontextmenü · Anlegen · Funktionsgruppe

Es erscheint ein Dialog, in dem Sie den Namen und die Kurzbeschreibung der Funktionsgruppe angeben können.

▷ Geben Sie als Namen der Funktionsgruppe »ZPTB00_PRACTICE_TRAINING_B« und als Kurztext »Practice Training Beginner« ein.

▷ Klicken Sie auf den **Sichern**-Button.

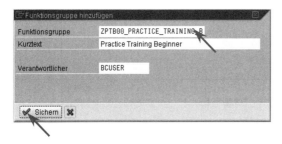

Abbildung 3.22 Funktionsgruppe ZPTB00_ PRACTICE_TRAINING_B hinzufügen

Unterprogramme und Funktionen – FORM, FUNCTION, EXCEPTIONS **167**

Danach erscheint der Transportdialog zur Abfrage des Transportauftrags.

▷ Lassen Sie den voreingestellten Transportauftrag unverändert und klicken Sie auf den **Weiter**-Button.

Schließlich erscheint die neue Funktionsgruppe im Objektlistenbereich des Object Navigators. Wir können nun mit dem Anlegen der Funktion fortfahren.

▷ Wählen Sie im Kontextmenü der Funktionsgruppe ZPTB00_PRACTICE_TRAINING_B den Menüpunkt **Anlegen · Funktionsbaustein** aus.

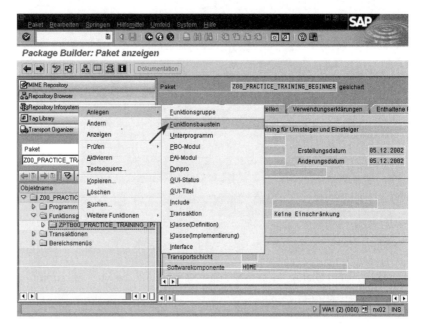

Abbildung 3.23 Funktionsgruppe ZPTB00_ PRACTICE_TRAINING_B wurde hinzugefügt.

Ein Dialog wird angezeigt, der nach Namen und Kurztext der anzulegenden Funktion fragt.

▷ Geben Sie als Namen für den Funktionsbaustein »ZPTB00_CALCULATE_TRAVEL_EXPENS« ein und als Kurztext »Calculate Travel Expenses«.

▷ Klicken Sie auf den **Sichern**-Button.

Im Werkzeugbereich des Object Navigators wird nun ein umfangreicher Dialog angezeigt, über den die Eigenschaften der Funktion bestimmt werden sowie der Quelltext geschrieben werden kann.

▷ Wählen Sie den Karteireiter **Import**.
▷ Geben Sie als Parametername »I_KM« ein, als Typisierung »Type«, als Bezugstyp »i« und markieren Sie die Checkbox **Wertübergabe**.
▷ Wechseln Sie auf die **Export**-Seite.

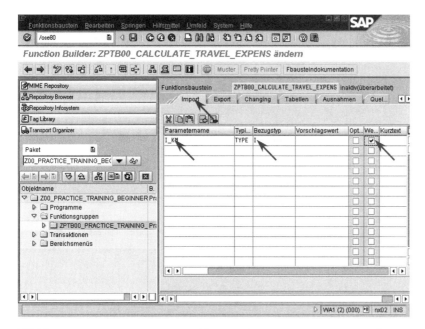

Abbildung 3.24 Importparameter zu ZPTB00_CALCULATE_TRAVEL_EXPENS pflegen

Die Eigenschaften der **Export**-Seite werden angezeigt.

▷ Geben Sie als Parametername »E_AMOUNT« ein, als Typisierung »Type«, als Bezugstyp »f« und markieren Sie die Checkbox **Wertübergabe**.
▷ Wechseln Sie auf die **Ausnahmen**-Seite.

Die **Ausnahmen**-Seite wird angezeigt und wir definieren eine Ausnahme. Wir wollen die Funktion mit einer Ausnahme beenden, sofern bei der Berechnung ein Fehler auftritt.

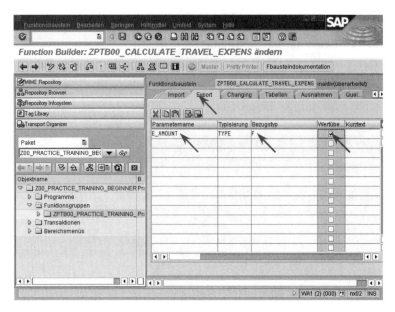

Abbildung 3.25 Exportparameter zu ZPTB00_CALCULATE_TRAVEL_EXPENS pflegen

▷ Geben Sie als Ausnahme »FAILED« ein und als Kurztext »Function failed«.

▷ Wechseln Sie auf die **Quelltext**-Seite.

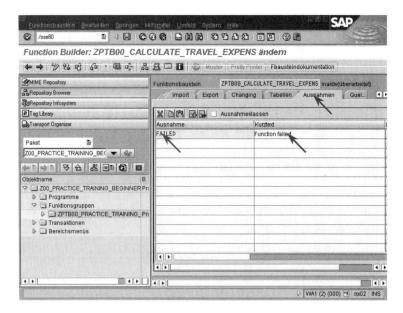

Abbildung 3.26 Ausnahmen zu ZPTB00_CALCULATE_TRAVEL_EXPENS pflegen

Der Quelltext der Funktion wird angezeigt. Es handelt sich um ein Funktionsgerüst mit Dokumentation der Schnittstellenparameter.

▷ Geben Sie den folgenden Quelltext ein, in dem wir die Berechnung ausführen und bei einem Fehler eine Ausnahme werfen:

```
FUNCTION zptb00_calculate_travel_expens.
*"----------------------------------------------------------
*"*"Lokale Schnittstelle:
*"  IMPORTING
*"     VALUE(i_km) TYPE i
*"  EXPORTING
*"     VALUE(e_amount) TYPE f
*"  EXCEPTIONS
*"     FAILED
*"----------------------------------------------------------

  e_amount = i_km * '0.3'.
  IF sy-subrc <> 0.
    RAISE failed
  ENDIF
ENDFUNCTION
```

▷ Klicken Sie auf den **Sichern**-Button, auf **Prüfen** und schließlich auf **Aktivieren**.

Es erscheint ein Dialog, in dem alle zu aktivierenden Entwicklungsobjekte, in unserem Fall die Funktionsgruppe selbst sowie die Funktion, angeboten werden.

▷ Wählen Sie den Button **Alles markieren** und dann **Weiter**.

Nun wollen wir die Funktion ZPTB00_CALCULATE_TRAVEL_EXPENS ausführen.

▷ Klicken Sie auf den **Direkt**-Button.

Ein sehr hilfreiches Feature von ABAP ist es, Funktionen einzeln zu testen. Dazu wird automatisch eine Testoberfläche zur Verfügung gestellt, in der man sämtliche Import-Parameter pflegen, die Funktion ausführen und die Export-Parameter betrachten kann.

▷ Geben Sie als Kilometerangabe »768« ein und wählen Sie **Ausführen**.

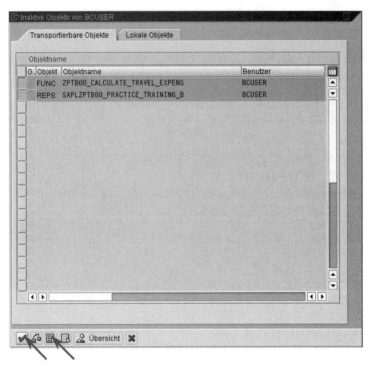

Abbildung 3.27 Funktion ZPTB00_CALCULATE_TRAVEL_EXPENS aktivieren

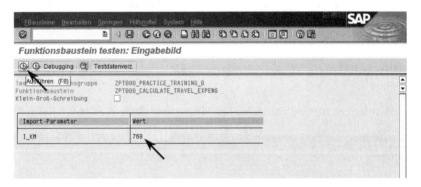

Abbildung 3.28 Funktion ZPTB00_CALCULATE_TRAVEL_EXPENS testen

Alternativ könnten Sie sogar per Debugging jede Programmzeile einzeln durchgehen. Wir haben die Funktion jedoch als Ganzes ausgeführt und sehen nun das Ergebnisbild, auf dem der Wert aller Rückgabeparameter aufgeführt ist. Der Rückgabewert 230,39 Euro ist richtig, und so können wir die Funktion getrost in unser Programm einbauen.

▷ Klicken Sie auf den **Beenden**-Button.

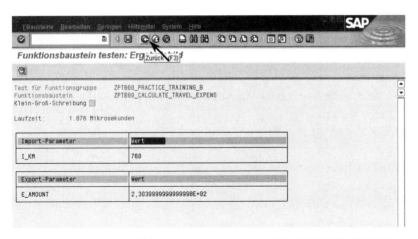

Abbildung 3.29 Ergebnisbild der Funktion ZPTB00_CALCULATE_TRAVEL_EXPENS

Sie gelangen zurück in den Object Navigator und können von dort das Hauptprogramm anlegen.

▷ Legen Sie wie gewohnt ein neues Programm mit dem Programmnamen »ZPTB00_PERFORMANCE_TESTER« und ohne TOP-Include an.

▷ In den Programmeigenschaften vergeben Sie den Titel »Performance Tester« und lassen sonst alle weiteren Einstellungsmöglichkeiten unverändert. Behalten Sie auch den Transportauftrag bei.

Das neue Programmgerüst wollen wir nun vervollständigen, um aus der Eingabe der gefahrenen Kilometer das zu erstattende Fahrtengeld zu errechnen und dabei die Performance zu messen.

▷ Tippen Sie den folgenden Quelltext unterhalb der Kommentarzeilen ein:

Listing 3.7 Quelltextteil des Programms ZPTB00_PERFORMANCE_TESTER

```
REPORT   zptb00_performance_tester.
PARAMETERS:
* KM of last travel
  p_km TYPE i.
DATA:
* Amount and runtime for form and function
  l_amount_form TYPE f,
  l_runtime_form TYPE i,
  l_amount_function TYPE f,
```

Unterprogramme und Funktionen – FORM, FUNCTION, EXCEPTIONS **173**

```
      l_runtime_function TYPE i.
* First initialize l_runtime_form, then measure
* performance
GET RUN TIME FIELD l_runtime_form.
PERFORM calculate_travel_expens USING p_km CHANGING
l_amount_form.
PERFORM calculate_travel_expens USING p_km CHANGING
l_amount_form.
PERFORM calculate_travel_expens USING p_km CHANGING
l_amount_form.
PERFORM calculate_travel_expens USING p_km CHANGING
l_amount_form.
PERFORM calculate_travel_expens USING p_km CHANGING
l_amount_form.
GET RUN TIME FIELD l_runtime_form.
* First initialize l_runtime_function, then measure
* performance
GET RUN TIME FIELD l_runtime_function.

GET RUN TIME FIELD l_runtime_function.
* Write performance results to screen
WRITE: /'Runtime of form     :', l_runtime_form,
       /'Runtime of function :', l_runtime_function.
WRITE: /'Result of form      :', l_amount_form,
       /'Result of function  :', l_amount_function.
FORM calculate_travel_expens
  USING
    i_km TYPE i
  CHANGING
    e_amount TYPE f.

  e_amount = i_km * '0.3'.
ENDFORM.                    "calculate_travel_expens
```

Erläuterung des Quellcodes

Zunächst deklarieren wir den Parameter zur Eingabe der gefahrenen Kilometer sowie die Variablen zur Entgegennahme der Rechenergebnisse bzw. zur Messung der Laufzeiten.

Nun können wir mit der Performance-Messung des Unterprogramms beginnen, indem wir den Befehl GET RUN TIME FIELD einmal am Anfang und einmal am Ende aufrufen.

Den gleichen Aufruf bereiten wir zum Messen der Funktions-Performance vor. Den Aufruf der Funktion selbst werden wir gleich dialoggesteuert einfügen.

Danach geben wir die Laufzeit- und Rechenergebnisse per WRITE-Anweisung auf dem Bildschirm aus.

Das Unterprogramm kommt am Ende des Quelltextes zu liegen und enthält neben der Deklaration der Schnittstellenparameter nur eine einzige Zeile, in der das Ergebnis ausgerechnet wird.

Eine sehr mächtige Hilfe ist die automatische Erstellung von Musterquelltexten durch den Object Navigator. Wir werden diese Fähigkeit zur Ergänzung des Funktionsaufrufs im Quelltext einsetzen.

Funktionsaufruf per Muster einfügen

▷ Platzieren Sie den Cursor auf die Zeile, wo der Funktionsaufruf eingefügt werden soll und klicken Sie auf den Button **Muster**.

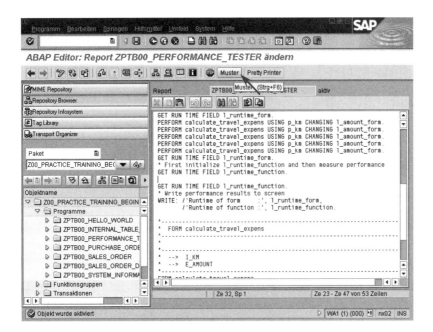

Abbildung 3.30 Muster-Button im Object Navigator aufrufen

Ein Dialog erscheint, der zu einer ganzen Reihe von ABAP-Befehlen Muster anbietet.

▷ Geben Sie den Funktionsnamen »ZPTB00_CALCULATE_TRAVEL_EXPENS« ein und klicken Sie auf den **Weiter**-Button.

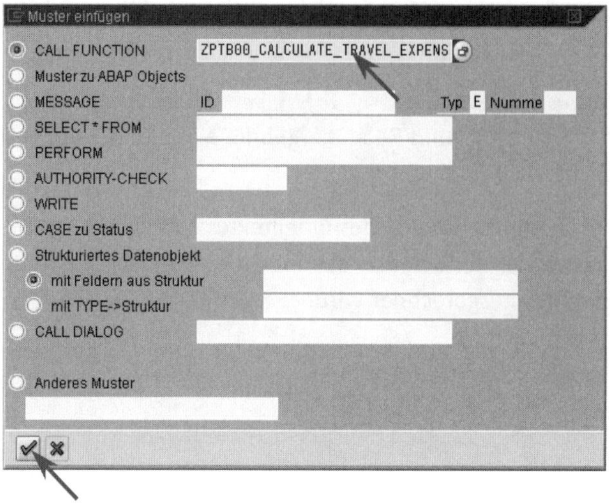

Abbildung 3.31 Muster zu ZPTB00_CALCULATE_TRAVEL_EXPENS erzeugen

Daraufhin wird ein Prototyp des Funktionsaufrufs in den Quelltext eingefügt, den Sie um eigene Übergabeparameter und Fehlerbehandlungen vervollständigen können.

▷ Ändern Sie den Quelltext wie in Abbildung 3.32, indem Sie an der markierten Stelle folgenden Code eintippen:

```
CALL FUNCTION 'ZPTB00_CALCULATE_TRAVEL_EXPENS'
  EXPORTING
    i_km       = p_km
  IMPORTING
    e_amount   = l_amount_function
  EXCEPTIONS
    failed     = 1
    OTHERS     = 2.
IF sy-subrc <> 0.
  RETURN.
ENDIF.
```

Falls Sie mit Release 4.6 arbeiten, ersetzen Sie bitte das RETURN im Quelltext durch ein STOP.

▷ Klicken Sie auf den **Sichern**-Button, dann auf **Prüfen**, **Aktivieren** und schließlich auf **Ausführen**.

Das Programm startet und zeigt die Eingabeoberfläche, in der wir zur Eingabe der Kilometeranzahl aufgefordert werden.

Abbildung 3.32 Eingefügter Funktionsaufruf von ZPTB00_CALCULATE_TRAVEL_EXPENS

▷ Geben Sie »768« ein und klicken Sie auf den **Ausführen**-Button.

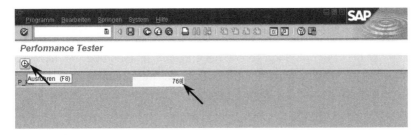

Abbildung 3.33 Das Programm ZPTB00_Performance_Tester in Aktion

Es erscheint das Ergebnisbild des Programms und wir sehen, dass der Aufruf von Unterprogrammen auf unserem Rechner mit 53 Mikrosekunden ca. doppelt so schnell ist wie der von Funktionen mit 125 Mikrosekunden.

Der Rechenbefehl selbst fällt bei der Ausführung quasi nicht ins Gewicht und liefert selbstverständlich das gleiche Ergebnis von 230,39 Euro.

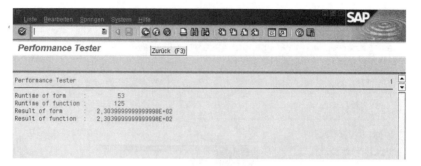

Abbildung 3.34 Das Ergebnisbild zu ZPTB00_PERFORMANCE_TESTER

Schneiden Sie die Funktionalität von Unterprogrammen und Funktionen nicht zu eng. Allein der Aufruf könnte sonst mehr Zeit kosten als der gesamte auszuführende Programmcode. In der professionellen ABAP-Programmierung gelten 100 bis 1.000 Quelltextzeilen pro Unterprogramm bzw. Funktion als guter Durchschnitt.

3.5 Verzweigungen und logische Ausdrücke – IF, CASE

Programm und Mensch unterscheiden sich in Bezug auf das Herbeiführen von Entscheidungen sehr. Während ein Programm bei identischen Fakten immer gleich entscheidet, hängt bei Menschen das Ergebnis einer Entscheidung signifikant von emotionalen Umständen und Charaktereigenschaften ab. Das »unmenschliche« Verhalten der Programme ist indes erwünscht, sollen sie doch gerade diejenigen Aufgaben übernehmen, wo massenhaft Entscheidungen getroffen werden müssen, eine feste gesetzliche oder firmeninterne Regelung unbedingt eingehalten werden muss und die Entscheidungsfindung in allen Details lückenlos nachvollziehbar sein muss.

Entscheidungen zu treffen ist eine der wichtigsten Aufgaben eines Programms. So genannte *Verzweigungsanweisungen*, die auf der Grundlage von Vergleichen zu einem Ergebnis kommen und in Abhängigkeit von diesem Ergebnis bestimmte Befehle ausführen und andere gezielt umgehen, gehören deshalb zum Standardrepertoire einer jeden Programmiersprache.

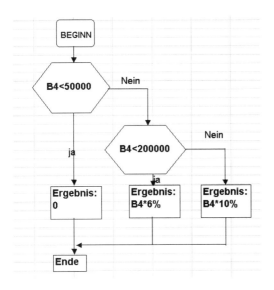

IF	Umsatz < 50.000 Euro DANN keine Provision
ELSE IF	Umsatz < 200.000 Euro DANN 6% Provison
ELSE	10% vom Umsatz als Provision

Abbildung 3.35 Verzweigungen führen Code nur unter bestimmten Bedingungen aus.

Grundlage eines Vergleichs ist technisch gesprochen ein so genannter *logischer Ausdruck*, dessen Ergebnis entweder wahr oder falsch ist und während der Laufzeit des Programms ermittelt wird. Die in ABAP zum Aufbau von logischen Ausdrücken zur Verfügung stehenden Schlüsselworte, so genannte *Operatoren*, sind besonders zahlreich, da es einerseits mehrere Substitute gibt und andererseits komplexe Vergleiche von zeichenartigen Daten möglich sind, die in anderen Programmiersprachen nur über Hilfsfunktionen unterstützt werden (z.B. Mustererkennung in Zeichenketten). Zum besseren Verständnis haben wir deshalb eine ganze Reihe von Beispielen mit Hilfe der IF-Anweisung konstruiert, die den Aufbau und die Wirkungsweise der logischen Ausdrücke erklären helfen sollen.

Logische Ausdrücke

Folgende Vergleichsoperatoren dürfen in einem logischen Ausdruck zusammen mit beliebigen Datentypen verwendet werden:

- [a] = [b] (oder EQ) – **Gleich-Prüfung**
  Beispiel, in dem der logische Ausdruck wahr ist:
  ```
  DATA:
    a TYPE i VALUE 4,
    b TYPE i VALUE 4.
  IF a = b.
  ```

```
    WRITE: / 'a equals b'.
ENDIF.
```

- ▶ **[a] < [b] (oder LT) – Kleiner-Prüfung**

  Beispiel, in dem der logische Ausdruck wahr ist:
  ```
  DATA:
    a TYPE i VALUE 3,
    b TYPE i VALUE 4.
  IF a LT b.
    WRITE: / 'a is less than b'.
  ENDIF.
  ```

- ▶ **[a] > [b] (oder GT) – Größer-Prüfung**

  Beispiel, in dem der logische Ausdruck wahr ist:
  ```
  DATA:
    a TYPE i VALUE 5,
    b TYPE i VALUE 4.
  IF a > b.
    WRITE: / 'a is greater than b'.
  ENDIF.
  ```

- ▶ **[a] <= [b] (oder LE) – Kleiner- oder Gleich-Prüfung**

  Beispiel, in dem der logische Ausdruck wahr ist:
  ```
  DATA:
    a TYPE i VALUE 3,
    b TYPE i VALUE 4.
  IF a <= b.
    WRITE: / 'a is less equal than b'.
  ENDIF.
  ```

- ▶ **[a] >= [b] (oder GE) – Größer- oder Gleich-Prüfung**

  Beispiel, in dem der logische Ausdruck wahr ist:
  ```
  DATA:
    a TYPE i VALUE 4,
    b TYPE i VALUE 4.
  IF a GE b.
    WRITE: / 'a is greater equal than b'.
  ENDIF.
  ```

- ▶ **[a] <> [b] (oder NE) – Ungleich-Prüfung**

  Beispiel, in dem der logische Ausdruck wahr ist:
  ```
  DATA:
    a TYPE i VALUE 3,
    b TYPE i VALUE 4.
  ```

```
IF a <> b.
  WRITE: / 'a is not equal b'.
ENDIF.
```

- ▶ [a] BETWEEN [b] AND [c] – **Intervall-Prüfung**
  Beispiel, in dem der logische Ausdruck wahr ist:
  ```
  DATA:
    a TYPE i VALUE 4,
    b TYPE i VALUE 3,
    c TYPE I VALUE 5.
  IF a BETWEEN b AND c.
    WRITE: / 'a is between b and c'.
  ENDIF.
  ```

Wie man sieht, kann man die Vergleichsoperatoren auch als englischsprachige Textabkürzung angeben (z. B. EQ für Equals), was bei der Datenbankprogrammierung lange Zeit üblich war und sich auch heute noch in ABAP-Programmen großer Beliebtheit erfreut. Für ABAP ist es unerheblich, ob man A >= B oder A GE B schreibt, um herauszubekommen, ob A größer oder gleich B ist.

Die folgenden Vergleichsoperatoren dürfen nur für zeichenartige und byteartige Daten verwendet werden. Grundsätzlich werden für alle Vergleiche die Groß- und Kleinschreibung sowie schließende Leerzeichen berücksichtigt. Ausnahmen werden explizit erwähnt.

- ▶ [a] CO [b] – **Contains only**
  Prüft, ob a nur Zeichen aus b enthält. Beispiel, in dem der logische Ausdruck wahr ist:
  ```
  DATA:
    a(10) TYPE c VALUE 'ACE',
    b(10) TYPE c VALUE 'ABCDEF'.
  IF a CO b.
    WRITE: / 'a contains only characters of b'.
  ENDIF.
  ```

- ▶ [a] CN [b] – **Contains not only**
  Prüft, ob a nicht nur Zeichen aus b enthält. Beispiel, in dem der logische Ausdruck wahr ist:
  ```
  DATA:
    a(10) TYPE c VALUE 'ACEX',
    b(10) TYPE c VALUE 'ABCDEF'.
    IF a CN b.
  ```

```
    WRITE: / 'a contains not only characters of b'.
ENDIF.
```

- ▶ [a] CA [b] – **Contains any**

  Prüft, ob a mindestens ein Zeichen aus b enthält. Beispiel, in dem der logische Ausdruck wahr ist:

  ```
  DATA:
      a(10) TYPE c VALUE 'AX',
      b(10) TYPE c VALUE 'ABCDEF'.
  IF a CA b.
      WRITE: / 'a contains at least one character of b'.
  ENDIF.
  ```

- ▶ [a] NA [b] – **Contains not any**

  Prüft, ob a kein Zeichen aus b enthält. Beispiel, in dem der logische Ausdruck wahr ist:

  ```
  DATA:
      a(10) TYPE c VALUE 'GXYYYYYYYY',
      b(10) TYPE c VALUE 'ABCDEF'.
  IF a NA b.
      WRITE: / 'a contains no character of b'.
  ENDIF.
  ```

- ▶ [a] CS [b] – **Contains string**

  Prüft, ob b vollständig in a enthalten ist. Beispiel, in dem der logische Ausdruck wahr ist:

  ```
  DATA:
      a(10) TYPE c VALUE 'AABCDEFF',
      b(10) TYPE c VALUE 'ABCDEF'.
  IF a CS b.
      WRITE: / 'String b found in a'.
  ENDIF.
  ```

- ▶ [a] NS [b] – **Contains no string**

  Prüft, ob b nicht vollständig in a enthalten ist. Beispiel, in dem der logische Ausdruck wahr ist:

  ```
  DATA:
      a(10) TYPE c VALUE 'AABCDEFF',
      b(10) TYPE c VALUE 'ABCDF'.
  IF a NS b.
      WRITE: / 'String b not found in a'.
  ENDIF.
  ```

- [a] CP [b] – **Contains pattern**
  Prüft, ob das Muster in a zum Inhalt von b passt. Dieser Operator kann nicht für byteartige Daten verwendet werden. Als Platzhalter sind * für eine beliebige Zeichenkette (wie das * unter MS-DOS) und + für ein beliebiges Zeichen erlaubt. Groß- und Kleinschreibung sowie schließende Leerzeichen werden nicht berücksichtigt. Beispiel, in dem der logische Ausdruck wahr ist:
  ```
  DATA:
    a(10) TYPE c VALUE 'ABCDEF',
    b(10) TYPE c VALUE '*A*D+F'.
  IF a CP b.
    WRITE: / 'Pattern b found in a'.
  ENDIF.
  ```

- [a] NP [b] – **Contains no pattern**
  Prüft, ob das Muster in a nicht zum Inhalt von b passt. Es gelten ansonsten die gleichen Platzhalter und Regeln wie bei CP. Beispiel, in dem der logische Ausdruck wahr ist:
  ```
  DATA:
    a(10) TYPE c VALUE 'ABCDEF',
    b(10) TYPE c VALUE '*A*DF'.
  IF a NP b.
    WRITE: / 'Pattern b not found in a'.
  ENDIF.
  ```

Derartige Textvergleiche kommen zum Einsatz, wenn Endanwender nach bestimmten Namen oder Bezeichnungen in Datenbeständen suchen, da sie ein »unscharfes« Suchen ermöglichen, wie es in anderen bekannten Programmiersprachen nur über zusätzliche Funktionsbibliotheken möglich ist. Der Vollständigkeit halber sei an dieser Stelle erwähnt, dass ABAP auch einen Befehl FIND zur Verfügung stellt, der ebenfalls zur Untersuchung von Zeichenketten taugt.

Ein weiterer Operator für logische Ausdrücke ist IS, der in mehreren Varianten vorkommt, um Zustände von Daten abzuprüfen.

- <1_a> IS [NOT] ASSIGNED – **Feldsymbol zugewiesen**
  Prüft, ob einem Feldsymbol per ASSIGN-Befehl ein Datenbereich zugewiesen ist. Beispiel, in dem der logische Ausdruck wahr ist:
  ```
  DATA:
    1_a TYPE i VALUE 1234.
  FIELD-SYMBOLS:
    <1_a> TYPE i.
  ```

```
ASSIGN l_a TO <l_a>.
IF <l_a> IS ASSIGNED.
  WRITE: / '<l_a> is assigned'.
ENDIF.
```

▶ **l_rda_a IS [NOT] BOUND – Referenzvariable gültig**
Prüft, ob eine Referenzvariable gültig ist. Bevor man einer Referenzvariablen per CREATE DATA oder per GET REFERENCE OF einen Datenbereich zugewiesen hat, wird diese als ungültig bezeichnet, da man in diesem Stadium mit ihr nicht arbeiten kann. Beispiel, in dem der logische Ausdruck wahr ist:

```
DATA:
  l_a TYPE i VALUE 1234,
  l_rda_a TYPE REF TO i.
GET REFERENCE OF l_a INTO l_rda_a.
IF l_rda_a IS BOUND.
  WRITE: / 'l_rda_a is bound'.
ENDIF.
```

▶ **l_a IS [NOT] INITIAL – Hat Initialwert**
Prüft, ob der Inhalt einer Variablen den Initialwert hat. Bei der Deklaration einer Variablen wird ihr automatisch der Initialwert zugewiesen, sofern kein VALUE-Zusatz verwendet wird. Beispiel, in dem der logische Ausdruck wahr ist:

```
DATA:
  l_a TYPE i.
IF l_a IS INITIAL.
  WRITE: / 'l_a is initial'.
ENDIF.
```

▶ **i_a IS [NOT] SUPPLIED – Eingabeparameter gefüllt**
Prüft, ob ein Eingabeparameter übergeben wurde. Da in ABAP optionale Eingabeparameter erlaubt sind, die vom Aufrufer nur bei Bedarf gefüllt werden (in der Regel, wenn man mit dem Default-Wert für diesen Parameter nicht einverstanden ist), ist eine solche Prüfung in der Funktion mitunter hilfreich. Beispiel, in dem ein Text ausgegeben wird, wenn der optionale Eingabeparameter i_tax vom Aufrufer versorgt wurde:

```
FUNCTION calculate_sales_tax.
*"*"Local interface:
*"  IMPORTING
*"     REFERENCE(I_TAX) TYPE f OPTIONAL
  IF i_tax IS SUPPLIED.
```

```
      WRITE: / I_tax is supplied.
   ENDIF.
```

- **e_a IS [NOT] REQUESTED bzw. e_a IS [NOT] SUPPLIED – Ausgabeparameter verwendet**
Prüft, ob ein Ausgabeparameter überhaupt vom Aufrufer entgegengenommen wird. Da in ABAP ein Ausgabeparameter vom Aufrufer nicht entgegengenommen werden muss (sein Inhalt wird dann einfach verworfen), kann es für die Verarbeitung innerhalb einer Funktion nützlich sein, dies zu wissen. Denn dann lassen sich eventuell im Code einige Passagen überspringen, die sich mit der Ermittlung dieses Ausgabeparameters beschäftigen. Ab Release 6.20 ist der Zusatz REQUESTED obsolet und wird durch SUPPLIED ersetzt.

Beispiel, in dem der Mehrwertsteuerbetrag ausgerechnet wird, wenn der Ausgabeparameter E_TAX_AMOUNT vom Aufrufer entgegengenommen wird:

```
FUNCTION calculate_sales_tax.
*"*"Local interface:
*"  IMPORTING
*"     REFERENCE(I_GROSS_AMOUNT) TYPE  AMOUNTSAP
*"     REFERENCE(I_TAX) TYPE  F OPTIONAL
*"  EXPORTING
*"     REFERENCE(E_NET_AMOUNT) TYPE  AMOUNTSAP
*"     REFERENCE(E_TAX_AMOUNT) TYPE  AMOUNTSAP
  DATA:
   l_tax_factor TYPE f.
  IF i_tax IS SUPPLIED.
    l_tax_factor = ( i_tax / 100 ) + 1.
  ELSE.
    l_tax_factor = '1.16'.
  ENDIF.
  e_net_amount = i_gross_amount / l_tax_factor.
  IF e_tax_amount IS REQUESTED.
    e_tax_amount = i_gross_amount - e_net_amount.
  ENDIF.
ENDFUNCTION.
```

Die oben genannten Operatoren finden sich in heutigen ABAP-Programmen recht häufig, da sie bei der Optimierung und Absicherung des Codes wertvolle Dienste leisten und so für einen qualitativ hochwertigen Code stehen.

Darüber hinaus gibt es Vergleichsoperatoren für Bit-Muster, die jedoch in betriebswirtschaftlichen Applikationen sehr selten vorkommen, sowie den Operator IN, den wir in Abschnitt 4.2 näher erläutern werden. Eine Verschachtelung, Verknüpfung oder Negierung von logischen Ausdrücken ist problemlos möglich über runde Klammern (), die booleschen Operatoren AND, OR und NOT.

Verzweigungen – IF ... ELSE und CASE ... WHEN

ABAP stellt die zwei üblichen Verzweigungsanweisungen IF ... ELSE und CASE ... WHEN zur Verfügung, die in beinahe jeder Programmiersprache zu finden sind. Wie gewohnt ist die IF-Anweisung mächtiger als die CASE-Anweisung und man kann mit ihr alle Anwendungsfälle abdecken. In einigen Fällen mit zahlreichen unterschiedlichen Entscheidungen ist die CASE-Anweisung jedoch übersichtlicher. Beide Anweisungen sind mit einer Einschränkung behaftet, die insbesondere Umsteigern das Anfreunden erschwert: Unterstützt werden nämlich nur Vergleiche von Daten ohne Rechenoperation, d.h., ein Vergleich von A<=B ist zwar möglich, bei A<=3*B ist der Compiler jedoch bereits überfordert. Stattdessen muss man die Rechnung vorher in einer separaten Anweisung ausführen, z.B. C=3*B, und kann den Vergleich anschließend mit A<=C durchführen. Diese »Formelschwäche« von ABAP ist neben den Feldsymbolen ein weiterer Grund dafür, dass bei der Programmierung in ABAP so viele Datendeklarationen nötig sind. Die Syntax der beiden Anweisungen ist denkbar einfach und mit geschriebenem Englisch vergleichbar:

- IF ... ELSE – **Wenn ... dann ... sonst**
  Die IF-Anweisung eignet sich für alle Arten von Datenvergleichen (Texte, Zahlen, Gleichheit, Ungleichheit etc.) mit anschließender Verzweigung. Die Syntax lautet vollständig

  ```
  IF [Vergleich ist wahr]
    [Anweisungen]
  ELSEIF [Vergleich ist wahr]
    [Anweisungen]
  ELSE [Anweisungen]
  ```

  Der ELSEIF-Zweig darf beliebig oft vorkommen und wie der ELSE-Zweig auch weggelassen werden. Alle oben genannten Operatoren dürfen innerhalb eines logischen Ausdrucks zum Einsatz kommen. Beispiel:

  ```
  READ TABLE l_tab_customers INDEX 1 INTO l_str_customer.
  IF ( sy-subrc = 0 ) OR ( sy-subrc = 2 ).
  ```

```
    WRITE: / 'Entry found'.
  ELSEIF sy-subrc = 4.
    WRITE: / 'Entry not found. sy-tabix undefined'.
  ELSE.
    WRITE: / 'Entry not found. sy-tabix defined'.
  ENDIF.
```

- **CASE ... WHEN – Falls ... dann ... sonst**
  Die CASE-Anweisung ist nur für einfache »Gleich«- und »Ungleich«-Entscheidungen vorgesehen und wird daher vor allem beim Vergleich von Daten mit diskreten (d.h. festgelegten) Werten verwendet. Die Syntax lautet

```
CASE [Variable] WHEN [Werte]
  [Anweisungen]
WHEN OTHERS [Anweisungen]
```

Es dürfen beliebig viele WHEN-Zweige und anschließend optional ein WHEN OTHERS-Zweig vorkommen. Beispiel:

```
READ TABLE l_tab_customers INDEX 1 INTO l_str_customer.
CASE sy-subrc.
  WHEN 0 OR 2.
    WRITE: / 'Entry found'.
  WHEN 4.
    WRITE: / 'Entry not found. sy-tabix undefined'.
  WHEN OTHERS.
    WRITE: / 'Entry not found. sy-tabix defined'.
ENDCASE.
```

Komplex werden beide Anweisungen immer dann, wenn sie miteinander kombiniert oder ineinander verschachtelt werden und als IF-Bedingung komplexe NOT-, AND- und OR-Verknüpfungen zum Einsatz kommen, so dass auch aufwändige Entscheidungen getroffen werden können.

Aufgabe 3.6

Legen Sie das Programm ZPTB00_PROVISION_CALCULATOR an. Es soll die Einstell- und Provisionsgebühren ausrechnen, wie sie bei bekannten Internet-Auktionshäusern wie z.B. QXL oder eBay anfallen. Implementieren Sie ein Kalkulationsprogramm, das die zu erwartenden Kosten wie Einstellgebühren, Verkaufsprovision etc. beim Verkauf eines Gutes ausrechnet. Der Einfachheit halber vernachlässigen Sie Sonderregelungen für bestimmte Produktgruppen wie beispielsweise für Autos und Motorräder. Für die Musterlösung nehmen wir einen Mehrwertsteuersatz von 16% an und die folgenden Sätze:

Einstellgebühr:

Startpreis	Angebotsgebühr
EUR 1,00	EUR 0,25
EUR 1,01 – EUR 9,99	EUR 0,40
EUR 10,00 – EUR 24,99	EUR 0,60
EUR 25,00 – EUR 99,99	EUR 1,20
EUR 100,00 und höher	EUR 2,40

Provision:

Verkaufspreis	Verkaufsprovision
EUR 0,00 – EUR 50,00	4% des Verkaufspreises
EUR 50,01 – EUR 500,00	EUR 2,00 zzgl. 3% des Preises über EUR 50,00
EUR 500,01 und mehr	EUR 15,50 zzgl. 1,5% des Preises über EUR 500,00

▷ Legen Sie ein neues Programm mit dem Namen »ZPTB00_PROVISION_CALCULATOR« und ohne TOP-Include an.

▷ Geben Sie ihm den Titel »Provision Calculator« und nutzen Sie die Nummer des bereits zuvor benutzten Transportauftrags.

Wie gewohnt legt der Object Navigator ein Programmgerüst an, das Sie vervollständigen können. Dies wollen wir nun tun, um aus den Eingaben Startpreis und Verkaufspreis die Brutto- und Nettogesamtkosten für den Verkäufer zu errechnen.

▷ Tippen Sie den folgenden Quelltext unterhalb der Kommentarzeilen ein:

Listing 3.8 Der Quelltext des Programms ZPTB00_PROVISION_CALCULATOR

```abap
REPORT   zptb00_provision_calculator.
PARAMETERS:
* Start price and sales price
  p_astart TYPE p DECIMALS 2,
  p_asales TYPE p DECIMALS 2.
DATA:
* Net fee, net provision, cost and total cost
  l_fee TYPE p DECIMALS 2,
  l_provision TYPE p DECIMALS 2,
  l_net_cost TYPE p DECIMALS 2,
  l_total_cost TYPE p DECIMALS 2.
* Calculate fee by start price
IF p_astart <= 0.
  WRITE: /'Please enter a valid start price'.
  RETURN.
ELSEIF p_astart <= 1.
  l_fee = '0.25'.
ELSEIF p_astart <= '9.99'.
  l_fee = '0.40'.
ELSEIF p_astart <= '24.99'.
  l_fee = '0.60'.
ELSEIF p_astart <= '99.99'.
  l_fee = '1.20'.
ELSE.
  l_fee = '2.40'.
ENDIF.
* Calculate provision by sales price
IF p_asales < p_astart.
  WRITE: /'Please enter a valid sales price'.
  RETURN.
ELSEIF p_asales <= 50.
  l_provision = p_asales * '0.04'.
ELSEIF p_asales <= 500.
  l_provision = 2 + ( p_asales - 50 ) * '0.03'.
ELSE.
  l_provision = '15.50' + ( p_asales - 500 ) * '0.015'.
ENDIF.
* Calculate total cost and write them to screen
l_net_cost = l_fee + l_provision.
```

```
        l_total_cost = l_net_cost + ( l_net_cost * '0.16' ).
        WRITE: /'Start price  : ', p_astart,
               /'Sales price  : ', p_asales,
               /'Net cost     : ', l_net_cost,
               /'total cost   : ', l_total_cost.
```

Erläuterung des Quelltextes

Für die Umsetzung bietet sich die Verwendung der IF-Verzweigung an, da die Provisionsregelung mit Von-Bis-Beträgen arbeitet. Neben den zwei Parametern zur Entgegennahme des Startpreises und des Verkaufspreises benötigen wir noch einige Variablen zur Speicherung von Zwischen- und Endergebnissen.

Wir beginnen mit der Berechnung der Startgebühr l_fee, die umso höher ausfällt, je höher der Startpreis angegeben wird. Ein niedrigerer Startpreis erhöht die Attraktivität des Angebots und damit der gesamten Auktionsbörse, sorgt aber gleichzeitig für ein größeres Risiko des Verkäufers, der eventuell sein Gut weit unter Wert abgeben muss. Zur Umsetzung der Von-Bis-Staffelung setzen wir auch den Zusatz ELSEIF der IF-Verzweigung ein.

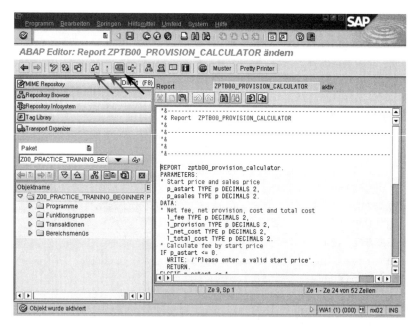

Abbildung 3.36 Ausführen des Programms ZPTB00_PROVISION_CALCULATOR

Es folgt die Berechnung der Verkaufsprovision `l_provision`, die absolut gesehen mit der Höhe des Verkaufspreises steigt, relativ gesehen jedoch sinkt, da der Prozentsatz bei höheren Verkaufspreisen immer niedriger wird. Auch verwenden wir den Zusatz `ELSEIF`, um schnell und redundanzfrei die Provisionsstaffeln umzusetzen.

Schließlich berechnen wir noch die obligatorischen 16% Mehrwertsteuer oben auf und geben das Ergebnis per `WRITE`-Anweisung auf dem Bildschirm aus.

Schauen wir uns den Programmlauf einmal etwas näher an.

Testen des Programms

▷ Klicken Sie auf den **Prüfen**-Button, auf **Aktivieren** und schließlich auf den **Direkt**-Button, um das Programm direkt zu starten.

Das Programm startet und fragt nach dem Start- und Verkaufspreis.

▷ Geben Sie als Startpreis »1« und als Verkaufspreis »124« an.

▷ Klicken Sie auf den **Ausführen**-Button.

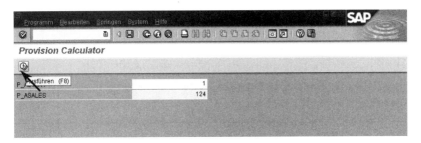

Abbildung 3.37 Das Programm ZPT800_PROVISION_CALCULATOR in Aktion

Das Programm errechnet die Gesamtkosten gemäß dem Gebühren- und Provisionsmodell und gibt sie einmal ohne und einmal mit Mehrwertsteuer auf dem Bildschirm aus.

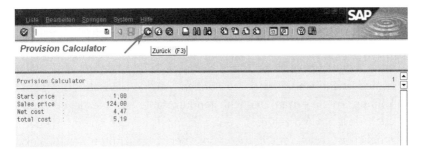

Abbildung 3.38 Das Ergebnis des Programms ZPT800_PROVISION_CALCULATOR

In der professionellen ABAP-Entwicklung findet man häufig IF- und kaum CASE-Anweisungen, da bei betriebswirtschaftlichen Applikationen häufig komplexere Bedingungen vorkommen und diese mit der CASE-Anweisung nicht abgebildet werden können. Wir kennen Programmierer, die deshalb aus Prinzip auf die CASE-Anweisung verzichten.

3.6 Schleifen – WHILE, DO

Schleifen eignen sich hervorragend dazu, Anweisungen mehrfach und für teils unterschiedliche Daten auszuführen. Neben den einfachen Schleifen gibt es in ABAP eine ganze Reihe spezieller Befehle für die Verarbeitung tabellarischer Massendaten, die wir bereits in Abschnitt 3.3 untersucht haben. Insbesondere die Anweisung zur Einzelzeilenverarbeitung LOOP ... ENDLOOP wird häufig verwendet.

Grundlagen Solange die Hauptprozessoren unserer Computer nicht aus massiv parallelen Einheiten bestehen, werden wir Schleifen-Anweisungen benötigen, um die Verarbeitung gleichartiger Daten wenigstens gezielt nacheinander ablaufen lassen zu können. Spezielle Befehle zur Steuerung von parallel ausführbaren Anweisungen, wie es sie beispielsweise in COBOL gibt, werden demnach noch lange die Ausnahme bilden.

Schleifen ABAP bietet dem Programmierer zwei verschiedene Schleifen an, die er dank leistungsfähiger Befehle zur Verarbeitung tabellarischer Massendaten (siehe Abschnitt 3.3) jedoch meist nur für mathematische Algorithmen benötigt. Geeignete Anwendungsthemen wären zum Beispiel die näherungsweise Berechnung von Integralen oder infiniten Elementen. Es handelt sich dabei zum einen um die DO-Schleife, die am ehesten mit den FOR-Schleifen bekannter Programmiersprachen vergleichbar ist, sowie um die WHILE-Schleife, die in keiner bekannten Programmiersprache fehlt.

▶ DO [n TIMES] ENDDO – **Unbedingte (Zähl-)Schleife**
Die DO-Schleife lässt sich in ABAP sowohl mit als auch ohne den Zusatz [n TIMES] benutzen. Ohne den Zusatz werden die Anweisungen zwischen den beiden Schlüsselwörtern (zumindest theoretisch) unendlich oft aufgeführt. Da dies natürlich nicht der Sinn eines Programms sein kann, benutzt man in der Praxis die Anweisung EXIT, um eine solche Schleife dennoch verlassen zu können. Mit dem Zusatz [n TIMES] können Sie die Anzahl der Schleifendurchläufe exakt festlegen, wobei auch dort ein (vorzeitiges) Verlassen mit Hilfe der Anweisung EXIT möglich ist. Man spricht auch von einer so genannten Zähl-Schleife. Sehr praktisch ist der Befehl CONTINUE, mit dessen Hilfe Sie alle verbliebenen Anweisungen des aktuellen Schleifendurchlaufs überprin-

gen können und gegebenenfalls mit dem nächsten Schleifendurchlauf fortgefahren wird. Innerhalb einer Schleife beinhaltet das Systemfeld `sy-index` stets die Anzahl der bisherigen Schleifendurchläufe inklusive des aktuellen Durchlaufs. Da Sie Schleifen auch ineinander schachteln können, bezieht sich in diesen Fällen `sy-index` stets auf die aktuell innerste ausgeführte Schleife. Die folgenden zwei Beispiele zeigen die Verwendung mit und ohne Angabe der Durchläufe, wobei im ersten Fall errechnet wird, wie viele Jahre bei gegebenem Startbetrag und bei angenommenen 5% Zinsen pro Jahr für das Sparen eines Zielbetrags nötig sind, und im zweiten Fall lediglich 10-mal hintereinander ein »Hello« ausgegeben wird:

```
PARAMETERS:
  p_invest TYPE p DECIMALS 2,
  p_profit TYPE p DECIMALS 2.
DO.
  p_invest = p_invest * '1.05'.
  IF p_invest >= p_profit.
    WRITE: / 'You need ', sy-index, ' years to achieve
             this profit.'.
    EXIT.
  ENDIF.
ENDDO.

DO 10 TIMES.
  WRITE: / 'Hello for the ', sy-index, '''th time.'.
ENDDO.
```

▶ WHILE log_exp ENDWHILE – **Bedingte Schleife**
Hinter dem Schlüsselwort WHILE muss ein logischer Ausdruck stehen, der am Anfang jedes Schleifendurchlaufs geprüft wird. Kommt als Ergebnis »Wahr« heraus, werden alle weiteren Anweisungen bis zum Schlüsselwort ENDWHILE ausgeführt, und kommt als Ergebnis »Falsch« heraus, endet die Schleife und die Programmausführung fährt mit der nächsten Anweisung hinter der Schleife fort. Auch eine WHILE-Schleife lässt sich mit Hilfe der EXIT-Anweisung vorzeitig beenden, und mittels der CONTINUE-Anweisung kann man zum nächsten Schleifendurchlauf springen. Das globale Feld `sy-index` enthält die aktuelle Anzahl der Schleifendurchläufe. Die zwei folgenden Beispiele zeigen den Einsatz der WHILE-Schleife in den gleichen Anwendungsfällen wie bei der DO-Schleife:

```
PARAMETERS:
  p_invest TYPE p DECIMALS 2,
  p_profit TYPE p DECIMALS 2.
DATA:
  l_years TYPE i VALUE 0.
WHILE p_invest < p_profit.
  p_invest = p_invest * '1.05'.
  l_years = l_years + 1.
ENDWHILE.
WRITE: / 'You need ', l_years, ' years to achieve this
          profit.'.

WHILE sy-index <= 10.
  WRITE: / 'Hello for the ', sy-index, '''th time.'.
ENDWHILE.
```

Prinzipiell lassen sich sowohl mit der WHILE-Schleife als auch mit der DO-Schleife alle nur erdenklichen Anwendungsfälle in puncto Schleifen abdecken, man bräuchte also eigentlich nur eine von beiden. Jedoch haben beide Schleifen ihre Vor- und Nachteile. Während eine als Zähl-Schleife verwendete DO-Schleife übersichtlicher und etwas schneller in der Ausführung als eine vergleichbare WHILE-Schleife ist, verhält es sich mit der unbeschränkten DO-Schleife plus EXIT-Anweisung innerhalb einer Bedingung im Vergleich zu einer entsprechenden WHILE-Schleife genau umgekehrt. Komplex werden beide Anweisungen analog zu Verzweigungsanweisungen immer dann, wenn sie miteinander kombiniert oder ineinander verschachtelt werden und als Bedingung für das Verlassen komplexe NOT-, AND- und OR-Verknüpfungen zum Einsatz kommen.

Schauen wir uns die Wirkungsweise der Schleifen im Rahmen eines Praxisbeispiels noch etwas genauer an.

Aufgabe 3.7

Legen Sie das Programm ZPBT00_SAVINGS_CALCULATOR an. Erfragen Sie als Eingabeparameter das gewünschte Sparziel, den monatlichen Sparbetrag sowie die aktuellen Sparzinsen der Bank. Als Ergebnis soll das Programm die Anzahl der Monate liefern, die Sie bis zur Erreichung Ihres Sparziels sparen müssen. Verwenden Sie als Berechnungsgrundlage einmal die WHILE-Schleife und einmal die DO-Schleife.

▷ Legen Sie ein Programm mit dem Programmnamen »ZPTB00_SAVINGS_CALCULATOR« ohne TOP-Include an.

▷ Der Titel soll »Savings Target Calculator« lauten, der Transportauftrag bleibt gleich.

Wie gewohnt legt der Object Navigator ein Programmgerüst an, das Sie vervollständigen können, um aus den Eingaben Sparziel, monatlicher Sparbetrag und Zinssatz der Bank die Spardauer und den letztendlich erzielten Endbetrag inklusive Zinsen und Zinseszinsen auszurechnen.

▷ Tippen Sie den folgenden Quelltext unterhalb der Kommentarzeilen ein:

Listing 3.9 Quelltext des ZPTB00_SAVINGS_CALCULATOR

```
REPORT   zpbt00_savings_calculator.
PARAMETERS:
* Savings target, monthly savings and yearly interest
* rate
  p_atargt TYPE p DECIMALS 2,
  p_mrate TYPE p DECIMALS 2,
  p_iperc TYPE p DECIMALS 2.
DATA:
* Monthly interest rate, current savings and months
  l_monthly_interest_rate TYPE f,
  l_savings TYPE p DECIMALS 2,
  l_months TYPE i.
* Calculate Months and savings
l_monthly_interest_rate = p_iperc / 12 / 100.
WRITE: /'Savings target : ', p_atargt,
       /'monthly amount : ', p_mrate,
       /'Interest rate %: ', p_iperc.
WRITE sy-uline AS LINE.
* WHILE Version
WHILE l_savings < p_atargt.
  l_savings = l_savings + ( l_savings *
  l_monthly_interest_rate ) + p_mrate.
  l_months = l_months + 1.
ENDWHILE.
WRITE: /'WHILE Statement',
       /'Months needed : ', l_months,
       /'Saved amount  : ', l_savings.
```

```
* DO Version
CLEAR l_savings.
CLEAR l_months.
DO.
  l_savings = l_savings + ( l_savings *
  l_monthly_interest_rate ) + p_mrate.
  l_months = l_months + 1.
  IF l_savings >= p_atargt.
    EXIT.
  ENDIF.
ENDDO.
WRITE: /'DO Statement',
       /'Months needed  : ', l_months,
       /'Saved amount   : ', l_savings.
```

Erläuterung des Quelltextes

Zuerst erfragen wir per PARAMETERS-Befehl die Eingangsgrößen Sparzielbetrag p_atargt, monatlicher Sparbetrag p_mrate und den Jahreszinssatz der Bank p_iperc. Zur Berechnung von verzinstem Sparbetrag und der notwendigen Monate brauchen wir ferner die Variablen l_savings und l_months.

Unser Programm berechnet zunächst aus den jährlichen Bankzinsen anteilig die monatlichen Bankzinsen, die wir zur Ermittlung der monatlichen Wertsteigerung des angelegten Betrags benötigen. Die eingegebenen Werte geben wir lediglich aus Gründen der Übersichtlichkeit auf dem Ergebnisbildschirm aus.

Die WHILE-Schleife soll nun so lange durchlaufen werden, bis das Sparziel erreicht oder gerade überschritten wurde. Innerhalb der Schleife müssen wir einerseits die monatlichen Zinsen auf den angelegten Betrag und andererseits die monatlich hinzukommende Spareinlage aufrechnen. Jeder Schleifendurchlauf entspricht den Betragsveränderungen in einem Monat und so brauchen wir lediglich die Durchläufe in l_month mitzuzählen, um hinterher die Dauer der Ansparung mit ausgeben zu können. Sowohl der Endsparbetrag als auch die Anzahl der Monate werden schließlich auf dem Bildschirm ausgegeben.

Mit der DO-Schleife verfahren wir vom Berechnungsprinzip her genau gleich. Als Abbruchbedingung nutzen wir jedoch die IF-Anweisung, die bei Erreichen bzw. erstem Überschreiten des Sparziels per EXIT-Befehl die Schleife verlässt.

Natürlich sollten bei beiden Schleifen der gleiche Endbetrag und die gleiche Dauer herauskommen.

Dies wollen wir nun einmal testen.

Testen des Programms

▷ Klicken Sie auf den **Sichern**-Button, dann auf **Prüfen**, auf **Aktivieren** und schließlich auf den **Direkt**-Button, um das Programm direkt zu starten.

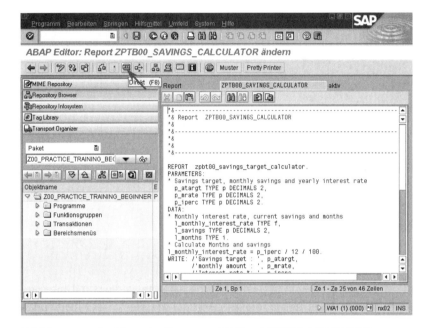

Abbildung 3.39 Ausführen des Programms ZPTB00_SAVINGS_CALCULATOR

Das Programm startet und fragt nach dem Sparzielbetrag, dem monatlichen Sparbetrag und dem jährlichen Zinssatz der Bank.

▷ Geben Sie als Sparzielbetrag »10000« an, als monatlichen Sparbetrag »300« und als Bankzinssatz »4,5« (%).

▷ Klicken Sie auf **Ausführen**.

Das Programm errechnet nun die Dauer des Sparvorgangs in Monaten sowie den exakten Endsparbetrag und gibt beides auf dem Bildschirm aus.

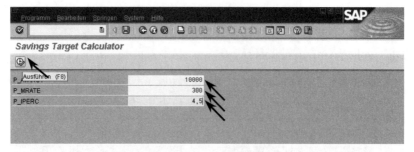

Abbildung 3.40 Das Programm ZPTB00_SAVINGS_CALCULATOR in Aktion

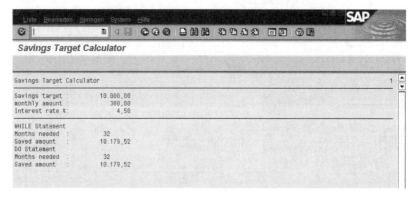

Abbildung 3.41 Das Ergebnis des Programms ZPTB00_SAVINGS_CALCULATOR

In der professionellen ABAP-Entwicklung hat man es meist mit tabellarischen Massendaten zu tun, die sehr effizient mit der LOOP-Schleife bearbeitet werden können (siehe Abschnitt 3.3).

4 Datenbanktabellen definieren und verwalten

Anders als bei herkömmlichen Programmiersprachen werden Programme und Daten in ABAP grundsätzlich in einer Datenbank gespeichert und nur in seltenen Ausnahmefällen kommen Dateien zum Einsatz. Dieses Konzept bringt einen vergleichsweise hohen Entwicklungsaufwand mit sich, eröffnet jedoch auch eine Reihe von handfesten Vorteilen, die sich insbesondere bei der Verarbeitung und Auswertung von betriebswirtschaftlichen Massendaten bemerkbar machen.

In Abschnitt 1.1 haben wir bereits erörtert, dass der SAP Web Application Server alle Programme und Daten in einer Datenbank verwaltet, die für das korrekte und dauerhafte Abspeichern sowie das unverfälschte Wiedereinlesen verantwortlich ist. Die Stärke von ABAP Objects liegt in der Integration von Datenbankzugriffen in die Sprache und mit dieser Möglichkeit wollen wir uns in diesem Kapitel beschäftigen.

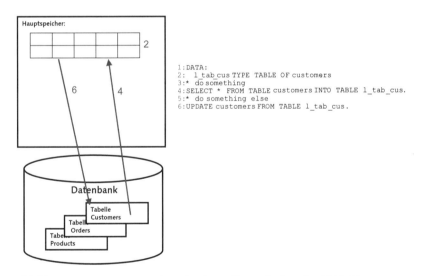

Abbildung 4.1 Integration von Datenbankzugriffen in die Sprache ABAP Objects

Freilich gibt es für diese Art der Datenhaltung einige Voraussetzungen zu erfüllen, denn in einer (relationalen) Datenbank können Daten nur in Form von Tabellen gespeichert werden. Diese Tabellen müssen Sie zunächst anlegen und ihre innere Zeilenstruktur festlegen; gerade so, wie

Sie es für Ihre Applikation benötigen. Diesen Vorgang bezeichnet man als Datenbankdesign und es gibt in manchen Unternehmen ganze Abteilungen sowie in der Wissenschaft ganze Fachbereiche, die sich ausschließlich mit der Frage nach der optimalen Aufteilung von Daten in Tabellen beschäftigen, so dass die Lese-, Verarbeitungs- und Schreibgeschwindigkeit der Applikation den jeweiligen Anforderungen optimal gerecht wird. Ein ausführlicher Exkurs in diese Richtung würde den Rahmen dieses Buches sprengen und so beschränken wir uns in Abschnitt 4.2 auf einige wesentliche und grundlegende Aspekte zu diesem Thema.

Tipps für Umsteiger

In anderen Programmiersprachen wie Delphi oder Java läuft die Erstellung von Datenbankanwendungen üblicherweise mit Hilfe zweier getrennter Werkzeuge ab. Einerseits benutzt man die Entwicklungsoberfläche der Programmiersprache für die Erstellung des Programms und andererseits die Administrationsoberfläche einer Datenbank für die Erstellung der notwendigen Tabellen. Anschließend stellen Sie über einen Datenbanktreiber die Verbindung zwischen Programm und Datenbank her und können mittels spezieller Funktionen Daten zwischen beiden austauschen.

In der ABAP-Programmierung gibt es diese Trennung nicht. Stattdessen sind Datenbanktabellen genauso normale Entwicklungsobjekte wie Programme, Include-Dateien oder Textsymbole und alles wird zusammengenommen als Applikation behandelt, gegebenenfalls von einem System zum nächsten transportiert etc. Ohne einen Treiber einrichten zu müssen und ausschließlich mit Hilfe einfacher ABAP-Befehle können Sie Daten auf direktem Wege zwischen dem Hauptspeicher Ihres Programms und der Datenbank austauschen. Sie müssen sich um die Lauffähigkeit dieses Gespanns aus Programm und Datenbanktabellen keine Gedanken machen, denn die ABAP-Laufzeitumgebung sorgt für die Ausführbarkeit auf einer Vielzahl von Plattformen (Betriebssystem plus Datenbankmanagementsystem plus Hardware).

4.1 Feldeigenschaften – DATA ELEMENT, DOMAIN

Die am häufigsten genutzten Datentypen in der ABAP-Entwicklung sind nicht etwa die in Abschnitt 3.2 beschriebenen ABAP-Datentypen wie i, c oder p, sondern so genannte *Datenelemente*, die auf den Datentypen der Datenbank basieren. Sie sorgen für eine wesentlich strengere Typprüfung, definieren Wertlisten, Kurzbeschreibungen, Online-Hilfen und andere Eigenschaften, die weit über die Möglichkeiten der ABAP-Datentypen hinausgehen. Auf diese Weise tragen sie wesentlich zu Bedienkomfort und zur Laufzeitstabilität bei.

Datenelemente bauen nicht auf den ABAP-Datentypen auf (siehe Abschnitt 3.2), sondern auf den Datentypen der zugrunde liegenden Datenbank, den so genannten *Dictionary-Datentypen*. Sie werden zur Definition der einzelnen Spalten einer Datenbanktabelle verwendet und können darüber hinaus auch als Datentypen in ABAP-Programmen zum Einsatz kommen. Mit Letzterem wollen wir uns in diesem Abschnitt beschäftigen, während Abschnitt 4.2 auf die Verwendung in Tabellen eingehen wird.

Grundlagen

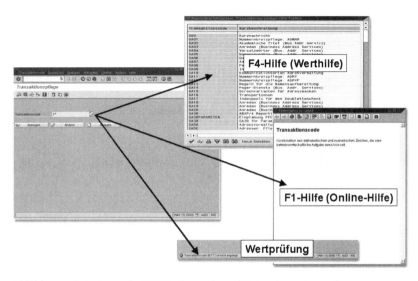

Abbildung 4.2 Features des SAP-Systems, die auf Datenelementen aufbauen

Datenelemente sorgen für eine bessere Lesbarkeit und Nachvollziehbarkeit des Programms, denn dem Programmierer steht neben den zusätzlichen Beschreibungen und Hilfen auch eine Funktion des Object Navigators zur Verfügung, die alle Verwendungen innerhalb von Quelltexten und Tabellen auf Knopfdruck anzeigt (die so genannte *Verwendungserklärung*, ein Button, der in der Toolbar des Objekt Navigators angezeigt wird). Das Arbeiten mit Datenelementen in einem ABAP-Programm bietet demnach nur Vorteile. In der professionellen ABAP-Entwicklung kommen beinahe ausschließlich Datenelemente zur Typisierung von Daten zum Einsatz. Das gesamte Konzept hat sich derart bewährt, dass SAP es auch für die Java-Entwicklung umsetzt. Grund genug, sich genauer mit den Datenelementen und den Einsatzmöglichkeiten in ABAP-Programmen zu befassen.

Vom Dictionary-Datentyp zum Datentyp im Programm

Der Weg von der Definition eines Datenelements bis hin zur Benutzung innerhalb eines Programms beinhaltet in der Regel mehrere Einzelschritte, die wir im Folgenden erläutern werden:

1. die Auswahl eines Dictionary-Datentyps
2. die Definition einer Domäne unter Bezugnahme auf den Dictionary-Datentyp
3. die Definition eines Datenelements unter Bezugnahme auf die Domäne
4. die Deklaration von Daten innerhalb des Programmquelltextes unter Bezugnahme auf das Datenelement als Datentyp

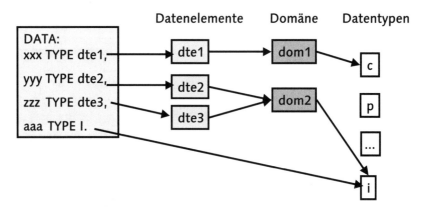

Abbildung 4.3 Hierarchie von Daten, Datenelementen und Domänen

SAP unterstützt diesen Weg durch komfortable Oberflächen innerhalb des Object Navigators zur Eingabe der notwendigen Informationen sowie den bereits von Quelltexten bekannten Aktivierungsmechanismus, der das Arbeiten im Team stark vereinfacht.

Dictionary-Datentyp auswählen – grundlegende Eigenschaften bestimmen

Die Programmiersprache ABAP stellt eine ganze Reihe von Dictionary-Datentypen zur Verfügung, die allerdings im Programm nicht direkt verwendet werden können, sondern nur als grundlegende Bausteine dienen. Die folgende Tabelle zeigt die wichtigsten Dictionary-Datentypen und die Zuordnungen (das *Mapping*) zwischen Dictionary-Datentyp und ABAP-Datentyp.

Dictionary-Datentyp	Zulässige Stellen	Beschreibung	ABAP-Datentyp
CHAR n	1–255	Zeichenfolge	C(n)
CLNT	3	Mandant	C(3)
CUKY	5	Währungsschlüssel, wird von CURR-Feldern referenziert	C(5)
CURR n, m, s	1–17	Währungsfeld, abgelegt als DEC	P((n + 2) / 2) DECIMALS m [NO-SIGN]
DEC n, m, s	1–31, in Tabellen 1–17	Rechen- oder Betragsfeld mit Komma und Vorzeichen	P((n + 2) / 2) DECIMALS m [NO-SIGN]
DATS	8	Datumsfeld (JJJJMMDD), abgelegt als CHAR(8)	D
FLTP	16	Gleitpunktzahl mit 8 Byte Genauigkeit	F
INT4	10	4-Byte-Integer, ganze Zahl mit Vorzeichen	I
NUMC n	1–255	Zeichenfolge nur mit Ziffern	N(n)
QUAN n, m, s	1–17	Mengenfeld, zeigt auf ein Einheitenfeld mit Format UNIT	P((n + 2) / 2) DECIMALS m [NO-SIGN]
STRING	256–...	variabel lange Zeichenfolge	STRING
TIMS	6	Zeitfeld (HHMMSS), abgelegt als CHAR(6)	T
UNIT n	2–3	Einheitenschlüssel für QUAN-Felder	C(n)

Tabelle 4.1 Eingebaute Dictionary-Datentypen

Dictionary-Datentypen dienen als Grundlage für die Definition von so genannten *Domänen*. Domänen nehmen Bezug auf einen Dictionary-Datentyp und definieren dadurch die grundlegende technische Eignung als Betragsfeld, Mengenfeld, Ziffernfeld, Textfeld etc. Darüber hinaus können Sie zusätzliche technische Eigenschaften definieren, z. B. dass Beträge nur mit positivem Vorzeichen versehen sein dürfen, Ziffern nur Werte aus bestimmten Intervallen annehmen dürfen oder Werte in einer anderen Tabelle bereits vorhanden sein müssen (Stammdatenprüfung). Umsteiger kennen derartige technische Eigenschaften unter dem Namen *Constraints* und in der Tat definieren Sie hier nichts anderes als Einschrän-

Domäne definieren – technische Eigenschaften bestimmen

kungen, die während der Programmausführung weitgehend automatisch geprüft werden. Sobald eine Domäne aktiviert ist, kann sie als Grundlage für die Definition von Datenelementen verwendet werden.

Datenelement definieren – beschreibende Eigenschaften bestimmen

Datenelemente nehmen für gewöhnlich Bezug auf eine Domäne und legen so ihre technischen Eigenschaften fest. Darüber hinaus definieren sie beschreibende Eigenschaften wie Textbeschriftungen in verschiedenen Längen für eine optimale Ausgabe bei viel und wenig Platz, Kurzbeschreibungen für die Ausgabe als Tool-Tip sowie Online-Hilfen für eine ausführliche Beschreibung und Verweise auf verwandte Themen. Schaut man sich die Begriffswelt in den Fachabteilungen heutiger Unternehmen und die Software zu deren Unterstützung an, stellt man sehr schnell fest, dass solche beschreibenden Eigenschaften wichtig sind. Wohl dem, der auf Anhieb weiß, was eine »Legale Einheit«, eine »Buchhaltungskennzahl« oder eine »Bestandsverrechnungskomponente« ist und wie er sie einzugeben hat. Alle Texte eines Datenelements werden automatisch in den Arbeitsvorrat des Übersetzers gestellt und ABAP sorgt bei der Anzeige entsprechender Ein- und Ausgabefelder selbstständig für die Auswahl der richtigen Landessprache. Sobald ein Datenelement aktiviert ist, kann es innerhalb von Programmquelltexten als Datentyp verwendet werden.

Daten deklarieren – Datenelemente als Datentypen verwenden

Innerhalb des Programmquelltextes werden Datenelemente genauso behandelt wie ABAP-Datentypen und können für die Typisierung von Konstanten, Variablen, Feldsymbolen und Schnittstellenparametern eingesetzt werden. Haben Sie beispielsweise ein Datenelement zroom_number zum Aufnehmen der Zimmernummer in einem Hotel definiert, würde sich die Deklaration kaum von der eines entsprechenden ABAP-Datentyps unterscheiden:

```
PARAMETERS:
  p_room_number TYPE zroom_number OBLIGATORY VALUE
    CHECK,
  p_room_number2(3) TYPE numc.
```

Unter der Voraussetzung, dass hinter dem Datenelement zroom_number letztlich ein Dictionary-Datentyp numc mit drei Stellen steckt, werden Sie bei der Verarbeitung so lange keinen Unterschied feststellen können, wie Sie nicht in der Domäne zu zroom_number die gültigen Zimmernummern hinterlegen. Tun Sie dies, wird der Anwender bei der Eingabe automatisch auf eine fehlerhafte Eingabe hingewiesen, während im zweiten Fall Ihr Programm selbst für die Prüfung und Ausgabe entsprechender Meldungen sorgen muss. Diese Überprüfung der Daten findet tatsächlich nur während der Eingabe statt und wird durch die Programmoberfläche geleistet. Im Programm selbst können Sie beiden Parametern beliebige Zahlenwerte mit drei Stellen zuweisen, ohne dass eine Prüfung dies verhindern oder zumindest bemerken würde. Wie man derartige Prüfungen im Programm selbst implementiert, wird in Abschnitt 7.4.3 in der Funktion ZPTB00_OBJ_BTC_CHECK beispielhaft aufgezeigt.

Die Gesamtheit aller technischen und beschreibenden Eigenschaften eines Datenelements bezeichnet man auch als *Metadaten* und in dieser Hinsicht ist ABAP mit keiner anderen bekannten Programmiersprache vergleichbar. ABAP erreicht spielend Bestnoten in Sachen Datenkonsistenz, Typsicherheit und Laufzeitstabilität, denn wo nur genau ausgewählte und sorgsam definierte Daten eingegeben und verarbeitet werden können, da kommen mit sehr hoher Wahrscheinlichkeit auch nur richtige Ergebnisse heraus.

Metadaten, Typprüfung und Typsicherheit

Schauen wir uns das praktische Arbeiten mit Domänen und Datenelementen sowie die Verarbeitung in Programmen etwas genauer an.

> **Aufgabe 4.1**
>
> Legen Sie das Programm ZPBT00_ROOM_CHECKER an. Erfragen Sie als Eingabeparameter das An- und Abreisedatum sowie die gewünschte Raumnummer und prüfen Sie diese gegen die tatsächlich vorhandenen, nämlich 001–004, 101–104 und 201–204. Benutzen Sie zur Prüfung ein Datenelement.
>
> Bei korrekt eingegebener Raumnummer geben Sie anschließend eine Buchungsbestätigung auf dem Bildschirm aus.

Beginnen wir mit dem Anlegen der Domäne.

Domäne anlegen

▷ Wählen Sie im Kontextmenü des Pakets bzw. der Entwicklungsklasse den Menüpunkt **Anlegen · DDIC-Objekt · Domäne** aus.

Es erscheint ein Dialog, in dem Sie den Namen der Domäne angeben müssen.

▷ Geben Sie als Namen »ZPTB00_Room_Number« an.

Im Werkzeugbereich des Object Navigators wird ein Fenster eingeblendet, in dem Sie die Eigenschaften der Domäne pflegen können.

▷ Geben Sie als Kurzbeschreibung »Hotelraumnummer«, als Datentyp »numc« und als Anzahl der Stellen »3« ein.

▷ Klicken Sie auf den Karteireiter **Wertebereich**.

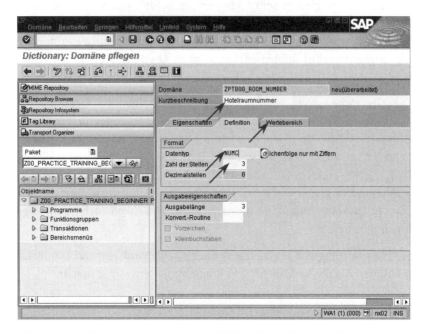

Abbildung 4.4 Eigenschaften der Domäne ZPTB00_Room_Number pflegen

Die Einstellungsmöglichkeiten im Karteireiter **Wertebereich** werden sichtbar (siehe Abbildung 4.5). Dort benutzen wir die Einstellmöglichkeiten unter **Einzelwerte**, damit hinterher automatisch eine Prüfung der eingegebenen Werte stattfinden kann.

▷ Geben Sie unter **Einzelwerte** die Zimmernummern 001 bis 004, 101 bis 104 und 201 bis 204 zusammen mit einer kurzen Beschreibung ein und klicken Sie auf **Sichern**.

Es erscheint der Transportdialog, in dem Sie den Auftrag zur Protokollierung der Domäne festlegen müssen.

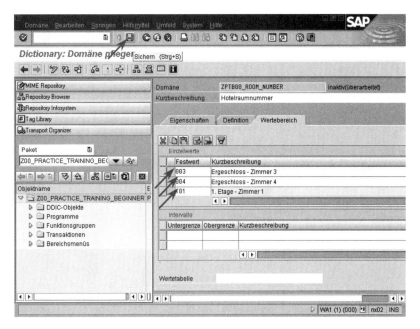

Abbildung 4.5 Weitere Eigenschaften der Domäne ZPTB00_Room_Number pflegen

▷ Übernehmen Sie die Einstellungen unverändert und klicken Sie auf den **Weiter**-Button.

Nun können wir die Domäne prüfen und aktivieren.

▷ Kicken Sie auf **Prüfen** und dann auf **Aktivieren**.

Als Nächstes legen wir ein Datenelement auf der Grundlage dieser Domäne an.

Datenelement anlegen

▷ Wählen Sie im Kontextmenü **Anlegen · DDIC-Objekt · Datenelement**.

Es erscheint ein Dialog, in dem Sie den Namen des Datenelements angeben müssen.

▷ Geben Sie als Namen »ZPTB00_Room_Number« an.

Im Werkzeugbereich des Object Navigators wird ein Fenster eingeblendet, in dem Sie die Eigenschaften des Datenelements pflegen können (siehe Abbildung 4.6).

▷ Geben Sie als Kurzbeschreibung »Hotelraumnummer« ein, als Domäne »ZPTB00_Room_Number«und klicken Sie dann auf den Karteireiter **Feldbezeichner**.

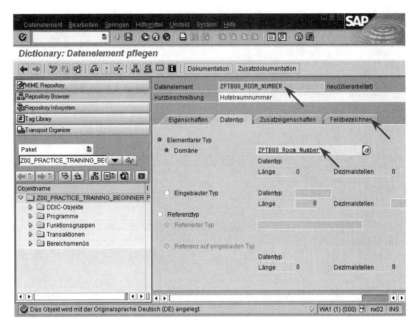

Abbildung 4.6 Eigenschaften des Datenelements ZPTB00_Room_Number pflegen

Die Einstellungsmöglichkeiten im Karteireiter **Feldbezeichner** werden sichtbar. Dort geben wir verschieden lange Bezeichner für das Datenelement an, um es flexibel in allen möglichen Ein- und Ausgabebildschirmen benutzen zu können.

▷ Geben Sie unter **kurz** den Bezeichner »RaumNr«, unter **mittel** »Raumnummer«, unter **lang** »Hotelraumnummer« und unter **Überschrift** ebenfalls »Hotelraumnummer« an. Die Längenangaben werden vom Dialog automatisch ergänzt.

▷ Klicken Sie auf den **Sichern**-Button.

Es erscheint der Transportdialog, in dem Sie den Auftrag zur Protokollierung des Datenelements festlegen müssen.

▷ Übernehmen Sie die Einstellungen unverändert und klicken Sie auf den **Weiter**-Button.

Wir wollen nun die Dokumentation zum Datenelement pflegen, damit der Anwender zu diesem Eingabefeld eine Online-Hilfe aufrufen kann.

▷ Klicken Sie auf den **Dokumentation**-Button.

Es erscheint ein neues Fenster, in dem wir die Dokumentation zum Datenelement eingeben können.

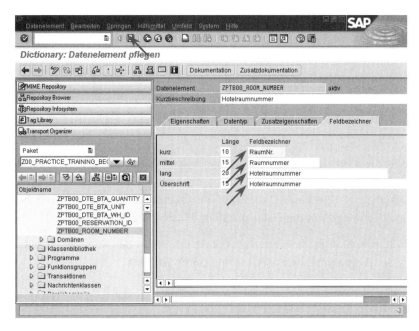

Abbildung 4.7 Weitere Eigenschaften des Datenelements ZPTB00_Room_Number pflegen

▷ Übernehmen Sie die Dokumentation aus Abbildung 4.8.
▷ Klicken Sie auf den **Aktiv sichern**-Button und wählen Sie dann den **Zurück**-Button.

Abbildung 4.8 Dokumentation zu Datenelement ZPTB00_Room_Number pflegen

Nun können wir das Datenelement prüfen und aktivieren.

▷ Wählen Sie den **Prüfen**-Button und anschließend **Aktivieren**.

Programm anlegen

Nach diesen Vorarbeiten können wir mit dem eigentlichen Programm beginnen.

▷ Legen Sie auf gewohntem Weg ein Programm mit dem Programmnamen »ZPTB00_ROOM_CHECKER« ohne TOP-Include an.

▷ Geben Sie ihm den Titel »Raumüberprüfung« und lassen Sie alle weiteren Programmeigenschaften unverändert. Auch der Transportauftrag wird in der Voreinstellung übernommen.

Wie gewohnt legt der Object Navigator ein Programmgerüst an, das Sie vervollständigen können, um die Eingaben Raumnummer, Check-in-Datum und Check-out-Datum auf Korrektheit zu überprüfen und bei positivem Ergebnis die Daten auf dem Bildschirm auszugeben.

▷ Tippen Sie den folgenden Quelltext unterhalb der Kommentarzeilen des Programmgerüsts ein und speichern Sie ihn ab.

Listing 4.1 Quelltext des Programms ZPTB00_ROOM_CHECKER

```
REPORT   zptb00_room_checker.
PARAMETERS:
  p_room TYPE zptb00_room_number OBLIGATORY
  VALUE CHECK,
  p_chkin TYPE d OBLIGATORY,
  p_chkout TYPE d OBLIGATORY.
WRITE: / 'Room Reservation',
       / 'Hotel room number:', p_room,
       / 'Check in day     :', p_chkin,
       / 'Check out day    :', p_chkout.
```

Erläuterung des Quelltextes

Der Parameter p_room bezieht sich auf unser selbst geschaffenes Datenelement zptb00_room_number. Damit eine Prüfung auf die in der Domäne eingetragenen Festwerte erfolgt, müssen wir die Zusätze OBLIGATORY und VALUE CHECK verwenden. Zur Laufzeit stehen dann eine Überprüfung der Eingabe sowie eine Werthilfe zur Verfügung, die der Anwender z. B. über die F4-Taste aufrufen kann. Selbstverständlich steht auch die Online-Hilfe für das Eingabefeld zur Verfügung, die bei Drücken der Taste **F1** angezeigt wird. Die übrigen Parameter nehmen das An- und Abreisedatum entgegen, und da es sich um Datumsfelder handelt, wird auch dafür automatisch eine Werthilfe generiert.

Wurden alle Daten korrekt eingegeben, wird die Information gesammelt auf dem Bildschirm ausgegeben.

Sollten Sie nach der Aktivierung des Programms noch Änderungen an den erlaubten Einzelwerten der Domäne vornehmen, erscheinen diese nicht automatisch in der Werthilfe! Vielmehr müssen Sie manuell nachhelfen, indem Sie den Namen des Parameters temporär umbenennen, das Programm erneut aktivieren und schließlich den Namen wieder zurückändern. Nur dann wird der Compiler gezwungen, die Generierung erneut vorzunehmen und die aktuellen Einzelwerte der Domäne zu berücksichtigen.

Zum Verständnis des Programms ist es sinnvoll, den Parametern aussagekräftige Bezeichner zu geben. Wir wollen diese – in der professionellen ABAP-Programmierung unerlässliche – Selbstverständlichkeit für unser Programm durchführen.

Selektionstexte pflegen

▷ Wählen Sie den Menüpunkt **Springen · Textelemente · Selektionstexte**.

Es erscheint ein Dialog, in dem bereits alle Parameter verzeichnet sind und lediglich die Texte noch eingetragen werden müssen.

▷ Tragen Sie für den Parameter p_chkin den Text »Anreisedatum« ein und für p_chkout den Text »Abreisedatum«.

▷ Markieren Sie die Checkbox **Dictionary-Referenz** für den Parameter p_room, wodurch automatisch die im Datenelement angegebene Überschrift übernommen wird.

▷ Klicken Sie auf den **Aktivieren**-Button und anschließend auf **Zurück**.

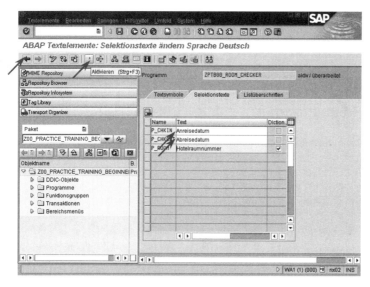

Abbildung 4.9 Selektionstexte zum Programm ZPTB00_ROOM_CHECKER pflegen

Testen des Programms Die Wirksamkeit unserer Einstellungen wollen wir nun am laufenden Programm nachvollziehen.

▷ Klicken Sie wie gewohnt auf den **Prüfen**-Button, auf **Aktivieren** und auf **Direkt**, um das Programm direkt zu starten.

Das Programm startet und fragt nach der Raumnummer, dem An- und dem Abreisedatum.

▷ Geben Sie als Raumnummer »401«, als Anreisedatum den 1.1.2004 und als Abreisedatum den 1.2.2004 ein.

▷ Bestätigen Sie Ihre Eingaben mit **Enter**.

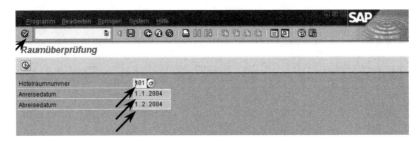

Abbildung 4.10 Eingaben im Programm ZPT800_ROOM_CHECKER

Das Selektionsbild stellt die ungültige Raumnummer fest, gibt eine Fehlermeldung in der Statuszeile aus und sperrt alle Eingabefelder bis auf die Hotelraumnummer.

▷ Rufen Sie die Online-Hilfe zu diesem Eingabefeld per **F1**-Taste auf.

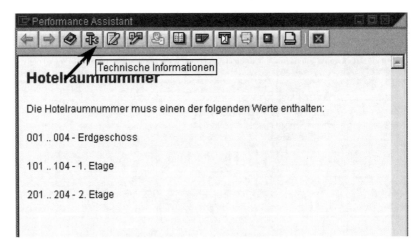

Abbildung 4.11 Die Online-Hilfe zum Eingabefeld Hotelraumnummer

Hier können Sie sich als Anwender über die korrekten Eingabewerte für dieses Eingabefeld informieren. Besonders für Entwickler kann es darüber hinaus zu Testzwecken hilfreich sein, Informationen über das zugrunde liegende Datenelement abzurufen.

▷ Klicken Sie auf den Button **Technische Informationen**.

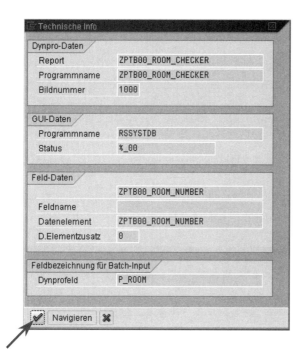

Abbildung 4.12 Technische Informationen zum Eingabefeld

Von dort ist auch eine Vorwärtsnavigation zum Datenelement möglich, um beispielsweise Korrekturen vorzunehmen. Wir wollen jedoch unser Programm weiter testen.

▷ Klicken Sie auf den **Schließen**-Button der technischen Informationen. Dadurch wird das ursprüngliche Hilfe-Fenster wieder aktiv.

▷ Schließen Sie die Online-Hilfe und drücken Sie die Taste **F4** oder klicken Sie auf den Button rechts neben dem Eingabefeld **Hotelraumnummer**.

Die Werthilfe erscheint auf dem Bildschirm und bietet die in der Domäne eingegebenen Werte zur Auswahl an.

▷ Wählen Sie die Hotelraumnummer »201« und klicken Sie auf den **Übernehmen**-Button.

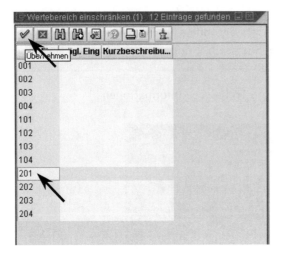

Abbildung 4.13 Die Werthilfe zum Feld Hotelraumnummer

Die Auswahl wird in das Eingabefeld übernommen.

▷ Klicken Sie auf den **Ausführen**-Button.

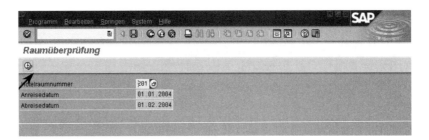

Abbildung 4.14 Die korrigierte Hotelraumnummer

Alle Eingaben durchlaufen nun fehlerlos die Prüfung und das Prüfergebnis wird auf dem Bildschirm ausgegeben.

Abbildung 4.15 Das Ergebnis des Programms ZPTB00_ROOM_CHECKER

In der professionellen ABAP-Entwicklung kann man die Wichtigkeit von vollständig gepflegten Datenelementen, Domänen und Textelementen gar nicht hoch genug einschätzen. ABAP bezieht einen Großteil seiner Laufzeitstabilität und Flexibilität aus den dort gepflegten Metadaten. Regelmäßig vergehen bis zu 20% der Projektlaufzeit mit der Pflege und Dokumentation von Daten. Zwei der wichtigsten Domänen, die von allen ABAP-Entwicklern verwendet werden, sind WAERS und MEINS. Erstere ist vom Typ CUKY und definiert über eine Wertetabelle sämtliche auf der Erde gebräuchlichen Währungseinheiten wie z.B. EUR, USD, YEN etc. Letztere ist vom Typ QUAN und definiert über eine Wertetabelle die gebräuchlichsten ISO-Einheiten wie z.B. Stück, Stunden etc.

4.2 Datenbanktabellen definieren und verarbeiten – SELECT, INSERT, UPDATE, DELETE

Relationale Datenbanken verwalten Informationen in Tabellen, die aus Zeilen, den so genannten *Datensätzen*, und Spalten, den so genannten *Feldern*, bestehen. Einmal dort abgelegt, kann man auf Informationen schnell, selektiv und von unterschiedlichen Applikationen aus gleichzeitig zugreifen. Sie sind demnach sehr stark auf die lesende und schreibende Nutzung durch viele Anwender ausgelegt und gehen weit über die Möglichkeiten von Dateien hinaus.

Der Siegeszug der Computer in den Unternehmen Anfang der 80er Jahre wäre ohne relationale Datenbanken nicht denkbar gewesen; Firmen wie Oracle verdanken diesem Umstand ihren Erfolg. Während auf Homecomputern und PCs die meisten Daten in Form von Dateien abgespeichert wurden, deren Datenformate völlig unterschiedlich waren und meist nicht einmal veröffentlicht wurden, kauften sich die meisten Unternehmen ein Datenbankmanagementsystem und installierten es an zentraler Stelle, um per Netzwerk von den einzelnen Arbeitsplätzen aus damit arbeiten zu können. Dominierten anfangs noch einfache Kommandozeilen-Scripts und textbasierte Benutzeroberflächen zum Schreiben und Auslesen von Daten aus vielleicht einigen dutzend Tabellen, wichen diese über die Jahre immer ausgefeilteren Programmen mit grafischer Benutzeroberfläche, die vor dem Anwender einen Großteil der immer komplexeren Geschäftslogik und der damit einhergehenden Vervielfachung der notwendigen Tabellen verbargen. Eine aktuelle Installation von SAP R/3 kommt dann mittlerweile auch locker auf 10.000 Tabellen, die zur Ablage und Verwaltung der Daten aus den über 40 Business-Modulen wie Einkauf, Produktion, Vertrieb, etc. benötigt werden – die über 20 neuen mySAP-Lösungen sowie branchenspezifischen Erweiterungen nicht mit eingerechnet.

Grundlagen

Ein Großteil der Daten in diesen Tabellen steht in enger Beziehung zueinander, d.h. sie sind *relational*. So liegen beispielsweise in einer Tabelle die Adressen der Kunden, in der nächsten die Bestellungen dieser Kunden und in einer weiteren die Informationen über die bestellten Produkte.

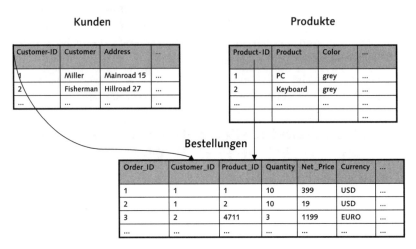

Abbildung 4.16 Tabellen zum Speichern von Daten und Relationen

Relationales Datenbankdesign

Bei selbst entwickelten ABAP-Programmen, die nicht die Tabellen oder gar Datenverwaltungsfunktionen vorhandener SAP-Anwendungen nutzen, bleibt es Ihnen nicht erspart, sich ein ebensolches Beziehungsgeflecht von Tabellen auszudenken, das Sie von Ihrem Programm zum Speichern und Lesen von Daten verwenden lassen wollen. Wie in Abbildung 4.17 gezeigt, nimmt man für die Verbindung von Daten in unterschiedlichen Tabellen Felder mit gleichem Inhalt. Der »Trick« dabei ist für Umsteiger nichts Neues: Jede Zeile einer Tabelle wird durch ein Feld mit einem in der Tabelle eindeutigen Wert, dem so genannten *Schlüssel*, versehen. Möchte man von einer anderen Tabelle auf die Daten dieser Zeile verweisen, muss man dort lediglich eine Spalte vorsehen, in die man diesen Wert ablegen kann, als so genannten *Fremdschlüssel*. Braucht man später die Informationen, die über den Fremdschlüssel referenziert sind, muss man lediglich nach der Zeile mit dem Wert in der ursprünglichen Tabelle suchen. Auf diese Weise entstehen Beziehungsgeflechte zwischen Tabellen, die sich in drei Arten untergliedern lassen:

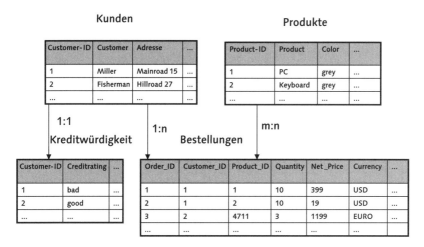

Abbildung 4.17 Die drei Relationsarten 1:n, 1:1 und m:n

- **1:n-Relation**
  1 Zeile in einer Tabelle A wird durch 0, 1 oder mehrere (n) Zeilen einer anderen Tabelle B referenziert. Beispiele dafür wären die Beziehungen zwischen Kunde und Bestellungen, zwischen einem Schulraum in einer Grundschule und den Schülern der darin unterrichteten Klasse, zwischen einem Schüler und seinen Schulbüchern usw.

- **1:1-Relation**
  1 Zeile in einer Tabelle A wird durch genau 1 Zeile einer anderen Tabelle B referenziert. Beispiele dafür wären die Beziehungen zwischen dem Einwohner eines Landes und seiner Hauptwohnsitzadresse, zwischen Fahrgestellnummer eines zugelassenen Autos und Nummernschild, zwischen einer GmbH und ihrer Handelsregistereintragung usw.

- **n:m-Relation**
  1 Zeile in einer Tabelle A wird durch 0, 1 oder mehrere Zeilen einer anderen Tabelle B referenziert, während umgekehrt auch 1 Zeile in der Tabelle B durch 0, 1 oder mehrere Zeilen der Tabelle A referenziert werden kann. Für die Abbildung dieser Relation benötigt man eine dritte Tabelle C, die zu den Tabellen A und B eine 1:n-Beziehung aufbaut, wobei die n-Seite, d.h. der Fremdschlüssel, jeweils in Tabelle C abgelegt wird. Letztlich wird so eine n:m-Relation also in zwei 1:n-Relationen aufgesplittet, um sie sinnvoll in einer relationalen Datenbank abbilden zu können.

Mit diesen drei grundlegenden Relationsarten lassen sich alle nur denkbaren Beziehungen zwischen Daten tabellarisch abbilden, mögen sie auch noch so kompliziert sein. Die Kunst des Datenbankdesigns besteht darin,

**Datenbank-
tabellen und
Datenelemente**

diese Aufgabe für die gegebenen Daten möglichst elegant, ohne doppeltes Speichern von Daten (redundanzfrei) und geeignet für einen schnellen lesenden wie schreibenden Zugriff zu lösen.

Die einzelnen Spalten (auch Felder genannt) einer Datenbanktabelle werden mit einem möglichst sprechenden, englischen Namen versehen, der in ABAP ähnlichen Regeln gehorchen muss wie der Name einer Variablen (lateinischer Anfangsbuchstabe, dann beliebige Reihenfolge von lateinischen Ziffern, Zeichen und dem Unterstrich mit einer Maximallänge von 30 Zeichen). Der Datentyp einer jeden Spalte wird üblicherweise durch die Angabe eines Datenelements festgelegt, das alle technischen und beschreibenden Eigenschaften mit Ausnahme der Verwendung als Schlüssel oder Fremdschlüssel beisteuert. Letztere Information wird direkt von der Tabelle beigesteuert. Da die gleichen Datenelemente auch im ABAP-Programm verwendet werden dürfen, steht einer grundsätzlichen Kompatibilität bei der Übergabe von Werten nichts mehr im Wege.

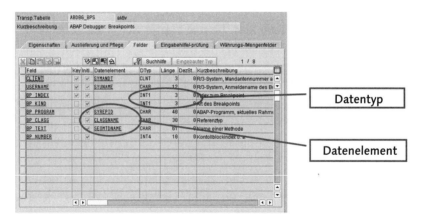

Abbildung 4.18 Tabellen verwenden Datenelemente zur Bestimmung der technischen und beschreibenden Eigenschaften der Felder.

Datenübermittlung zwischen Hauptspeicher und Datenbank

Innerhalb des ABAP-Programms sollten Sie Ihre Daten in Form von passenden internen Tabellen und Strukturen aufbereiten (siehe Abschnitt 3.3), denn nur in dieser Form können Sie Daten in die Datenbank schreiben und aus der Datenbank wieder einlesen. Idealerweise verwenden Sie dazu interne Tabellen und Strukturen, die der Datenbanktabelle respektive deren Zeilenstruktur entsprechen. In ABAP ist nichts leichter als das, denn Sie können die Datenbanktabelle als Datentyp angeben. Ein kurzes Codefragment soll uns als Anschauungsbeispiel dienen:

```
DATA:
  l_tab_flight TYPE STANDARD TABLE OF sflight,
  l_str_flight TYPE sflight.
l_str_flight-planetype = 'A320-200'.
* ... more assignments ...
INSERT sflight FROM l_str_flight.
* ... or insert table instead of structure like this ...
l_str_flight-carrid = 'AA'.
APPEND l_str_flight TO l_tab_flight.
INSERT sflight FROM TABLE l_tab_flight.
```

In der ersten Deklarationsanweisung wird die Variable `l_tab_flight` als interne Tabelle vom Typ `sflight` definiert, so dass sie mehrere Zeilen mit der gleichen Zeilenstruktur wie die Datenbanktabelle `sflight` aufnehmen kann. Mit dieser können dann, wie in den beiden INSERT-Anweisungen, mehrere Datensätze auf einmal in die Tabelle geschrieben werden. In der zweiten Deklarationsanweisung wird die Variable `l_str_flight` als Struktur vom Typ `sflight` definiert, so dass sie die gleiche Zeilenstruktur wie die Datenbanktabelle `sflight` aufweist. Den Feldern der Struktur brauchen nur noch Werte zugewiesen werden und schon in der nächsten Anweisung kann ihr Inhalt als Zeile in die Datenbank eingefügt werden.

Die folgenden Befehle sind die wichtigsten zur Übermittlung von Daten zwischen einer oder mehreren Datenbanktabellen und den Daten im Hauptspeicher und werden von SAP unter dem Begriff Open SQL zusammengefasst, da sie eine gemeinsame Untermenge der auf allen Datenbanken funktionierenden Anweisungen bilden:

Open SQL

▶ SELECT – **Daten aus Datenbanktabellen lesen**
Der SELECT-Befehl liest Daten aus einer Datenbanktabelle in eine Struktur oder interne Tabelle. Die grundlegende Syntax lautet

```
SELECT result FROM source INTO target WHERE condition.
```

Nach dem Zusatz WHERE können Sie logische Ausdrücke definieren, denen die einzulesenden Daten genügen müssen, und auf diese Weise die Ergebnismenge einschränken. Daneben gibt es noch eine Anwendungsform SELECT ... ENDSELECT, die ähnlich einer LOOP-Schleife funktioniert und die betroffenen Zeilen einzeln aus der Datenbank liest und verarbeitet.

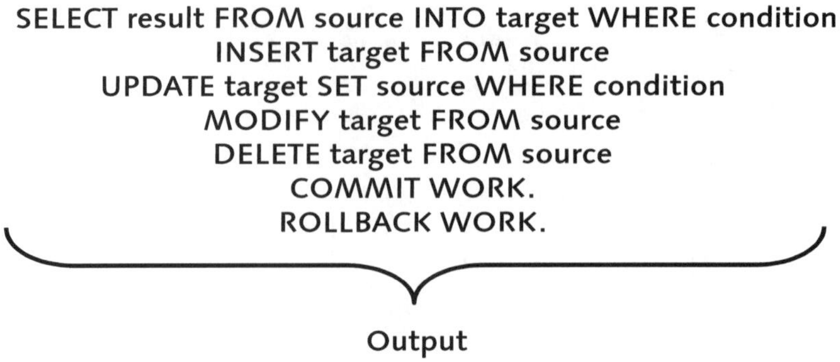

```
SELECT result FROM source INTO target WHERE condition
       INSERT target FROM source
    UPDATE target SET source WHERE condition
         MODIFY target FROM source
         DELETE target FROM source
              COMMIT WORK.
              ROLLBACK WORK.
```

Output

ID	Nr	Flugdatum	Flugpreis	Flugzeugtyp	Kapazität	Belegt
LH	400	28.02.1995	899,00	A319	350	4
LH	454	17.11.1995	1.499,00	A319	350	2
LH	455	06.06.1995	1.090,00	A319	220	1
LH	455	31.12.1996	1.919,00	DC-10-10	380	190
LH	2402	21.08.1997	555,00	A319	300	100
LH	2402	22.08.1997	590,00	A330-300	300	250
LH	2402	25.08.1997	490,00	A330-300	300	290
LH	2402	30.08.1997	485,00	A330-300	300	290
LH	3577	28.04.1995	6.000,00	A319	220	1

Abbildung 4.19 OPEN SQL-Befehle im Überblick

Über die Jahre ist der SELECT-Befehl immer leistungsfähiger geworden und so unterstützt er mittlerweile eine ganze Reihe von Zusätzen, wie sie auch im SQL-92-Standard zu finden sind, unter anderem verschachtelte Selects, Joins und Aggregationen. Wer mehr über die Fähigkeiten des SELECT-Befehls erfahren möchte, dem sei die Hilfe unter *http://help.sap.com* empfohlen. In den zwei folgenden Beispielen von SELECT-Befehlen werden Demo-Tabellen der SAP (Flugdaten-Tabellen) benutzt, um im ersten Fall alle Informationen (Platzhalter *) zu den Flügen der Lufthansa auszulesen und im zweiten Fall lediglich die erste Zeile und auch nur die Spalten CARRID und CONNID der American Airlines:

```
DATA:
  l_tab_sflight TYPE STANDARD TABLE OF sflight,
  l_str_sflight TYPE sflight.
* read potentially more than one line into internal
* table
SELECT * FROM sflight INTO TABLE l_tab_sflight
WHERE carrid = 'LH'.
* read single line and only two fields into structure
```

```
SELECT SINGLE carrid connid FROM sflight INTO
    l_str_sflight
WHERE carrid = 'AA'.
```

- INSERT – **Daten in Datenbanktabellen einfügen**
  Der Befehl INSERT fügt Daten in eine Datenbanktabelle ein, ohne die vorhandenen Daten zu beeinträchtigen. Hierbei ist streng darauf zu achten, dass das Schlüsselfeld der einzufügenden Daten einen bislang nicht in der Tabelle verwendeten Wert enthält, da der Befehl sonst mit einer Fehlermeldung abbricht. Der INSERT-Befehl hat die Syntax

  ```
  INSERT target FROM source.
  ```

  und fügt in die Tabelle `target` die Daten aus der internen Tabelle oder Struktur `source` ein. Die zwei folgenden Beispiele zeigen das Einfügen der Werte einer Struktur bzw. einer internen Tabelle:

  ```
  DATA:
    l_tab_flight TYPE STANDARD TABLE OF sflight,
    l_str_flight TYPE sflight.
  l_str_sflight-carrid = 'LH'.
  l_str_sflight-connid = '0400'.
  l_str_sflight-fldate = '1.8.2003'.
  l_str_sflight-planetype = 'A320-200'.
  APPEND l_str_sflight TO l_tab_sflight.
  * ... more assignments here to fill internal table ...
  * insert lines of internal table into database table
  INSERT sflight FROM TABLE l_tab_sflight.
  * insert structure into database table ...
  l_str_sflight-carrid = 'AA'.
  INSERT sflight FROM l_str_sflight.
  ```

- UPDATE – **Daten in Datenbanktabellen ändern**
  Der Befehl UPDATE ändert den Inhalt ein oder mehrerer vorhandener Datensätze in der Datenbank, indem er sie mit den Daten aus einzelnen Variablen, einer Struktur oder internen Tabelle überschreibt. Die Syntax des UPDATE-Befehls unterscheidet sich dem entsprechend auch stark, je nachdem, ob Daten im Hauptspeicher (ohne Beachtung des Schlüsselfelds) in mehrere Datensätze der Datenbanktabelle geschrieben werden sollen oder ob sie jeweils genau für eine Zeile in der Datenbank gelten (mit Beachtung des Schlüsselfelds). Im ersten Fall lautet die Syntax

```
UPDATE target SET source WHERE condition.
```

und im zweiten Fall

```
UPDATE target FROM source.
```

Die drei folgenden Beispiele zeigen das Abgleichen von Datensätzen zwischen interner Tabelle im Hauptspeicher und Datenbanktabelle, das Abgleichen zwischen einer Struktur im Hauptspeicher und einer Zeile in der Datenbanktabelle sowie das Ändern aller Datensätze des Carriers Lufthansa, wo das Fluggerät auf »Airbus 320-200« gesetzt werden soll.

```
DATA:
  l_tab_flight TYPE STANDARD TABLE OF sflight,
  l_str_flight TYPE sflight.
* ... assignments to fill structure and internal table ...
* update identification by key ...
UPDATE sflight FROM TABLE l_tab_sflight.
UPDATE sflight FROM l_str_sflight.
* update identification by condition ...
UPDATE sflight SET planetype = l_str_sflight-planetype
    WHERE carrid = 'LH'.
```

▶ MODIFY – **Daten in Datenbanktabellen einfügen oder ändern**
Der Befehl MODIFY ist eine Zusammenfassung der Befehle INSERT und UPDATE. Zunächst wird versucht, die Zeilen einer Struktur oder internen Tabelle in die Datenbank einzufügen. Diejenigen Zeilen, deren Schlüsselfelder bereits einen vorhandenen Wert in der Tabelle aufweisen, werden stattdessen per UPDATE-Anweisung geändert. Die übergebenen Daten befinden sich anschließend auf jeden Fall in der Datenbank. Der MODIFY-Befehl hat die Syntax

```
MODIFY target FROM source.
```

target repräsentiert den Namen der Datenbanktabelle und source wie gewohnt eine Struktur oder interne Tabelle. Die folgenden zwei Beispiele zeigen die Verwendung des Befehls bei einer einzelnen Datenbankzeile bzw. mehreren Datenbankzeilen:

```
DATA:
  l_tab_flight TYPE STANDARD TABLE OF sflight,
  l_str_flight TYPE sflight.
* ... assignments to fill structure and internal table ...
```

```
* modify one line in the database table
MODIFY sflight FROM l_str_sflight.
* modify more lines in the database table
MODIFY sflight FROM TABLE l_tab_sflight.
```

- **DELETE – Daten aus Datenbanktabellen löschen**
  Der Befehl DELETE dient zum Löschen ein oder mehrerer Zeilen in einer Datenbanktabelle. Die Syntax des DELETE-Befehls unterscheidet sich je nachdem, ob zur Identifizierung der Zeile eine Struktur bzw. interne Tabelle mit Schlüsselwerten oder aber ein logischer Ausdruck angegeben wird. Im ersten Fall lautet die Syntax

  ```
  DELETE target FROM source.
  ```

  und im zweiten Fall

  ```
  DELETE FROM target WHERE condition.
  ```

  Die drei folgenden Beispiele zeigen die Benutzung des DELETE-Befehls unter Verwendung einer Struktur, einer internen Tabelle und eines logischen Ausdrucks:

  ```
  DATA:
    l_tab_flight TYPE STANDARD TABLE OF sflight,
    l_str_flight TYPE sflight.
  * fill keys into structure
  l_str_sflight-carrid = 'LH'.
  l_str_sflight-connid = '0400'.
  l_str_sflight-fldate = '1.8.2003'.
  * delete line defined in structure
  DELETE sflight FROM l_str_sflight.
    * delete lines defined in internal table
  APPEND l_str_sflight TO l_tab_sflight.
  DELETE sflight FROM TABLE l_tab_sflight.
  * delete lines, where carrid is 'LH'
  DELETE FROM sflight WHERE carrid = 'LH'.
  ```

Der Vollständigkeit halber sei an dieser Stelle erwähnt, dass ABAP neben den beschriebenen Open SQL-Befehlen auch noch einige Befehle mit expliziter Datenbankcursor-Verwaltung (OPEN CURSOR, FETCH, CLOSE CURSOR) sowie so genannte *Native SQL-Befehle* unterstützt, mit denen man mehrere Datenbanken gleichzeitig und alle dort vorhandenen SQL-Befehle ausnutzen kann. Diese Befehle sind dann natürlich nicht mehr datenbankunabhängig, weswegen wir sie in diesem Buch nicht weiter betrachten wollen. SAP selbst verwendet Native SQL nur in absoluten Ausnahmefällen, z.B. beim Zugriff auf Kundendaten anderer Systeme in mySAP CRM.

Primärschlüssel und Sekundärschlüssel von Datenbanktabellen

Jede Datenbanktabelle, die wir in SAP definieren, müssen wir mit einem Primärschlüssel (auch *Primary Key* genannt) ausstatten, indem wir die Spalten markieren, die zum eindeutigen Zugriff auf eine Zeile nötig sind – wie die eindeutige Postleitzahl, Straße und Hausnummer zur Adressierung eines Briefes. Die übrigen Spalten einer Tabelle (auch *Attribute* genannt) können dann über diesen Primärschlüssel gefunden werden.

Sekundärschlüssel können, müssen aber nicht für eine Datenbanktabelle in SAP definiert werden. Sie definieren alternative Mengen von Spalten, die für die Einschränkung auf wenige oder eine Zeile in der Datenbank herangezogen werden können – wie bei einem Postfach, das als Alternative zur Adressierung eines Briefes verwendet werden kann. Analog zu einem Postfach, das sowohl von einer als auch von mehreren Personen gemeinsam eingerichtet werden kann, können Sekundärschlüssel eindeutig eine Zeile referenzieren, müssen es aber nicht.

Das SAP LUW-Konzept

Ein weiteres, im Zusammenhang mit Datenbankzugriffen wichtiges Konzept und eine der herausragenden Eigenschaften von ABAP ist das so genannte SAP LUW-Konzept.

Sobald eine Anwendung mehr als eine Datenbanktabelle verwendet, ergibt sich das grundsätzliche Problem, dass sich die darin verwalteten Daten nicht zu jedem Zeitpunkt in einem konsistenten Zustand befinden können. Beispielsweise wird bei einer Überweisung im Finanzwesen ein Betrag erst von einem Konto abgebucht und danach auf ein anderes Konto gutgeschrieben. Zwischen den beiden Buchungsschritten ist der Datenzustand inkonsistent, da der zu verbuchende Betrag nicht im Datenbestand vorhanden ist, er ist »unterwegs«. Würde der Rechner genau zwischen diesen beiden Buchungsschritten abstürzen, wäre die Datenhaltung dauerhaft inkonsistent. Um derartige dauerhafte Inkonsistenzen zu vermeiden, unterstützt SAP das LUW-Konzept (*Logical Unit of Work*), auch »Alles-oder-nichts«-Prinzip genannt. Dessen Ziel ist es, logisch zusammmengehörende Schreibzugriffe (konkret die Open SQL-Anweisungen INSERT, UPDATE, MODIFY und DELETE) auf Datenbanktabellen entweder komplett und erfolgreich, oder aber gar nicht durchzuführen. Es werden also letztlich weitgehend automatisch im ABAP-Quelltext enthaltene Schreibzugriffe gebündelt und zu einem vom Programmierer bestimmten Zeitpunkt, nämlich beim Aufruf der Anweisung COMMIT WORK, komplett durchgeführt, oder aber beim Aufruf der Anweisung ROLLBACK WORK komplett verworfen. Ruft der Anwender diese Anweisungen nicht auf und tritt auch kein Laufzeitfehler auf, wird die Anweisung COMMIT WORK am Ende eines Programms bzw. Dialogschrittes (siehe dazu Kapitel über Bildschirmein- und -ausgabe) automatisch aufgerufen. Auf diesen Automatismus bauen wir im Rahmen der weiteren Anwendungsbeispiele.

Schauen wir uns nun die Definition von Tabellen und den Zugriff über Open SQL-Befehle einmal in der Praxis an.

> **Aufgabe 4.2**
>
> Legen Sie das Programm ZPTB00_HOTEL_RESERVATION an und verwenden Sie die Parameter-Deklaration aus dem Programm ZPTB00_RESERVATION_CHECKER. Nehmen Sie das OBLIGATORY aus allen Parametern. Fügen Sie zusätzlich den Parameter p_name zur Erfragung des Kundennamens hinzu sowie drei Radiobuttons, in denen der Benutzer entscheiden kann, eine Reservierung hinzuzufügen, zu löschen oder alle Reservierungen anzuzeigen.
>
> Prüfen Sie vor dem Einfügen einer Reservierung, ob der Raum zu dieser Zeit noch nicht belegt ist.
>
> Nehmen Sie zur Identifikation der zu löschenden Reservierung die Eingabedaten aus den Parametern.
>
> Zeigen Sie immer alle Reservierungen auf dem Bildschirm an.

Zuerst müssen die Domänen und Datenelemente angelegt werden, die wir zum Erzeugen der Tabelle brauchen. Die genaue Vorgehensweise ist in Abschnitt 4.1 beschrieben, so dass wir uns hier auf die Beschreibung der Eckdaten beschränken, anhand derer Sie die notwendigen Schritte selbstständig durchführen können. In der folgenden Tabelle haben wir zur besseren Orientierung die Angaben zu Datenelement und Domäne ZPTB00_ROOM_NUMBER aus Abschnitt 4.1 mit aufgenommen. Legen Sie alle anderen Domänen und Datenelemente in analoger Weise an.

Domänen und Datenelemente anlegen

Datenelement bzw. Domäne	Dictionary-Typ	Kurzbezeichner	Langbezeichner
ZPTB00_Reservation_ID	char 32	ID	Reservations-ID
(ZPTB00_Room_Number)	numc 3	RaumNo.	Hotelraumnummer
ZPTB00_Checkin	char 32	Check in	Check in

Tabelle 4.2 Datenelemente und Domänen des Praxisbeispiels

Datenelement bzw. Domäne	Dictionary-Typ	Kurz-bezeichner	Langbezeichner
ZPTB00_Checkout	char 32	Check out	Check out
ZPTB00_Customer_Name	char 40	Name	Name des Kunden

Tabelle 4.2 Datenelemente und Domänen des Praxisbeispiels (Forts.)

Tabelle anlegen   Nachdem Sie alle genannten Domänen und Datenelemente angelegt und aktiviert haben, können wir mit dem Anlegen der Tabelle beginnen.

▷ Wählen Sie im Kontextmenü des Pakets bzw. der Entwicklungsklasse den Menüpunkt **Anlegen · DDIC-Objekt · Datenbanktabelle** aus.

In einem Dialog wird daraufhin nach dem Namen der anzulegenden Datenbanktabelle gefragt.

▷ Geben Sie als Tabellennamen »ZPTB00_HRESERVAT« an und quittieren Sie Ihre Angaben mit dem **OK**-Button.

Im Werkzeugbereich wird ein Fenster eingeblendet, in dem Sie alle Eigenschaften der Tabelle pflegen können.

▷ Geben Sie als Kurzbeschreibung »Hotelreservierungen« ein und als Auslieferungsklasse »A« an.

▷ Wechseln Sie auf den Karteireiter **Felder**.

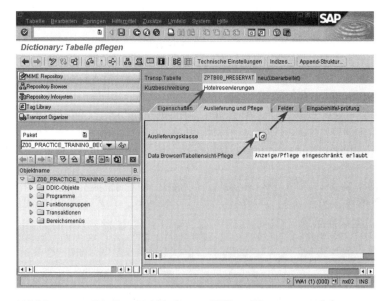

Abbildung 4.20 Tabelleneigenschaften zu ZPTB00_HReservat angeben

Hier geben wir die Namen aller Felder an, die in der Tabelle als Spalten auftauchen sollen.

▷ Geben Sie die Felder **Client**, **ID**, **Room_Number**, **CheckIn**, **CheckOut** und **Customer_Name** an sowie die dazugehörigen Datenelemente. Für das Feld **Client** geben Sie das vordefinierte Datenelement MANDT an.

▷ Markieren Sie die Checkbox **Key** für die Felder **Client** und **ID** und klicken Sie auf den Button **Technische Einstellungen**. Somit haben Sie den Primärschlüssel der Tabelle definiert.

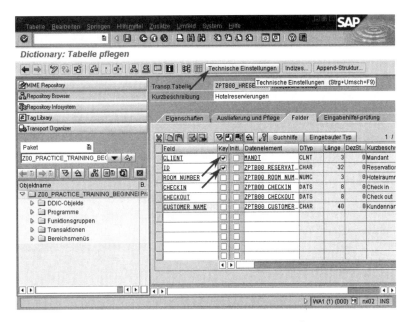

Abbildung 4.21 Feldeigenschaften zu ZPTB00_HReservat angeben

Sie werden in einem Dialog gefragt, ob Sie die Tabelle speichern wollen.

▷ Quittieren Sie die Frage mit dem **Ja**-Button.

Sie werden nun nach dem Paket gefragt, dem die Datenbanktabelle zugeordnet werden soll.

▷ Unser Paket ist bereits voreingestellt, so dass Sie die Eingaben einfach mit dem **Sichern**-Button quittieren können.

Als Nächstes werden Sie nach dem Transportauftrag für die Tabelle gefragt.

▷ Übernehmen Sie den vorhandenen Transportauftrag unverändert und bestätigen Sie mit dem **Ja**-Button.

Es folgt der übliche Transportdialog.

▷ Übernehmen Sie den Transportauftrag unverändert und quittieren Sie mit dem **Weiter**-Button.

Die technischen Einstellungen müssen vor der Aktivierung der Tabelle angegeben werden und beinhalten insbesondere Angaben zur Datenart und Größenkategorie.

▷ Geben Sie als Datenart »APPL1« ein, da es sich um Daten handelt, die häufig verändert werden.

▷ Wählen Sie als Größenkategorie »0« aus (das entspricht 0–9999 Datensätzen), da wir kaum mehr Reservierungen als einige hundert bei einem solch kleinen Hotel zu erwarten haben.

▷ Klicken Sie auf **Sichern** und dann auf **Zurück**.

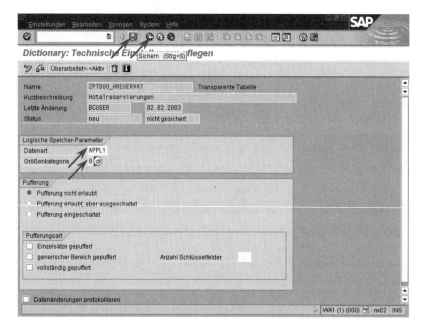

Abbildung 4.22 Technische Eigenschaften zu Tabelle ZPTB00_HReservat pflegen

Alle notwendigen Eigenschaften der Tabelle ZPTB00_HReservat wurden eingestellt und wir können sie nun aktivieren.

▷ Klicken Sie auf den **Zurück**-Button und dann auf **Aktivieren**.

Programm anlegen Nach diesen Vorbereitungen können wir mit dem Schreiben des Programms beginnen.

▷ Legen Sie auf gewohnte Weise ein Programm mit dem Namen »ZPTB00_HOTEL_RESERVATION« und ohne TOP-Include an. Der Titel soll »Hotel Reservation« lauten, die restlichen Programmeigenschaften bleiben unverändert. Auch der Transportauftrag bleibt in der Voreinstellung.

Der Object Navigator legt ein Programmgerüst an, das Sie nun vervollständigen können, um aus den Eingaben **Hotelraumnummer**, **Check in**, **Check out** und **Kundenname** zusammen mit den Aktionen **Add**, **Delete** und **Show** eine kleine Datenbankapplikation zusammenzubauen.

▷ Tippen Sie den folgenden Quelltext unterhalb der Kommentarzeilen ein und speichern Sie ihn ab.

Listing 4.2 Quelltext des Programms ZPTB00_Hotel_Reservation

```
REPORT   zptb00_hotel_reservation.
PARAMETERS:
* Reservation data
  p_room TYPE zptb00_room_number VALUE CHECK,
  p_chkin TYPE zptb00_checkin,
  p_chkout TYPE zptb00_checkout,
  p_name TYPE zptb00_customer_name,
* Application menu
  p_add TYPE c RADIOBUTTON GROUP grp1 DEFAULT 'X',
  p_delete TYPE c RADIOBUTTON GROUP grp1,
  p_show TYPE c RADIOBUTTON GROUP grp1.
DATA:
* For working with table zptb00_hreservat
  l_str_reservation TYPE zptb00_hreservat,
  l_tab_reservation TYPE STANDARD TABLE OF
      zptb00_hreservat.

IF p_add = 'X'.
* Check whether period is free
  SELECT * FROM zptb00_hreservat INTO TABLE
      l_tab_reservation
  WHERE ( room_number = p_room )
    AND ( ( checkin BETWEEN p_chkin AND p_chkout )
    OR ( checkout BETWEEN p_chkin AND p_chkout ) ).
  IF sy-dbcnt > 0.
    WRITE: / 'Zeitraum bereits reserviert'.
```

```abap
      ELSE.
*       Make reservation
          CALL FUNCTION 'GUID_CREATE'
            IMPORTING
*             EV_GUID_16        =
*             EV_GUID_22        =
              ev_guid_32        = l_str_reservation-id.
          l_str_reservation-room_number = p_room.
          l_str_reservation-checkin = p_chkin.
          l_str_reservation-checkout = p_chkout.
          l_str_reservation-customer_name = p_name.
          INSERT zptb00_hreservat FROM l_str_reservation.
          WRITE: / 'Reservierung wurde vorgenommen'.
        ENDIF.
      ELSEIF p_delete = 'X'.
*       Delete reservation
        DELETE FROM zptb00_hreservat WHERE room_number =
            p_room
          AND checkin = p_chkin AND checkout = p_chkout.
        WRITE: / 'Reservierung wurde gelöscht'.
      ELSEIF p_show = 'X'.
*       Show reservations
        SELECT * FROM zptb00_hreservat INTO TABLE
            l_tab_reservation
          ORDER BY room_number checkin customer_name.
        WRITE: / 'Room Reservations'.
        LOOP AT l_tab_reservation INTO l_str_reservation.
          WRITE: / 'Room:', l_str_reservation-room_number,
                   'Check in:', l_str_reservation-checkin,
                   'Check out:', l_str_reservation-checkout,
                   'Customer name:', l_str_reservation-
                                        customer_name.
        ENDLOOP.
      ENDIF.
```

Erläuterung des Quelltextes

Die Parameter lesen die für das Einfügen und Löschen von Datensätzen notwendigen Informationen ein und werden lediglich für die Anzeige der Reservierungen nicht gebraucht. Die drei Parameter für die Radiobuttons definieren wir in einer gemeinsamen Gruppe grp1, damit nur ein Radiobutton gleichzeitig ausgewählt werden kann. Die zwei Variablen mit der Struktur und der internen Tabelle zu ZPTB00_HReservat benötigen wir zum Einfügen mit Hilfe des `INSERT`-Befehls bzw. zum Einlesen der Daten mit Hilfe des `SELECT`-Befehls.

In Abhängigkeit vom Inhalt der Radiobuttons verzweigen wir mit Hilfe der `IF`-Anweisung in unterschiedliche Codeabschnitte. Zuerst wird das Einfügen einer Reservierung verarbeitet. Dazu muss, wie in der Aufgabe gefordert, zunächst die mögliche Überlappung mit anderen Reservierungen ausgeschlossen werden, wofür wir ein entsprechendes `SELECT`-Statement absetzen. Nur wenn kein Datensatz mit überlappenden Check-in-/Check-out-Werten gefunden wurde (`sy-dbcnt` ist 0), wird mit dem Einfügen der neuen Reservierung fortgefahren.

Das Löschen einer Reservierung erfordert zu Prüfzwecken mindestens die Angabe der Raumnummer sowie des Check-in- und Check-out-Termins. Nur dann kann der Datensatz eindeutig bestimmt und mittels des `DELETE`-Statements gelöscht werden.

Zum Anzeigen aller Reservierungen müssen diese zunächst mit Hilfe des `SELECT`-Befehls aus der Datenbank in eine interne Tabelle eingelesen werden. Danach hilft eine `LOOP`-Schleife dabei, jeden Datensatz in die Struktur `l_str_hreservat` zu kopieren, von wo aus der Inhalt mit Hilfe des `WRITE`-Befehls auf dem Bildschirm ausgegeben werden kann.

Testen des Programms

Die Funktionstüchtigkeit unseres Quelltextes wollen wir nun am laufenden Programm nachvollziehen.

▷ Klicken Sie auf den **Prüfen**-Button, auf **Aktivieren** und auf **Direkt**, um das Programm direkt zu starten.

Das Programm startet und fragt nach der auszuführenden Aktion. Wir wollen zunächst einen Datensatz einfügen.

▷ Geben Sie als Raumnummer »201«, als Anreisedatum den 1.1.2004, als Abreisedatum den 1.2.2004 und als Namen des Kunden »John Smith« ein.

▷ Markieren Sie den Parameter `p_add` und klicken Sie auf **Ausführen**.

Es erscheint der Ergebnisbildschirm, in dem die Reservierung bestätigt wird.

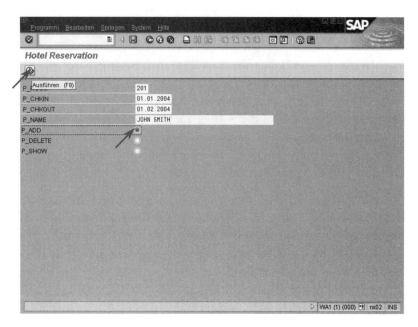

Abbildung 4.23 Durchführen einer Reservierung

Abbildung 4.24 Bestätigung der vorgenommenen Reservierung

▷ Klicken Sie auf den **Zurück**-Button.

Wir wollen nun prüfen, ob Doppelbelegungen erkannt werden.

▷ Geben Sie als Hotelraumnummer wieder »201«, als Anreisedatum den 31.1.2004, als Abreisedatum den 11.2.2004 und als Namen des Kunden »Roman Herzog« ein.

▷ Markieren Sie den Parameter `p_add` und klicken Sie auf **Ausführen**.

Das Programm stellt die Überlappung fest und gibt einen entsprechenden Hinweis auf dem Bildschirm aus.

▷ Klicken Sie auf den **Zurück**-Button.

Abbildung 4.25 Ablehnungsbescheid für die Reservierung

Um Näheres über die Terminüberlappung zu erfahren, wollen wir uns die Reservierungen anzeigen lassen.

▷ Klicken Sie auf den Parameter p_show.

Das Programm stellt die Reservierungen auf dem Bildschirm dar.

▷ Klicken Sie auf den **Zurück**-Button.

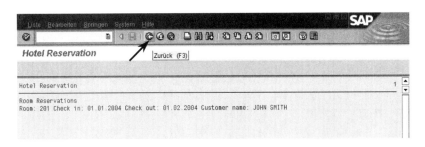

Abbildung 4.26 Alle Reservierungen werden aufgelistet.

Wir wissen nun, dass wir diese Reservierung zuerst löschen müssen.

▷ Geben Sie als Raumnummer wieder »201«, als Anreisedatum den 1.1.2004, als Abreisedatum den 1.2.2004 ein.

▷ Markieren Sie den Parameter p_delete und klicken Sie auf **Ausführen**.

Wiederum erhalten wir eine Bestätigung über das Löschen in Form eines Hinweises auf dem Bildschirm.

Natürlich ließe sich dieses Programmbeispiel noch wesentlich ausführlicher testen. Wir wollen es jedoch dabei bewenden lassen.

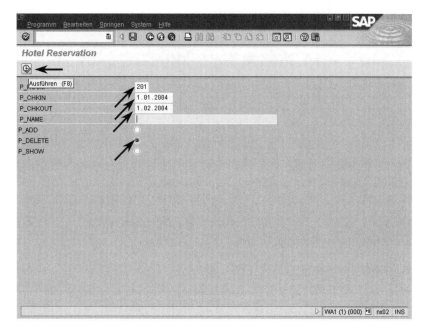

Abbildung 4.27 Löschen der Reservierung

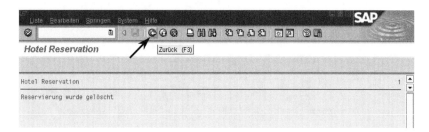

Abbildung 4.28 Die Löschbestätigung der Reservierung

 In der professionellen ABAP-Entwicklung werden nicht nur Tabellen, sondern alle möglichen Typen global im ABAP Dictionary angelegt und verwaltet – die Vorgehensweise ist fast identisch zum Anlegen von Tabellen. Insbesondere bei sehr generisch ausgelegten Applikationen, die erst während des Customizings beim Kunden erfahren, welche Daten sie überhaupt zu verarbeiten und zu speichern haben, ist diese Form beliebt, denn so kann der Kunde selbst Einfluss auf den Inhalt nehmen.

5 Bildschirmein- und -ausgabe

Zur Steuerung der Bildschirmein- und -ausgabe stellt SAP gleich mehrere unterschiedliche Konzepte bereit, die sich bezüglich ihrer Komplexität, aber auch ihrer Leistungsfähigkeit voneinander unterscheiden.

»Zwei Herzen wohnen, ach!, in meiner Brust ...«, sprach einst schon Faust in Goethes gleichnamigem Meisterwerk. So ähnlich mag es auch den ABAP-Programmierern gehen, die angesichts zweier recht verschiedener Verfahren zur Erstellung von Programmoberflächen hin- und hergerissen sind ob der Vor- und Nachteile, die beide jeweils mit sich bringen. Auf der einen Seite ist da ein sehr einfach zu programmierendes Ein- und Ausgabeverfahren auf der Grundlage des PARAMETERS-Befehls (siehe auch Abschnitt 3.2) mit seinen »Verwandten« (insbesondere dem Befehl SELECT OPTIONS) und dem Beistand durch das SAP List Viewer-Control – eine Technik, die jedoch bei aufwändigeren Bildschirmlayouts schnell an ihre Grenzen stößt. Auf der anderen Seite gibt es die recht aufwändig zu programmierende Dynpro-Technik zur Erstellung von ausgefeilten Bildschirmlayouts, die gerade Umsteiger von anderen modernen Entwicklungssystemen wie Delphi oder Visual Basic vor eine Herausforderung stellt angesichts der Datenübermittlung zwischen Oberfläche und Programm. Da hilft es auch nicht, dass beide Verfahren letztlich auf der gleichen Grundlagentechnik basieren und sogar im Mischbetrieb genutzt werden können. Insbesondere die dynamische Erzeugung bzw. Anpassung von Oberflächenelementen (z.B. das Anbieten eines neuen Eingabefeldes als Reaktion auf eine Anwendereingabe – unter Visual Basic oder C# ein Kinderspiel) gehört nicht zu den Stärken der Technik. Mit der Wandlung von ABAP hin zu einer Allzweckprogrammiersprache, mit der auch Web-, Portal- und mobile Business-Anwendungen geschrieben werden, ändern sich jedoch die Anforderungen.

Grundlagen

Bei SAP wird derzeit an der neuen *Web Dynpro*-Technologie gearbeitet (für Java seit Release 6.30 verfügbar, für ABAP noch nicht freigegeben), die in der mittel- und langfristigen Zukunft schrittweise alle vorhandenen Oberflächentechniken ablösen und unter einem gemeinsamen Dach zusammenführen soll. In Web Dynpro kommen ausschließlich hochmoderne Internet-Standards wie XML, HTML und Webservices zum Einsatz und sorgen für eine Nutzbarkeit der Programmoberflächen rein über Webbrowser vom Mobiltelefon über PDAs bis hin zu PCs und Großrechnern – bei weit reichender Kompatibilität zur vorhandenen Dynpro-Technologie.

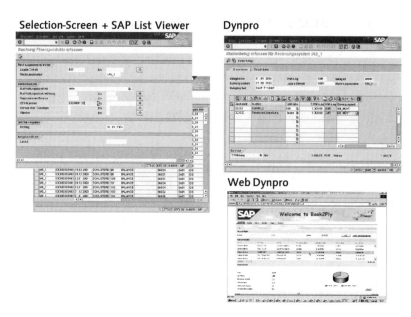

Abbildung 5.1 Typische Oberflächen der jeweiligen Oberflächentechnik

Tipps für Umsteiger Nutzen Sie das einfache Ein- und Ausgabeverfahren auf Basis des PARAMETERS-Befehls zusammen mit dem SAP List Viewer, wo immer Sie können und dürfen, denn für SAP-Anwender stellt die daraus resultierende Art der Oberflächengestaltung nichts Ungewöhnliches dar und jeder kommt schnell damit zurecht. Eine toolunterstützte Konvertierung in Web Dynpro kann später weitgehend problemlos erfolgen. Die Dynpro-Technik sollten Sie nur verwenden, wenn Sie aufwändige Eingabelayouts mit Master-Detail-Ansichten, editierbaren Tabelleninhalten oder Grafiken erstellen oder vorhandene SAP-Anwendungsoberflächen in Dynpro-Technik umgestalten müssen. Eine spätere Konvertierung in Web Dynpro kann nur zum Teil automatisch vollzogen werden.

5.1 Einfache Ein- und Ausgabeoberflächen – SELECTION SCREEN, SELECT-OPTIONS, CALL SELECTION SCREEN, SAP List Viewer

Die Programmiersprache ABAP verfügt über eine Reihe sehr einfacher Mechanismen zur Gestaltung von Ein- und Ausgabeoberflächen, die das typische Look & Feel bekannter SAP-Anwendungen vermitteln. Umsteiger wie Einsteiger begünstigen sie mit einer steilen Lernkurve, denn ein beachtlicher Teil der Anforderungen an die Bedienoberflächen von betriebswirtschaftlichen Anwendungen lässt sich damit auf einfache Weise abdecken.

Einfache Ein- und Ausgabeoberflächen kommen in SAP-Anwendungen recht häufig zum Einsatz: Customizing-Oberflächen, Reports zur Auswertung und Anzeige von Daten und viele Back-Office-Anwendungen ohne besondere Ansprüche an die Bedienoberfläche verwenden diese Art der Oberflächenerstellung und bilden die Grundlage für ein einheitliches Erscheinungsbild von SAP-Anwendungen.

Selection-Screen

SAP List Viewer

Abbildung 5.2 Beispiele für Ein- und Ausgabeoberflächen

Technisch kommen dabei eine Reihe von Sprachelementen für die Eingabe sowie einige Funktionsbausteine für die Ausgabe zum Einsatz.

Einfache Eingabeoberflächen basieren auf dem PARAMETERS-Befehl, den wir bereits in Abschnitt 3.2 kennen gelernt haben, und sie werden aufgewertet durch eine Reihe weiterer Befehle (z.B. den Befehl SELECT OPTIONS, s.u.) und Ereignisse zur Strukturierung und Prüfung der Eingabedaten, wovon wir die wichtigsten im Folgenden beschreiben:

ABAP-Befehle zur Gestaltung von Eingabeoberflächen

▶ SELECTION-SCREEN – **Selektionsbilder definieren**
Das Schlüsselwort SELECTION-SCREEN leitet die Definition einer einfachen Benutzeroberfläche zur Eingabe und Ausgabe von Werten und Tabellen ein und beendet sie am Schluss auch wieder. Die Syntax für den Beginn der Definition eines Selektionsbildes lautet

BEGIN OF SCREEN screennumber.

screennumber muss dabei eine vierstellige Zahl sein, die sich auch beim Abschluss der Definition mit der Syntax SELECTION-SCREEN END OF screennumber wiederfindet. Optional kann über den Zusatz TITLE eine Titelbezeichnung mitgeliefert werden. Interessant ist weiterhin, dass man über den Befehl SELECTION-SCREEN COMMENT / col1(len1) comment auch Texte im Selektionsbild ausgeben kann, über SELECTION-SCREEN ULINE eine horizontale Linie und über

SELECTION-SCREEN PUSHBUTTON pushbutton auch eine Drucktaste. Über die Anweisungen SELECTION-SCREEN BEGIN OF BLOCK block bzw. SELECTION-SCREEN END OF BLOCK block kann darüber hinaus eine Umrahmung für thematisch zusammenhängende Ein- und Ausgabefelder geschaffen werden. Die zwei folgenden Beispiele definieren ein Selektionsbild einmal mit Eingabeelementen und das andere Mal mit Ausgabeelementen, obwohl natürlich auch beliebige Mischformen erlaubt sind:

```
* data input dialog
SELECTION-SCREEN BEGIN OF SCREEN 110.
PARAMETERS:
  p_name(80) TYPE c,
  p_addr(80) TYPE c.
SELECTION SCREEN END OF SCREEN 110.
* data output dialog
SELECTION-SCREEN BEGIN OF SCREEN 120.
  SELECTION-SCREEN BEGIN OF BLOCK b120 WITH FRAME
  TITLE
  text-001.
    SELECTION-SCREEN COMMENT /5(79) c_name.
    SELECTION-SCREEN COMMENT /5(79) c_addr.
  SELECTION-SCREEN END OF BLOCK b120.
SELECTION-SCREEN END OF SCREEN 120.
```

▶ **SELECT-OPTIONS – Selektionskriterien definieren**
Selektionskriterien sind mit Parametern vergleichbar, jedoch stellen sie automatisch zwei Eingabefelder sowie einen zusätzlichen Button und Dialog zur Verfügung, über die man Wertebereiche, Auflistungen von Einzelwerten sowie Ausschlüsse von Einzelwerten oder Wertebereichen angeben kann. Man spricht in diesem Zusammenhang auch von *Ranges* (der englische Begriff für Wertebereiche), mit deren Hilfe Eingaben wie z.B. von »A« bis »E« oder auch »G«, »H« bis »M« und nicht »I« möglich sind – sehr praktisch beispielsweise für die Auswahl von Datensätzen. Die Syntax des Befehls lautet:

```
SELECT-OPTIONS name FOR data.
```

name ist dabei der maximal 8-stellige Bezeichner des Selektionskriteriums und data ein bereits deklariertes Datenfeld (z.B. Variable oder Konstante), von dem das Selektionskriterium den Datentyp übernimmt. Aus diesen Informationen baut die ABAP-Laufzeitumgebung automatisch und unsichtbar für den Programmierer eine Tabelle mit einer Struktur wie der folgenden auf und weist sie als Datentyp für das Feld name zu:

```
DATA:
  g_field TYPE i.
TYPES:
BEGIN OF str_seltab,
  sign TYPE c,       " I(nclude), E(xclude)
  option(2) TYPE c,  " =, EQ, <>, NE, <, LT, >, GT, <=,
                     " LE, >=, GE, BT, NB, CP, NP
  low LIKE g_field,  " data type like the field
  high LIKE g_field, " only used for BT, NB, CP, NP
END OF str_seltab.
TYPES:
  tab_seltab TYPE STANDARD TABLE OF str_seltab.
```

Eine ausführliche Beschreibung aller als option vom Anwender eingebbaren Vergleichsoperationen finden Sie in Abschnitt 3.5. Selektionskriterien eignen sich hervorragend für die vom Anwender gesteuerte Einschränkung von Datenbankabfragen. Extra zu diesem Zweck hat der SELECT-Befehl (siehe Abschnitt 4.2) den optionalen Zusatz IN, der die direkte Verwendung der Selektionskriterien beim Einlesen von Daten aus einer Datenbanktabelle ermöglicht. Das folgende Beispiel demonstriert ein solches Szenario und liest anhand der vom Anwender definierten Selektionskriterien für die Spalte CARRID die entsprechenden Werte aus der Tabelle SFLIGHT:

```
DATA:
  g_carrid TYPE s_carr_id.
SELECT-OPTIONS:
  o_carrid FOR g_carrid. " o_carrid is a table now!
DATA:
  l_tab_sflight TYPE STANDARD TABLE OF sflight.
SELECT * FROM sflight INTO TABLE l_tab_sflight WHERE
carrid IN o_carrid.
```

▶ **PARAMETERS – Ein-/Ausgabeparameter definieren**
Eine erste Beschreibung des PARAMETERS-Befehls finden Sie in Abschnitt 3.2. Sofern Sie nicht den Befehl SELECTION-SCREEN zur Einleitung von PARAMETERS-Deklarationen verwenden, wird das Standardselektionsbild verwendet, das automatisch für jedes Programm angelegt wird. Andernfalls wird der Parameter dem explizit definierten SELECTION-SCREEN zugeordnet und folglich auch nur dann angezeigt,

wenn Sie den SELECTION-SCREEN per Befehl CALL SELECTION-SCREEN screennumber aufrufen. Das folgende Beispiel deklariert den Parameter p_name als Bestandteil des Standardselektionsbildes, während der Parameter p_addr Bestandteil des Selektionsbildes 110 ist.

```
* default selection screen
PARAMETERS:
  p_name(80) TYPE c.
* data input dialog
SELECTION-SCREEN BEGIN OF SCREEN 110.
PARAMETERS:
  p_addr(80) TYPE c.
SELECTION-SCREEN END OF SCREEN 110.
```

▶ CALL SELECTION-SCREEN [STARTING AT] – **Anzeige eines Selektionsbildes**
Der Befehl CALL SELECTION SCREEN ruft ein im Hauptprogramm bzw. einem eingebundenen Include definiertes Selektionsbild auf. Die Syntax des Befehls lautet

```
CALL SELECTION-SCREEN screennumber
```

und zeigt standardmäßig das aufgerufene Selektionsbild im Hauptfenster an. Über den Zusatz STARTING AT col1 line1 können Sie auch die Anzeige in einem eigenen Fenster erzwingen, wobei die Spalten und Zeilenangabe in col1 und line1 als ungefähre Cursorposition verstanden werden kann und die Fenstergröße automatisch so ausgelegt wird, dass möglichst viele der Ein- und Ausgabefelder sichtbar sind. Über den Zusatz ENDING AT col2 line2 können Sie auch die Größe des Fensters explizit mit angeben. Der Rückgabewert in sy-subrc signalisiert bei einem Inhalt von 0, dass der Anwender das Selektionsbild anschließend über den **Ausführen**- oder **Ausführen und Drucken**-Button verlassen hat. Bei einem Inhalt von 4 hat der Anwender hingegen das Selektionsbild über **Zurück**, **Beenden** oder **Abbrechen** verlassen. Die folgenden Beispiele demonstrieren die Nutzung der Anweisung zum Aufruf eines Selektionsbildes im gleichen Fenster sowie in einem separaten Dialogfenster ab der Spalte 5 und Zeile 6:

```
CALL SELECTION-SCREEN 100.
CALL SELECTION-SCREEN 110 STARTING AT 5 6.
```

Mit diesen einfachen Grundelementen lassen sich bereits ansehnliche Bedienoberflächen gestalten. Nennenswerte Einschränkungen sind die fehlende Möglichkeit zur Definition eigener Menüleisten und Toolbars sowie das Fehlen von tabellarischen Ein- und Ausgabefeldern.

Einen weiteren interessanten Ansatz der Sprache ABAP möchten wir Ihnen an dieser Stelle ebenfalls vorstellen. ABAP besitzt mit dem MESSAGE-Befehl eine eingebaute Unterstützung für die Ausgabe von Nachrichten aller Art auf dem Bildschirm. Der Aufruf ist denkbar simpel, da im Minimalfall lediglich ein Text sowie eine Klassifizierung (Fehler, Warnung, Information etc.) ausreichen. Die folgenden zwei Varianten des MESSAGE-Befehls sind besonders populär:

Nachrichten auf dem Bildschirm ausgeben

- `MESSAGE msg TYPE mtype` – **angegebenen Text ausgeben**
  Für einfache Testprogramme, die nicht übersetzt werden sollen, ist diese Form des MESSAGE-Befehls interessant. Der Platzhalter msg wird dabei durch eine String-Konstante ersetzt und der Typ der Nachricht mittels einer Zeichen-Konstanten. Die folgenden Nachrichtentypen sind vorgesehen:
  - A (Abort) – Abbruchmeldung
  - E (Error) – Fehlermeldung
  - I (Information) – Informationsmeldung
  - S (Status) – Statusmeldung
  - W (Warning) – Warnungsmeldung
  - X (Exit) – Abbruchsmeldung mit Kurzdump

  Ob die Nachricht in Form eines Dialogs oder in der Statuszeile ausgegeben wird, entscheidet sich anhand des Programmumfelds. Weitere Informationen dazu finden Sie in der Online-Hilfe. Das folgende Beispiel demonstriert die Ausgabe einer Statusmeldung: `MESSAGE 'Reservation successfully finished' TYPE 'S'`.

- `MESSAGE mtype/mnum (mclass)` – **Text aus Nachrichtenklasse übernehmen und ausgeben**
  In der professionellen ABAP-Programmierung verwendet man so genannte *Nachrichtenklassen*, in denen die Nachrichtentexte zu einem bestimmten Thema ähnlich den Textelementen unter einer eindeutigen Nummer abgelegt werden. Sie gelangen so in den Arbeitsvorrat für Übersetzer und werden automatisch in Abhängigkeit von der aktuellen Benutzersprache »gezogen«. Optional lassen sich maximal vier Platzhalter im Text per &1, &2, &3 und &4 vorsehen, die beim Aufruf über den Zusatz WITH mit angegeben werden können. Ebenfalls optional kann die Ausgabe der Nachricht vom Bildschirm auf eine String-Variable umgelenkt werden, wenn beispielsweise alle Meldungen gesam-

melt und hinterher als Protokoll in eine Datei oder Datenbanktabelle geschrieben werden sollen. Jede Nachrichtenklasse wird durch einen eindeutigen Bezeichner mclass identifiziert und die Nachricht selbst nur noch durch eine dreistellige Nummer mnum sowie den vorangestellten Nachrichtentyp spezifiziert. Die folgenden Beispiele demonstrieren die Ausgabe des Nachrichtentextes mit der Nummer 002 aus der Nachrichtenklasse ZPTB00_MESSAGES als Fehlermeldung, die Ausgabe der Nachricht 003 als Statusmeldung mit Ersetzung eines Platzhalters durch den Inhalt einer Variablen sowie die Ausgabe einer Meldung in eine String-Variable statt auf den Bildschirm.

```
* 001 = 'Period is already reservated'
MESSAGE E002(ZPTB00_MESSAGES).
* 003 = '&1 reservations were deleted'
l_count = 2.
MESSAGE S003(ZPTB00_MESSAGES) with l_count.
* 002 = 'Reservation successfully finished'
MESSAGE E002(ZPTB00_MESSAGES) into l_string.
```

Letztere Variante des MESSAGE-Befehls ist für ABAP-Programme äußerst nützlich, denn sie ermöglicht eine eindeutige Zuordnung von Nachrichten zu Quelltextstellen, sofern jede Nachricht im Programm nur einmal verwendet wird (z. B. Nachricht über Erfolg oder Nicht-Erfolg einer Konsistenzprüfung). Wendet sich beispielsweise ein Anwender mit einer ausgegebenen Fehlermeldung an den Support, kann dieser über die Nummer und Nachrichtenklasse der Meldung das zugehörige Paket und damit die verantwortliche Entwicklergruppe herausfinden. Über einen Verwendungsnachweis (Kontextmenü auf der entsprechenden Meldung) lassen sich außerdem automatisch alle Quelltextstellen finden, in denen die Nachricht ausgegeben wird. Der Support kann sich nun die Programmstellen anschauen und feststellen, ob die Fehlermeldung berechtigt ist oder ein Programmierfehler vorliegt.

Tabellarische Ein- und Ausgaben, SAP List Viewer

Ende 1998 brachte die so genannte *EnjoySAP-Initiative* eine Reihe von neuen und sehr modernen Oberflächenelementen, die den Fundus an Gestaltungsmöglichkeiten schlagartig vervielfachte, da sich zum ersten Mal Fenster aus mehreren Teilfenstern zusammensetzen konnten, eine Excel-ähnliche Tabellendarstellung zur Verfügung stand, hierarchische Strukturanzeigen in modernem Outfit erscheinen konnten und Editoren wie auch beeinflussbare Grafiken zur Verfügung standen.

Ein Oberflächenelement davon, nämlich die Excel-ähnliche Tabellendarstellung (*SAP List Viewer* genannt, kurz ALV, basiert intern auf dem so genannten *ALV Grid Display*), ist auch innerhalb von einfachen Ein- und Ausgabeoberflächen nutzbar und erfreut sich dort großer Beliebtheit. Diesbezüglich wurde die innerlich recht komplexe objektorientierte Komponente in eine einfach aufzurufende Funktion verpackt und um einige weitere Hilfsfunktionen ergänzt. Seither stehen innerhalb der Anweisung CALL FUNCTION die folgenden Aufrufmöglichkeiten jedem ABAP-Programmierer zur Nutzung in seinen eigenen Programmen zur Verfügung:

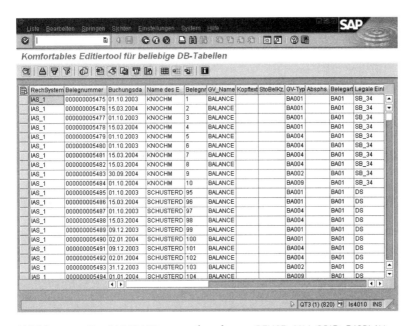

Abbildung 5.3 Der SAP List Viewer, aufgerufen per REUSE_ALV_GRID_DISPLAY

▶ **REUSE_ALV_GRID_DISPLAY – Anzeige und Editieren von internen Tabellen**
Die Funktion REUSE_ALV_GRID_DISPLAY besitzt eine Fülle von optionalen Schnittstellenparametern, mit der Sie die gebotene Funktionalität Ihren Vorstellungen anpassen können. So können Sie beispielsweise einzelne Funktionen aus der Toolleiste wie **Sortieren** oder **Filtern** ein- und ausblenden, einen Titel mitgeben, die Darstellung der Tabelle beeinflussen und über Anwenderaktionen wie Mausklicks informiert werden. Sogar das Einfügen eigener Buttons in der Toolleiste ist möglich, auch wenn damit die Grenze zur Dynpro-Programmierung (siehe Abschnitt 5.2) ein wenig überschritten werden muss. Das folgende Beispiel demonstriert den Aufruf des SAP List Viewers mit den mindestens zu übergebenden Schnittstellenparametern, im

Einzelnen den Namen der Struktur zur internen Tabelle sflight und die interne Tabelle selbst per l_tab_sflight:

```
* Contains ALV-Grid structures, needed for variables
TYPE-POOLS slis.
* Define internal table
 DATA:
 l_tab_sflight TYPE TABLE OF sflight.
* Read data from database table into internal table
SELECT * FROM sflight INTO TABLE l_tab_sflight.
* Display data with SAP List Viewer
CALL FUNCTION 'REUSE_ALV_GRID_DISPLAY'
  EXPORTING
    i_structure_name = 'SFLIGHT'
  TABLES
    t_outtab         = l_tab_sflight
  EXCEPTIONS
    program_error                    = 1
    OTHERS                           = 2.
```

▶ **REUSE_ALV_GRID_LAYOUT_INFO_GET – Lesen der aktuellen ALV-Konfigurationsinformationen**

Diese Funktion sollte ausschließlich während der Bearbeitung einer Benutzerinteraktion wie z.B. der Reaktion auf das Ereignis Doppelklick aufgerufen werden und liefert in diesem Fall alle aktuellen Einstellungen zurück, so, wie sie der Anwender zurzeit verwendet. Diese Informationen können bei der Auswertung und Bearbeitung von Anwendereignissen helfen. Zurückgeliefert werden das aktuelle Layout, der aktuelle Feldkatalog, die Sortierinformationen, Filterbedingungen sowie die Informationen über den aktuellen Scroll-Zustand der Anzeige. Im folgenden Beispiel wird das Auslesen speziell der Layout- und Spalteneinstellungen demonstriert, obwohl natürlich auch alle Informationen ausgelesen werden können:

```
    CALL FUNCTION 'REUSE_ALV_GRID_LAYOUT_INFO_GET'
      IMPORTING
        es_layout            = l_str_layout
        et_fieldcat          = l_tab_fieldcat
*       ET_SORT              =
*       ET_FILTER            =
*       ES_GRID_SCROLL       =
*       ES_VARIANT           =
```

```
*       ET_MARKED_COLUMNS     =
*       ET_FILTERED_ENTRIES   =
     EXCEPTIONS
        no_infos              = 1
        program_error         = 2
        others                = 3.
```

▶ **REUSE_ALV_GRID_LAYOUT_INFO_SET – Setzen der aktuellen ALV-Listinformationen**

Diese Funktion sollte wie schon die zuvor besprochene _GET-Funktion ausschließlich während der Bearbeitung von Benutzerinteraktionen benutzt werden. In einer typischen Vorgehensweise besorgt man sich zunächst die aktuellen Konfigurationsinformationen über REUSE_ALV_LIST_LAYOUT_INFO_GET, ändert die gewünschten Einstellungen und übergibt die geänderte Konfiguration anschließend wieder dem SAP List Viewer per REUSE_ALV_LIST_LAYOUT_INFO_SET. Somit wird die Liste mit den veränderten Einstellungen erneut ausgegeben.

```
CALL FUNCTION 'REUSE_ALV_GRID_LAYOUT_INFO_SET'
  EXPORTING
     is_layout              = l_str_layout
     it_fieldcat            = l_tab_fieldcat
*    IT_SORT                =
*    IT_FILTER              =
*    IS_GRID_SCROLL         =
*    IS_PRINT               =
     .
```

Schauen wir uns nun den praktischen Umgang mit einfachen Ein- und Ausgabeoberflächen einmal an.

> **Aufgabe 5.1**
>
> Legen Sie das Programm ZPTB00_HOTEL_RESERVATION_COOL an. Entwerfen Sie eine neue Oberfläche für das Programm ZPTB00_HOTEL_RESERVATION. Bauen Sie einen Hauptbildschirm zur Auswahl der Anwenderaktion, einen Eingabedialog für das Einfügen von Reservierungen, eine Listenanzeige zum Anschauen von Reservierungen sowie eine weitere Listenanzeige zum komfortablen Auswählen und Löschen von Reservierungen.

▷ Legen Sie ein Programm mit dem Namen »ZPTB00_HOTEL_RESERVATION_COOL« und ohne TOP-Include an. Der Titel soll »Hotel Reservation Cool« lauten, die restlichen Einstellungen und der Transportauftrag bleiben unverändert.

GUI-Status kopieren Bevor wir das neu angelegte Programmgerüst vervollständigen, brauchen wir zunächst einen so genannten *GUI-Status*, mit dessen Hilfe wir beispielsweise Funktions- und Drucktasten in das Dynpro einbinden können. Wir wollen zunächst einen GUI-Status aus der Funktionsgruppe SLVC_FULLSCREEN kopieren, der von der Funktion REUSE_ALV_GRID_DISPLAY verwendet wird. Diese Symbolleiste wollen wir um einen weiteren Button erweitern und das Original soll dabei (natürlich) unangetastet bleiben.

▷ Wählen Sie im Objektlistenbereich den Objekttyp **Funktionsgruppe** aus.

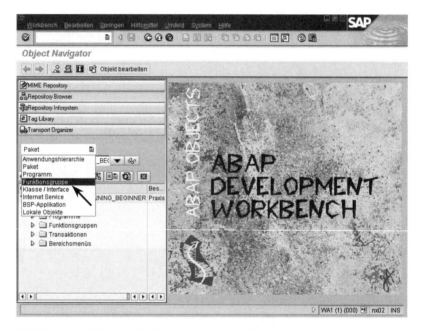

Abbildung 5.4 Objekttyp Funktionsgruppe auswählen

Die Funktionsgruppe zur Funktion REUSE_ALV_GRID_DISPLAY heißt SLVC_FULLSCREEN und darin finden wir den gesuchten GUI-Status.

▷ Geben Sie als Namen der Funktionsgruppe »SLVC_FULLSCREEN« ein und klicken Sie auf den Brillen-Button.

▷ Klappen Sie im Objektlistenbereich den Objekttyp **GUI-Status** auf.

▷ Rufen Sie für den Eintrag **STANDARD_FULLSCREEN** das Kontextmenü auf und wählen Sie den Menüpunkt **Kopieren**.

Es erscheint ein Dialog, in dem wir das Zielprogramm angeben können, in das der GUI-Status kopiert werden soll.

▷ Geben Sie als Zielprogramm »ZPTB00_Hotel_Reservation_Cool« ein und klicken Sie auf den Button **Kopieren**.

Eine Sicherheitsabfrage wird angezeigt.

▷ Quittieren Sie die Sicherheitsabfrage mittels **Übernehmen**-Button.

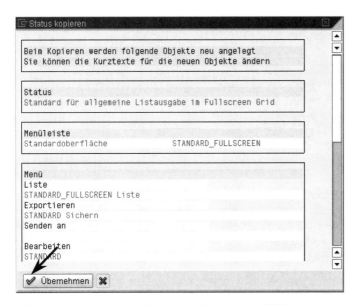

Abbildung 5.5 Sicherheitsabfrage beim Kopieren des GUI-Status

Wir können nun zu unserem Programm zurücknavigieren.

▷ Klicken Sie auf den **Zurück**-Button des Objektlistenbereichs.

▷ Klappen Sie die Objekte im Programm ZPTB00_HOTEL_RESERVATION_COOL auf und doppelklicken Sie auf den **GUI-Status** STANDARD_FULLSCREEN.

▷ Klicken Sie auf den Button **Anzeigen <-> Ändern**.

▷ Klappen Sie daraufhin im Werkzeugbereich den Bereich **Drucktastenleiste** auf, indem Sie auf das entsprechende grüne Kreuz klicken.

▷ Wählen Sie über dem Eintrag **&ETA** im Kontextmenü den Menüpunkt **Eintrag einfügen** aus.

Alle Buttons werden nun um eins nach rechts verschoben und es entsteht Platz für einen neuen Eintrag. Zuerst wird das Kommando spezifiziert, das beim Auswählen des neuen Buttons zurückgeliefert werden soll.

GUI-Status anpassen

Abbildung 5.6 Zurücknavigieren und Auswahl des kopierten GUI-Status

▷ Geben Sie als Kommando »EXECUTE« ein und klicken Sie dann auf die darunter liegende Zeile.

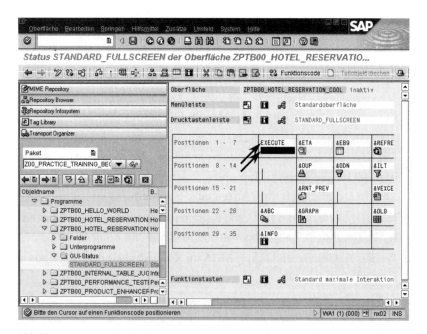

Abbildung 5.7 Eingabe des Kommandos, das vom Button ausgelöst werden soll

Anschließend müssen Sie angeben, ob für den Button ein statischer oder dynamisch zugewiesener Text zur Verfügung gestellt werden soll.

▷ Belassen Sie es bei der Voreinstellung **Statischer Text** und klicken Sie auf den **Weiter**-Button.

Ein weiterer Dialog wird ausgegeben, in dem Sie den Text des Buttons, den Text des Tooltips und ein Icon auswählen können.

▷ Geben Sie als Funktionstext »Ausführen« an.

▷ Tragen Sie als Icon »ICON_EXECUTE_OBJECT« ein oder wählen Sie es mittels **F4**-Hilfe aus.

▷ Geben Sie als Infotext »Löschoperation ausführen« an und klicken Sie auf den **Weiter**-Button.

Der Editor bemerkt automatisch, dass Sie noch keine Funktionstaste zugewiesen haben, und bietet Ihnen den entsprechenden Dialog an.

▷ Wählen Sie als Funktionstaste **Umsch-F8** aus und klicken Sie auf den **Weiter**-Button.

Abbildung 5.8 Zuordnen einer Funktionstaste zum Button

Es erscheint ein Dialog, in dem zusätzlich eine Zeile für die Angabe eines Icontextes eingeblendet ist. Ein hier angegebener Text wird neben dem Icon im Button ausgegeben – wodurch der Button insgesamt natürlich wesentlich mehr Platz beansprucht, allerdings sofort auch mehr auffällt.

Einfache Ein- und Ausgabeoberflächen

▷ Geben Sie als Icontext »Ausführen« ein und klicken Sie erneut auf den **Weiter**-Button.

Das Icon des neuen Buttons wird nun zusammen mit dem Kommando und einem Ausschnitt des Textes im Werkzeugbereich angezeigt.

▷ Wählen Sie den **Sichern**-Button, dann **Prüfen** und schließlich **Aktivieren**.

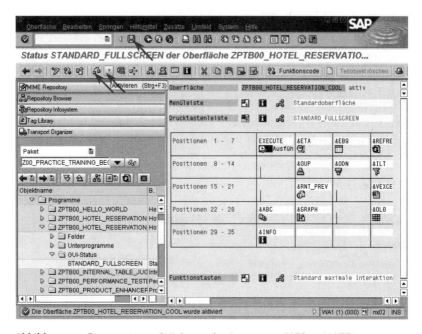

Abbildung 5.9 Der erweiterte GUI-Status des Programms ZPTB00_HOTEL_RESERVATION_COOL

Textelemente pflegen

Es fehlen noch ein paar aussagekräftige Texte, die wir zur Gestaltung unserer Selection-Screens verwenden wollen.

▷ Doppelklicken Sie auf das Programm ZPTB00_HOTEL_RESERVATION_COOL, um wieder zurück zum Quelltext zu gelangen.

▷ Wählen Sie den Menüpunkt **Springen · Textelemente · Textsymbole**.

Es erscheint der Editor für die Textsymbole.

▷ Geben Sie die folgenden Nummern und Texte an: »001 Hauptmenü«, »002 Reservierung einfügen«, »003 Reservierungen löschen« und »004 Reservierungen anzeigen«.

▷ Wählen Sie den **Sichern**-Button und danach **Zurück**.

Als Nächstes werden wir eine Nachrichtenklasse anlegen und darin einige Nachrichten definieren, die während des Programmablaufs angezeigt werden sollen.

Nachrichtenklasse und Nachrichten anlegen

▷ Wählen Sie im Kontextmenü des Pakets bzw. der Entwicklungsklasse den Menüpunkt **Anlegen · Nachrichtenklasse** aus.

Daraufhin erscheint ein Dialog, der nach dem Namen der Nachrichtenklasse fragt.

▷ Geben Sie als Namen für die Nachrichtenklasse »ZPTB00_MESSAGES« an und quittieren Sie Ihre Angaben mit dem **OK**-Button.

Im Werkzeugbereich wird ein Fenster eingeblendet, in dem Sie weitere Eigenschaften der Nachrichtenklasse pflegen können und über den Karteireiter **Nachrichten** auch die einzelnen Meldungen definieren können.

▷ Klicken Sie auf den Karteireiter **Nachrichten**.

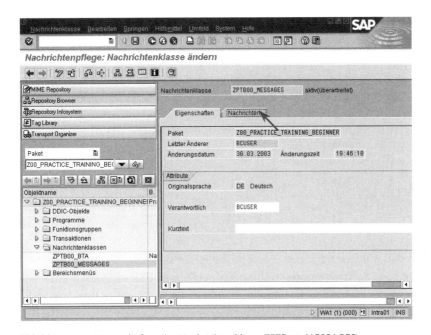

Abbildung 5.10 Eigenschaften der Nachrichtenklasse ZPTB00_MESSAGES

Es folgt die übliche Abfrage des Transportauftrags.

▷ Die Nummer des bereits zuvor benutzten Transportauftrags ist voreingestellt und muss lediglich per **OK**-Button quittiert werden.

Anschließend wechselt der aktive Karteireiter auf **Nachrichten** und Sie können die gewünschten Meldungen eingeben.

▷ Geben Sie die folgenden Nachrichtentexte ein:

▷ Nachricht 000: »Zeitraum bereits reserviert«

▷ Nachricht 001: »Reservierung wurde vorgenommen«

▷ Nachricht 002: »&1 Reservierung(en) wurden gelöscht«

▷ Klicken Sie auf den **Sichern**-Button und dann auf **Zurück**, um zurück zum Quelltext zu gelangen.

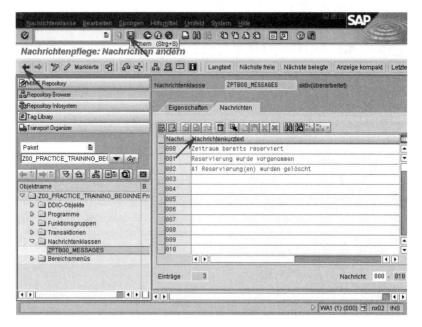

Abbildung 5.11 Texte in der Nachrichtenklasse ZPTB00_Messages anlegen

Nun fehlt nur noch der Quelltext selbst, in dem wir die zwei Selection-Screens für das Hauptmenü und die Eingabe einer zusätzlichen Reservierung definieren sowie die zwei ALV-Grids für die Anzeige und Löschauswahl von Reservierungen implementieren.

▷ Tippen Sie den folgenden, zugegebenermaßen nicht gerade kurzen Quelltext ein:

Listing 5.1 Quelltext des Programms ZPTB00_HOTEL_RESERVATION_COOL

```
REPORT   zptb00_hotel_reservation_cool.
* Contains ALV-Grid structures, needed for variables
TYPE-POOLS slis .
```

```abap
* Main menu as selection screen
SELECTION-SCREEN BEGIN OF SCREEN 110.
SELECTION-SCREEN BEGIN OF BLOCK b110 WITH FRAME TITLE
text-001.
PARAMETERS:
  p_add TYPE c RADIOBUTTON GROUP grp1 DEFAULT 'X',
  p_delete TYPE c RADIOBUTTON GROUP grp1,
  p_show TYPE c RADIOBUTTON GROUP grp1.
SELECTION-SCREEN END OF BLOCK b110.
SELECTION-SCREEN END OF SCREEN 110.

* Input new reservation as selection screen
SELECTION-SCREEN BEGIN OF SCREEN 120.
SELECTION-SCREEN BEGIN OF BLOCK b120 WITH FRAME TITLE
text-002.
PARAMETERS:
  p_room TYPE zptb00_room_number VALUE CHECK,
  p_chkin TYPE zptb00_checkin,
  p_chkout TYPE zptb00_checkout,
  p_name TYPE zptb00_customer_name.
SELECTION-SCREEN END OF BLOCK b120.
SELECTION-SCREEN END OF SCREEN 120.

* Main program
DO.
  CALL SELECTION-SCREEN 110.
  IF sy-subrc <> 0.
    EXIT.
  ELSEIF p_add = 'X'.
    PERFORM zptb00_hrc_add.
  ELSEIF p_delete = 'X'.
    PERFORM zptb00_hrc_delete.
  ELSEIF p_show = 'X'.
    PERFORM zptb00_hrc_show.
  ENDIF.
ENDDO.

*---------------------------------------------------------------*
*   FORM zptb00_hrc_add
*---------------------------------------------------------------*
```

```abap
* Shows an input dialog and adds a new reservation to
* the database table
*----------------------------------------------------------*
FORM zptb00_hrc_add.
  DATA:
* For working with table zptb00_hreservat
    l_str_reservation TYPE zptb00_hreservat,
    l_tab_reservation TYPE STANDARD TABLE OF
    zptb00_hreservat.

* Call input dialog
  CALL SELECTION-SCREEN 120 STARTING AT 5 5.
  IF sy-subrc = 0.
* Check if period is free
    SELECT * FROM zptb00_hreservat INTO TABLE
    l_tab_reservation
    WHERE ( room_number = p_room )
      AND ( ( checkin BETWEEN p_chkin and p_chkout )
      OR ( checkout BETWEEN p_chkin AND p_chkout ) ).
    IF sy-dbcnt > 0.
      MESSAGE S000(ZPTB00_MESSAGES).
    ELSE.
* Make reservation
      CALL FUNCTION 'GUID_CREATE'
        IMPORTING
*         EV_GUID_16      =
*         EV_GUID_22      =
          ev_guid_32      = l_str_reservation-id.
      l_str_reservation-room_number = p_room.
      l_str_reservation-checkin = p_chkin.
      l_str_reservation-checkout = p_chkout.
      l_str_reservation-customer_name = p_name.
      INSERT zptb00_hreservat FROM l_str_reservation.
      MESSAGE S001(ZPTB00_MESSAGES).
    ENDIF.
  ENDIF.
ENDFORM.                    "zptb00_hrc_add

*----------------------------------------------------------*
*   FORM zptb00_hrc_delete
```

```abap
*----------------------------------------------------------*
* Shows a list of all reservations, where the user can
* pick some and then press the delete button to delete
* the lines out of the database table
*----------------------------------------------------------*
FORM zptb00_hrc_delete.
  TYPES:
* builds a structure named t_str_reservationx,
* containing of the fields MARK, CLIENT, ID,
* ROOM_NUMBER, CHECKIN, CHECKOUT, CUSTOMER_NAME
* Needed for ALV-Grid-Display
    BEGIN OF t_mark,
      mark TYPE c,
    END OF t_mark,
    BEGIN OF t_str_reservationx.
        INCLUDE STRUCTURE zptb00_hreservat.
  INCLUDE TYPE t_mark.
  TYPES:
    END OF t_str_reservationx.
  DATA:
* for ALV-Grid-Display
    l_dis TYPE disvariant,
    l_str_layout TYPE slis_layout_alv,
    l_str_exit_by_user TYPE slis_exit_by_user,
    l_tab_reservationx TYPE STANDARD TABLE OF
      t_str_reservationx,
    l_str_reservationx TYPE t_str_reservationx,
* For working with table zptb00_hreservat
    l_tab_reservation TYPE STANDARD TABLE OF
    zptb00_hreservat,
    l_count TYPE i.
  FIELD-SYMBOLS:
* For working with table zptb00_hreservat
    <l_str_reservation> TYPE zptb00_hreservat,
    <l_str_reservationx> TYPE t_str_reservationx.

* Load content of reservation table into memory table
* with additional field MARK
  SELECT * FROM zptb00_hreservat INTO TABLE
  l_tab_reservation.
```

```abap
    LOOP AT l_tab_reservation ASSIGNING
    <l_str_reservation>.
      MOVE-CORRESPONDING <l_str_reservation> TO
        l_str_reservationx.
      APPEND l_str_reservationx TO l_tab_reservationx.
    ENDLOOP.
* Make column width as small as possible
    l_str_layout-colwidth_optimize = 'X'.
* This text should be displayed as the window title
    l_str_layout-window_titlebar = text-003.
* This is the name of the field in the table, which
* ALV-Grid can use to store, whether the user has
* marked it or not
    l_str_layout-box_fieldname = 'MARK'.
* Give the name of our report, so that the user can
* save individual configurations of the ALV-Grid-
* Display
    l_dis-report = sy-repid.

* Call the ALV-Grid-Display function
    CALL FUNCTION 'REUSE_ALV_GRID_DISPLAY'
      EXPORTING
*       I_INTERFACE_CHECK                 = ' '
*       I_BYPASSING_BUFFER                = ' '
*       I_BUFFER_ACTIVE                   = ' '
        I_CALLBACK_PROGRAM                = l_dis-report
        I_CALLBACK_PF_STATUS_SET          =
                          'CB_ALV_PF_SET_STATUS'
        I_CALLBACK_USER_COMMAND           =
                          'CB_ALV_USER_COMMAND'
*       I_CALLBACK_TOP_OF_PAGE            = ' '
*       I_CALLBACK_HTML_TOP_OF_PAGE       = ' '
*       I_CALLBACK_HTML_END_OF_LIST       = ' '
        i_structure_name                  =
                          'ZPTB00_HRESERVAT'
*       I_BACKGROUND_ID                   = ' '
*       I_GRID_TITLE                      =
*       I_GRID_SETTINGS                   =
        is_layout                         = l_str_layout
*       IT_FIELDCAT                       =
```

```abap
*      IT_EXCLUDING                   =
*      IT_SPECIAL_GROUPS              =
*      IT_SORT                        =
*      IT_FILTER                      =
*      IS_SEL_HIDE                    =
*      I_DEFAULT                      = 'X'
       i_save                         = 'A'
       is_variant                     = l_dis
*      IT_EVENTS                      =
*      IT_EVENT_EXIT                  =
*      IS_PRINT                       =
*      IS_REPREP_ID                   =
*      I_SCREEN_START_COLUMN          = 0
*      I_SCREEN_START_LINE            = 0
*      I_SCREEN_END_COLUMN            = 0
*      I_SCREEN_END_LINE              = 0
*      IT_ALV_GRAPHICS                =
*      IT_HYPERLINK                   =
*      IT_ADD_FIELDCAT                =
    IMPORTING
*      E_EXIT_CAUSED_BY_CALLER        =
       es_exit_caused_by_user         =
                       l_str_exit_by_user
    TABLES
       t_outtab                       =
                       l_tab_reservationx
    EXCEPTIONS
       program_error                  = 1
       OTHERS                         = 2.
  IF sy-subrc <> 0.
* Error? -> Show to the user what happened
    MESSAGE ID SY-MSGID TYPE SY-MSGTY NUMBER SY-MSGNO
            WITH SY-MSGV1 SY-MSGV2 SY-MSGV3 SY-MSGV4.
  ENDIF.

* Leave the whole program, if the user pressed exit
* Leave back to the main screen, if the user pressed
* back or cancel
  CASE 'X'.
    WHEN l_str_exit_by_user-exit.
```

```abap
        LEAVE PROGRAM.
      WHEN l_str_exit_by_user-back OR l_str_exit_by_user-
          cancel.
        RETURN.
    ENDCASE.

* Otherwise the user must have pressed our delete
* button, so delete all lines in the reservation table,
* which are marked with an 'X'
    l_count = 0.
    LOOP AT l_tab_reservationx ASSIGNING
      <l_str_reservationx>.
      IF <l_str_reservationx>-mark = 'X'.
        DELETE FROM zptb00_hreservat WHERE id =
          <l_str_reservationx>-id.
      ENDIF.
    ENDLOOP.
    MESSAGE s002(zptb00_messages) WITH l_count.
ENDFORM.                        "zptb00_hrc_delete

*---------------------------------------------------------*
*   FORM zptb00_hrc_show
*---------------------------------------------------------*
* Shows a list of all reservations. Much easier than an
* interactive deletion list display.
*---------------------------------------------------------*
FORM zptb00_hrc_show.
  DATA:
* for ALV-Grid-Display
    l_dis TYPE disvariant,
    l_rda_table TYPE REF TO data,
    l_str_layout TYPE slis_layout_alv,
* For working with table zptb00_hreservat
    l_tab_reservation TYPE STANDARD TABLE OF
    zptb00_hreservat.

* Load all data of reservation table into memory table
  SELECT * FROM zptb00_hreservat INTO TABLE
    l_tab_reservation.
```

```
*   Make column width as small as possible
    l_str_layout-colwidth_optimize = 'X'.
*   This text should be displayed as the window title
    l_str_layout-window_titlebar = text-004.
*   Give the name of our report, so that the user can
*   save individual configurations of the ALV-Grid-
*   Display. You could also provide another text here, if
*   you want separate configuration of the show and
*   deletion display
    l_dis-report = sy-repid.

*   Call the ALV-Grid-Display function
    CALL FUNCTION 'REUSE_ALV_GRID_DISPLAY'
      EXPORTING
*       I_INTERFACE_CHECK              = ' '
*       I_BYPASSING_BUFFER             = ' '
*       I_BUFFER_ACTIVE                = ' '
*       I_CALLBACK_PROGRAM             = ' '
*       I_CALLBACK_PF_STATUS_SET       = ''
*       I_CALLBACK_USER_COMMAND        = ' '
*       I_CALLBACK_TOP_OF_PAGE         = ' '
*       I_CALLBACK_HTML_TOP_OF_PAGE    = ' '
*       I_CALLBACK_HTML_END_OF_LIST    = ' '
        i_structure_name = 'ZPTB00_HRESERVAT'
*       I_BACKGROUND_ID                = ' '
*       I_GRID_TITLE                   =
*       I_GRID_SETTINGS                =
        is_layout                      = l_str_layout
*       IT_FIELDCAT                    =
*       IT_EXCLUDING                   =
*       IT_SPECIAL_GROUPS              =
*       IT_SORT                        =
*       IT_FILTER                      =
*       IS_SEL_HIDE                    =
*       I_DEFAULT                      = 'X'
        i_save                         = 'A'
        is_variant                     = l_dis
*       IT_EVENTS                      =
*       IT_EVENT_EXIT                  =
*       IS_PRINT                       =
```

```
*       IS_REPREP_ID                    =
*       I_SCREEN_START_COLUMN           = 0
*       I_SCREEN_START_LINE             = 0
*       I_SCREEN_END_COLUMN             = 0
*       I_SCREEN_END_LINE               = 0
*       IT_ALV_GRAPHICS                 =
*       IT_HYPERLINK                    =
*       IT_ADD_FIELDCAT                 =
*    IMPORTING
*       E_EXIT_CAUSED_BY_CALLER         =
*       ES_EXIT_CAUSED_BY_USER          =
     TABLES
        t_outtab                        =
                         l_tab_reservation
     EXCEPTIONS
        program_error                   = 1
        OTHERS                          = 2.
   IF sy-subrc <> 0.
*  Error? -> Show to the user what happened
     MESSAGE ID sy-msgid TYPE sy-msgty NUMBER sy-msgno
             WITH sy-msgv1 sy-msgv2 sy-msgv3 sy-msgv4.
   ENDIF.
ENDFORM.                    "zptb00_hrc_show


*&---------------------------------------------------------------------*
*&      FORM  cb_alv_user_command
*&---------------------------------------------------------------------*
*       Is called, whenever the user presses a button. Then
*       we check if the delete button was pressed
*----------------------------------------------------------------------*
FORM cb_alv_user_command
  USING
    r_ucomm LIKE sy-ucomm
    rs_selfield TYPE slis_selfield.        "#EC CALLED

*  Delete button pressed? -> then force to leave the
*  grid display now by switching on the exit button
   IF r_ucomm = 'EXECUTE'.
     rs_selfield-exit = 'X'.
   ENDIF.
```

```
ENDFORM. " cb_alv_user_command

*&---------------------------------------------------------*
*& FORM cb_alv_pf_set_status
*&---------------------------------------------------------*
* Sets a new Dialog status, needed because of
* additional execute (F8) functionality.
*----------------------------------------------------------*
FORM cb_alv_pf_set_status
  USING
    rt_extab TYPE slis_t_extab.           "#EC CALLED
* Take our pf-status instead of your own
  SET pf-status 'STANDARD_FULLSCREEN' EXCLUDING
    rt_extab.
ENDFORM. " cb_alv_pf_set_status
```

Unser Quelltext beginnt mit dem Einbinden des TYPE-POOLS slis. Dieser enthält alle notwendigen Datentypen, die wir zur Kommunikation mit den ALV-Grid-Funktionen benötigen. Wie bei einer Include-Datei kann man sich den Inhalt von slis per Doppelklick auf den Namen anzeigen lassen.

Erläuterung des Quelltextes

Der erste Selection-Screen beherbergt das Hauptmenü unseres Programms. Wir haben für ihn die Nummer 110 vorgesehen und zur optischen Verschönerung definieren wir einen Block (Rahmen), für den wir den Text »Hauptmenü« vorgesehen haben. Die drei Parameter p_add, p_delete und p_show werden als Radiobuttons der gemeinsamen Gruppe grp1 definiert, so dass der Anwender nur einen von ihnen gleichzeitig auswählen kann.

Den zweite Selection-Screen legen wir unter der Nummer 120 ab. Er soll die Eingabedaten für eine neue Reservierung entgegennehmen und wird wie gewohnt mit einem eigenen Rahmen und Titel versehen. Als Parameter werden p_room, p_chkin, p_chkout und p_name definiert, die sämtlich auf eigene Datenelemente verweisen und so die Prüfung der eingegebenen Daten weitgehend automatisieren.

Es folgt die Hauptschleife unseres Programms, in der wir so lange das Hauptmenü aufrufen, bis entweder der sy-subrc ungleich 0 ist (d.h. der Benutzer auf einen der Buttons **Zurück**, **Beenden** oder **Abbrechen** gedrückt hat) oder bis der Benutzer einen unserer Parameter ausgewählt und **F8** gedrückt hat. In diesem Fall führen wir eines von drei vorbereiteten Unterprogrammen aus, das der Übersicht halber die weitere Verarbeitung übernehmen soll.

Der Inhalt des ersten Unterprogramms `zptb00_hrc_add` ist weitgehend aus der vorherigen Version des Reservierungsprogramms (siehe Abschnitt 4.2) übernommen. Es wird zunächst geprüft, ob der gewählte Raum im eingegebenen Zeitabschnitt bereits belegt ist. In diesem Fall wird eine Statusmeldung auf dem Bildschirm ausgegeben, die den Anwender auf den Umstand hinweist. Andernfalls wird die Reservierung auf der Datenbank persistiert und eine Erfolgsmeldung ausgegeben.

Der Inhalt des zweiten Unterprogramms `zptb00_hrc_delete` ist da schon aufwändiger, denn das ALV-Grid-Display soll so aufgerufen werden, dass der Anwender eine oder mehrere der angezeigten Reservierungszeilen markieren kann. Dazu definieren wir zunächst eine neue Struktur, die alle Felder der Datenbanktabelle `zptb00_hreservat` umfasst und zusätzlich ein Zeichenfeld mit dem Namen `Mark` erhält. Dieses Feld kann das ALV-Grid-Display später verwenden, um unser Programm über den Markierungsstatus jeder einzelnen Zeile zu informieren. Weiterhin benötigen wir einige Variablen, über die wir die von uns gewünschten Konfigurationseinstellungen und Datenbankdaten an das ALV-Grid-Display übergeben können, eine Variable für den Zugriff auf die Datenbanktabelle mit allen Reservierungen sowie zwei Feldsymbole für das Umkopieren von Tabellendaten.

Der `SELECT`-Befehl liest alle Daten aus der Datenbanktabelle in die interne Tabelle `l_tab_reservation` ein. Von dort aus kopieren wir den Inhalt zeilenweise per Loop in die um die Spalte `Mark` erweiterte Tabelle `l_tab_reservationx`.

Das ALV-Grid-Display lässt sich über Einstellungen von Strukturen weit reichend an unsere Bedürfnisse anpassen. Wir kratzen hier lediglich an der Oberfläche der Möglichkeiten, wenn wir einige Einstellungen an den Variablen `l_str_layout` und `l_dis` verändern, wie die automatische Optimierung der Spaltenbreite, die Übergabe eines Fenster-Titels, die Angabe der Spalte für Zeilenmarkierungen oder die Zuordnung eines Programmnamens zum Abspeichern von anwenderdefinierten Layouts. Wer sich die Funktionsbausteindokumentation und die Beispiele in der Reuse Library (Transaktion SE83) anschaut, wird noch viel mehr Funktionalitäten entdecken. Den Aufruf des Funktionsbausteins baut man am besten mit Hilfe des **Muster**-Buttons im Werkzeugbereich auf – so umfangreich sind die optionalen Angaben, über die man die Anzeige nach den Erfordernissen des eigenen Programms beeinflussen kann. Wir wollen während der Ausführung der Listenanzeige den GUI-Status verändern sowie auf Button-Mausklicks reagieren, so dass wir eigene Unterprogramme als Callbacks angeben. Pflicht ist in diesem Fall die Angabe des Programms bzw. der Funktionsgruppe, in der sich die eigenen Unterprogramme befinden; nur so können sie vom ALV-Grid-Display korrekt aufgerufen werden. Der nächste relevante Übergabeparameter ist `i_structure_name`, der den Namen der Tabelle bzw. Struktur erwartet, über die die anzuzeigenden Felder und ihre Texte in Erfahrung gebracht werden können. Mittels `is_layout` übergeben wir die von uns gewünschten Layout-Einstellungen, der `i_save`-Übergabeparameter schaltet mit dem Wert »A« das Abspeichern von anwenderspezifischen Layouts frei und `is_variant` bestimmt die Kennung, unter der die anwenderspezifischen Einstellungen wieder gefunden werden können. Damit wir erfahren, welchen Button der Anwender zum Verlassen des ALV-Grid-Displays gedrückt hat, lassen wir uns die Struktur `l_str_exit_by_user` zurückliefern. Die anzuzeigende Tabelle übergeben wir an `t_outtab`. Sollte es während der Anzeige der Tabelle zu Fehlern kommen, liefert der Funktionsbaustein einen entsprechenden `sy-subrc` zurück. Den letzten Inhalt der Meldung geben wir in diesem Fall sicherheitshalber mittels des `MESSAGE`-Befehls auf dem Bildschirm aus.

Schließlich werten wir den Inhalt der Struktur `l_str_exit_by_user` aus und beenden das Programm mittels `LEAVE PROGRAM`, sofern der Anwender den **Beenden**-Button gedrückt hat; wenn der Anwender den **Zurück**- oder **Abbruch**-Button gedrückt hat, kehrt das Programm sofort zum Hauptmenü mittels `RETURN` zurück. Wurde nichts dergleichen vom Anwender angeklickt, kann es sich nur noch um unseren zusätzlichen **Execute**-Button im GUI-Status gehandelt haben und wir beginnen mit dem `LOOP` durch die Tabelle `l_tab_reservationx`, um alle mit 'X' markierten Zeilen in der Datenbanktabelle per `DELETE`-Befehl zu löschen.

Das Unterprogramm `zptb00_hrc_show` gestaltet sich demgegenüber wesentlich simpler, da wir hier nicht auf eine Interaktion mit dem ALV-Grid-Display aus sind, sondern lediglich den Inhalt unserer Tabelle angezeigt bekommen wollen. Auf das Einlesen des Tabelleninhalts per `SELECT`-Befehl folgen nur noch ein paar Layout-Einstellungen und schon wird der Funktionsbaustein REUSE_ALV_GRID_DISPLAY aufgerufen.

Im Unterprogramm zum Löschen von Reservierungen haben wir bereits zwei Unterprogramme angegeben, die vom ALV-Grid-Display zum Zeitpunkt des GUI-Status gesetzt und bei Mausklicks des Anwenders aufgerufen werden sollen. Diese müssen wir nun noch implementieren.

Das Unterprogramm `cb_alv_user_command` prüft lediglich, ob der gedrückte Button dem Befehl `EXECUTE` entspricht – in diesem Fall setzen wir das Exit-Flag der `rs_selfield`-Struktur und bewirken damit das sofortige Verlassen des Funktionsbausteins. Alternativ hätte man das SQL-Statement `DELETE` zum Löschen auch direkt hier platzieren können. Sofern man in der `rs_selfield`-Struktur das Exit-Feld leer gelassen hätte und auch die Änderungen in der internen Tabelle `l_tab_reservationx` nachgezogen hätte, würde das Löschen so ganz ohne Verlassen der Anzeige vonstatten gehen. Uns war es jedoch wichtig, das Verhalten mit gesetztem Exit-Feld zu demonstrieren.

Auch das Unterprogramm `cl_alv_pf_set_status` ist recht kurz, enthält es doch als einzigen Befehl die `SET PF-STATUS`-Anweisung zum Setzen des in unserem Programm abgelegten GUI-Status. Dadurch bringen wir das ALV-Grid-Display dazu, den zusätzlichen **Löschen**-Button anzuzeigen.

Testen des Programms
Die Implementierung des Programms ist nun abgeschlossen und wir wollen das Werk testen.

▷ Klicken Sie auf den **Speichern**-Button, danach auf **Prüfen**, **Aktivieren** und schließlich **Direkt**, um das Programm direkt zu starten.

Das Programm startet und fragt im Hauptmenü nach der nächsten Aktion.

▷ Wählen Sie den Radiobutton **Reservierung eintragen** und klicken Sie auf den **Ausführen**-Button.

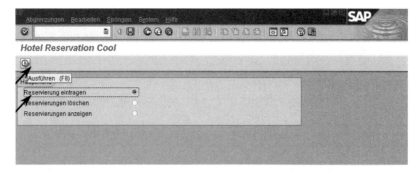

Abbildung 5.12 Das Programm ZPTB00_HOTEL_RESERVATION_COOL in Aktion

Das Programm zeigt nun einen Dialog an, in dem Sie alle für die Raumreservierung notwendigen Daten eingeben können.

▷ Geben Sie die in Abbildung 5.13 gezeigten Werte ein und klicken Sie auf **Ausführen**.

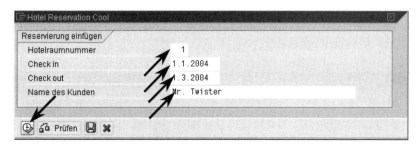

Abbildung 5.13 Reservierung einfügen mit dem Programm ZPTB00_HOTEL_RESERVATION_COOL

Daraufhin wechselt das Programm zurück ins Hauptmenü und bestätigt die Reservierung in der Statuszeile. Wir wollen noch eine weitere Reservierung durchführen.

▷ Wählen Sie erneut den Radiobutton **Reservierung eintragen** und klicken Sie auf **Ausführen**.

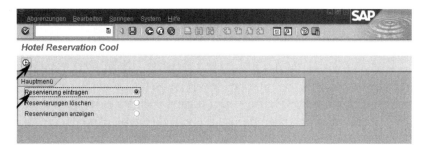

Abbildung 5.14 Bestätigung der erfolgreichen Reservierung in der Statuszeile

Wiederum erscheint der Eingabe-Dialog für Neureservierungen.

▷ Geben Sie nun als Hotelraumnummer »2«, als Check-in-Datum »01.01.2004«, als Check-out-Datum »01.03.2004« und als Name des Kunden »Mr. Johnson« an und klicken Sie auf **Ausführen**.

Da wir den Raum gewechselt haben, wird auch diese Reservierung erfolgreich abgeschlossen. Wir wollen nun die erste Reservierung wieder löschen.

▷ Wählen Sie den Radiobutton **Reservierungen löschen** und dann **Ausführen**.

Es erscheint das ALV-Grid-Display, wobei am linken Rand der Liste zusätzlich Markier-Buttons erscheinen. Über diese lassen sich einzelne Zeilen dauerhaft markieren und demarkieren.

▷ Markieren Sie den Datensatz des Kunden »Mr. Twister« und klicken Sie auf den **Ausführen**-Button.

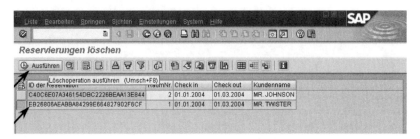

Abbildung 5.15 Löschen der Reservierung von Mr. Twister

Die Anzeige wechselt zurück in das Hauptmenü und in der Statuszeile erscheint der Hinweis, dass eine Reservierung erfolgreich gelöscht werden konnte. Wir überprüfen diese Meldung, indem wir den Menüpunkt zum Anzeigen der Reservierungen auswählen.

▷ Wählen Sie den Radiobutton **Reservierungen anzeigen** und klicken Sie ein letztes Mal auf den **Ausführen**-Button.

Es erscheint wiederum das ALV-Grid-Display. Es enthält jedoch diesmal keine Markiermöglichkeit und der gerade gelöschte Datensatz wird nicht mehr angezeigt. Wir wollen nun die Ausgabe noch ein wenig komfortabler gestalten und benutzen dazu die Endanwender-Funktionen aus der Symbolleiste des ALV-Grid-Display.

▷ Verbreitern Sie mit der Maus die Spalte zur Anzeige des Kundennamens und wählen Sie dann den Button **Layout ändern**.

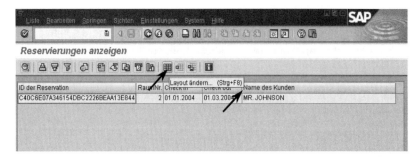

Abbildung 5.16 Spaltenbreite der Anzeige von Hotelreservierungen anpassen

In diesem Dialog können wir unter anderem die anzuzeigenden Spalten einzeln auswählen und deren Reihenfolge bestimmen. Da die ID rein technischen Charakter hat, wollen wir sie aus der Anzeige entfernen und dies für die zukünftigen Aufrufe der Anzeige zur Standardeinstellung machen.

▷ Wählen Sie den Spaltennamen **ID der Reservation** aus.

▷ Klicken Sie auf den Button **Selektierte Felder ausblenden**. Daraufhin wechselt der Spaltenname in die rechte Listbox.

▷ Wählen Sie den Button **Layout speichern**.

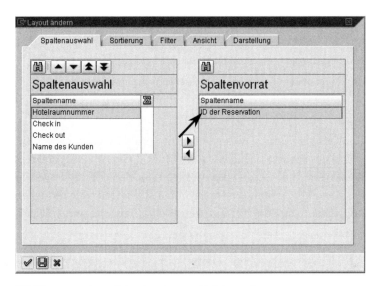

Abbildung 5.17 Layout der Anzeige von Hotelreservierungen anpassen

Ein weiterer Dialog wird angezeigt, in dem Sie nach dem Namen gefragt werden, unter dem das Layout abgelegt werden soll.

▷ Geben Sie als Namen »/Standard« und als Bezeichnung »Standard Layout«ein.

▷ Markieren Sie die Checkbox **Voreinstellung** und bestätigen Sie mit **OK**.

Wir gelangen zurück in den vorherigen Dialog und übernehmen dort die Einstellungen für die aktuelle Anzeige.

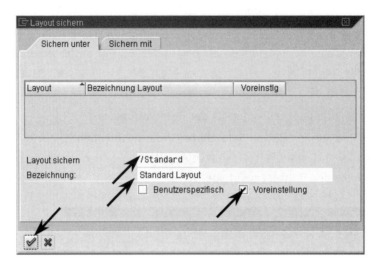

Abbildung 5.18 Layout der Anzeige von Hotelreservierungen speichern

▷ Wählen Sie den **Übernehmen**-Button.

Unser Layout erscheint nun – wie gewünscht – ohne Angabe der ID. Da wir den Funktionsbaustein REUSE_ALV_GRID_DISPLAY im Quelltext sowohl für das Löschen als auch das Anzeigen mit dem gleichen Wert in dis-repid versorgen, gelten unsere Layouteinstellungen gleichermaßen für beide Anzeigen. Die Funktionalität des Programms ist damit vollständig umgesetzt.

Abbildung 5.19 Die Anzeige von Hotelreservierungen mit neuem Layout

In der professionellen ABAP-Entwicklung kommt das ALV-Grid-Display recht häufig zum Einsatz, da es beinahe jeden nur denkbaren Komfort zur Anzeige von tabellarischen Daten unterstützt. Spielen Sie ruhig ein wenig mit den Funktionen der Symbolleiste – Sie werden erstaunt sein, was alles einstellbar ist: Vom Ausblenden und Sortieren von Spalten, über die Bildung von Zwischensummen und Ausfilterung von Zeilen bis hin zur grafischen Darstellung und Übernahme in Excel, Word oder Crystal Reports (sofern installiert) reichen die Fähigkeiten. Über weitere Felder der `l_str_layout`-Struktur stehen sogar Funktionalitäten zum Editieren von Feldern zur Verfügung:

* `l_str_layout-edit = 'X'.`
* `l_str_layout-edit_mode = 'X'.`

Und wer wirklich alle Funktionalitäten des ALV-Grid-Displays wie z.B. die Definition eigener Kontextmenüs nutzen möchte, dem steht die Möglichkeit zur direkten Nutzung der zugrunde liegenden objektorientierten Klasse CL_ALV_GRID_DISPLAY offen.

5.2 Komplexe Ein- und Ausgabeoberflächen – Dynpros

Aufwändig gestaltete Programmoberflächen kommen in SAP-Anwendungen vor allem für die Eingabe von tabellarischen oder hierarchischen Daten wie z.B. bei einer Bestellung mit mehreren einzelnen Positionen, bei den Kopf-, Soll- und Habenzeilen eines Buchhaltungsbelegs oder bei Materialstücklisten einer Maschine zum Einsatz. Üblicherweise bestehen solche Programmoberflächen aus einer Vielzahl von Fenstern und Dialogen, so dass es Sinn macht, dass SAP einen grafischen Oberflächeneditor, den SAP Screen Painter, sowie einen speziellen Menü-Editor, den SAP Menu Painter, zur Verfügung stellt, um die Gestaltung zu erleichtern. Mit diesen beiden Werkzeugen können alle Oberflächenelemente eines Fensters wie Buttons, Eingabefelder, Tabellen und Menüs grafisch angeordnet bzw. dialoggesteuert eingerichtet werden.

Der SAP Screen Painter und der SAP Menu Painter ermöglichen die grafische Gestaltung von komplexen Ein- und Ausgabeoberflächen und erinnern stark an die visuelle Oberflächengestaltung in anderen bekannten Programmiersprachen und deren Entwicklungsumgebungen. Darüber hinaus halten sich die Gemeinsamkeiten jedoch in Grenzen, denn für die Kommunikation zwischen Oberfläche und Programm (z.B. zur Übergabe der anzuzeigenden Daten sowie Entgegennahme von Eingaben) kommt eine spezielle Programmiersprache, die so genannte *Dynpro-Ablauflogik*, zum Einsatz.

Die Bestandteile eines Dynpro-Fensters

Jedes Dynpro besteht aus verschiedenen Bereichen, auf die Sie als Programmierer unterschiedlich starken Einfluss nehmen können. In Abschnitt 1.4 haben wir bereits die einzelnen Fensterbereiche beschrieben, so dass wir uns hier auf die Zuordnung zu den entsprechenden Oberflächenwerkzeugen beschränken können.

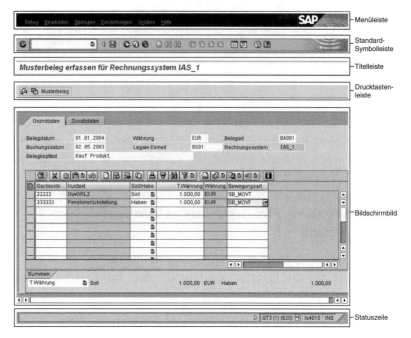

Abbildung 5.20 Die Bestandteile eines Fensters

▶ **Menüleiste**
Es lassen sich eigene Menüs, Untermenüs und Menüpunkte entwerfen, wobei Letzteren ein so genannter Code zugewiesen werden kann, der bei Auswahl des Menüpunktes durch den Anwender dem ABAP-Programm per Systemvariable sy-ucomm mitgeteilt wird. Die Menüleiste wird mittels des SAP Menu Painter erstellt und gehört somit zum GUI-Status einer Applikation.

▶ **Standard-Symbolleiste**
Einigen Buttons kann man per SAP Menu Painter ebenfalls einen Code zuordnen, der dann bei Auswahl durch den Anwender dem ABAP-Programm per Systemvariable sy-ucomm mitgeteilt wird. Die Eigenschaften der Standard-Symbolleiste werden mittels des SAP Menu Painter bearbeitet und gehören somit zum GUI-Status einer Applikation.

▶ **Titelleiste**
Enthält einen frei bestimmbaren Titel und sollte immer gesetzt werden, da ansonsten der vordefinierte Titel »SAP« erscheint, was den Nutzen des aktuellen Bildschirms nicht aussagekräftig beschreibt.

▶ **Drucktastenleiste**
Enthält selbst definierte Drucktasten. Die Bearbeitung erfolgt ebenfalls im SAP Menu Painter. Teil des GUI-Status.

- **Bildschirmbild**
  Ab hier beginnt das eigentliche Programmfenster und deshalb haben Sie vollkommen freie Hand bei der Gestaltung, beispielsweise zum Einrichten von Karteireitern und zur Verteilung der gewünschten Ein- und Ausgabefelder darunter. Die Bearbeitung erfolgt mit dem SAP Screen Painter.
- **Statuszeile**
  Während Sie die Systemanzeige am rechten Ende nicht beeinflussen können, haben Sie auf dem übrigen Raum die Möglichkeit zur Ausgabe von Statusmeldungen per MESSAGE-Befehl.

Beim Senden des Dynpros zum Computer des Anwenders erfolgt ein Datentransport von globalen Variablen des zugehörigen ABAP-Programms zu den gleichnamigen Dynpro-Oberflächenelementen. Nach einer Benutzeraktion erfolgt der Datentransport in umgekehrte Richtung. Diese grundlegende Verfahrensweise kann über eine Reihe spezieller Dynpro-Ablauflogik-Befehle gesteuert werden.

Dynpro-Ablauflogik selbst enthält keine Datendeklarationen, sondern versteht sich ausschließlich auf den Aufruf von Dynpros, das Ändern von Eigenschaften einzelner Oberflächenelemente, den Datentransport zwischen Oberflächenelementen und ABAP-Programm sowie die Behandlung von Fehlermeldungen. Zu diesem Zweck definiert die Dynpro-Ablauflogik vier Ereignisse, die über das Schlüsselwort PROCESS eingeleitet werden und jeweils einen kleinen Satz von Anweisungen ausführen können. Alle Anweisungen der Dynpro-Ablauflogik stehen zusammen in einem Quelltext, der zu jeweils einem Dynpro gehört. Die Benutzung dieser Befehle außerhalb dieses Dynpro-Ablauflogik-Quelltextes in einem ABAP-Quelltext würde zu Syntax-Fehlermeldungen führen.

Dynpro-Ablauflogik-Befehle

- **PROCESS – Einleitung von Ereignisblöcken der Dynpro-Ablauflogik**
  Insgesamt existieren vier Ereignisse, über die man in die Dynpro-Ablauflogik jedes Dynpros eingreifen kann. Das Ereignis PROCESS BEFORE OUTPUT (PBO) wird vor dem Anzeigen eines Dynpros ausgelöst, PROCESS AFTER INPUT (PAI) wird nach einer Anwenderaktion ausgelöst, PROCESS ON HELP-REQUEST (POH) wird beim Anfordern der Hilfe für ein Oberflächenelement per **F1**-Taste ausgelöst und PROCESS ON VALUE-REQUEST (POV) wird beim Anfordern einer Werthilfe für ein Oberflächenelement (z. B. per **F4**-Taste) ausgelöst. Während die ersten beiden Ereignisse PBO und PAI in jedem ABAP-Dynpro-Quelltext vorkommen sollten, sind die beiden letzten Ereignisse »Exoten«! Denn hat man als Datentypen Datenelemente verwendet, erhält man diese Funktionalität meist automatisch geschenkt und muss sich nicht selbst darum kümmern. Hier ein Beispiel:

```
PROCESS BEFORE OUTPUT.
  MODULE POSITION_TABLE_INIT.
*   ...
```

- **MODULE – Aufruf von Dialogmodulen**
  Der MODULE-Befehl stellt die Verbindung zwischen Dynpro-Ablauflogik und ABAP-Befehlen her, in dem er aus dem Dynpro-Ablauflogik-Quelltext (also aus einem der oben genannten Ereignisse) heraus den Aufruf von ABAP-Programmteilen möglich macht, die in einem solchen Modul programmiert wurden. Die Syntax lautet

  ```
  MODULE m.
  ```

  Hierbei ist m der Name des im ABAP-Programms definierten Moduls. Auf der ABAP-Seite muss ein Modul mit Hilfe des Schlüsselworts definiert werden und mit einem der Zusätze INPUT oder OUTPUT versehen sein, wobei Erstere nur aus den Ereignissen PAI, POH und POV aufgerufen werden dürfen und Letztere nur aus dem Ereignis PBO heraus. Das folgende Beispiel zeigt den Aufruf eines Moduls aus einem Ereignis heraus:

  ```
  PROCESS AFTER INPUT.
    MODULE user_exit_0100 AT EXIT-COMMAND.
  ```

- **FIELD – Datenübergabe steuern**
  Der FIELD-Befehl kann in den Ereignisblöcken PAI, POH und POV zur Übergabe der Inhalte von Oberflächenelementen an die globalen Variablen eines ABAP-Programms genutzt werden. Die Syntax lautet

  ```
  FIELD f [module].
  ```

  f steht hier für den Namen eines Dynpro-Oberflächenelements, dessen Inhalt in eine gleichnamige globale Variable des ABAP-Programms übertragen werden soll. Optional kann über den Zusatz [module] der Name eines Moduls angegeben werden, das direkt nach der Übertragung aufgerufen wird – in der Regel, um zusätzliche Prüfungen des eingegebenen Wertes vorzunehmen. Sollte die Prüfung negativ ausfallen, kann über den MESSAGE-Befehl eine Warnung oder Fehlermeldung ausgegeben werden, worauf das Dynpro automatisch alle anderen Oberflächenelemente auf nicht eingabebereit schaltet, bis der Anwender einen korrekten Wert eingeben hat oder den Dialog ganz verlässt. Bei der Verwendung von Datenelementen werden natürlich viele Prüfungen automatisch vorgenommen, so dass dieser Fall vor allem bei Abhängigkeiten zwischen den Werten mehrerer Oberflächenelemente eintritt. Das folgende Beispiel zeigt die Verwendung des FIELD-

Befehls zur Übertragung des Inhalts aus einem Eingabefeld in eine gleichnamige Variable mit zusätzlicher Werteprüfung:

```
      FIELD ZPTB00_BTAITEM-MARK
      MODULE POSITION_TABLE_MARK ON REQUEST.
*     ...
```

▶ CHAIN ... ENDCHAIN – **Verkettung von Bearbeitungsschritten**
Mit dem Befehlen CHAIN und ENDCHAIN können Dynpro-Ablauflogik-Anweisungen wie z.B. FIELD verkettet werden, um sie gemeinsam in einem Modulaufruf prüfen zu können. Fällt die Prüfung negativ aus, kann über den MESSAGE-Befehl eine Warnung oder Fehlermeldung ausgegeben werden, worauf das Dynpro automatisch alle anderen Oberflächenelemente auf nicht eingabebereit schaltet, die nicht innerhalb der aktuellen CHAIN ... ENDCHAIN-Verarbeitung übertragen wurden. Erst wenn der Anwender alle Werte korrigiert hat und die Prüfung erfolgreich beendet wurde, normalisieren sich die anderen Oberflächenelemente wieder. Das folgende Beispiel zeigt die Übertragung mehrerer Inhalte von einem Oberflächenelement in eine globale Variable, wobei am Schluss eine Prüfung für diese Werte aufgerufen wird:

```
      CHAIN.
        FIELD ZPTB00_BTAITEM-PR_ID.
        FIELD ZPTB00_BTAITEM-PSTYPE.
        FIELD ZPTB00_BTAITEM-WH_ID.
        FIELD ZPTB00_BTAITEM-AMOUNT.
        FIELD ZPTB00_BTAITEM-CURRENCY.
        FIELD ZPTB00_BTAITEM-QUANTITY.
        FIELD ZPTB00_BTAITEM-UNIT.
        FIELD ZPTB00_BTAITEM-MARK.
        MODULE POSITION_TABLE_MODIFY ON CHAIN-REQUEST.
      ENDCHAIN.
```

▶ LOOP ... ENDLOOP – **Bearbeitung von Table Controls**
Table Controls, auch *Tableview* genannt, sind komplexe Oberflächenelemente, die ihrerseits mehrere Ein- und Ausgabefelder zur Entgegennahme und Anzeige von Werten in Tabellenform enthalten. Die Datenübertragung zwischen ABAP-Programm und Oberflächenelement erfolgt bei Table Controls immer zeilenweise innerhalb der Schleife LOOP ... ENDLOOP, die der in ABAP-Programmen ähnlich ist. Die Benutzung ist nur innerhalb der Ereignisse PBO und PAI erlaubt. Die Syntax lautet

```
      LOOP AT itab WITH CONTROL tc.
```

wobei itab die interne Tabelle repräsentiert und tc den Namen des Controls. Damit die Datenübertragung funktioniert, müssen die Felder der Struktur der internen Tabelle namensgleich mit den einzelnen Ein- und Ausgabeelementen innerhalb des Table Controls sein. Das folgende Beispiel demonstriert die Übertragung von Werten einmal in Richtung Table Control:

```
LOOP AT   G_POSITION_TABLE_ITAB
     INTO G_POSITION_TABLE_WA
     WITH CONTROL POSITION_TABLE
     CURSOR POSITION_TABLE-CURRENT_LINE.
ENDLOOP.
```

▶ CALL SUBSCREEN – **Aufruf eines Subscreens**
Subscreens sind Dynpros, die in dafür vorgesehene Bereiche eines anderen Dynpros eingeblendet werden können. Benutzt wird dieses Verfahren einerseits, um Teile von Oberflächen in mehreren Fenstern wiederverwenden zu können, und andererseits bei Fenstern mit Karteireitern. Der Befehl CALL SUBSCREEN kann sowohl Dynpros aus dem eigenen Programm als auch aus anderen Programmen aufrufen. Die Syntax lautet

```
CALL SUBSCREEN sub_area INCLUDING [program name]
dynnr.
```

Das folgende Beispiel demonstriert den Aufruf eines Dynpros aus einem fremden Programm:

```
CALL SUBSCREEN s1 INCLUDING zmyprogram 120.
```

ABAP-Befehle zur Dynpro-Verarbeitung

Natürlich gibt es auf der anderen Seite auch ABAP-Anweisungen, die für die Arbeit mit Dynpros vorgesehen sind und meistens innerhalb der Module zum Einsatz kommen, die aus dem Dynpro-Ablauflogik-Quelltext heraus aufgerufen werden.

▶ CALL SCREEN – **Direkter Aufruf eines Dynpros**
Dieser Befehl entspricht weitgehend seinem Verwandten zum Aufruf eines Selektionsbildes (siehe Abschnitt 5.1), hat die Syntax

```
CALL SCREEN dynnr [STARTING AT x1 y1 [ENDING AT x2 y2]]
```

Er ruft das Dynpro dynnr auf, wobei optional per Zusatz STARTING AT ein neues Fenster an der Bildschirmposition x1 y1 erzeugt wird. Ebenfalls optional kann per ENDING AT auch die Ausdehnung des Fensters bis an die Bildschirmposition x2 y2 bestimmt werden. Das folgende

Beispiel zeigt ein Dynpro einmal im Hauptfenster und einmal in einem separaten Fenster an:

```
CALL SCREEN 0100.
CALL SCREEN 0100 STARTING AT 10 10.
```

▶ `SET SCREEN` – **Setzen des nächsten Default-Dynpros**
Innerhalb des SAP Screen Painters können Sie für jedes Dynpro ein Nachfolge-Dynpro angeben, das nach der erfolgreichen Verarbeitung automatisch als nächstes Bildschirmbild aufgerufen wird. Diese Angabe können Sie per Befehl `SET SCREEN` auch zur Programmlaufzeit umändern, beispielsweise weil bestimmte Bedingungen den Aufruf eines anderen Dynpros notwendig machen. Das folgende Beispiel legt als Nachfolger das Dynpro 100 fest:

```
SET SCREEN 0100.
```

▶ `SET PF-STATUS` – **Setzen des GUI-Status des Fensters**
Der GUI-Status wird mit dem SAP Menu Painter erstellt und ist zunächst unabhängig von einem einzelnen Dynpro. Mit dem Befehl `SET PF-STATUS` bestimmen Sie einen GUI-Status für das Dynpro und dieser gilt über den Aufruf mehrerer Fenster hinweg so lange, bis ein neuer GUI-Status gesetzt wird. Der Befehl hat die Syntax

```
SET PF-STATUS guistatus.
```

Hierbei ist `guistatus` der Name eines zuvor per SAP Menu Painter angelegten GUI-Status. Üblicherweise wird der Befehl im Ereignis PBO eines Dynpros aufgerufen, um sicherzustellen, dass das korrekte Menü angezeigt wird und die Button-Leiste die gewünschten Codes in einem selbst zu definierenden Feld, beispielsweise mit dem Namen `ok_code`, zurückliefert. Wir werden in der Programmieraufgabe zeigen, wo Sie im Screen Painter dieses Feld anlegen müssen, damit die im Menu Painter für die Buttons (wie **Zurück**, **Abbruch** oder **Sichern**) vergebenen Codes darin zur weiteren Verarbeitung übermittelt werden. Das folgende Beispiel demonstriert den Aufruf des Befehls:

```
SET PF-STATUS 'ZPTB00_OBJ_BTA_STD'.
```

▶ `GET PF-STATUS` – **Auslesen des GUI-Status des Fensters**
Der Befehl `GET PF-STATUS` liefert den Namen des aktiven GUI-Status zurück. Die Syntax lautet

```
GET PF-STATUS guistatus.
```

Dabei sollte guistatus eine Charakter-Variable mit 20 Zeichen Länge sein. Dieser Befehl kommt recht selten zum Einsatz und wird dann meist als zusätzliche Entscheidungshilfe benötigt, wie auf einen bestimmten Code reagiert werden soll. Das folgende Beispiel liest den Namen des aktuellen GUI-Status in die Variable l_gui_status:

```
DATA:
  l_gui_status TYPE string.
GET PF-STATUS l_gui_status.
```

▶ **SET TITLEBAR – Setzen eines neuen Textes in der Titelleiste des Fensters**
Fenstertitel sind normale Entwicklungsobjekte (wie auch Datenelemente oder Quelltexte) und werden über einen Dialog angelegt und unter einem Namen abgespeichert. Der Befehl SET TITLEBAR liest den zuvor angelegten TITLE aus und weist ihn dem aktuellen Bildschirmbild zu. Die Syntax lautet

```
SET TITLEBAR name.
```

Dabei ist name der Name des angelegten Titel-Entwicklungsobjekts. Das Besondere an Titeln ist, dass sie auch Platzhalter in der Form &1, &2 bis &9 enthalten dürfen. Diese Platzhalter können Sie im Befehl über den Zusatz WITH v1 .. vn ersetzen, wobei v1 bis vn Variablen, Konstanten oder Parameter sind, deren Inhalt die Platzhalter &1 bis &9 ersetzt.

```
SET TITLEBAR 'ZPTB00_OBJ_BTA_STD' WITH sy-uname.
```

▶ **LOOP AT SCREEN – Auslesen der Feldeigenschaften des Dynpros**
Mit dieser Schleifenanweisung können die Eigenschaften sämtlicher Bildschirmelemente eines Dynpros ausgelesen werden. In jedem Schleifendurchlauf stehen die Eigenschaften jeweils eines Bildschirmelements in der Systemvariablen SCREEN. Diese besteht aus einer Struktur, die neben so wichtigen Feldern wie name, required (Muss-Feld), input (eingabefähig) oder output (nur Anzeige) auch per invisible-Feld Auskunft über die Sichtbarkeit oder per length-Feld über die sichtbare Länge auf dem Bildschirm gibt. Das folgende Beispiel liest die Eigenschaften sämtlicher Oberflächenelemente eines Dynpros in die interne Tabelle l_tab_screen:

```
DATA:
  l_tab_screen LIKE STANDARD TABLE OF screen.
LOOP AT SCREEN.
  APPEND screen TO l_tab_screen.
ENDLOOP.
```

- **`MODIFY SCREEN` – Ändern der Feldeigenschaften des Dynpros**
  Der Befehl `MODIFY SCREEN` darf nur zusammen mit dem `LOOP AT SCREEN`-Befehl eingesetzt werden und ermöglicht die Übertragung veränderter Eigenschaften von Oberflächenelementen an das Dynpro. Auf diese Weise können z.B. Eingabefelder programmgesteuert unsichtbar gemacht werden oder es kann ihre Eingabelänge verändert werden. Die Syntax lautet

  ```
  MODIFY SCREEN [FROM wa].
  ```

  Der Inhalt der vordefinierten Systemvariablen `screen` wird hierbei normalerweise zum entsprechenden Oberflächenelement übertragen und bei Verwendung des Zusatzes `FROM wa` stattdessen der Inhalt der anstelle von `wa` definierten Variablen. Das folgende Beispiel demonstriert die Änderung eines Oberflächenelements mit Namen `amount` in ein reines Ausgabefeld:

  ```
  LOOP AT SCREEN.
    IF screen-name = amount.
      SCREEN-INPUT = ' '.
      SCREEN-OUTPUT = '1'.
      MODIFY SCREEN.
    ENDIF.
  ENDLOOP.
  ```

- **`SET CURSOR` – Setzen der Bildschirm-Cursor-Position**
  Der Befehl `SET CURSOR` wurde bereits in Abschnitt 3.1 kurz erwähnt. Er ist auch für die Oberflächenelemente von Dynpros geeignet, kann aber ausschließlich im Ereignis PBO verwendet werden. Die Syntax des Befehls lautet

  ```
  SET CURSOR FIELD f.
  ```

  wobei `f` der Name eines Oberflächenelements ist, das im Folgenden den Eingabefokus besitzen soll. Dieser Befehl wird recht selten verwendet, da das Umstellen des Eingabefokus den Anwender in den meisten Fällen verwirrt. Bei der Eingabeprüfung per `FIELD`-Befehl wird er hingegen automatisch gesetzt, sobald eine Warnung oder Fehlermeldung ausgegeben wird. Das folgende Beispiel demonstriert das Setzen des Eingabefokus auf ein Oberflächenelement mit Namen `quantity`:

  ```
  SET CURSOR quantity.
  ```

▶ GET CURSOR – **Auslesen der Bildschirm-Cursor-Position**
Umgekehrt kann jederzeit der Name des Oberflächenelements ausgelesen werden, das den aktuellen Eingabefokus hält. Diese Information kann wichtig sein, wenn z. B. bei einem Eingabefeld auf das Drücken einer Funktionstaste in besonderer Weise reagiert werden soll. Das folgende Beispiel demonstriert das Auslesen des Oberflächenelements, das aktuell den Eingabefokus besitzt:

```
GET CURSOR l_element.
```

▶ CONTROLS – **Deklaration eines Controls**
Mit Hilfe des Befehls CONTROLS wird in ABAP ein im Dynpro vorhandenes Tabstrip- oder Tableview-Oberflächenelement bekannt gemacht. Ein Tabstrip wird auch als *Karteireiter* bezeichnet und ermöglicht die Umschaltung zwischen mehreren Subscreens eines Dynpros. Ein Tableview, das wir bereits im Zusammenhang mit dem LOOP-Befehl aus der Dynpro-Ablauflogik weiter oben kennen gelernt haben, ist ein komplexes Oberflächenelement zur Anzeige und Eingabe von tabellarischen Daten. Die Syntax des Befehls lautet im ersten Fall

```
CONTROLS ts TYPE TABSTRIP.
```

Hierbei muss `ts` der Name eines auf dem aktuellen Dynpro definierten Controls gleichen Typs sein. Fortan kann über den Namen im ABAP-Programm auf die Eigenschaften des Oberflächenelements zugegriffen werden. Eine der wichtigsten Eigenschaften ist `activetab`, über die der Name des aktuell angezeigten Reiters ermittelt werden kann. Im zweiten Fall lautet die Syntax

```
CONTROLS tv TYPE TABLEVIEW USING SCREEN scrnr.
```

In diesem Fall muss `tv` der Name eines definierten Tabellen-Controls sein und `scrnr` der Name des Dynpros oder einer seiner Subscreens. Auch hier kann fortan unter diesem Namen auf die Eigenschaften des Oberflächenelements zugegriffen werden. Eine der wichtigsten Eigenschaften ist hier `current_line`, die die aktuell vom Anwender bearbeitete Zeile als Index angibt. Die folgenden zwei Beispiele demonstrieren den Zugriff auf die genannten Eigenschaften bei einem Karteireiter namens `pagecontrol` und einer Tabelle namens `tablecontrol`:

```
CONTROLS:
  pagecontrol TYPE TABSTRIP,
  tablecontrol TYPE TABLEVIEW USING SCREEN '0100'.
MODULE dosomething_100 INPUT.
```

```
    IF pagecontrol-activetab = 'PAGE1'.
*     do something
    ENDIF.
    IF tablecontrol-current_line = 1.
*     do something
    ENDIF.
ENDMODULE.
```

▶ REFRESH CONTROL – **Initialisieren der Control-Eigenschaften**
Mittels des Befehls REFRESH-CONTROL werden Tableviews und Tabstrips auf die ursprünglich mit dem SAP Screen Painter definierten Eigenschaften zurückgesetzt. Die Syntax lautet

```
REFRESH CONTROL co FROM SCREEN scrnr.
```

Hierbei wird co mit dem Namen des Controls ersetzt und scrnr mit dem Namen des Dynpros. Dieser Befehl wird nur recht selten verwendet, z.B. wenn ein Subscreen in einem Programm mehrfach hintereinander zum Einsatz kommt und man die Werte der vorherigen Eingaben nicht darin sehen will. Das folgende Beispiel demonstriert die Rücksetzung eines Tabstrips mit Namen pagecontrol:

```
CONTROLS:
   pagecontrol TYPE TABSTRIP.
MODULE dosomething_100 INPUT.
    IF pagecontrol-activetab = 'PAGE1'.
      REFRESH CONTROL pagecontrol FROM SCREEN '0100'.
    ENDIF.
```

▶ SET HOLD DATA – **Speichern und Einblenden von Feldinhalten des Dynpros**
Dynpros sind in der Lage, Benutzereingaben über mehrere Aufrufe hinweg beizubehalten. Dazu muss lediglich mit dem Befehl SET HOLD DATA in einem Modul zum Zeitpunkt PBO das »Gedächtnis« eingeschaltet werden. Das Einschalten erfolgt durch den Zusatz ON und das Ausschalten analog mit OFF. Über das Menü **System · Benutzervorgaben · Halte Daten** kann der Anwender nun einen Schnappschuss der aktuellen Dynpro-Eingaben machen und diese werden bei erneutem Aufruf dann automatisch als Vorschlagswerte angezeigt. Das folgende Beispiel schaltet die Möglichkeit zum Speichern und Einblenden von Werten ein:

```
SET HOLD DATA ON.
```

- SUPPRESS DIALOG – **Ausblenden des Dynpros**
  Der Befehl SUPPRESS DIALOG ist nur innerhalb von Modulen sinnvoll, die während des Ereignisses PBO aufgerufen werden, und unterdrückt die Anzeige des Dynpros. Stattdessen wird sofort das PAI-Ereignis ausgelöst und dort die Verarbeitung fortgesetzt. Dieser Befehl ist nützlich, wenn die Daten, die von einem Dynpro abgefragt werden sollen, im Programm schon anderweitig bekannt sind und so die Ausgabe eines von mehreren aufeinander folgenden Fenstern überflüssig ist. Das folgende Beispiel demonstriert den Aufruf:

  SUPPRESS DIALOG.

- LEAVE SCREEN – **Verlassen des aktuellen Dynpros**
  Der Befehl LEAVE SCREEN beendet das aktuelle Dynpro und ruft das Folge-Dynpro auf. Alternativ kann der Befehl auch in der Variante LEAVE TO SCREEN scrnr aufgerufen werden, um dediziert das gewünschte Folge-Dynpro mit angeben zu können. Das folgende Beispiel demonstriert den Aufruf des Dynpros 200:

  LEAVE TO SCREEN '0200'.

Befehl	Bedeutung
CALL SCREEN	Direkter Aufruf eines Dynpros
SET SCREEN	Setzen des nächsten Default-Dynpros
SET PF-STATUS	Setzen des GUI-Status des Fensters
GET PF-STATUS	Auslesen des GUI-Status des Fensters
SET TITLEBAR	Setzen eines neuen Textes in der Titelleiste des Fensters
LOOP AT SCREEN	Auslesen der Feldeigenschaften des Dynpros
MODIFY SCREEN	Ändern der Feldeigenschaften des Dynpros
SET CURSOR	Setzen der Bildschirm-Cursor-Position
GET CURSOR	Auslesen der Bildschirm-Cursor-Position
CONTROLS	Deklaration eines Controls
REFRESH CONTROL	Initialisieren der Control-Eigenschaften
SET HOLD DATA	Speichern und Einblenden von Feldinhalten des Dynpros
SUPPRESS DIALOG	Ausblenden des Dynpros
LEAVE SCREEN	Verlassen des aktuellen Dynpros

Tabelle 5.1 ABAP-Anweisungen zu Dynpros

Nach so vielen neuen Befehlen wollen wir uns nun in der Praxis anschauen, wie das alles zusammenpasst und zu einer funktionierenden Programmoberfläche führt. Das Ergebnis der folgenden Aufgabe wollen wir in unserem Praxisszenario in Kapitel 7 wiederverwenden, weshalb wir ausnahmsweise schon jetzt die Programmierrichtlinien aus dem Anhang berücksichtigen. Dies hat insbesondere Auswirkungen auf die Namenskonventionen von Variablen und Funktionen.

Aufgabe 5.2

Legen Sie das Programm ZPBT00_BUSINESS_TRANSACTION zur Eingabe eines Geschäftsvorfalls an. Entwerfen Sie eine Oberfläche mit Hilfe der Dynpro-Technik innerhalb der neu anzulegenden Funktionsgruppe ZPTB00_OBJ_BTA und rufen Sie diese über eine dort deklarierte Funktion ZPTB00_OBJ_BTA_EDIT auf.

Die Oberfläche soll folgende Kopfinformation enthalten:

Bezeichner	Datenelement	Typ	Länge
Geschäftspartner-ID	ZPTB00_DTE_BTA_BP_ID	CHAR	32
Geschäftsvorfallstyp	ZPTB00_DTE_BTA_BTTYPE	NUMC	4
Geschäftsvorfallsdatum	ZPTB00_DTE_BTA_BTDATE	DATS	8

Die Positionsinformationen sollen in einer optisch darunter angeordneten Tabelle entgegengenommen werden:

Bezeichner	Datenelement	Typ	Länge
Produkt-ID	ZPTB00_DTE_BTA_PR_ID	CHAR	32
Positionstyp	ZPTB00_DTE_BTA_PSTYPE	NUMC	4
Lagerort-ID	ZPTB00_DTE_BTA_WH_ID	CHAR	32
Betrag	ZPTB00_DTE_BTA_AMOUNT	CURR	31/2
Währung	ZPTB00_DTE_BTA_CURRENCY	CUKY	
Menge	ZPTB00_DTE_BTA_QUANTITY	QUAN	31/14

| Einheit | ZPTB00_DTE_BTA_UNIT | UNIT | 3 |

Legen Sie die Kopfinformationen plus das Feld

| Buchung | ZPTB00_DTE_BTA_BOOKED | NUMC | 1 |

nach der Eingabe in einer Datenbanktabelle mit Namen ZPTB00_BTA-HEADER und die Positionsinformationen relational verknüpft plus das Feld

| Markierung | ZPTB00_DTE_BTA_MARK | CHAR | 1 |

in der Tabelle ZPTB00_BTAITEM ab. Jede Zeile in den Tabellen soll durch einen eindeutigen Schlüssel (unique key) identifizierbar sein, der den Mandanten und eine ID enthält, in der eine GUID abgelegt wird.

Verwenden Sie eigene Domänen für alle Datenelemente, die als Namensbestandteil »DOM« statt »DTE« haben; einige Ausnahmen sind Währung und Einheit, für die Sie die Standard-Domänen WAERS und MEINS verwenden. Schreiben Sie Daten auf die Tabellen nur über die Funktion ZPTB00_OBJ_BTA_SAVE aus der Funktionsgruppe ZPTB00_DB_BTA.

Sollten Sie Nachrichten benötigen, legen Sie diese in der Nachrichtenklasse ZPTB00_BTA ab.

Folgende (rudimentäre) Geschäftsvorfallstypen sollen erlaubt sein:

GV-Typ	Bedeutung
BUY	Kauf
SELL	Verkauf
TRANSFER	Lagerumsetzung
RETURN	Rücklieferung
CLAIM	Reklamation
SCRAPPING	Verschrottung

Lediglich zwei Positionstypen sollen erlaubt sein:

▶ PRODUCT (Produkt)
▶ SERVICE (Dienstleistung)

> Lassen Sie für Produkt-ID nur 1000 = 'Aspirin', 2000 = 'Autan' sowie 3000 = 'Beratung', für Lagerort nur 0001 = '0. Geschoss, 1. Platz', 1002 = '1. Geschoss, 2. Platz' sowie 2003 = '2. Geschoss, 3. Platz' und für Buchung nur 1 = 'ungebucht', 2 = 'gebucht' sowie 3 = 'nicht buchungsrelevant' zu.

Die Produkt-IDs 1000, 2000 und 3000 dienen hier als Beispiel für mögliche Stammdatenausprägungen. In größeren Firmen sind Produkt-IDs länger und werden teilweise selbst vergeben, teilweise von Vorsystemen maschinell übernommen.

Da wir die Datenelemente und Tabellen in unserem Programm und den Funktionsbausteinen verwenden wollen, ist es sinnvoll, diese vorher anzulegen. Voraussetzung dafür sind wiederum die Domänen, die wir deshalb als Erstes definieren wollen.

Domänen anlegen

▷ Wählen Sie im Kontextmenü des Pakets bzw. der Entwicklungsklasse den Menüpunkt **Anlegen · DDIC-Objekt · Domäne** aus.

Es erscheint ein Dialog, in dem Sie den Namen der Domäne angeben müssen.

▷ Geben Sie als Namen »ZPTB00_DOM_BTA_BTTYPE« an.

Im Werkzeugbereich des Object Navigators wird ein Fenster eingeblendet, in dem Sie die Eigenschaften der Domäne pflegen können.

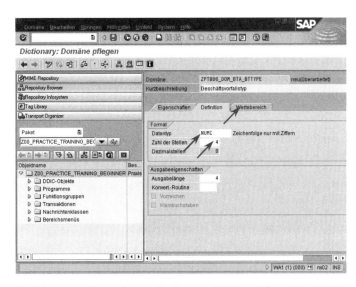

Abbildung 5.21 Eigenschaften der Domäne ZPTB00_DOM_BTA_BTTYPE pflegen

▷ Geben Sie als Kurzbeschreibung »Geschäftsvorfallstyp«, als Datentyp »NUMC« und als Zahl der Stellen »4« ein.

▷ Klicken Sie auf den Karteireiter **Wertebereich**.

Die Einstellungsmöglichkeiten im Karteireiter **Wertebereich** werden sichtbar. Dort benutzen wir die Einstellmöglichkeiten unter **Einzelwerte**, damit hinterher automatisch eine Prüfung der eingegebenen Werte stattfinden kann.

▷ Geben Sie unter **Einzelwerte** die Geschäftsvorfallstypen wie in der Aufgabe genannt mit einer kurzen Beschreibung ein.

▷ Klicken Sie auf den **Sichern**-Button.

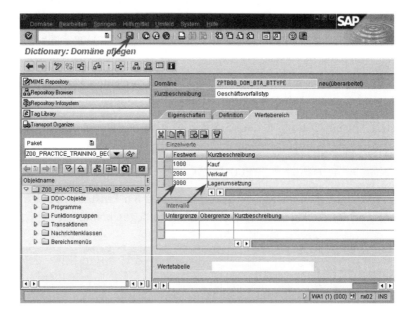

Abbildung 5.22 Weitere Eigenschaften der Domäne ZPTB00_DOM_BTA_BTTYPE pflegen

Es erscheint der Transportdialog, in dem Sie den Auftrag zur Protokollierung der Domäne festlegen müssen.

▷ Übernehmen Sie die Einstellungen unverändert und klicken Sie auf den **Weiter**-Button.

Nun können wir die Domäne prüfen und aktivieren.

▷ Klicken Sie auf den **Prüfen**-Button und dann auf **Aktivieren**.

Auf die gleiche Weise verfahren Sie mit den anderen Domänen. Einzig der Geschäftspartner soll in unserem Beispiel keine Festwerte bekommen, sondern jegliche Eingabe anstandslos entgegennehmen. Entwerfen Sie alle weiteren Festwerte zu den Domänen selbst. Berücksichtigen Sie ferner, dass Sie zum Abspeichern in einer Tabelle eine eindeutige ID pro Zeile vorsehen müssen (siehe auch Abschnitt 4.2), die üblicherweise vom Typ CHAR 32 ist und eine GUID aufnimmt.

Analog weitere Domänen anlegen

Als Nächstes legen wir die Datenelemente auf der Grundlage dieser Domänen an.

Datenelement anlegen

▷ Wählen Sie im Kontextmenü **Anlegen · DDIC-Objekt · Datenelement**.

Es erscheint ein Dialog, in dem Sie den Namen des Datenelements angeben müssen.

▷ Geben Sie als Namen »ZPTB00_DTE_BTA_BTTYPE« an.

Im Werkzeugbereich des Object Navigators wird ein Fenster eingeblendet, in dem Sie die Eigenschaften des Datenelements pflegen können (siehe Abbildung 5.23).

▷ Geben Sie als Kurzbeschreibung »Geschäftsvorfallstyp« und als Domäne »ZPTB00_DOM_BTA_BTTYPE« ein.

▷ Klicken Sie auf den Karteireiter **Feldbezeichner**.

Die Einstellungsmöglichkeiten im Karteireiter **Feldbezeichner** werden sichtbar. Dort geben wir verschieden lange Bezeichner für das Datenelement an, um es flexibel in allen möglichen Ein- und Ausgabebildschirmen benutzen zu können.

▷ Geben Sie unter **kurz** den Bezeichner »GV-Typ« und für alle anderen Bezeichner »Geschäftsvorfallstyp« an. Die Längenangaben werden vom Dialog automatisch ergänzt.

▷ Klicken Sie auf den **Sichern**-Button.

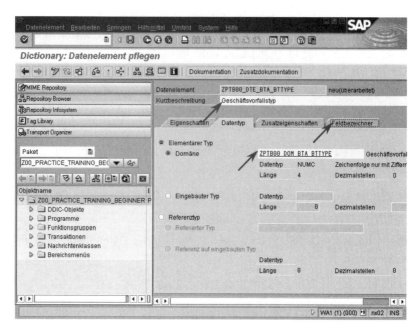

Abbildung 5.23 Eigenschaften des Datenelements ZPTB00_DTE_BTA_BTTYPE pflegen

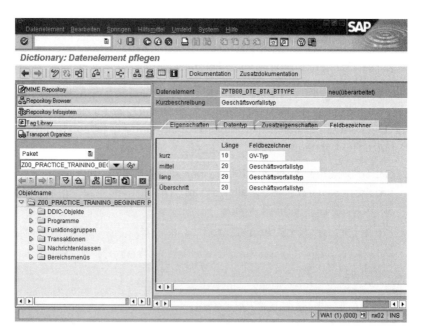

Abbildung 5.24 Weitere Eigenschaften des Datenelements ZPTB00_DTE_BTA_BTTYPE pflegen

Es erscheint der Transportdialog, in dem Sie den Auftrag zur Protokollierung des Datenelements festlegen müssen.

▷ Übernehmen Sie die Einstellungen unverändert und klicken Sie auf den **Weiter**-Button.

Wir wollen nun die Dokumentation zum Datenelement pflegen, damit der Anwender zu diesem Eingabefeld eine Online-Hilfe aufrufen kann.

▷ Klicken Sie auf den **Dokumentation**-Button.

Es erscheint ein neues Fenster, in dem wir die Dokumentation zum Datenelement eingeben können.

▷ Übernehmen Sie die Dokumentation aus Abbildung 5.25.

▷ Klicken Sie auf den **Aktiv sichern**-Button und danach auf **Zurück**.

Abbildung 5.25 Dokumentation zu Datenelement ZPTB00_DTE_BTA_BTTYPE pflegen

Nun können wir das Datenelement prüfen und aktivieren.

▷ Wählen Sie den **Prüfen**-Button und dann **Aktivieren**.

Sie können nun auf die gleiche Weise die anderen Datenelemente erzeugen. Geben Sie als Dokumentation den folgenden Text ein: »Der Positionstyp kategorisiert den Inhalt einer Position innerhalb des Geschäftsvorfalls thematisch, so dass er nachfolgend maschinell weiterverarbeitet werden kann. Durch ihn wird damit indirekt mitbestimmt, ob die Position für die Buchhaltung relevant ist und auf welche Konten sie dort gebucht wird«. Entwerfen Sie alle weiteren Dokumentationen zu den Datenelementen selbst. Berücksichtigen Sie auch, dass Sie zum Abspeichern in einer Tabelle eine eindeutige ID pro Zeile vorsehen müssen (siehe auch Abschnitt 4.2), die auf eine entsprechende Domäne verweisen sollte und eine GUID aufnimmt.

Analog weitere Datenelemente anlegen

Tabelle anlegen Auf der Grundlage der erzeugten Datenelemente können wir nun die Tabellen definieren. Wir wollen zuerst die Tabelle für die Kopfinformationen des Geschäftsvorfalls anlegen.

▷ Wählen Sie im Kontextmenü des Pakets bzw. der Entwicklungsklasse den Menüpunkt **Anlegen · DDIC-Objekt · Datenbanktabelle** aus.

In einem Dialog wird daraufhin nach dem Namen der anzulegenden Datenbanktabelle gefragt.

▷ Geben Sie als Tabellennamen »ZPTB00_BTAHEADER« an und quittieren Sie Ihre Angaben mit dem **OK**-Button.

Im Werkzeugbereich wird ein Fenster eingeblendet, in dem Sie alle Eigenschaften der Tabelle pflegen können.

▷ Geben Sie als Kurzbeschreibung »Kopfinformationen eines Geschäftsvorfalls« und als Auslieferungsklasse »A« an.

▷ Wechseln Sie auf den Karteireiter **Felder**.

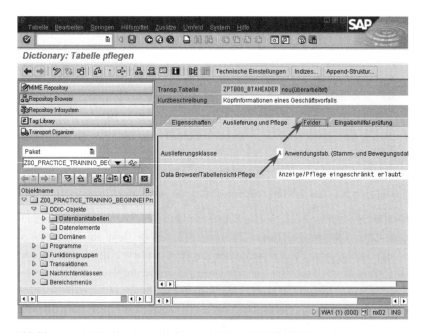

Abbildung 5.26 Tabelleneigenschaften zu ZPTB00_BTAHEADER angeben

Hier geben wir die Namen aller Felder an, die in der Tabelle als Spalten auftauchen sollen.

▷ Geben Sie die Felder **CLIENT**, **ID**, **BP_ID**, **BTTYPE**, **BTDATE** und **BOOKED** mit den dazugehörigen Datenelementen an. Für das Feld **CLIENT** geben Sie das vordefinierte Datenelement **MANDT** an.

▷ Markieren Sie die Checkbox **Key** für die Felder **CLIENT** und **ID** und klicken Sie dann auf den Button **Technische Einstellungen**.

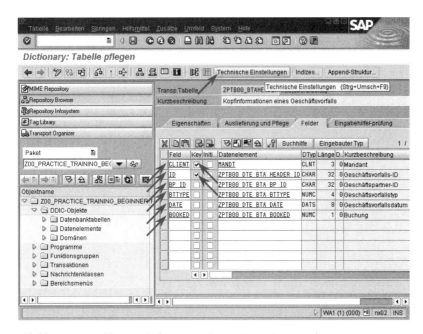

Abbildung 5.27 Feldeigenschaften zu ZPTB00_BTAHEADER angeben

Sie werden in einem Dialog gefragt, ob Sie die Tabelle speichern wollen.

▷ Quittieren Sie die Frage mit dem **Ja**-Button.

Sie werden nun nach dem Paket gefragt, dem die Datenbanktabelle zugeordnet werden soll.

▷ Unser Paket ist bereits voreingestellt, so dass Sie die Eingaben einfach mit dem **Sichern**-Button quittieren können.

Ein Dialog erfragt nun den Transportauftrag für die Tabelle.

▷ Übernehmen Sie den vorhandenen Transportauftrag unverändert und quittieren Sie die Frage mit dem **Ja**-Button.

Die technischen Einstellungen müssen vor der Aktivierung der Tabelle angegeben werden und beinhalten insbesondere Angaben zur Datenart und Größenkategorie.

▷ Geben Sie als Datenart »APPL1« ein, da es sich um Daten handelt, die häufig verändert werden.

▷ Geben Sie als Größenkategorie »4« ein, da im realen Betrieb durchaus einige hunderttausend Datensätze in der Tabelle zusammenkommen können.

▷ Klicken Sie auf den **Sichern**-Button und dann auf **Zurück**.

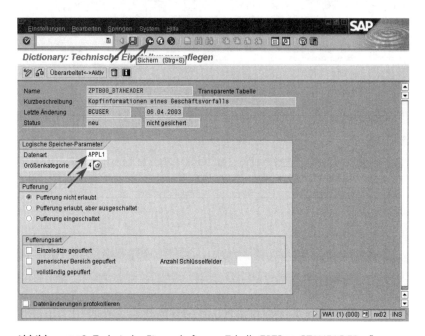

Abbildung 5.28 Technische Eigenschaften zu Tabelle ZPTB00_BTAHEADER pflegen

Alle notwendigen Eigenschaften der Tabelle ZPTB00_BTAHEADER wurden eingestellt und wir können sie nun aktivieren.

▷ Klicken Sie auf **Zurück** und auf **Aktivieren**.

Analog weitere Tabelle anlegen Sie können nun auf die gleiche Weise die zweite Tabelle ZPTB00_BTA-ITEM erzeugen. Verwenden Sie einen Fremdschlüssel für die Abbildung der Relation mit der Tabelle ZPTB00_BTAHEADER. Die folgende Abbildung stellt die fertige Tabelle dar.

Die technischen Einstellungen sollten die gleichen Eingaben erhalten wie für die Tabelle ZPTB00_BTAHEADER. Hinzu kommt ferner noch die Angabe, dass die zum Feld **Amount** gehörige Währung im Feld **Currency** zu suchen ist und die zum Feld **Quantity** gehörige Einheit im Feld **Unit**.

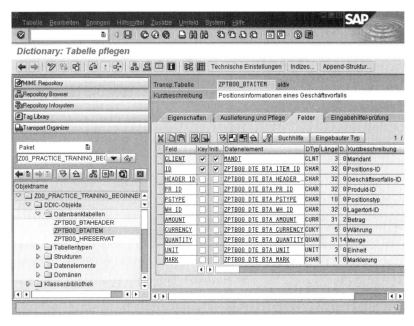

Abbildung 5.29 Felder der Tabelle ZPTB00_BTAITEM

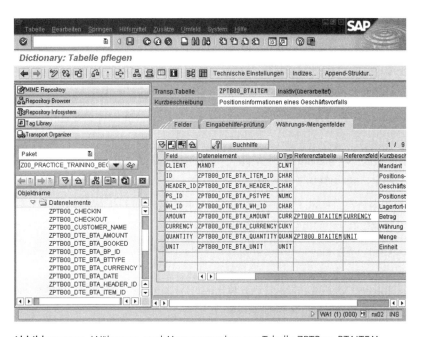

Abbildung 5.30 Währungs- und Mengenangaben zur Tabelle ZPTB00_BTAITEM

Erst nach diesen spezifischen Angaben sind Tabellen mit Währungs- und Mengenfeldern aktivierbar.

Programm anlegen

Nach diesen Vorbereitungen können wir mit dem Schreiben des Programms beginnen.

▷ Legen Sie ein Programm mit dem Namen »ZPTB00_BUSINESS_TRANSACTION« und ohne TOP-Include an. Der Titel soll »Geschäftsvorfall manuell erfassen« lauten, die weiteren Einstellungen und der Transportauftrag bleiben unverändert.

Wie gewohnt legt der Object Navigator ein Programmgerüst an, das Sie nun vervollständigen können.

Tabellentyp anlegen

Bevor wir mit dem Anlegen des Programms, der Funktionsgruppen und Funktionen beginnen, wollen wir aus Gründen des Komforts noch einen Tabellentyp und eine Struktur anlegen, die uns die Übergabe eines Geschäftsvorfalls zwischen den einzelnen Programmteilen und auch später bei der Kommunikation zwischen Dynpro und ABAP enorm erleichtert. Letztlich fassen wir so alle mit der Oberfläche (Dynpro) kommunizierenden Daten in einer tiefen Struktur zusammen, die mit Hilfe einer einzigen Variablen übergeben werden kann. Da ein Geschäftsvorfall aus mehreren Positionen bestehen kann, beginnen wir mit der Definition eines Tabellentyps.

▷ Wählen Sie im Kontextmenü des Pakets bzw. der Entwicklungsklasse den Menüpunkt **Anlegen** · **DDIC-Objekt** · **Tabellentyp** aus.

Daraufhin erscheint ein Dialog, der nach dem Namen der Funktionsgruppe fragt.

▷ Geben Sie als Namen »ZPTB00_TTY_BTA_ITEM« an und quittieren Sie Ihre Angaben mit dem **OK**-Button.

Im Werkzeugbereich der Entwicklungsumgebung wird ein Fenster eingeblendet, in dem Sie die Eigenschaften des Tabellentyps festlegen können.

▷ Geben Sie als Kurzbeschreibung »Positionen eines Geschäftsvorfalls« ein.

▷ Tragen Sie als Zeilentyp den Namen der Tabelle ZPTB00_BTAITEM ein und klicken Sie auf **Aktivieren**.

Schließlich erfragt der Object Navigator noch den Transportauftrag.

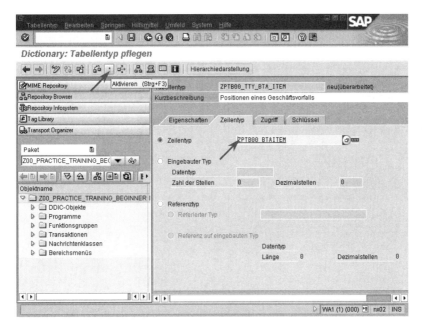

Abbildung 5.31 Eigenschaften des Tabellentyps ZPTB00_TTY_BTA_ITEM angeben

▷ Die Nummer des bereits zuvor benutzten Transportauftrags ist voreingestellt und muss lediglich per **OK**-Button quittiert werden.

Wir fassen nun die Kopfinformationen eines Geschäftsvorfalls zusammen mit dem bereits angelegten Tabellentyp, so dass sich eine tiefe Struktur ergibt.

Struktur mit allen Oberflächendaten anlegen

▷ Wählen Sie im Kontextmenü des Pakets bzw. der Entwicklungsklasse den Menüpunkt **Anlegen · DDIC-Objekt · Struktur** aus.

Daraufhin erscheint ein Dialog, der nach dem Namen der Struktur fragt.

▷ Geben Sie als Namen »ZPTB00_STR_BTA« an und quittieren Sie Ihre Angaben mit dem **OK**-Button.

Im Werkzeugbereich der Entwicklungsumgebung wird ein Fenster eingeblendet, in dem Sie die Eigenschaften des Tabellentyps festlegen können.

▷ Geben Sie als Kurzbeschreibung »Geschäftsvorfall« ein und wechseln Sie auf den Karteireiter **Komponenten**.

Die Struktur der bereits angelegten Tabelle ZPTB00_BTAHEADER wird nun ebenso wie der frisch definierte Tabellentyp ZPTB00_TTY_BTA_ITEM in die Struktur ZPTB00_STR_BTA übernommen.

Komplexe Ein- und Ausgabeoberflächen – Dynpros

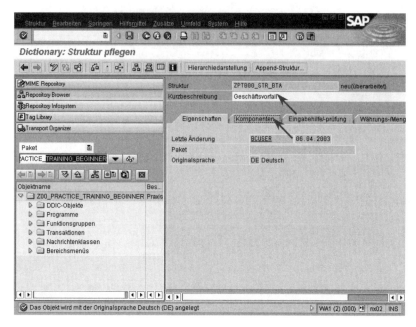

Abbildung 5.32 Eigenschaften des Tabellentyps ZPTB00_STR_BTA angeben

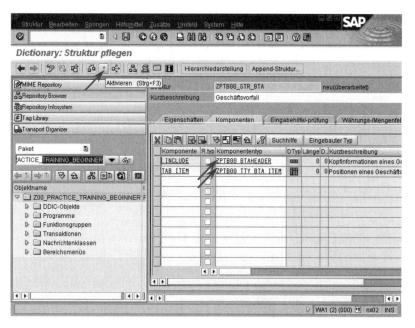

Abbildung 5.33 Komponenten der Struktur ZPTB00_STR_BTA angeben

▷ Geben Sie in der ersten Zeile als Komponente ».INCLUDE« ein und als Komponententyp »ZPTB00_BTAHEADER«.

▷ Geben Sie in der zweiten Zeile als Komponente »TAB_ITEM« ein und als Komponententyp »ZPTB00_TTY_BTA_ITEM«.

▷ Wählen Sie den **Aktivieren**-Button.

Auf diese Art und Weise können beinahe beliebig komplexe Strukturen zusammengesteckt werden, die innerhalb von ABAP-Programmen für Ordnung bei den Daten sorgen.

Schließlich erfragt der Object Navigator noch den Transportauftrag.

▷ Die Nummer des bereits zuvor benutzten Transportauftrags ist voreingestellt und muss lediglich per **OK**-Button quittiert werden.

Der Include-Anteil der Struktur wird daraufhin ausgeklappt und innerhalb der Komponenten sichtbar.

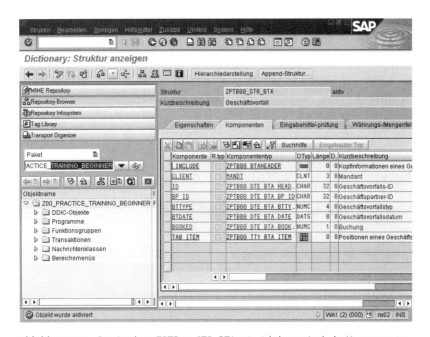

Abbildung 5.34 Die Struktur ZPTB00_STR_BTA mit sichtbaren Include-Komponenten

Als Nächstes legen wir die Funktionsgruppe an, in der wir das Dynpro samt Titel und Status designen und die Funktion zum Aufruf des Fensters ablegen wollen. Auf diese Weise machen wir das Fenster leichter wieder verwendbar, als dies beim Anlegen des Dynpros direkt im Programm möglich wäre.

Funktionsgruppe anlegen

▷ Wählen Sie im Kontextmenü des Pakets bzw. der Entwicklungsklasse den Menüpunkt **Anlegen · Funktionsgruppe** aus.

Daraufhin erscheint ein Dialog, der nach dem Namen der Funktionsgruppe fragt.

▷ Geben Sie als Namen »ZPTB00_OBJ_BTA« und als Kurztext »Geschäftsvorfälle verarbeiten« an. Quittieren Sie dann mit dem **Sichern**-Button.

Schließlich erfragt der Object Navigator noch den Transportauftrag.

▷ Die Nummer des bereits zuvor benutzten Transportauftrags ist voreingestellt und muss lediglich per **OK**-Button bestätigt werden.

Funktionsbaustein anlegen

Anschließend finden wir unsere Funktionsgruppe in der Auflistung des Objektlistenbereichs wieder und können nun darin eine Funktion anlegen, die den eigentlichen Aufruf der Benutzeroberfläche zum Eingeben eines Geschäftsvorfalls kapseln soll.

▷ Wählen Sie im Kontextmenü der Funktionsgruppe ZPTB00_OBJ_BTA den Menüpunkt **Anlegen · Funktionsbaustein** aus.

Daraufhin erscheint ein Dialog, der nach dem Namen des Funktionsbausteins fragt.

▷ Geben Sie als Namen »ZPTB00_OBJ_BTA_EDIT« und als Kurztext »Geschäftsvorfall editieren« an.

▷ Quittieren Sie Ihre Angaben mit dem **Sichern**-Button und klicken Sie auf den Karteireiter **Changing**.

Als Schnittstelle benötigen wir lediglich einen Changing-Parameter, den wir auf dem entsprechenden Karteireiter eintragen.

▷ Geben Sie unter **Parametername** »C_STR_BTA« ein, unter **Typisierung** »TYPE« und unter **Bezugstyp** »ZPTB00_STR_BTA«.

▷ Quittieren Sie Ihre Angaben mit dem **Sichern**-Button.

Auf die gleiche Art und Weise legen Sie nun den Funktionsbaustein ZPTB00_OBJ_BTA_SAVE an. Die Import-, Export- und Changing-Parameter sollten folgendermaßen festgelegt werden:

Listing 5.2 Schnittstelle des Funktionsbausteins ZPTB00_OBJ_BTA_SAVE

```
*"*"Lokale Schnittstelle:
*"  IMPORTING
*"     REFERENCE(I_STR_BTA) TYPE   ZPTB00_STR_BTA
```

```
*"  EXCEPTIONS
*"       FAILED
```

Zu einem typischen Dynpro gehören Sicherheitsabfragen, die beim Verlassen über den **Zurück-**, **Beenden-** oder **Abbruch**-Button in der globalen Symbolleiste angezeigt werden. Wir wollen diese Textsymbole zugehörig zur Funktionsgruppe ZPTB00_OBJ_BTA ablegen.

Textsymbole anlegen

▷ Doppelklicken Sie im Objektlistenbereich auf einen der Funktionsbausteine innerhalb der Funktionsgruppe ZPTB00_OBJ_BTA, so dass deren Quelltext im Werkzeugbereich angezeigt wird.

▷ Wählen Sie den Menüpunkt **Springen · Textelemente · Textsymbole**.

Im Werkzeugbereich wird das Fenster zum Definieren von Textsymbolen angezeigt.

▷ Geben Sie die in Abbildung 5.35 gezeigten Texte ein und klicken Sie auf den **Sichern**-Button.

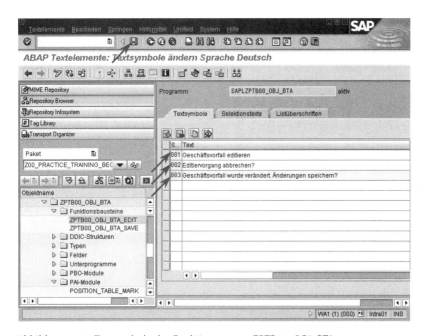

Abbildung 5.35 Textsymbole der Funktionsgruppe ZPTB00_OBJ_BTA

Als Nächstes werden wir eine Nachrichtenklasse anlegen und darin einige Nachrichten definieren, die während des Programmablaufs angezeigt werden sollen.

Nachrichtenklasse anlegen und Nachrichten definieren

▷ Wählen Sie im Kontextmenü des Pakets bzw. der Entwicklungsklasse den Menüpunkt **Anlegen · Nachrichtenklasse** aus.

Daraufhin erscheint ein Dialog, der nach dem Namen der Nachrichtenklasse fragt.

▷ Geben Sie als Namen für die Nachrichtenklasse »ZPTB00_BTA« an und quittieren Sie Ihre Angaben mit dem **OK**-Button.

Im Werkzeugbereich erscheint ein Fenster, in dem Sie weitere Eigenschaften der Nachrichtenklasse pflegen und über den Karteireiter **Nachrichten** auch die einzelnen Meldungen definieren können.

▷ Klicken Sie auf den Karteireiter **Nachrichten**.

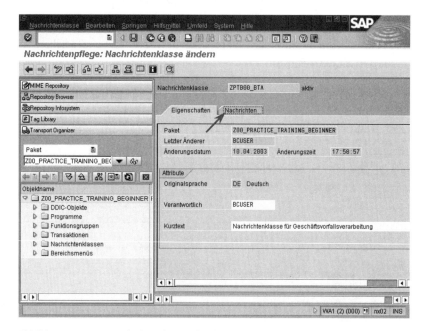

Abbildung 5.36 Eigenschaften der Nachrichtenklasse ZPTB00_BTA

Es folgt die übliche Abfrage des Transportauftrags.

▷ Die Nummer des bereits zuvor benutzten Transportauftrags ist voreingestellt und muss lediglich per **OK**-Button quittiert werden.

Anschließend wechselt der aktive Karteireiter auf **Nachrichten** und Sie können die gewünschten Meldungen eingeben.

▷ Geben Sie die folgenden Nachrichtentexte ein:
  ▷ Nachricht 000: »Bitte geben Sie die Produkt-ID an«

▷ Nachricht 001: »Bitte geben Sie den Positionstyp an«
▷ Nachricht 002: »Bitte geben Sie den Betrag an«
▷ Nachricht 003: »Bitte geben Sie die Währung an«
▷ Nachricht 004: »Bitte geben Sie die Menge an«
▷ Nachricht 005: »Bitte geben Sie die Mengeneinheit an«

▷ Klicken Sie auf den **Sichern**-Button und dann auf **Zurück**, um zurück zum Quelltext zu gelangen.

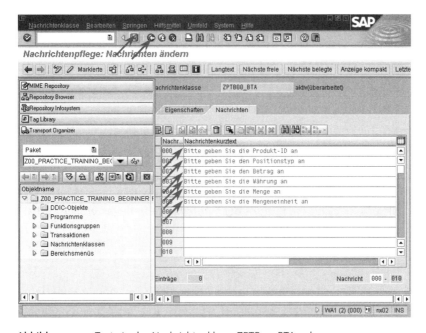

Abbildung 5.37 Texte in der Nachrichtenklasse ZPTB00_BTA anlegen

Nun benötigen wir einen GUI-Titel, um dem Dynpro-Fenster einen Titel für die Ausgabe in der Titelleiste zuweisen zu können.

GUI-Titel anlegen

▷ Wählen Sie im Kontextmenü der Funktionsgruppe ZPTB00_OBJ_BTA den Menüpunkt **Anlegen · GUI-Titel** aus.

Der Object Navigator zeigt einen Dialog an, in dem Sie neben dem Titelcode zur eindeutigen Identifikation des GUI-Titels auch den Titel selbst angeben können.

▷ Geben Sie als Titelcode »ZPTB00_OBJ_BTA« ein und als Titel »Geschäftsvorfall editieren«.

▷ Bestätigen Sie die Eingaben mit dem **Übernehmen**-Button.

Komplexe Ein- und Ausgabeoberflächen – Dynpros

Damit ist der GUI-Titel auch schon angelegt. Die Aktivierung erfolgt später zusammen mit der Funktionsgruppe selbst.

GUI-Status anlegen

Auch einen GUI-Status benötigen wir, um die allen SAP-Applikationen gemeinsame Symbolleiste mit **Zurück-**, **Beenden-** und **Abbrechen-**Button anzuschließen. Die Möglichkeit zur Definition eigener Menüpunkte gestaltet sich zwar analog, wir wollen jedoch in diesem Kapitel keinen Gebrauch davon machen.

▷ Wählen Sie im Kontextmenü der Funktionsgruppe ZPTB00_OBJ_BTA den Menüpunkt **Anlegen · GUI-Status** aus.

Daraufhin erscheint ein Dialog, der nach dem Namen des GUI-Status und einem Kurztext fragt.

▷ Geben Sie als Namen »ZPTB00_OBJ_BTA_STD« und als Kurztext »Standard GUI-Status Geschäftsvorfall bearbeiten« an.

▷ Quittieren Sie Ihre Angaben mit dem **Weiter**-Button.

Im Werkzeugbereich der Entwicklungsumgebung wird ein Fenster eingeblendet, in dem Sie die Eigenschaften des GUI-Status festlegen können. Uns interessiert lediglich der Bereich **Funktionstasten**, in dem wir einige Funktionscodes für die Buttons der Symbolleiste festlegen wollen. Sobald einer dieser Buttons gedrückt wird, bekommen wir später vom Dynpro automatisch den entsprechenden Funktionscode zurückgeliefert und können darauf reagieren.

▷ Klicken Sie auf den Button rechts neben der Bezeichnung **Funktionstasten**, worauf die nutzbaren Symbole und Tastenkombinationen angezeigt werden.

▷ Geben Sie für das Diskettensymbol den Funktionscode »SAVE« an, für den Pfeil nach links auf grünem Hintergrund »BACK«, für den Pfeil nach oben auf gelbem Hintergrund »QUIT«, für das rote Kreuz auf rotem Hintergrund »CANC«, für den gelben Doppelpfeil nach oben »FIRST«, für den gelben Pfeil nach oben »PREV«, für den gelben Pfeil nach unten »NEXT« und für den gelben Doppelpfeil nach unten »LAST«.

Es gibt sogar noch mehr Einstellungsmöglichkeiten pro Funktionscode:

▷ Wählen Sie im Kontextmenü zum Funktionscode CANC den Menüpunkt **Eigenschaften**.

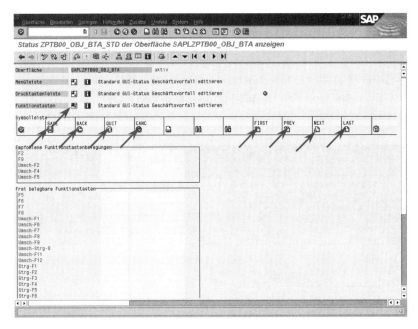

Abbildung 5.38 Eigenschaften des GUI-Status in Funktionsgruppe ZPTB00_OBJ_BTA angeben

In einem Dialog können wir nun den Funktionstyp angeben, über den diverse Sonderbehandlungen eingestellt werden können. Der von uns favorisierte Typ »E« ermöglicht den Abbruch der Dynpro-Verarbeitung auch bei aktuellen Fehleingaben des Benutzers, indem die Verarbeitung dieses Funktionscodes vor allen anderen Prüfungen ausgeführt wird.

▷ Wählen Sie als Funktionstyp »E« aus und quittieren Sie die Einstellungen mit dem **OK**-Button.

Der GUI-Status ist nun erstellt und kann in unserer Funktionsgruppe verwendet werden.

Jetzt legen wir ein Dynpro an, das die Eingabeelemente für den Geschäftsvorfallskopf und die Eingabetabelle für die Geschäftsvorfallspositionen aufnehmen wird.

Dynpro anlegen

▷ Wählen Sie im Kontextmenü der Funktionsgruppe ZPTB00_OBJ_BTA den Menüpunkt **Anlegen · Dynpro** aus.

Daraufhin erscheint ein Dialog, der nach der Nummer des Dynpros fragt.

▷ Geben Sie als Nummer »100« an und bestätigen Sie Ihre Angaben mit dem **Weiter**-Button.

Komplexe Ein- und Ausgabeoberflächen – Dynpros

Im Werkzeugbereich der Entwicklungsumgebung wird ein Fenster eingeblendet, in dem Sie eine Reihe von Eigenschaften des Dynpros einstellen können.

▷ Geben Sie als Kurzbeschreibung »Geschäftsvorfall editieren« an und wählen Sie dann den **Layout**-Button, um in den grafischen Layout-Editor zu gelangen.

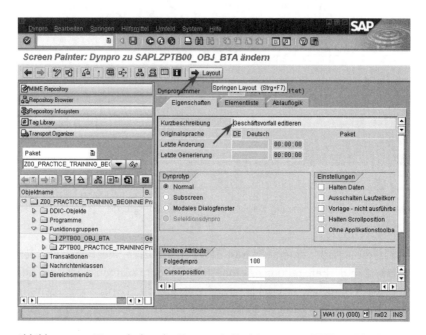

Abbildung 5.39 Eigenschaften des Dynpros in Funktionsgruppe ZPTB00_OBJ_BTA angeben

Nach kurzer Ladezeit erscheint der grafische Layout-Editor, an dessen linkem Rand Sie die zur Verfügung stehenden Oberflächenelemente sehen. Die Symbolleiste am oberen Rand ist hingegen der typischen SAP-Symbolleiste sehr ähnlich.

Oberflächenelemente anlegen

Der Layout-Editor hat sich automatisch in den Bearbeitungsmodus geschaltet und wir können direkt mit der Einrichtung von Oberflächenelementen beginnen. Wir zeigen Ihnen die unserer Meinung nach bequemste Vorgehensweise.

▷ Wählen Sie den Button **Dict/Programmfelder-Fenster**.

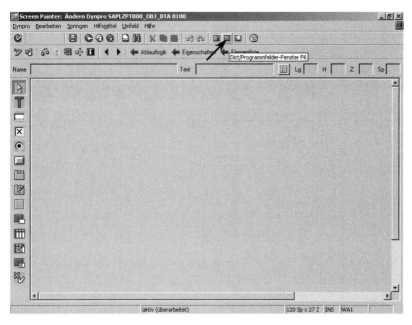

Abbildung 5.40 Layout des Dynpros in Funktionsgruppe ZPTB00_OBJ_BTA bearbeiten

Ein Dialog wird angezeigt, in dem wir nur den Namen einer vorhandenen Struktur angeben müssen, worauf automatisch alle Felder in einer Liste angezeigt und ausgewählt werden können. Der SAP Screen Painter schlägt dann automatisch geeignete Oberflächenelemente vor (siehe Abbildung 5.41).

▷ Geben Sie als Tabellen-/Feldnamen den Namen der Struktur »ZPTB00_STR_BTA« ein.

▷ Klicken Sie auf den Button **Holen aus DICT**. Daraufhin wird die Struktur eingelesen und die Felder in der darunter liegenden Tabelle angezeigt.

▷ Markieren Sie mit Hilfe der Buttons am linken Listenrand die Felder **BP_ID**, **BTTYPE** und **BTDATE** und bestätigen Sie Ihre Auswahl mit dem **OK**-Button.

Mit der Maus können Sie nun die Felder an einer geeigneten Stelle auf dem Bildschirm positionieren. Sobald Sie die Maustaste drücken, werden die Felder dort angelegt.

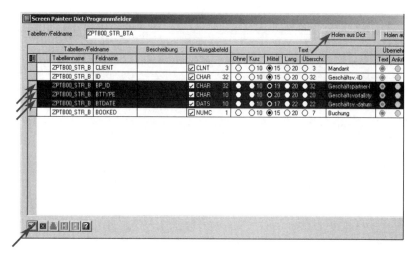

Abbildung 5.41 Felder für die Kopfinformationen Eigenschaften des Dynpros in Funktionsgruppe ZPTB00_OBJ_BTA angeben

▷ Führen Sie den Maus-Cursor auf die zweite Spalte und die zweite Zeile.

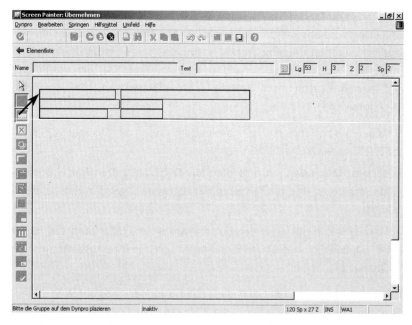

Abbildung 5.42 Kopfinformationen der Struktur ZPTB00_STR_BTA im Fenster positionieren

Wie Sie sehen, können Sie die Felder an beliebiger Stelle im Fenster platzieren und der SAP Screen Painter achtet automatisch darauf, dass die Eingabefelder nicht am rechten Rand überstehen.

▷ Drücken Sie die linke Maustaste. Die Felder werden daraufhin an der Stelle des Mauscursors angelegt.

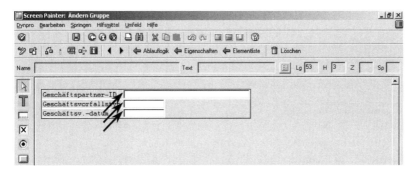

Abbildung 5.43 Eingabeelemente für die Kopfinformationen der Struktur ZPTB00_STR_BTA anlegen

Der SAP Screen Painter hat nun automatisch drei Eingabefelder mit Beschriftung angelegt. Vom zweiten Eingabefeld wissen wir, dass die Anzahl der möglichen Geschäftsvorfallstypen nicht groß ist, und wir wollen das Oberflächenelement deshalb von einem Eingabefeld mit Eingabehilfe (**F4**-Hilfe) in eine Listbox umändern.

Eingabefeld in eine Listbox umändern

▷ Markieren Sie das Eingabefeld mit der nebenstehenden Beschriftung **Geschäftsvorfallstyp**. Ziehen Sie es auf die gleiche Breite wie das Eingabefeld zur Geschäftspartner-ID. Wir benötigen den Platz, da wir in der Listbox neben dem Festwert auch die Bezeichnung anzeigen wollen.

▷ Klicken Sie auf den Button **Attribute-Fenster**.

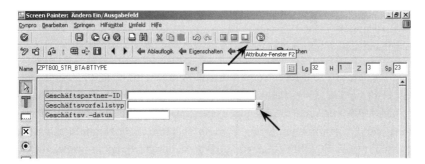

Abbildung 5.44 Vergrößern des Eingabefeldes Geschäftsvorfallstyp

Ein zusätzliches Fenster wird angezeigt, in dem Sie vollen Zugriff auf alle Eigenschaften des markierten Oberflächenelements haben.

▷ Wählen Sie im Dropdown-Feld **Listbox mit Schlüssel**.

▷ Wechseln Sie auf den Karteireiter **Programm** und wählen Sie im Feld **Eingabe** den Wert **empfohlen**.

▷ Klicken Sie auf den **Schließen**-Button.

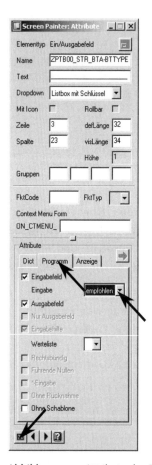

Abbildung 5.45 Attribute des Eingabefelds Geschäftsvorfallstyp einstellen

In der Vorschau zu Ihrem Programmfenster erscheint das Eingabefeld nun als Listbox. Da ein Geschäftsvorfall ohne Datum keinen Sinn macht, schalten wir auch hierfür die Eigenschaft auf **Eingabe empfohlen**. Während der Programmausführung wird so später das Eingabefeld mit dem typischen Häkchen versehen, das auf die verlangte Eingabe hindeutet.

▷ Markieren Sie das Eingabefeld mit der nebenstehenden Beschriftung **Geschäftsvorfallsdatum** und klicken Sie auf den Button **Attribute-Fenster**.

Im **Attribute**-Fenster können wir die gewünschte Einstellung vornehmen.

▷ Wechseln Sie auf den Karteireiter **Programm**.

▷ Wählen Sie im Feld **Eingabe** den Wert **empfohlen** und klicken Sie auf den **Schließen**-Button.

Als Nächstes kümmern wir uns um die Eingabefelder für die Positionsinformationen. Wie bereits in der Aufgabe beschrieben, wollen wir eine tabellarische Eingabe für mehrere Positionen realisieren. Dabei hilft uns der Table Control Wizard.

Komplexe Tabellen-Elemente mit dem Table Control Wizard anlegen

▷ Klicken Sie in der Control-Leiste am linken Bildschirmrand auf den Button **Table Control (mittels Wizard)**.

▷ Klicken Sie in den rechten oberen Bereich des Fensters und ziehen Sie mit gedrückter Maustaste den Rahmen auf die gewünschte Größe (auch später noch jederzeit änderbar).

▷ Lassen Sie die Maustaste los, so dass der Table Wizard startet.

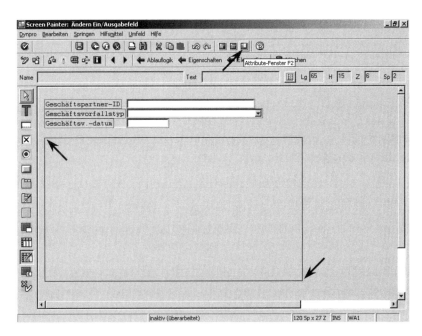

Abbildung 5.46 Aufspannen der Fläche für das Table Control

Ein Dialog-Fenster erscheint, das Sie Schritt für Schritt zum Table Control auf der Oberfläche führt.

▷ Lesen Sie den Text und wählen Sie anschließend den **Weiter**-Button.

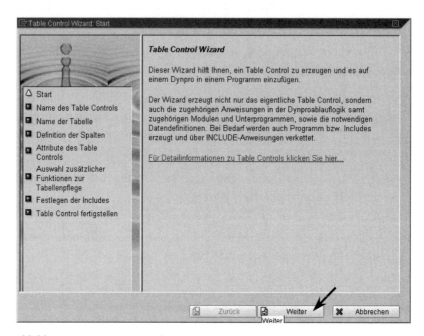

Abbildung 5.47 Die Startseite des Table Control Wizards

Wie Sie sehen, liegt eine der Hauptaufgaben des Wizards neben der Erzeugung des Oberflächenelements auf der automatischen Programmierung der Dynpro-Ablauflogik, die für die Datenübergabe, das seitenweise Blättern usw. erforderlich ist. Es nimmt Ihnen also einen Großteil der sonst notwendigen Arbeit ab.

▷ Geben Sie als zukünftigen Namen des Controls »POSITION_TABLE« an und wählen Sie **Weiter**.

Unter dem Namen POSITION_TABLE wird das Table Control zukünftig aus der Dynpro-Ablauflogik heraus angesprochen.

▷ Geben Sie als Namen der Tabelle »ZPTB00_BTAITEM« an. Aus dieser Tabelle werden im nächsten Schritt die Strukturinformationen für die darzustellenden Spalten gelesen.

▷ Klicken Sie auf den **Weiter**-Button.

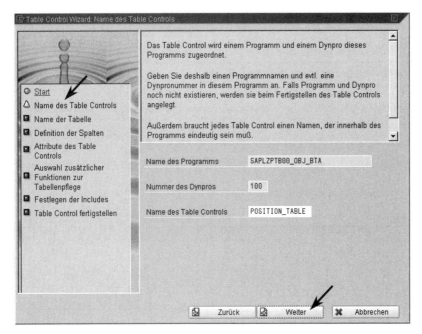

Abbildung 5.48 Name des Table Controls festlegen

Die Strukturinformationen der Tabelle werden gelesen und in einer Liste dargestellt. Wir wählen nun daraus diejenigen Felder aus, die im Table Control angezeigt werden sollen.

▷ Markieren Sie die Spalten **PR_ID**, **PSTYPE**, **WH_ID**, **AMOUNT**, **CURRENCY**, **QUANTITY** und **UNIT** und klicken Sie dann auf den **Weiter**-Button.

Als Nächstes werden einige Attribute des Table Controls abgefragt, die sich auf die Eingabebereitschaft der ausgewählten Spalten beziehen.

▷ Markieren Sie den Radiobutton **Eingabe**. Dadurch erst kann der Anwender eigene Werte in den Zeilen eingeben.

▷ Markieren Sie die Checkbox **Mit Spaltenüberschriften**.

▷ Markieren Sie die Checkbox **Mit Markierspalte**. Damit wird es möglich, einzelne Zeilen des Table Controls zu markieren, z.B., um sie anschließend zu löschen, zu verschieben etc.

▷ Markieren Sie den Radiobutton **Mehrfach**, wodurch das Markieren mehrerer Zeilen ermöglicht wird.

Komplexe Ein- und Ausgabeoberflächen – Dynpros   **309**

▷ Je nach Version des Web Application Servers können Sie hier auch die Markierspalte direkt eingeben. In diesem Fall geben Sie »ZPTB00_BTAITEM-MARK« ein.

▷ Klicken Sie auf den **Weiter**-Button.

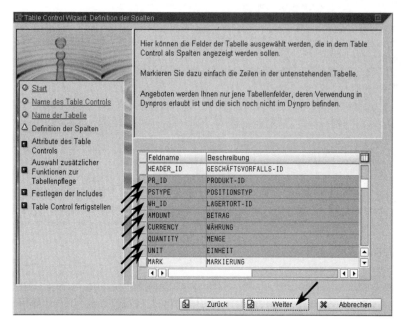

Abbildung 5.49 Definition der Spalten

Natürlich wollen wir von allen angebotenen Features Gebrauch machen und deshalb kreuzen wir alle im nächsten Bild zur Auswahl stehenden Möglichkeiten an.

▷ Markieren Sie die Checkboxen **Blättern**, **Zeile einfügen/löschen** und **Alles markieren/entmarkieren**. Für alle gewählten Features wird später automatisch Programmcode erzeugt.

▷ Klicken Sie auf den **Weiter**-Button.

Es folgt die Eingabe der Include-Dateien, in denen der generierte Programmcode abgelegt werden soll. Wichtig ist, dass man die Daten – wie vom Wizard vorgeschlagen – stets im TOP-Include der Funktionsgruppe ablegt, da auf diese Weise alle Funktionen darauf zugreifen können. Die Kommunikation zwischen Dynpro und ABAP-Programm ist so problemlos möglich. Den Programmcode für die PAI- und PBO-Verarbeitung kann man auch in einem gemeinsamen Include ablegen lassen. Wir wollen es jedoch bei den Vorschlägen des Wizards belassen.

▷ Lassen Sie die Angaben für die einzelnen Include-Dateien unverändert und wählen Sie den **Weiter**-Button.

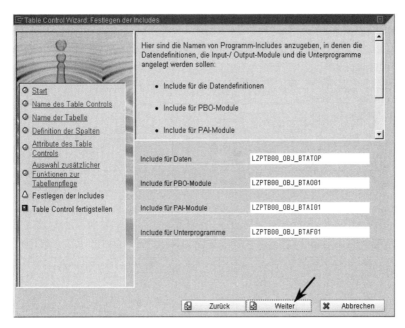

Abbildung 5.50 Festlegen der Includes

Damit sind alle notwendigen Angaben entgegengenommen worden und Sie werden im folgenden Schritt gefragt, ob Sie das Table Control mit all seinem Programmcode nun anlegen lassen wollen.

▷ Wählen Sie den Button **Fertigstellen**, um den Generierungsprozess zu starten.

Nach einer kleinen Wartezeit, in der vor allem die Includes angelegt werden, erscheint das Table Control auf der Oberfläche Ihres selbst gestalteten Programmfensters (siehe Abbildung 5.51). Wir wollen die Oberflächengestaltung der Tabelle noch ein wenig optimieren. Zuerst ziehen wir die einzelnen Felder auf eine Breite, die der zu erwartenden Datenmenge entspricht. Für diejenigen Felder, die nur eine kleine Menge an möglichen Eingabedaten bereitstellen, wollen wir die Eingabe durch Einsatz einer Listbox erleichtern – diese ist noch ein wenig schneller zu bedienen als die standardmäßige **F4**-Hilfe, die dafür auch für sehr große Datenmengen geeignet ist.

▷ Klicken Sie auf eine Tabellenspalte (nicht Spaltenüberschrift) und ziehen Sie anschließend per Drag & Drop den Rand auf die gewünschte Breite.

▷ Klicken Sie auf die Tabellenspalte (nicht Spaltenüberschrift) **Positionstyp** und wählen Sie dann den Button **Attribute**.

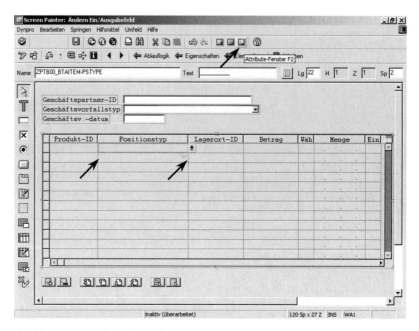

Abbildung 5.51 Spalten des Table Control auf die optimale Breite ziehen

Das **Attribute**-Fenster wird im Vordergrund eingeblendet.

▷ Wählen Sie im Dropdown-Feld **Listbox mit Schlüssel**.

▷ Klicken Sie ohne das **Attribute**-Fenster zu schließen auf die Titelspalte **Währung** und geben Sie im **Attribute**-Fenster als Text »Whg« ein.

▷ Klicken Sie ohne das **Attribute**-Fenster zu schließen auf die Titelspalte **Einheit** und geben Sie im **Attribute**-Fenster als Text »Eht« ein.

▷ Markieren Sie das Table Control selbst, was am besten am rechten Rand per Klick auf den Rollbalken funktioniert.

▷ Wählen Sie im **Attribute**-Fenster unter der Überschrift **Spaltenmark** den Radiobutton **mehrfach** aus.

▷ Markieren Sie die Checkbox **mit Marksp**.

▷ Geben Sie rechts daneben als Namen für die Markierspalte »ZPTB00_BTAITEM-MARK« an.

▷ Aktivieren Sie nacheinander für alle Felder unter dem Karteireiter **Programm** die Checkbox **Eingabefeld**.

▷ Stellen Sie nacheinander für alle Felder unter dem Karteireiter **Programm** die Eingabe auf **empfohlen** (Sollfeld).

▷ Schließen Sie das **Attribute**-Fenster per Klick auf den **Schließen**-Button.

▷ Schließen Sie den SAP Screen Painter per Klick auf den **Schließen**-Button.

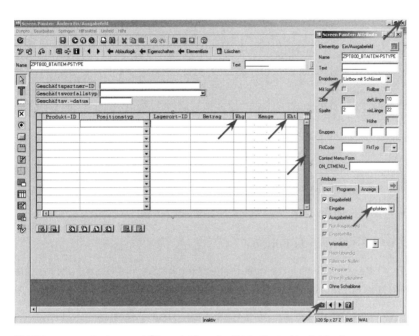

Abbildung 5.52 Spalten und Überschriften des Table Control individuell anpassen

Je nach benutzter Version des Web Application Servers müssen Sie nun im automatisch generierten Quelltext die Markierspalte manuell anpassen, da es sonst beim Aktivieren zu einem Syntax-Fehler kommt.

Dynpro-Ablauflogik anpassen

▷ Wechseln Sie auf den Karteireiter **Ablauflogik** und ändern Sie Zeile 30 in »FIELD ZPTB00_BTAITEM-MARK«.

▷ Entfernen Sie die Kommentar-Markierung vor der letzten Zeile MODULE USER_COMMAND_0100 und klicken Sie auf **Sichern**.

▷ Doppelklicken Sie auf den Begriff USER_COMMAND_0100, um das Modul automatisch anlegen zu lassen.

Ein Dialog wird eingeblendet, in dem Ihnen das Anlegen des Moduls angeboten wird.

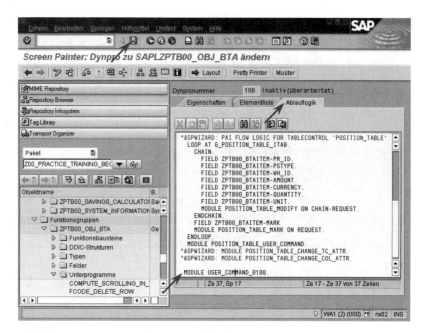

Abbildung 5.53 Anpassen der Dynpro-Ablauflogik

▷ Wählen Sie den **Ja**-Button.

Ein weiterer Dialog wird eingeblendet, in dem Sie Einfluss auf das Include nehmen können, in dem das Modul angelegt wird.

▷ Wählen Sie als Include »LZPTB00_OBJ_BTAI01« aus.

▷ Geben Sie als Kurzbeschreibung »USER_COMMAND_0100« ein und wählen Sie den **Weiter**-Button.

Das leere Modul erscheint im Quelltexteditor, so dass wir es im letzten Schritt zusammen mit den anderen Modulen ausprogrammieren können.

Als Nächstes wollen wir den **Cancel**-Button abfangen, wofür es eines Extra-Moduls bedarf, was ausschließlich zum Zeitpunkt USER_EXIT aufgerufen wird.

▷ Ergänzen Sie den Quelltext MODULE USER_EXIT_0100 in der PAI-Ablauflogik des Dynpros wie in Abbildung 5.54 und klicken Sie auf den **Sichern**-Button.

▷ Doppelklicken Sie auf den Begriff USER_EXIT_0100, um das Modul automatisch anlegen zu lassen.

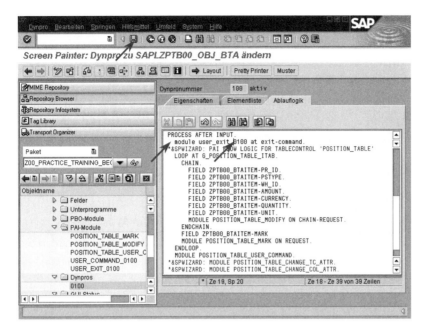

Abbildung 5.54 Weiteres Anpassen der Dynpro-Ablauflogik

Ein Dialog wird eingeblendet, in dem Ihnen das Anlegen des Moduls angeboten wird.

▷ Wählen Sie den **Ja**-Button.

Ein weiterer Dialog wird eingeblendet, in dem Sie Einfluss auf das Include nehmen können, in dem das Modul angelegt wird.

▷ Wählen Sie als Include »LZPTB00_OBJ_BTAI01« aus.
▷ Geben Sie als Kurzbeschreibung »USER_EXIT_0100« ein und klicken Sie auf den **Weiter**-Button.

Auch dieses leere Modul wollen wir im letzten Schritt zusammen mit den anderen Modulen ausprogrammieren können. Zuvor benötigen wir noch ein drittes Modul, in dem wir unseren selbst erstellten GUI-Status und GUI-Titel setzen können, was natürlich nur im PBO-Block, also vor der Ausgabe des Dynpros, Sinn macht. Im gleichen Modul können wir dann auch die Übergabe unserer Header-Daten an die entsprechenden Oberflächenelemente abhandeln, denn der Table Control Wizard hat lediglich die Übertragung der Positionsdaten vorbereitet.

▷ Entfernen Sie den Kommentarstern vor dem letzten Befehl im PBO-Block MODULE STATUS_0100 und klicken Sie auf den **Sichern**-Button.
▷ Doppelklicken Sie auf den Begriff STATUS_0100, um das Modul automatisch anlegen zu lassen.

Ein Dialog wird eingeblendet, in dem Ihnen das Anlegen des Moduls angeboten wird.

▷ Wählen Sie den **Ja**-Button.

Ein weiterer Dialog wird eingeblendet, in dem Sie Einfluss auf das Include nehmen können, in dem das Modul angelegt wird.

▷ Wählen Sie als Include »LZPTB00_OBJ_BTAO01« aus.
▷ Geben Sie als Kurzbeschreibung »STATUS_0100« ein und wählen Sie den **Weiter**-Button.

Nun haben wir alle Module in der Dynpro-Ablauflogik angelegt, die wir benötigen. Alle Module liegen in zwei Includes, getrennt nach PBO- und PAI-Logik. Alle Module werden aus der Dynpro-Ablauflogik heraus aufgerufen, deren Quelltext wir zuerst betrachten wollen.

▷ Doppelklicken Sie im Objektlistenbereich auf das Dynpro 100, so dass im Werkzeugbereich dessen Eigenschaften angezeigt werden.
▷ Wechseln Sie auf den Karteireiter **Ablauflogik** und vervollständigen Sie den Quelltext nach folgendem Vorbild:

Listing 5.3 Quelltext der Dynpro-0100-Ablauflogik

```
PROCESS BEFORE OUTPUT.
*&SPWIZARD: PBO FLOW LOGIC FOR TABLECONTROL *&'POSITION_
TABLE'
  MODULE POSITION_TABLE_INIT.
*&SPWIZARD: MODULE POSITION_TABLE_CHANGE_TC_ATTR.
*&SPWIZARD: MODULE POSITION_TABLE_CHANGE_COL_ATTR.
  LOOP AT   G_POSITION_TABLE_ITAB
       INTO G_POSITION_TABLE_WA
       WITH CONTROL POSITION_TABLE
       CURSOR POSITION_TABLE-CURRENT_LINE.
*&SPWIZARD:   MODULE POSITION_TABLE_CHANGE_FIELD_ATTR
    MODULE POSITION_TABLE_MOVE.
    MODULE POSITION_TABLE_GET_LINES.
  ENDLOOP.

  MODULE status_0100.
```

```
PROCESS AFTER INPUT.
  module user_exit_0100 at exit-command.
*&SPWIZARD: PAI FLOW LOGIC FOR TABLECONTROL
*'POSITION_TABLE'
  LOOP AT G_POSITION_TABLE_ITAB.
    CHAIN.
      FIELD ZPTB00_BTAITEM-PR_ID.
      FIELD ZPTB00_BTAITEM-PSTYPE.
      FIELD ZPTB00_BTAITEM-WH_ID.
      FIELD ZPTB00_BTAITEM-AMOUNT.
      FIELD ZPTB00_BTAITEM-CURRENCY.
      FIELD ZPTB00_BTAITEM-QUANTITY.
      FIELD ZPTB00_BTAITEM-UNIT.
      FIELD ZPTB00_BTAITEM-MARK
      MODULE POSITION_TABLE_MODIFY ON CHAIN-REQUEST.
    ENDCHAIN.
      FIELD ZPTB00_BTAITEM-MARK
      MODULE POSITION_TABLE_MARK ON REQUEST.
  ENDLOOP.
  MODULE POSITION_TABLE_USER_COMMAND.
*&SPWIZARD: MODULE POSITION_TABLE_CHANGE_TC_ATTR.
*&SPWIZARD: MODULE POSITION_TABLE_CHANGE_COL_ATTR.

  MODULE user_command_0100.
```

In diesem Quelltext haben wir lediglich drei Zeilen eingefügt. Als letzten Befehl im PBO-Block haben wir unser Modul `status_0100` angeordnet, in dem wir den GUI-Status und -Titel setzen sowie die Header-Daten an die entsprechenden Oberflächenelemente übermitteln. Im Modul `user_exit_0100` wurde die Behandlung des CANC-Funktionscodes untergebracht, der dank der besonderen Auszeichnung als Funktionstyp »E« von diesem Modul verarbeitet werden kann. Das dritte Modul `user_command_0100` enthält die Verarbeitung der übrigen Funktionscodes, im Einzelnen für den **Speichern**-, **Zurück**- und **Beenden**-Button.

Erläuterung des Quelltextes der Dynpro-Ablauflogik

Kommen wir nun zur Logik vor Ausgabe des Dynpros (PBO).

▷ Laden Sie das Include LZPTB00_OBJ_BTAO01 und geben Sie den folgenden Quelltext ein:

Listing 5.4 Quelltext des Includes LZPTB00_OBJ_BTA001

```
*&---------------------------------------------------------------------*
*&  Include                 LZPTB00_OBJ_BTA001
*&---------------------------------------------------------------------*

*&SPWIZARD: OUTPUT MODULE FOR TC 'POSITION_TABLE'. DO
* NOT CHANGE THIS LINE
*&SPWIZARD: COPY DDIC-TABLE TO ITAB
MODULE POSITION_TABLE_INIT OUTPUT.
  FIELD-SYMBOLS:
    <g_str_item> TYPE ZPTB00_BTAITEM.
  IF G_POSITION_TABLE_COPIED IS INITIAL.
    LOOP AT g_str_bta-tab_item ASSIGNING <g_str_item>.
      MOVE-CORRESPONDING <g_str_item> TO
      g_position_table_wa.
      APPEND g_position_table_wa TO
      g_position_table_itab.
    ENDLOOP.
*&SPWIZARD: COPY DDIC-TABLE 'ZPTB00_BTAITEM'
*&SPWIZARD: INTO INTERNAL TABLE 'g POSITION_TABLE_itab'
*    SELECT * FROM ZPTB00_BTAITEM
*       INTO CORRESPONDING FIELDS
*       OF TABLE G_POSITION_TABLE_ITAB.
    G_POSITION_TABLE_COPIED = 'X'.
    REFRESH CONTROL 'POSITION_TABLE' FROM SCREEN
    '0100'.
  ENDIF.
ENDMODULE.                      "POSITION_TABLE_INIT OUTPUT

*&SPWIZARD: OUTPUT MODULE FOR TC 'POSITION_TABLE'.
*DO NOT CHANGE THIS LINE
*&SPWIZARD: MOVE ITAB TO DYNPRO
MODULE POSITION_TABLE_MOVE OUTPUT.
  MOVE-CORRESPONDING G_POSITION_TABLE_WA TO
  ZPTB00_BTAITEM.
ENDMODULE.                      "POSITION_TABLE_MOVE OUTPUT

*&SPWIZARD: OUTPUT MODULE FOR TC 'POSITION_TABLE'.
*DO NOT CHANGE THIS LI
*&SPWIZARD: GET LINES OF TABLECONTROL
```

```
MODULE POSITION_TABLE_GET_LINES OUTPUT.
  G_POSITION_TABLE_LINES = SY-LOOPC.
ENDMODULE.                 "POSITION_TABLE_GET_LINES OUTPUT


*&---------------------------------------------------------*
*&      Module  STATUS_0100  OUTPUT                        *
*&---------------------------------------------------------*
* Setting of GUI-Status, titlebar and initialization       *
* of header data.                                          *
*----------------------------------------------------------*
MODULE STATUS_0100 OUTPUT.
  DATA:
    g_header_copied TYPE c.

  SET PF-STATUS 'ZPTB00_OBJ_BTA_STD'.
  SET TITLEBAR 'ZPTB00_OBJ_BTA_STD'.

  IF g_header_copied IS INITIAL.
*   assign header data to appropriate controls
    zptb00_str_bta-bp_id = g_str_bta-bp_id.
    zptb00_str_bta-bttype = g_str_bta-bttype.
    zptb00_str_bta-btdate = g_str_bta-btdate.
    g_header_copied = 'X'.
  ENDIF.
ENDMODULE.                 " STATUS_0100 OUTPUT
```

Unser Quelltext beginnt mit der Modifikation der vom Table Control Wizard generierten Befehle. Wir möchten den Inhalt für die Positionen nicht direkt aus der Datenbanktabelle ZPTB00_BTAITEM lesen, sondern stattdessen von unserer globalen Variablen g_str_bta-tab_item übernehmen. Deshalb kommentieren wir den generierten Quelltext im Modul POSITION_TABLE_INIT aus und schreiben darüber stattdessen einen LOOP-Befehl, der die Daten aus der globalen Variablen an die interne Repräsentation der Dynpro-Daten übergibt.

Erläuterung des Quelltextes des Includes LZPTB00_OBJ_BTAO0

Das Modul STATUS_0100 haben wir selbst angelegt und setzen darin als Erstes den von uns gewünschten GUI-Status und -Titel. Auch führen wir eine erstmalige Initialisierung der Header-Oberflächenelemente durch. Sichergestellt wird das einmalige Ausführen durch die Variable g_header_copied, die unmittelbar nach der Zuweisung auf 'X' gesetzt wird, wodurch die IF-Anweisung kein zweites Mal durchlaufen wird.

Fahren wir fort mit der Logik nach Ausgabe des Dynpros (PAI).

▷ Laden Sie das Include LZPTB00_OBJ_BTAI01 und geben Sie den folgenden Quelltext ein.

Listing 5.5 Quelltext des Includes LZPTB00_OBJ_BTAI01

```
*&---------------------------------------------------------------------*
*&  Include           LZPTB00_OBJ_BTAI01                               *
*&---------------------------------------------------------------------*

*&SPWIZARD: INPUT MODULE FOR TC 'POSITION_TABLE'.
*DO NOT CHANGE THIS LINE
*&SPWIZARD: MODIFY TABLE
MODULE POSITION_TABLE_MODIFY INPUT.
  MOVE-CORRESPONDING ZPTB00_BTAITEM TO
  G_POSITION_TABLE_WA.
  MODIFY G_POSITION_TABLE_ITAB
    FROM G_POSITION_TABLE_WA
    INDEX POSITION_TABLE-CURRENT_LINE.
ENDMODULE.                      "POSITION_TABLE_MODIFY INPUT

*&SPWIZARD: INPUT MODULE FOR TC 'POSITION_TABLE'.
*DO NOT CHANGE THIS LIN
*&SPWIZARD: MARK TABLE
MODULE POSITION_TABLE_MARK INPUT.
  MODIFY G_POSITION_TABLE_ITAB
    FROM G_POSITION_TABLE_WA
    INDEX POSITION_TABLE-CURRENT_LINE
    TRANSPORTING FLAG.
ENDMODULE.                      "POSITION_TABLE_MARK INPUT

*&SPWIZARD: INPUT MODULE FOR TC 'POSITION_TABLE'.
*DO NOT CHANGE THIS LIN
*&SPWIZARD: PROCESS USER COMMAND
MODULE POSITION_TABLE_USER_COMMAND INPUT.
  PERFORM USER_OK_TC USING    'POSITION_TABLE'
                              'G_POSITION_TABLE_ITAB'
                              'FLAG'
                    CHANGING OK_CODE.
ENDMODULE.              "POSITION_TABLE_USER_COMMAND INPUT
```

```abap
*&---------------------------------------------------------------------*
*&      Module  USER_COMMAND_0100  INPUT
*&---------------------------------------------------------------------*
*       text
*----------------------------------------------------------------------*
MODULE USER_COMMAND_0100 INPUT.
  DATA:
* Popup
    g_answer TYPE c,
* Position checking
    g_index TYPE sy-tabix,
    g_str_item TYPE zptb00_btaitem.
*   save_ok LIKE ok_code.
  FIELD-SYMBOLS:
* Position checking
    <position_str> TYPE T_POSITION_TABLE.

  IF  ok_code = 'BACK' OR ok_code = 'QUIT'.
    CALL FUNCTION 'POPUP_TO_CONFIRM_STEP'
      EXPORTING
*         DEFAULTOPTION        = 'Y'
          textline1            = text-003
*         TEXTLINE2            = ' '
          title                = text-001
*         START_COLUMN         = 25
*         START_ROW            = 6
*         CANCEL_DISPLAY       = 'X'
      IMPORTING
          ANSWER               = g_answer .
    IF g_answer = 'N'.
      CLEAR g_str_bta.
      LEAVE TO SCREEN 0.
    ELSEIF g_answer = 'J'.
      ok_code = 'SAVE'.
    ENDIF.
  ENDIF.
  IF ok_code = 'SAVE'.
* check header data
    IF ZPTB00_STR_BTA-BTtype IS INITIAL.
      MESSAGE i006(zptb00_bta) WITH g_index.
      RETURN.
```

```abap
      ENDIF.
      IF ZPTB00_STR_BTA-btdate IS INITIAL.
        MESSAGE i007(zptb00_bta) WITH g_index.
        RETURN.
      ENDIF.
* check position data
    LOOP AT G_POSITION_TABLE_ITAB ASSIGNING
    <position_str>.
      g_index = sy-tabix.
      IF <position_str>-pr_id IS INITIAL.
        MESSAGE i000(zptb00_bta) WITH g_index.
        RETURN.
      ENDIF.
      IF <position_str>-pstype IS INITIAL.
        MESSAGE i001(zptb00_bta) WITH g_index.
        RETURN.
      ENDIF.
      IF <position_str>-amount IS INITIAL.
        MESSAGE i002(zptb00_bta) WITH g_index.
        RETURN.
      ENDIF.
      IF <position_str>-currency IS INITIAL.
        MESSAGE i003(zptb00_bta) WITH g_index.
        RETURN.
      ENDIF.
      IF <position_str>-quantity IS INITIAL.
        MESSAGE i004(zptb00_bta) WITH g_index.
        RETURN.
      ENDIF.
      IF <position_str>-unit IS INITIAL.
        MESSAGE i005(zptb00_bta) WITH g_index.
        RETURN.
      ENDIF.
* put header data into communication structure
* g_str_bta
      IF g_str_bta-id IS INITIAL.
        CALL FUNCTION 'GUID_CREATE'
          IMPORTING
*           EV_GUID_16        =
*           EV_GUID_22        =
```

```abap
                ev_guid_32       = g_str_bta-id.
       ENDIF.
       g_str_bta-bp_id = ZPTB00_BTAHEADER-bp_id.
       g_str_bta-bttype = ZPTB00_BTAHEADER-bttype.
       g_str_bta-btdate = ZPTB00_BTAHEADER-btdate.

* put position data into communication structure
* g_str_bta
       READ TABLE g_str_bta-tab_item INDEX g_index INTO
       g_str_item.
       IF sy-subrc <> 0.
         CALL FUNCTION 'GUID_CREATE'
             IMPORTING
*              EV_GUID_16       =
*              EV_GUID_22       =
               ev_guid_32       = g_str_item-id.
         g_str_item-HEADER_ID = g_str_bta-id.
         MOVE-CORRESPONDING <position_str> TO
         g_str_item.
         APPEND g_str_item TO g_str_bta-tab_item.
       ELSE.
         IF g_str_item-id IS INITIAL.
          CALL FUNCTION 'GUID_CREATE'
             IMPORTING
*              EV_GUID_16       =
*              EV_GUID_22       =
               ev_guid_32       = g_str_item-id.
           g_str_item-HEADER_ID = g_str_bta-id.
         ENDIF.
         MOVE-CORRESPONDING <position_str> TO
         g_str_item.
         MODIFY g_str_bta-tab_item FROM g_str_item INDEX
         g_index.
       ENDIF.
     ENDLOOP.
     LEAVE TO SCREEN 0.
  ENDIF.
  CLEAR ok_code.
ENDMODULE.                    " USER_COMMAND_0100  INPUT
```

```
*&---------------------------------------------------------------------*
*&      Module  user_exit_0100  INPUT                                  *
*&---------------------------------------------------------------------*
*       text                                                           *
*----------------------------------------------------------------------*
MODULE user_exit_0100 INPUT.
* has the user typed in any data? ...
  IF sy-datar = 'X'.
* ... then we have to confirm the cancel process
    CALL FUNCTION 'POPUP_TO_CONFIRM_LOSS_OF_DATA'
      EXPORTING
        textline1               = text-002
*       TEXTLINE2               = ' '
        titel                   = text-001
*       START_COLUMN            = 25
*       START_ROW               = 6
*       DEFAULTOPTION           = 'N'
      IMPORTING
        answer                  = g_answer .
  ELSE.
* ... otherwise we need no confirmation
    g_answer = 'J'.
  ENDIF.
  IF g_answer = 'J'.
    CLEAR g_str_bta.
    LEAVE TO SCREEN 0.
  ENDIF.

ENDMODULE.                 " user_exit_0100  INPUT
```

Erläuterung des Quelltextes des Includes LZPTB00_OBJ_BTAI01

Der Quelltext beginnt mit drei generierten Modulen, die wir jedoch unangetastet lassen. Unser erster eigener Quelltext gehört zum Modul USER_COMMAND_0100 und beschäftigt sich hauptsächlich mit der Überprüfung der Anwendereingaben. Bereits beim Erstellen des GUI-Status haben wir dafür Sorge getragen, dass dieses Modul immer aufgerufen wird, wenn der Anwender einen der Buttons **Speichern**, **Zurück** oder **Beenden** gedrückt hat.

In der Variablen ok_code finden wir dann den entsprechenden Funktionscode und können in einer einfachen CASE-Anweisung die weitere Vorgehensweise diversifizieren. Bei den Funktionscodes BACK und QUIT führen wir mittels der Funktion POPUP_TO_CONFIRM_STEP eine Sicherheitsabfrage aus, die der Anwender mit **Ja** (vorher speichern), **Nein** (Nicht speichern) und **Abbrechen** (Dynpro nicht verlassen) beantworten kann.

Je nach Antwort des Anwenders, die in der Variablen g_answer vorliegt, löschen wir die globale Variable g_str_bta – dies ist das vereinbarte Zeichen, falls nicht der **Speichern**-Button gedrückt wurde. Alternativ setzen wir den ok_code programmatisch auf SAVE um, so dass die nächste IF-Anweisung ausgeführt wird. Der ok_code SAVE setzt voraus, dass der Anwender alle Daten korrekt eingegeben hat. Dies prüfen wir durch diverse IF-Anweisungen, die gegebenenfalls Fehlermeldungen ausgeben.

Erst wenn alle Prüfungen anstandslos durchlaufen wurden, füllen wir neben den sichtbaren auch die restlichen (nicht auf der Oberfläche gezeigten) Felder der globalen Struktur g_str_bta, wobei wir insbesondere darauf achten, dass eine neue GUID für den Primärschlüssel des Headers und der Items nur dann gezogen wird, wenn die entsprechende Zeile auch wirklich vom Anwender neu eingefügt wurde; ansonsten übernehmen wir die vorhandene GUID, was in gewünschter Weise zum Überschreiben der vorhandenen Daten auf der Datenbank führt.

Schließlich verlassen wir das Dynpro mittels LEAVE TO SCREEN 0. Dadurch wird die Programmausführung in der aufrufenden Funktion ZPTB00_OBJ_BTA_EDIT fortgesetzt.

Das Modul User_Exit_0100 verfährt ganz analog, es wird jedoch vor sämtlichen Prüfungen ausgeführt und enthält auch selbst nichts außer einer Sicherheitsabfrage, ob trotz drohenden Datenverlusts das Fenster verlassen werden soll oder nicht.

▷ Geben Sie den folgenden Quelltext zur Funktion ZPTB00_OBJ_BTA_EDIT ein:

Listing 5.6 Quelltext der Funktion ZPTB00_OBJ_BTA_EDIT

```
FUNCTION zptb00_obj_bta_edit.
*"----------------------------------------------------
*"*"Lokale Schnittstelle:
*"  CHANGING
*"     REFERENCE(C_STR_BTA) TYPE  ZPTB00_STR_BTA
*"     OPTIONAL
*"----------------------------------------------------
DATA:
  l_str_item type ZPTB00_BTAITEM.
```

```
         IF c_str_bta IS INITIAL.
*   Just add one line to the position by default
           APPEND l_str_item TO c_str_bta-tab_item.
         ENDIF.

*   Make manual posting global for dynpro
         MOVE-CORRESPONDING c_str_bta TO g_str_bta.
*   Call edit screen
         CALL SCREEN 0100.
*   If the user pressed save and everthing is fine,
*   then g_str_bta is filled with user input;
*   Otherwise the structure is initial;
*   Move edited data back to our interface variable
         MOVE-CORRESPONDING g_str_bta TO c_str_bta.
       ENDFUNCTION.
```

Erläuterung des Quelltextes zur Funktion ZPTB00_OBJ_BTA_EDIT

Wie Sie sehen, ist der Aufruf des Dynpros als solches sehr einfach. Zuerst hängen wir aus Gründen des Komforts eine Zeile an die `tab_items` an, sofern die Gesamtstruktur initial ist. Das erspart dem Anwender später das Drücken des **Hinzufügen**-Buttons, der vom Table Control Wizard angelegt wurde. Nachdem wir die anzuzeigenden Daten aus unserem Changing-Parameter in die globale Struktur überstellt haben, rufen wir das Dynpro mittels `CALL SCREEN 0100` auf. Anschließend transferieren wir die globalen Daten in `g_str_bta` zurück in unseren Changing-Parameter.

Als Nächstes behandeln wir den Quelltext der Funktion ZPTB00_OBJ_BTA_SAVE zum Abspeichern des eingegebenen Geschäftsvorfalls in der Datenbank.

▷ Geben Sie den folgenden Quelltext zur Funktion ZPTB00_OBJ_BTA_SAVE ein:

Listing 5.7 Quelltext der Funktion ZPTB00_OBJ_BTA_SAVE

```
FUNCTION ZPTB00_OBJ_BTA_SAVE.
*"----------------------------------------------------------------------
*"*"Lokale Schnittstelle:
*"  IMPORTING
*"     REFERENCE(I_STR_BTA) TYPE  ZPTB00_STR_BTA
*"  EXCEPTIONS
*"     FAILED
*"----------------------------------------------------------------------
```

```
  DATA:
* Structure like header and item table
    l_str_btaheader TYPE ZPTB00_BTAHEADER,
    l_tab_btaitem TYPE STANDARD TABLE OF
    ZPTB00_BTAITEM.

* Get header data and write to database table
  MOVE-CORRESPONDING i_str_bta TO l_str_btaheader.
  MODIFY ZPTB00_BTAHEADER FROM l_str_btaheader.
  IF sy-subrc <> 0.
    RAISE FAILED.
  ENDIF.

  DELETE FROM ZPTB00_BTAITEM WHERE HEADER_ID =
    l_str_btaheader-ID.
  INSERT ZPTB00_BTAITEM FROM TABLE i_str_bta-tab_item.
  IF sy-subrc <> 0.
    RAISE FAILED.
  ENDIF.

ENDFUNCTION.
```

Erläuterung des Quelltextes der Funktion ZPTB00_OBJ_BTA_SAVE

Auch dieser Quelltext fällt sehr kurz aus. Im Wesentlichen beinhaltet er den Aufruf des MODIFY-Datenbankbefehls für die Header-Tabelle. Der MODIFY-Befehl versucht zunächst, den Datensatz einzufügen. Sollte das nicht klappen, da bereits ein Datensatz unter der gleichen ID gespeichert ist, überschreibt er ihn.

Für die Item-Tabelle mussten wir uns eine etwas andere Vorgehensweise zurechtlegen, da wir ja auch vom Anwender in der Oberfläche gelöschte Datensätze ebenfalls in der Datenbank löschen möchten. Deshalb löschen wir zunächst alle Datensätze, die zum angegebenen Header gehören. Danach können wir sicher sein, dass der INSERT-Befehl die korrekten Positionszeilen auf der Datenbank ablegt.

Als Letztes benötigen wir noch den Quelltext für das Hauptprogramm ZPTB00_BUSINESS_TRANSACTION.

▷ Geben Sie den folgenden Quelltext im Programm ZPTB00_BUSINESS_TRANSACTION ein.

Listing 5.8 Quelltext des Programms ZPTB00_BUSINESS_TRANSACTION

```
REPORT   ZPTB00_BUSINESS_TRANSACTION.
DATA:
  l_str_bta type ZPTB00_Str_BTA.

DO.
  CALL FUNCTION 'ZPTB00_OBJ_BTA_EDIT'
    CHANGING
      C_STR_BTA = l_str_bta.

  IF NOT l_str_bta IS INITIAL.
    CALL FUNCTION 'ZPTB00_OBJ_BTA_SAVE'
      EXPORTING
        I_STR_BTA = l_str_bta
      EXCEPTIONS
        FAILED    = 1
        OTHERS    = 2.
    CLEAR l_str_bta.
  ELSE.
    RETURN.
  ENDIF.
ENDDO.
```

Erläuterung des Quelltextes

Wie üblich platzieren wir den Aufruf unseres Fensters in einer Endlosschleife. Diese wird nur dann verlassen, wenn der Wert der Struktur l_str_bta initial ist. Ansonsten werden hintereinander die EDIT- und die SAVE-Funktion aufgerufen. Da wir innerhalb der Dynpro-PAI-Verarbeitung stets darauf achten, dass die dortige globale Variable g_str_bta bei allen Aktionen außer SAVE als initial zurückgegeben wird, können wir uns hier darauf verlassen, dass es eine gültige Eingabe zu speichern gibt, wenn die Variable l_str_bta gefüllt ist.

Testen des Programms

Die Funktionstüchtigkeit unseres Quelltextes wollen wir nun am laufenden Programm nachvollziehen.

▷ Klicken Sie auf den **Aktivieren**-Button und dann auf **Direkt**.

Das Programm startet und zeigt die Oberfläche zur Eingabe eines Geschäftsvorfalls.

▷ Geben Sie als Geschäftspartner »Bayer«, als Geschäftsvorfallstyp »PURCHASE Product« und als Geschäftsvorfallsdatum »1.1.2004« an.

▷ Klicken Sie auf den **Einfügen**-Button, um eine erste Positionszeile in der Tabelle hinzuzufügen.

▷ Geben Sie in der Positionszeile als Produkt-ID »1000«, als Positionstyp »PRODUCT«, als Lagerort-ID »0001«, als Betrag »1000«, als Währung »EUR«, als Menge »10000« und als Einheit »ST« ein.

▷ Klicken Sie auf den **Sichern**-Button.

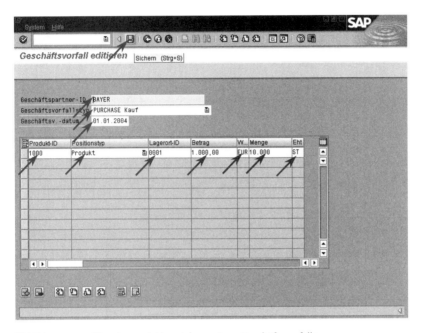

Abbildung 5.55 Eingabe und Abspeichern eines Geschäftsvorfalls

Das Programm zeigt einen leeren Eingabebildschirm zur Eingabe eines neuen Geschäftsvorfalls an, nachdem der Datensatz auf der Datenbank gespeichert wurde.

In der professionellen ABAP-Entwicklung werden Dynpros meist in Funktionsgruppen angelegt und der Aufruf wird über Funktionsbausteine geregelt. Die Wiederverwendung wird dadurch wesentlich simpler, da der Funktionsbaustein aus jedem anderen Programm heraus direkt aufgerufen werden kann.

6 Objektorientierte Sprachelemente

Mit der Einführung der objektorientierten Programmierung erlebten viele Programmiersprachen einen wahren Produktivitätsschub, denn damit einher gingen oftmals neue Frameworks und Komponentenbibliotheken, die insbesondere die Oberflächen- und Datenbankprogrammierung erleichterten.

Die objektorientierte Programmierung gilt als eine der wichtigsten Errungenschaften moderner Softwareentwicklung. Erste Forschungsansätze fanden sich bereits in den 70er Jahren an Forschungseinrichtungen wie dem Massachusetts Institute of Technology (MIT). Spätestens seit der Erweiterung der Programmiersprache C um objektorientierte Fähigkeiten, deren Etablierung in den frühen 90ern und schließlich der Standardisierung unter dem Namen C++ durch die ISO im September 1998, ist der Siegeszug der objektorientierten Programmierung nicht mehr aufzuhalten. Heutzutage sind die meisten Allzweckprogrammiersprachen wie C++, Java, Delphi und Visual Basic in seiner neuesten Evolutionsstufe VB.NET mit objektorientierten Spracherweiterungen ausgestattet. Selbst die auf bestimmte Zwecke spezialisierten Programmiersprachen wie COBOL für finanzmathematische Anwendungen, PROLOG für Softwareprojekte im Bereich der künstlichen Intelligenz oder ABAP für betriebswirtschaftliche Anwendungen werden um objektorientierte Fähigkeiten erweitert. Nicht selten erhöhen sie ihre Flexibilität dadurch so sehr, dass sie beinahe den Status einer Allzweckprogrammiersprache erlangen.

Die unter dem Druck immer größerer und komplexerer Softwareentwicklungsprojekte eingeschlagene Richtung hin zur Wiederverwendbarkeit von Programmteilen in der prozeduralen Programmierung (z.B. in Form von Unterprogrammen und Funktionen) erreicht mit der Objektorientierung ihr vorläufiges Ziel. Hier werden nicht nur Programmteile, sondern mit ihnen auch die Daten in wieder verwendbaren Einheiten, den so genannten *Objekten*, eng zusammengefasst.

Objektorientierung, was ist das?

Grundsätzlich können Sie alle Anforderungen an eine Software sowohl mit den Mitteln der prozeduralen als auch der objektorientierten Programmierung umsetzen. Eine eindeutige Regel gibt es nicht, jedoch lässt sich an den vorhandenen und neu erscheinenden Softwarelösungen der SAP einiges ablesen: Je stärker die Massenverarbeitung von Daten im Vordergrund steht, desto eher fällt die Entscheidung zugunsten der pro-

Objektorientierte vs. prozedurale Programmierung

zeduralen Programmierung aus. Andersherum werden Applikationen mit umfangreicher Benutzeroberfläche häufig mit Hilfe der objektorientierten Programmierung umgesetzt. Eine Entscheidung pro oder kontra objektorientierte Programmierung sollte deshalb sorgfältig und in Abhängigkeit zu den umliegenden Modulen abgewogen werden.

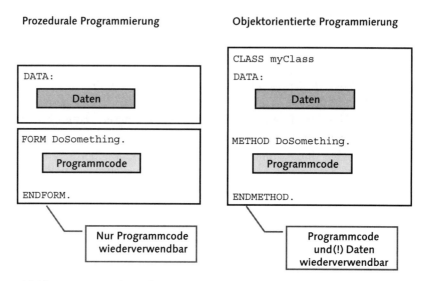

Abbildung 6.1 Gegenüberstellung von prozeduraler und objektorientierter Programmierung

ABAP Objects-Historie — Die Programmiersprache ABAP unterstützt seit der SAP-Basis Release 4.5 die ersten Funktionalitäten einer typischen objektorientierten Programmiersprache. Seit Release 4.6 können diese Funktionalitäten als ausgereift und vollständig bezeichnet werden und so änderte SAP den Namen der Sprache von ABAP/4 in ABAP Objects. Mit Einführung des Release 6.10 im Juli 2000 begannen dann die kosmetischen Verbesserungen mit kleineren Vereinfachungen in der Notation, z.B. dass beim Aufruf einer Methode der Befehl CALL METHOD weggelassen werden durfte, sofern auf den Methodennamen selbst eine öffnende runde Klammer folgt – die Syntax lehnt sich damit mehr an diejenige von C++ und Java an. Das Release 6.20 bringt diesbezüglich keine Neuerungen, es ist jedoch für die Zukunft damit zu rechnen, dass sich ABAP Objects immer mehr den Fähigkeiten anderer moderner Programmiersprachen anlehnen wird. Die langfristig vorgegebene Strategie der SAP sieht vor, dass ABAP Objects und Java gleichberechtigt vom SAP Web Application Server unterstützt werden.

Wurde die prozedurale Programmierung mit ABAP von Umsteigern anderer bekannter Programmiersprachen in der Regel als »andersartig« und sehr gewöhnungsbedürftig beurteilt, findet man sich in der objektorientierten Programmierung auf Anhieb zurecht. Nicht selten erleben wir es deshalb, dass Umsteiger die objektorientierte Programmierung bevorzugen, während Einsteiger sich mehr auf die prozedurale Programmierung einlassen. Welche Art der Programmierung Sie auch immer favorisieren mögen, Anhänger werden Sie in beiden Lagern finden. Um in allen Projekten erfolgreich arbeiten zu können, empfehlen wir den Erwerb von Know-how in beiden Arten.

Tipps für Umsteiger

6.1 Klassen und Objekte – CLASS, CREATE OBJECT, METHOD

Klassen und Objekte gehören zu den zentralen Begriffen der objektorientierten Programmierung. Tatsächlich handelt es sich nicht nur um neue Begriffe, sondern um eine neue Denkweise. Diese Denkweise wollen wir Ihnen mit den Mitteln von ABAP Objects näher bringen, ohne jedoch die Wurzeln in der prozeduralen Programmierung aus den Augen zu verlieren.

Das gedankliche Konzept der objektorientierten Programmierung ist vor dem Hintergrund der prozeduralen Programmierung entstanden und lässt sich von dieser Ausgangsbasis aus am leichtesten verstehen. Wir wollen die Evolution exemplarisch in einzelnen Schritten nachvollziehen:

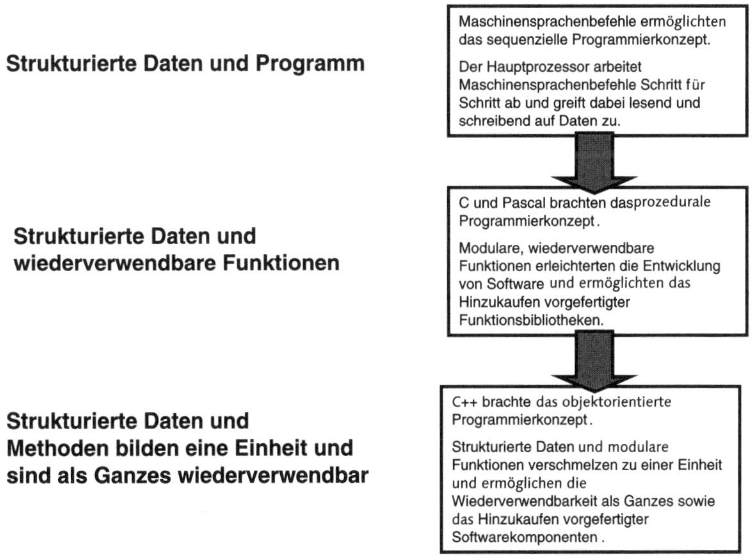

Grundlagen

Strukturierte Daten und Programm

Maschinensprachenbefehle ermöglichten das sequenzielle Programmierkonzept.
Der Hauptprozessor arbeitet Maschinensprachenbefehle Schritt für Schritt ab und greift dabei lesend und schreibend auf Daten zu.

Strukturierte Daten und wiederverwendbare Funktionen

C und Pascal brachten dasprozedurale Programmierkonzept.
Modulare, wiederverwendbare Funktionen erleichterten die Entwicklung von Software und ermöglichten das Hinzukaufen vorgefertigter Funktionsbibliotheken.

Strukturierte Daten und Methoden bilden eine Einheit und sind als Ganzes wiederverwendbar

C++ brachte das objektorientierte Programmierkonzept.
Strukturierte Daten und modulare Funktionen verschmelzen zu einer Einheit und ermöglichen die Wiederverwendbarkeit als Ganzes sowie das Hinzukaufen vorgefertigter Softwarekomponenten.

Abbildung 6.2 Evolution von prozeduraler zu objektorientierter Programmierung

▶ **Strukturierte Daten und Programm**
Am Anfang der Entwicklung von Programmiersprachen gab es nur den Hauptspeicher (Hardware), einen Hauptprozessor (Hardware) und die Maschinensprache (Software), mit der man das Zusammenspiel zwischen den beiden Erstgenannten in Form von Programmen festlegen konnte. Beim Start eines Programms wurden die darin enthaltenen Maschinensprachenbefehle mitsamt den dort definierten Daten in den Hauptspeicher geladen und strukturiert abgelegt. Anschließend konnte der Hauptprozessor die Maschinensprachenbefehle Schritt für Schritt abarbeiten, wodurch die Daten in aller Regel zu Berechnungen herangezogen und verändert wurden. Nach dem letzten Maschinensprachenbefehl stand das Ergebnis fest und konnte aus dem Hauptspeicher heraus z. B. ausgedruckt werden.

▶ **Strukturierte Daten und wieder verwendbare Funktionen**
Hochsprachen wie C und Pascal brachten mit ihrem prozeduralen Programmierkonzept große Vereinfachungen, da die strukturierten Daten im Hauptspeicher nun mittels modularer, wieder verwendbarer Funktionen bearbeitet werden konnten. Selbstgeschriebene oder hinzugekaufte Funktionsbibliotheken erleichterten die Entwicklung von Software und nahmen den Programmierer aus der Pflicht, in jedem Themenbereich ein Fachmann zu sein.

▶ **Strukturierte Daten und Methoden bilden eine Einheit und sind als Ganzes wieder verwendbar**
Die objektorientierte Programmierung brachte den letzten großen Evolutionsschritt, indem sie die strukturierten Daten im Hauptspeicher zusammen mit den sie bearbeitenden Funktionen zu einer Einheit verschmilzt und so die Wiederverwendbarkeit als Ganzes möglich macht. Diese Einheit aus strukturierten Daten und Funktionen nennt man *Objekt*, ihre Definition nennt man *Klasse*. Rund um die populärsten objektorientierten Sprachen wie C++, Delphi und Visual Basic.NET hat sich bereits ein großer Markt an Softwareherstellern gebildet, die Bibliotheken von Klassen für nahezu jeden Zweck anbieten und so die Wiederverwendung entwicklungs- und unternehmensübergreifend forcieren.

Klassen und Objekte

Klassen dienen in ABAP Objects wie auch in anderen objektorientierten Programmiersprachen als Vorlagen für Objekte, ähnlich wie Datentypen als Vorlagen für Variablen und Referenzvariablen dienen. In Analogie zu Datentypen werden Klassen deshalb oft auch als *Objekttypen* bezeichnet, was das grundlegende Verständnis erleichtert. Genauso, wie sich beliebig viele Variablen (auch *Dateninstanzen* genannt) von einem Datentyp erzeugen und im Programm benutzen lassen, können von einer Klasse beliebig viele Objekte (auch *Objektinstanzen* genannt) erzeugt und im Programm verwendet werden. Der Speicherplatz einer Dateninstanz wird dabei jeweils exklusiv reserviert und ebenso verhält es sich auch mit den Daten eines Objekts.

Nun umfasst eine Klasse neben Datendefinitionen auch Programmcode, so genannte *Methoden*, und diese werden nur einmal im Speicher gehalten und je nach Objektinstanz automatisch mit den jeweiligen Daten versorgt. Der Clou eines guten objektorientierten Compilers oder Interpreters liegt darin, die Verwaltung von instanzabhängigen Daten und gemeinsamem Programmcode der Objekte möglichst performant zu gestalten und dabei stets zu garantieren, dass jedes Objekt nur auf seine Daten uneingeschränkt Zugriff hat. Das folgende kleine Codefragment demonstriert die Definition und Implementation einer kleinen Klasse mit Hilfe der Schlüsselworte CLASS und ENDCLASS, die anschließende Deklaration einer Referenzvariablen vom Typ der Klasse und schließlich die Erzeugung einer Objektinstanz durch den Befehl CREATE OBJECT und Nutzung einer Methode. Wir werden die Hintergründe und Regeln der in diesem Beispiel verwendeten Befehle in den folgenden Abschnitten erörtern.

Klassendefinition und Instanziierung

Listing 6.1 Codefragment zur Definition und Verwendung von Klassen und Objekten

```
REPORT   z_product_configurator .

* Class definition
CLASS lcl_product DEFINITION.
  PUBLIC SECTION.
    METHODS:
      set_price IMPORTING _price TYPE f.
    DATA:
      price TYPE f.
ENDCLASS.                  "lcl_product DEFINITION

* Main program start ***
DATA:
  l_rcl_product TYPE REF TO lcl_product.

CREATE OBJECT l_rcl_product.
CALL METHOD l_rcl_product->set_price
  EXPORTING
```

```
      _price = '123'.
* Main program end ***

* Class implementation
CLASS lcl_product IMPLEMENTATION.
  METHOD set_price.
    price = _price.
  ENDMETHOD.                  "lcl_product
ENDCLASS.                     "lcl_product IMPLEMENTATION
```

Klassendefinition, Sichtbarkeit von Attributen und Methoden

Innerhalb einer Klasse können Daten, so genannte *Attribute*, und Funktionen, so genannte *Methoden*, definiert werden. Während Erstere mit Hilfe des bereits bekannten Schlüsselwortes DATA eingeleitet werden, benutzt man zur Definition von Methoden das Schlüsselwort METHODS. Unterschiedliche Sichtbarkeitsbereiche sorgen dafür, dass die übrigen Teile eines Programms nur auf ausgewählte Attribute und Methoden einer Klasse zugreifen können und der Rest für sie wie unsichtbar ist. In ABAP gibt es drei Sichtbarkeitsbereiche, für die jeweils ein Schlüsselwort existiert:

▶ PUBLIC SECTION – **Öffentlicher Bereich**
Alle Attribute und Methoden, die im öffentlichen Bereich aufgeführt sind, können von den übrigen Teilen eines Programms benutzt werden, z.B. mittels Auslesen eines Attribut-Wertes oder Aufruf einer Methode. Das folgende Beispiel zeigt die Definition einer Klasse mit öffentlichen Methoden und Attributen:

```
CLASS lcl_product DEFINITION.
  PUBLIC SECTION.
    METHODS:
      set_price IMPORTING _price TYPE f.
    DATA:
      price TYPE f.
ENDCLASS.                     "lcl_product DEFINITION
```

▶ PROTECTED SECTION – **Geschützter Bereich**
Alle Attribute und Methoden aus dem geschützten Bereich einer Klasse können nur von »Nachfahren« der Klassen benutzt werden. Die genaue Bedeutung wird in Abschnitt 6.2 erläutert, im Moment soll es genügen, dass die übrigen Teile eines Programms bis auf wenige Ausnahmen keinen Zugriff auf die Attribute und Methoden besitzen. Das folgende Beispiel zeigt die Definition einer Klasse mit geschützten Methoden und Attributen:

```
CLASS lcl_product DEFINITION.
  PROTECTED SECTION.
    METHODS:
      set_price IMPORTING _price TYPE f.
    DATA:
      price TYPE f.
ENDCLASS.                    "lcl_product DEFINITION
```

▶ PRIVATE SECTION – **Privater Bereich**

Alle Attribute und Methoden aus dem privaten Bereich einer Klasse können nur von den eigenen Methoden (auch aus den anderen zwei Bereichen) verwendet werden. Für alle anderen Teile eines Programms sind sie unsichtbar. (Ausnahme sind so genannte *Friends*, die jedoch in diesem Buch nicht erläutert werden.) Das folgende Beispiel zeigt die Definition einer Klasse mit privaten Methoden und Attributen:

```
CLASS lcl_product DEFINITION.

  PRIVATE SECTION.
    METHODS:
      set_price IMPORTING _price TYPE f.
    DATA:
      price TYPE f.
ENDCLASS.                    "lcl_product DEFINITION
```

Mit Hilfe der Sichtbarkeitsebenen kann man bereits während der Programmierung genau festlegen, welche Attribute und Methoden von wem überhaupt nutzbar sind. Dies begünstigt die Erstellung klarer und eindeutiger Schnittstellen, was sich gerade bei der Entwicklung im Team positiv bemerkbar macht. Die aus Java bekannte Sichtbarkeitsebene Package für eine Sichtbarkeit innerhalb eines Pakets von Klassen oder das aus Delphi bekannte published für Eigenschaften (Properties), die im Object Inspector erscheinen sollen, werden von ABAP Objects nicht unterstützt. Stattdessen wird die Sichtbarkeit auf Paketebene durch das in Abschnitt 2.1 erläuterte Paketkonzept abgedeckt. Die Angabe der Sichtbarkeit ist in ABAP Objects obligatorisch. Im Gegensatz zu den meisten anderen Programmiersprachen muss eine Klasse nicht mit dem Schlüsselwort TYPE für eine Typendefinition eingeleitet werden, denn die Nutzung der Schlüsselwörter CLASS und ENDCLASS sowie DEFINITION macht die Definition hinreichend kenntlich.

Die Syntax zur Definition einer Klasse mit Attributen und Methoden im Quelltext kann im folgenden Codefragment nachvollzogen werden:

Definition von Attributen und Methoden

Listing 6.2 Überblick über die Definition und Implementation von Klassen mit Attributen und Methoden

```abap
REPORT SimpleProgram.
CLASS lcl_category DEFINITION.
  PUBLIC SECTION.
    DATA:
      title TYPE string.
    CONSTANTS:
      vat TYPE f VALUE '0.16'.
ENDCLASS.              "lcl_category DEFINITION

CLASS lcl_product DEFINITION.
  PUBLIC SECTION.
    METHODS:
      constructor IMPORTING _category TYPE REF TO
        lcl_category,
      get_price RETURNING value(_price) TYPE f,
      set_price IMPORTING _price TYPE f.
    DATA:
      title TYPE string,
      description TYPE string,
      category TYPE REF TO lcl_category,
      unit TYPE string.
  PROTECTED SECTION.
    DATA:
      price TYPE f.
ENDCLASS.                "lcl_product DEFINITION
```

In ABAP Objects werden die Schlüsselworte DATA und METHODS üblicherweise nur einmal pro SECTION mit einem Doppelpunkt angegeben und danach die Methoden respektive Attribute hintereinander versehen aufgezählt. Alternativ könnte auch vor jedes Datum und jede Methode separat das entsprechende Schlüsselwort plus eines abschließenden Punktes am Anweisungsende platziert werden. Man verwendet ebenso wie im prozeduralen ABAP die Schlüsselworte IMPORTING, EXPORTING, CHANGING und RETURNING, wobei für Letzteres, wie bei Rückgabeparametern von Funktionen aus anderen Programmiersprachen gewohnt, genau ein Parameter als Wertübergabe (mit dem Schlüsselwort VALUE) angegeben werden muss. So genannte *Properties*, wie man sie aus den Entwicklungsumgebungen anderer Programmiersprachen her kennt und mit denen der lesende und schreibende Zugriff auf Attribute elegant kapselbar ist, werden nicht unterstützt.

Anders als bei Java und ähnlich wie in C++ und Delphi ist die Definition einer Klasse getrennt von ihrer Implementierung, so dass zur Vervollständigung der obigen Klassendefinitionen für das Objekt-Produkt immer auch ein Codefragment wie das Folgende benötigt wird:

Klassenimplementation

Listing 6.3 Codefragment zur Implementation von Klassen

```
CLASS lcl_product IMPLEMENTATION.
* constructor IMPORTING _category TYPE REF TO
* lcl_category,
  METHOD constructor.
    super->constructor( ).
    IF _category IS BOUND.
      category = _category.
    ELSE.
      CREATE OBJECT category TYPE lcl_category.
    ENDIF.
    price = 10.
    title = 'Cherry G80 3000'.
    description = 'Fully featured computer keyboard
                with click.'.
    unit = 'Piece'.
  ENDMETHOD.                    "Constructor
*     get_price RETURNING value(_price) TYPE f,
  METHOD get_price.
    _price = price.
  ENDMETHOD.                    "get_price
*     set_price IMPORTING _price TYPE f.
  METHOD set_price.
    price = _price.
  ENDMETHOD.                    "set_price
ENDCLASS.                       "lcl_product IMPLEMENTATION
```

Die Klammerung der gesamten Implementation einer Klasse mit CLASS und ENDCLASS unter Angabe des Schlüsselworts IMPLEMENTATION macht die Angabe der Klasse getrennt durch einen Punkt vor jeder Methode, wie sie in den meisten anderen Programmiersprachen üblich ist, überflüssig. Die Signaturen einer Methode, d.h. die Übergabeparameter, dürfen im Implementationsbereich wie in den meisten anderen objektorientierten Sprachen nicht wiederholt werden, so dass eine ausführliche Kommentierung des Quelltextes hilfreich ist, um nicht dauernd zwischen Definition und Implementation hin- und herspringen zu müssen. Auch die erneute Angabe der Sichtbarkeit ist analog zu anderen Sprachen nicht erlaubt.

Objektreferenzierung Objekte werden in ABAP Objects grundsätzlich referenziert. Im Gegensatz zu Zeigern in C++ oder Delphi und analog zu Referenzen in Java und VisualBasic.Net können damit keine Rechenoperationen zu Manipulationszwecken ausgeführt werden, was auf der einen Seite den programmiertechnischen Freiheitsgrad, auf der anderen Seite aber auch mögliche Fehlerquellen verringert. Der in der Laufzeitumgebung enthaltene Garbage Collector zur automatisierten Freigabe von nicht mehr benötigtem Hauptspeicher zählt dabei automatisch die Anzahl der Referenzen, die auf ein Objekt verweisen. Sinkt die Anzahl auf 0, wird das Objekt automatisch und ohne dass der Programmierer dafür spezielle Anweisungen vorsehen muss, aus dem Hauptspeicher entfernt. Das im obigen Beispiel genannte Attribut `category` aus der Klasse `cl_product` ist eine solche Referenz. Es gibt zwei vordefinierte Referenzen pro Klasse, die immer existieren, jedoch vom Garbage Collector ignoriert werden. Zum einen ist dies die Pseudoreferenz SUPER auf die Oberklasse (siehe auch Abschnitt 6.2) und zum anderen ist es ME als Referenz auf das Objekt selbst.

Objekterzeugung Für die Objekterzeugung steht das Schlüsselwort CREATE OBJECT zur Verfügung. Damit lässt sich programmgesteuert die Instanz einer Klasse, also ein Objekt erzeugen. Die Angabe der Klasse hinter dem Zusatz TYPE ist optional, sofern die Variable wie im folgenden Beispiel bereits vollständig typisiert ist (kein generisches REF TO OBJECT). Auch die dynamische Erzeugung von Objekten in Abhängigkeit vom Programmverlauf ist durch die Angabe eines geklammerten Parameters hinter TYPE möglich.

Listing 6.4 Erzeugung von Objekten auf verschiedene Arten

```
DATA:
  category TYPE REF TO lcl_category,
  classname TYPE string.
  CREATE OBJECT category. " Use type of variable
                          " category
  CREATE OBJECT category TYPE lcl_category. " Use type
                          " classname = 'lcl_category'.
  CREATE OBJECT category TYPE (classname). " Use type
                          " in variable classname
```

Alle drei oben gezeigten Befehle zur Erzeugung des Objekts bewirken exakt dasselbe. Es ließe sich sogar leicht vorstellen, dass der Wert in `classname` zuvor in einer Datenbanktabelle nachgeschlagen werden könnte. Sofern eine Klasse mit diesem Namen nicht existiert, bricht das Programm beim Befehl CREATE OBJECT ab.

Die Dereferenzierung eines Objekts für den Zugriff auf darin verfügbare Attribute und Methoden geschieht wie in C++ mit dem Pfeil-Operator -> und nicht mit einem Punkt wie in Java, Delphi und VisualBasic.Net, da dieser als Abschluss einer Anweisung bereits Verwendung findet. Im Gegensatz zu anderen Programmiersprachen hat ABAP Objects strenge Restriktionen in Bezug auf Mehrfach-Dereferenzierungen in einer Anweisung.

Objektdereferenzierung

Listing 6.5 Dereferenzierung von Objekten und Zugriff auf Attribute

```
DATA:
  product TYPE REF TO lcl_product,
  category TYPE REF TO lcl_category.
CREATE OBJECT product.
product->category->title = 'Keyboard'.
```

Die letzte Anweisung im obigen Beispiel setzt voraus, dass es sich bei allen Bezeichnern links vom Gleichheitszeichen um Attribute von Objekten handelt, was wohl in der Praxis und bei einer guten Kapselung von Objektattributen durch lesende und schreibende Zugriffsmethoden eher selten vorkommt. Stecken eine oder mehrere Methoden dazwischen, muss das Objekt zunächst einer Zwischenvariable zugeordnet werden, bevor man die nächste Dereferenzierung anweisen kann und so weiter. Das folgende Codefragment soll einen solchen Zugriff demonstrieren:

Zugriff auf Attribute und Methoden

Listing 6.6 Dereferenzierung von Objekten und Zugriff auf Methoden

```
DATA:
  Items TYPE REF TO cl_Memo,
  Lines TYPE REF TO cl_StringList,
  Item TYPE REF TO cl_Item.
  Lines = Items->Get_Lines( ).
  CALL METHOD Lines->Get_FirstItem
    RETURNING
      _FirstItem = Item.
  Item->Set_AsString( IMPORTING _AsString = 'Hallo' ).
```

Diese Eigenschaft von ABAP Objects hat zur Folge, dass wesentlich mehr Variablen definiert werden müssen als in anderen objektorientierten Programmiersprachen und dass der Code dadurch länger wird. Da die Variablen vollständig typisiert werden müssen, ist das Nachschlagen der Rückgabetypen aller Methoden unumgänglich. Der Anstieg der Codegröße ergibt sich aus den zusätzlichen Variablendeklarationen und Dereferenzierungsanweisungen. Glücklicherweise gibt es im ABAP-Editor die Vorwärtsnavigation, so dass man bei einem Doppelklick auf die Methode direkt zur Definition geführt wird, an der sich alle Informationen einfach ablesen lassen. Schön zu erkennen im obigen Beispiel sind die zwei verschiedenen Aufrufmöglichkeiten für Methoden, wie es sie seit dem Release 6.10 des SAP Web Application Servers gibt. Während der mittlere Methodenaufruf via CALL METHOD seit Release 4.6 unterstützt wird und auch heute noch bei Benutzung des **Muster**-Buttons zur automatisierten Erstellung von Quelltextanweisungen Verwendung findet, ist seit Release 6.10 alternativ die Verwendung von Klammern möglich. Die Schreibweise ist dann anderen bekannten Programmiersprachen wie C++ und Java sehr ähnlich.

Instanzkonstruktoren

Eine Besonderheit von Klassen ist die Möglichkeit zur Definition eines so genannten *Instanzkonstruktors*. Dabei handelt es sich um eine Methode, die automatisch beim Erzeugen des Objekts aufgerufen wird und z.B. Datenbereiche initialisieren oder andere Objekte erzeugen kann. In Übereinstimmung mit anderen objektorientierten Programmiersprachen muss die Methode den Namen CONSTRUCTOR tragen. Mehrere alternative Instanzkonstruktoren pro Klasse wie in C++, die mithilfe des gleichen Namens und unterschiedlicher Übergabeparameter auseinander gehalten werden, oder eine frei wählbare Konstruktor-Bezeichnung wie in Delphi sind nicht möglich. Die Implementierung erfolgt wie bei einer normalen Methode.

Listing 6.7 Definition von Instanzkonstruktoren

```
CLASS lcl_staticclass DEFINITION.
  PUBLIC SECTION.
    METHODS:
      constructor,
    CLASS-DATA:
      initvalue TYPE i.
ENDCLASS.                   "lcl_staticclass DEFINITION
```

Statische Konstruktoren

Die *statischen Konstruktoren* werden in ABAP Objects mit dem Schlüsselwort CLASS_CONSTRUCTOR definiert und zur Programmausführung nur ein einziges Mal beim ersten Zugriff auf die Klasse oder eine davon abgeleitete Klasse (siehe Abschnitt 6.2) automatisch vom Laufzeitsystem ausgeführt. Anders als bei Instanzkonstruktoren sollten aus einem statischen Konstruktor nur statische Methoden und statische Attribute aufgerufen und benutzt werden, d.h. Methoden und Attribute, die ohne die Erzeugung einer Objektinstanz funktionieren.

Listing 6.8 Definition und Implementation statischer Konstruktoren, Daten und Methoden

```
CLASS lcl_staticclass DEFINITION.
  PUBLIC SECTION.
    CLASS-METHODS:
     class_constructor,
     initsomething IMPORTING _value TYPE i.
    CLASS-DATA:
     initvalue TYPE i.
ENDCLASS.                    "lcl_staticclass DEFINITION

CLASS lcl_staticclass IMPLEMENTATION.
  METHOD class_constructor.
    initsomething( EXPORTING _value = 1 ).
  ENDMETHOD.                  "class_constructor
  METHOD initsomething.
    initvalue = _value.
  ENDMETHOD.            "initsomething
ENDCLASS.              "lcl_staticclass IMPLEMENTATION
```

Wie auch in anderen bekannten Programmiersprachen üblich sind Parameterschnittstellen für statische Konstruktoren nicht erlaubt – wohl aber für von dort aufgerufene Methoden – und das Schlüsselwort REDEFINITION (siehe Abschnitt 6.2) ist obsolet. Der Aufruf des statischen Konstruktors der Elternklasse wird von der Laufzeitumgebung automatisch geleistet, ein expliziter Aufruf im Programmcode des statischen Konstruktors ist nicht möglich und man muss in diesem Punkt voll und ganz der ABAP-Laufzeitumgebung vertrauen.

ABAP Objects stellt die Schlüsselworte CLASS-DATA und CLASS-METHODS zur Verfügung, um Attribute und Methoden definieren zu können, die auch ohne Instanziierung eines Objekts benutzt werden können – vergleichbar etwa mit Funktionen und globalen Variablen. Es ist zu beachten, dass in der Implementierung das Schlüsselwort METHOD statt des möglicherweise erwarteten CLASS-METHOD zur Einleitung einer Methode angegeben werden muss. Insofern ist in der Implementierung nicht offensichtlich, ob es sich um eine statische Methode handelt oder nicht. Für den Zugriff auf statische Attribute und Methoden stellt ABAP Objects hingegen den Operator => zur Verfügung, so dass im Gleichklang zu C++ und Java im Quellcode der »spezielle« Zugriff erkennbar ist.

Statische Attribute und Methoden

Listing 6.9 Zugriff auf statische Attribute und Methoden

```
* attribute
  Staticclass=>initvalue = 23.
* method
  Staticclass=>initmethod( _value = 23 ).
```

Statische Methoden – nutzlos oder wichtig?

Wohl in keiner anderen Disziplin als der Nutzung von statischen Methoden und Attributen gehen die Meinungen der Entwickler und Experten so weit auseinander. Von den einen als »Zeichen schlechten Softwaredesigns«, »Notnagel für späte Erweiterungen« oder schlicht »nutzlos« bezeichnet, schwören die anderen auf die damit gebotenen erweiterten objektorientierten Möglichkeiten und setzen sie für Customizing- und Konfigurationszwecke ihrer Anwendungen intensiv ein. Fakt ist, dass sie sogar Bestandteil der ISO-Standardisierung von C++ sind. Wer unsere Meinung dazu hören möchte: Die Nutzung von statischen Attributen und statischen Methoden zur Konfiguration von Frameworks und Komponentenbibliotheken hat gerade in den meist sehr generisch und erweiterbar gehaltenen SAP-Applikationen ihre Vorteile. Schaut man über den Tellerrand der SAP-Entwicklungsplattform hinaus und hin zu Java und seinen umfangreichen Frameworks, Microsoft.NET oder der CLX-Komponentenbibliothek von Borland, stellt man jedoch fest, dass sich die Nutzung dort auf Belange der Runtime Type Information (siehe unten) und Object Streaming (das Speichern und Laden von Objekten) beschränkt. Insofern kann man wohl festhalten, dass außerhalb von ABAP Objects der Markt bereits entschieden hat und eine darüber hinausgehende Nutzung für die allermeisten Entwickler schlicht ungewohnt wäre.

Globale vs. lokale Klassen

Ähnlich den Unterprogrammen und Funktionsbausteinen gibt es in der objektorientierten ABAP-Programmierung lokale und globale Klassen. Während die Ersteren – wie von anderen bekannten Programmiersprachen gewohnt – direkt und vollständig im Quelltext deklariert und implementiert werden, steht für Letztere eine komfortable Oberfläche innerhalb des Object Navigators zur Verfügung, über die sämtliche Attribute, Methoden und deren Übergabeparameter dialoggesteuert angegeben werden können.

Sowohl den lokalen als auch den globalen Klassen ist gemein, dass man sie auch in internen Tabellen verwalten und Informationen über den Klassennamen, Methoden, Attribute etc. auch zur Laufzeit abfragen kann.

Runtime Type Identification

Schon das prozedurale ABAP enthält seit langer Zeit mit dem DESCRIBE FIELD-Befehl eine Möglichkeit zum Bestimmen von technischen Eigenschaften einer Variablen zur Laufzeit. Damit können allerdings nur Variablen aus elementaren Typen, flachen Strukturen und internen Standardtabellen ohne Tabellenschlüssel bestimmt werden. Das folgende Codefragment demonstriert das Auslesen des Typs, der Länge und der Anzahl der Dezimalstellen eines Übergabeparameters:

Listing 6.10 Zugriff auf technische Eigenschaften per DESCRIBE FIELD

```
DATA:
  l_dec(11) TYPE p DECIMALS 3.
PERFORM describe_field USING l_dec.
FORM describe_field USING i_number TYPE any.
  DATA:
    l_type TYPE c,
    l_length TYPE i,
    l_decimals TYPE i.
  DESCRIBE FIELD i_number TYPE l_type LENGTH l_length
    IN BYTE MODE DECIMALS l_decimals.
  WRITE: / 'Type:', l_type, 'Length:', l_length,
    'Decimals', l_decimals.
ENDFORM.                   "describe_field
```

Mit Einführung der Referenzvariablen, komplexer Strukturen und der objektorientierten Erweiterungen der Sprache stößt dieser Befehl jedoch an seine Grenzen und so hat man gleichzeitig mit der Sprache ABAP Objects das aus anderen Programmiersprachen bekannte Konzept der *Runtime Type Identification* (RTTI) eingeführt. Damit lassen sich alle technischen Eigenschaften einer Variablen, Konstanten oder eines Feldsymbols zur Laufzeit bestimmen. Die folgenden Klassen stehen zu diesem Zweck zur Verfügung:

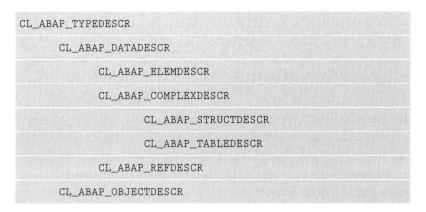

Tabelle 6.1 Die Klassen für die RTTI

CL_ABAP_CLASSDESCR
CL_ABAP_INTFDESCR

Tabelle 6.1 Die Klassen für die RTTI (Forts.)

Mit ihrer Hilfe lassen sich zur Laufzeit alle einfachen und komplexen Datentypen untersuchen, z.B. lässt sich zur Laufzeit der Name einer Klasse bestimmen, so dass man in Abhängigkeit davon weitere Aktionen ausführen kann. Das folgende Codefragment demonstriert dies.

Listing 6.11 Zugriff auf den Namen einer Struktur per RTTI

```
DATA:
  l_str_bta TYPE zptb00_str_bta.
PERFORM dosomething USING l_str_bta.

FORM dosomething USING i_structure TYPE any.
  DATA:
    l_rcl_abap_typedescr TYPE REF TO
      cl_abap_typedescr,
    l_string TYPE string.
  l_rcl_abap_typedescr ?=
    cl_abap_typedescr=>describe_by_data( i_structure ).
  WRITE:/ l_rcl_abap_typedescr->absolute_name.
* In Release 6.20 the relative name is also provided
*   CALL METHOD l_rcl_abap_typedescr->get_relative_name
*     RECEIVING
*       p_relative_name = l_string.
ENDFORM.                    "dosomething
```

Im statischen Attribut ABSOLUTE_NAME ist der komplette Name der Struktur gespeichert inklusive eines Präfix /TYPE=. Ab Release 6.20 kann über den Aufruf der Methode get_relative_name der Strukturname auch ohne dieses Präfix erfragt werden.

Type Casting Aus dem prozeduralen ABAP ist das Casting von Datenobjekten mit Hilfe der Anweisung ASSIGN var TO <fieldsymbol> CASTING bekannt, d.h., ein beliebiger Speicherbereich kann letztlich unter Annahme eines bestimmten Typs betrachtet werden. Auch für Objekte gibt es ein solches *Type Casting*, jedoch wird es mit Hilfe des Zuweisungsoperators ?= programmiert. Das folgende Codefragment demonstriert den Gebrauch.

Listing 6.12 Zugriff auf den Namen einer Struktur per RTTI

```
DATA:
  l_tab_childs TYPE STANDARD TABLE OF REF TO object,
  l_rcl_product   TYPE REF TO lcl_product.
FIELD-SYMBOLS:
  <l_object> TYPE REF TO object.

* create object and append to table
  CREATE OBJECT l_rcl_product.
  APPEND l_rcl_product TO l_tab_childs.
  CLEAR l_rcl_product.
* later on get object out of table ...
  LOOP AT l_tab_childs ASSIGNING <l_object>.
    l_rcl_product ?= <l_object>.
```

Objekte unterschiedlicher Klassen können sehr einfach in Tabellen verwaltet werden, deren Zeilen den generischen Typ REF TO OBJECT haben. Die generische Klasse OBJECT liegt allen anderen Klassen zugrunde – d.h., alle anderen Klassen stammen von ihr ab (eine ausführliche Erklärung dazu finden Sie in Abschnitt 6.2) – und Zuweisungen anderer Objekte an Variablen vom Typ OBJECT funktionieren deshalb immer. Mittels Type Casting, einer speziellen Form der Zuweisung, kann man ABAP Objects während einer Zuweisung zwingen, ein zuvor als OBJECT verwaltetes Objekt wieder einer Variablen vom Typ der ursprünglichen Klasse zuzuweisen. Die letzte Anweisung im obigen Beispiel bringt die ABAP-Laufzeitumgebung dazu, das mittels Feldsymbol referenzierte Objekt so zu behandeln, als wäre es vom Typ der Variablen l_rcl_product, und kann ihr folglich zugewiesen werden.

Wir wollen nun den Umgang mit Klassen und Objekten anhand einer konkreten Praxisaufgabe näher kennen lernen.

> **Aufgabe 6.1**
>
> Legen Sie das Programm ZPTB00_PRODUCT_CONFIGURATOR an. Implementieren Sie zwei lokale Klassen lcl_category zur Verwaltung von Produktkategorien und lcl_product zur Aufnahme von Produktinformationen. Die Klasse lcl_category soll die Informationen »übergeordnete Kategorie«, »untergeordnete Kategorien/Produkte«, »Mehrwertsteuersatz«, »Titel« und »Beschreibung« verwalten und die Klasse lcl_product die Informationen »übergeordnete Kategorie«, »Titel«, »Beschreibung« und »Einzelnettopreis«. Verwenden Sie für den Einzelnettopreis der Einfachheit halber den Datentyp f und kein Datenelement.

> Fügen Sie beispielhaft drei Produkte und zwei Kategorien in einer Hierarchie zusammen. Alle Kategorien sollen unter einer Wurzelkategorie mit dem Titel »All Products« zusammengefasst werden.
>
> Schreiben Sie für `lcl_product` eine Methode, die bei Angabe einer Stückzahl aus dem bei der Objekterzeugung angegebenen Einzelpreis den Gesamtbruttopreis zurückliefert und eine weitere, die Titel und Bruttopreis auf dem Bildschirm ausgibt.
>
> Schreiben Sie für `lcl_category` eine Methode, die alle in ihr enthaltenen Kategorien und Produkte mit Titel und gegebenenfalls Bruttopreis auf dem Bildschirm ausgibt, und rufen Sie diese Methode beispielhaft für die Wurzelkategorie auf.

▷ Legen Sie ein neues Programm mit dem Namen ZPTB00_PRODUCT_CONFIGURATOR und ohne TOP-Include an. Der Titel soll »Product Configurator« lauten, die weiteren Eigenschaften und der Transportauftrag bleiben in der Voreinstellung.

Wir vervollständigen nun das Programmgerüst, um aus den Eingaben Startpreis und Verkaufspreis die Brutto- und Nettogesamtkosten für den Verkäufer zu errechnen.

▷ Tippen Sie den folgenden Quelltext unterhalb der Kommentarzeilen ein:

Listing 6.13 Der Quelltext des Programms ZPTB00_Product_Configurator

```
REPORT  zptb00_product_configurator.

CLASS lcl_category DEFINITION.
  PUBLIC SECTION.
    METHODS:
      constructor
        IMPORTING
          i_rcl_parent TYPE REF TO lcl_category
            OPTIONAL
          i_title TYPE string,
      write_to_screen
        IMPORTING
          i_column TYPE i DEFAULT 0.
  DATA:
    parent TYPE REF TO lcl_category,
```

```abap
      childs TYPE STANDARD TABLE OF REF TO object,
      title TYPE string,
      description TYPE string,
      vat TYPE f VALUE '0.16'.
ENDCLASS.                       "lcl_category DEFINITION

CLASS lcl_product DEFINITION.
  PUBLIC SECTION.
    METHODS:
      constructor
        IMPORTING
          i_rcl_parent TYPE REF TO lcl_category
          i_title TYPE string
          i_net_price TYPE f,
      write_to_screen
        IMPORTING
          i_column TYPE i DEFAULT 0,
      get_gross_price
        RETURNING
          value(r_price) TYPE f.
    DATA:
      title TYPE string,
      description TYPE string,
      parent TYPE REF TO lcl_category,
      net_price TYPE f.
ENDCLASS.                       "lcl_product DEFINITION

* Main program ***
DATA:
  l_category_root TYPE REF TO lcl_category,
  l_category TYPE REF TO lcl_category,
  l_product TYPE REF TO lcl_product.

CREATE OBJECT l_category_root
  EXPORTING
    i_title     = 'Products'.
CREATE OBJECT l_category
  EXPORTING
    i_rcl_parent = l_category_root
    i_title      = 'Hardware'.
```

```abap
      CREATE OBJECT l_product
        EXPORTING
          i_rcl_parent = l_category
          i_title      = 'Toshiba Satellite 430s'
          i_net_price  = '1500'.
      CREATE OBJECT l_product
        EXPORTING
          i_rcl_parent = l_category
          i_title      = 'IBM Thinkpad 30p'
          i_net_price  = '1650'.
      CREATE OBJECT l_category
        EXPORTING
          i_rcl_parent = l_category_root
          i_title      = 'Software'.
      CREATE OBJECT l_product
        EXPORTING
          i_rcl_parent = l_category
          i_title      = 'Microsoft Office SBE'
          i_net_price  = '600'.
      l_category_root->write_to_screen( ).
    * End of main program ***

      CLASS lcl_category IMPLEMENTATION.
        METHOD constructor.
    *     super->constructor( ).
          IF i_rcl_parent IS BOUND.
    * This is my daddy
            parent = i_rcl_parent.
    * Hi daddy, i am your child
            APPEND me TO parent->childs.
          ENDIF.
          title = i_title.
        ENDMETHOD.                      "Constructor
        METHOD write_to_screen.
          DATA:
            l_rcl_category  TYPE REF TO lcl_category,
            l_rcl_product   TYPE REF TO lcl_product,
            l_rcl_descr     TYPE REF TO cl_abap_typedescr,
            l_classname     TYPE string,
            l_column        TYPE i.
```

```abap
    FIELD-SYMBOLS:
      <l_object> TYPE REF TO object.
    WRITE: AT /i_column 'Title :', title.
    l_column = i_column + 2.
    LOOP AT childs ASSIGNING <l_object>.
      l_rcl_descr =
        cl_abap_typedescr=>describe_by_object_ref(
          <l_object> ).
      l_classname = l_rcl_descr->absolute_name.
      FIND 'CL_CATEGORY' IN l_classname.
      IF sy-subrc = 0.
        l_rcl_category ?= <l_object>.
        l_rcl_category->write_to_screen( l_column ).
      ELSE.
        l_rcl_product ?= <l_object>.
        l_rcl_product->write_to_screen( l_column ).
      ENDIF.
    ENDLOOP.
  ENDMETHOD.                  "write_to_screen
ENDCLASS.                     "lcl_category IMPLEMENTATION

CLASS lcl_product IMPLEMENTATION.
  METHOD constructor.
* Initialize attributes
*    super->constructor( ).
    IF i_rcl_parent IS BOUND.
* This is my daddy
      parent = i_rcl_parent.
* Hi daddy, i am your child
      APPEND me TO parent->childs.
    ENDIF.
    title = i_title.
    net_price = i_net_price.
  ENDMETHOD.                         "Constructor
  METHOD write_to_screen.
    DATA:
      l_gross_price TYPE p DECIMALS 2.
    l_gross_price = me->get_gross_price( ).
    WRITE: AT /i_column 'Title :', title, '. Gross
      Price :', (10) l_gross_price.
```

```
      ENDMETHOD.                    "lcl_product
    METHOD get_gross_price.
      r_price = net_price + net_price * parent->vat.
    ENDMETHOD.                      "get_price
  ENDCLASS.                         "lcl_product IMPLEMENTATION
```

Erläuterung des Quelltextes

Der Quelltext beginnt mit der Definition der beiden Klassen lcl_category und lcl_product mit den vorgegebenen Attributen und Methoden. Die Methode constructor erhält in beiden Fällen als Übergabeparameter i_rcl_parent und i_title, da diese zur Einordnung in die Produkthierarchie sowie die Identifikation eines einzelnen Objekts durch den Endanwender wichtig sind. Der Constructor der Klasse lcl_product enthält zusätzlich noch den Übergabeparameter i_net_price, da ein Produkt ohne einen festgelegten Preis erst gar nicht als Objekt instanziierbar sein soll. Beide Klassen enthalten zudem eine Methode write_to_screen, wobei das Produktobjekt lediglich seinen Titel und Preis ausgeben können muss und das Kategorieobjekt über alle seine Childs, sprich untergeordnete Kategorien und Produkte, loopen muss. Um die Hierarchie der Objekte zu visualisieren, übergeben wir der Methode write_to_screen die Spaltennummer, ab der die Ausgabe erfolgen soll. Diese Spaltennummer soll beim Aufruf von untergeordneten Objekten um 2 erhöht werden.

Das Hauptprogramm besteht aus fünf Constructor-Aufrufen, um eine Produkthierarchie aufzubauen. Danach wird vom Wurzelknoten die Ausgabe mittels Aufruf der write_to_screen-Methode angestoßen.

Die Implementierung der zwei Klassen erfolgt nach dem Hauptprogramm und beinhaltet innerhalb der Konstruktoren mit APPEND me TO parent->childs einen direkten Aufruf des Attributs childs der übergeordneten Kategorie, damit das Objekt auch von seinem neuen untergeordneten Objekt erfährt. Während die Methode write_to_screen der Klasse lcl_product lediglich den Bruttopreis errechnet und diesen anschließend zusammen mit dem Titel des Produkts auf dem Bildschirm ausgibt, ist die write_to_screen-Methode der Klasse lcl_category interessanter. Mittels einer LOOP-Anweisung werden dort alle in der Tabelle Childs registrierten Objekte durchlaufen und deren Klassenname wird mittels RTTI in Erfahrung gebracht. Handelt es sich um das Kategorie-Objekt, wird nach einem Type Casting dessen write_to_screen-Methode aufgerufen. Im anderen Fall muss es sich um ein Produkt-Objekt handeln und nach dem Type Casting wird dessen write_to_screen-Methode aufgerufen.

Schauen wir uns nun das Programm während der Ausführung an.

▷ Speichern, prüfen, aktivieren und starten Sie das Programm.

Testen des Programms

Das Programm gibt nun alle Produkte und Kategorien gemäß ihrer Hierarchie auf dem Bildschirm aus.

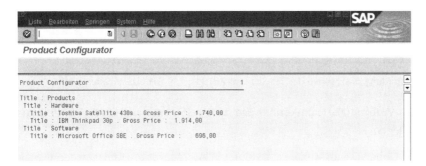

Abbildung 6.3 Das Ergebnis des Programms ZPTB00_Product_Configurator

Sämtliche Features der objektorientierten ABAP-Programmierung lassen sich selbstverständlich auch mit globalen Klassen benutzen.

> **Aufgabe 6.2**
>
> Legen Sie das Programm ZPBT00_PRODUCT_CONFIGURATOR_GL an. Implementieren Sie exakt die gleiche Funktionalität, jedoch unter Verwendung globaler Klassen für die Kategorien und Produkte. Verwenden Sie als Klassennamen ZPTB00_CL_CATEGORY und ZPTB00_CL_PRODUCT.

In Vorbereitung auf die Definition unserer globalen Klasse müssen wir alle geplanten Typisierungen von Übergabeparametern und Attributen daraufhin untersuchen, ob wir dort implizit Strukturen oder Tabellentypen benutzen. Diese müssen wir nämlich nun ebenfalls global definieren. Als einziger Kandidat fällt uns in diesem Zusammenhang die Definition childs TYPE STANDARD TABLE OF REF TO object auf.

Globalen Tabellentyp definieren

Wir beginnen also mit der Definition eines entsprechenden Tabellentyps, den wir zur Klassendefinition benötigen.

▷ Wählen Sie im Kontextmenü des Pakets bzw. der Entwicklungsklasse den Menüpunkt **Anlegen · DDIC-Objekt · Tabellentyp** aus.

Klassen und Objekte **353**

▷ Ein Dialog fragt daraufhin nach dem Namen des geplanten Tabellentyps. Geben Sie als Tabellentypname »ZPTB00_TTY_CHILDS« an und quittieren Sie die Eingabe mit dem **Weiter**-Button.

Abbildung 6.4 Namen des Tabellentyps ZPTB00_TTY_CHILDS angeben

Im Werkzeugbereich können Sie weitere Eigenschaften des Tabellentyps pflegen.

▷ Geben Sie als Kurzbeschreibung »Untergeordnete Objekte der Hierarchie« ein.

▷ Wählen Sie als Zeilentyp den Radiobutton **Referenztyp** sowie **Referierter Typ** aus und geben Sie dann den vordefinierten ABAP-Typ »OBJECT« an.

▷ Klicken Sie auf den **Sichern**-Button.

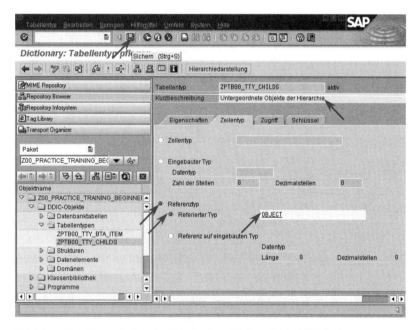

Abbildung 6.5 Eigenschaften des Tabellentyps ZPTB00_TTY_CHILDS pflegen

Es erscheint der bekannte Dialog zur Abfrage des Transportauftrags.

▷ Die Nummer des bereits zuvor benutzten Transportauftrags ist voreingestellt und muss lediglich per **OK**-Button quittiert werden.

Wir können den Tabellentyp nun aktivieren.

▷ Klicken Sie auf den **Aktivieren**-Button.

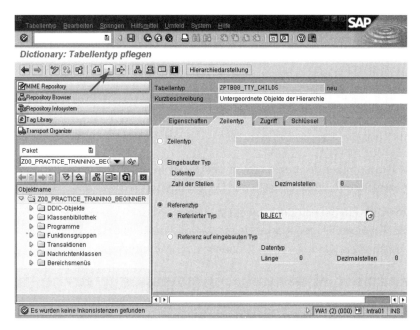

Abbildung 6.6 Aktivieren des Tabellentyps ZPTB00_TTY_Childs

Wir haben nun alle Voraussetzungen geschaffen, um mit der Definition der globalen Klasse ZPTB00_CL_CATEGORY zu beginnen.

Globale Klasse anlegen

▷ Wählen Sie im Kontextmenü des Pakets bzw. der Entwicklungsklasse den Menüpunkt **Anlegen · Klassenbibliothek · Klasse** aus.

▷ Geben Sie als Klasse ZPTB00_CL_CATEGORY an und deaktivieren Sie die Checkbox **Final**, denn wir wollen im nächsten Abschnitt von der Klasse erben.

▷ Quittieren Sie Ihre Angaben mit dem **Sichern**-Button.

Der Object Navigator erfragt den Transportauftrag.

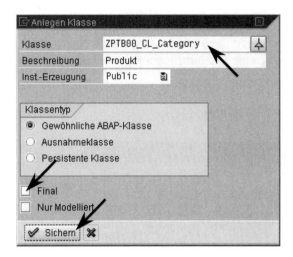

Abbildung 6.7 Anlegen der Klasse ZPTB00_CL_Category

▷ Die Nummer des bereits zuvor benutzten Transportauftrags ist voreingestellt und muss lediglich per **OK**-Button quittiert werden.

Methoden einer globalen Klasse definieren

Im Werkzeugbereich des Object Navigators erscheint ein Fenster, in dem die Entwicklung der Klasse weiter vervollständigt werden kann. Zuerst beschäftigen wir uns mit der Definition der Methoden.

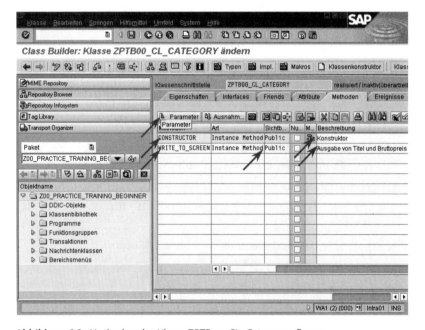

Abbildung 6.8 Methoden der Klasse ZPTB00_CL_Category pflegen

▷ Geben Sie als erste Methode CONSTRUCTORS an und als zweite Methode »write_to_screen«.

▷ Übernehmen Sie als Beschriftungen »Konstruktur« und »Ausgabe von Titel und Bruttopreis« .

▷ Drücken Sie die **Enter**-Taste. Daraufhin vervollständigt der Object Navigator die Eingaben zu Art und Sichtbarkeit.

▷ Ändern Sie die Sichtbarkeit der Methode write_to_screen auf Public, da sie von anderen Klassen aus aufgerufen werden soll.

▷ Markieren Sie die Methode CONSTRUCTOR und klicken Sie auf den **Parameter**-Button.

Die aktuelle Ansicht im Werkzeugbereich wechselt auf die Darstellung der Übergabeparameter für die Methode CONSTRUCTOR.

Übergabeparameter einer Methode definieren

▷ Geben Sie die in Abbildung 6.9 aufgeführten Übergabeparameter ein. Beachten Sie die gesetzte Checkbox **Optional** für i_rcl_parent. Hinweisen möchten wir auch auf die Art, die im aktuellen Fall jedoch immer importing ist.

▷ Wechseln Sie durch Mausklick auf den **Methoden**-Button zurück in die Methoden-Ansicht.

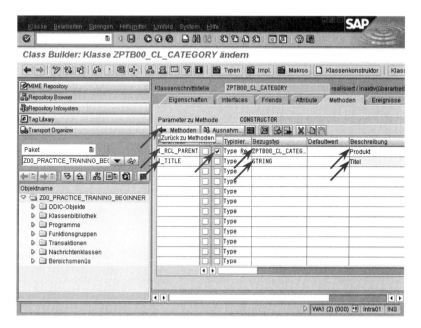

Abbildung 6.9 Übergabeparameter der Methode Constructor pflegen

Analog gehen wir bei der Methode `write_to_screen` vor, die ebenfalls mit den erforderlichen Übergabeparametern ausgestattet werden soll.

▷ Markieren Sie die Zeile mit der Methode `write_to_screen`.
▷ Klicken Sie auf den **Parameter**-Button.

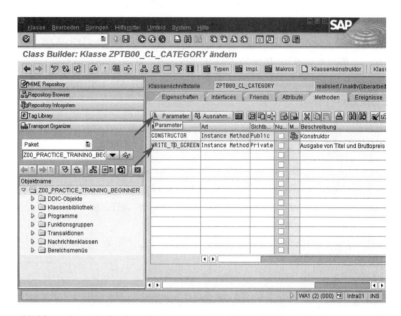

Abbildung 6.10 Methode write_to_screen der Klasse ZPTB00_CL_Category markieren

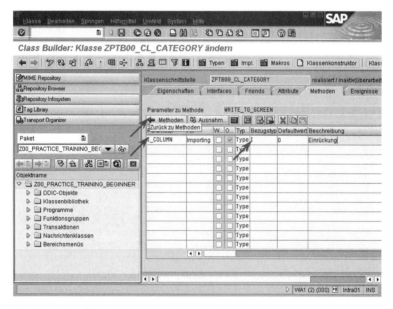

Abbildung 6.11 Übergabeparameter der Methode write_to_screen pflegen

Nun können wir die gewünschten Übergabeparameter eingeben.

▷ Geben Sie den in Abbildung 6.11 aufgeführten Übergabeparameter ein.

▷ Wechseln Sie durch Mausklick auf den **Methoden**-Button zurück in die Methoden-Ansicht.

Auch für die Attribute unserer Klasse gibt es einen komfortablen Eingabedialog. Ihn erreicht man über den Karteireiter **Attribute**.

Attribute einer globalen Klasse definieren

▷ Klicken Sie auf den Karteireiter **Attribute**.

Hier können wir die Namen und Eigenschaften unserer Attribute pflegen.

▷ Geben Sie die Attribute analog zur entsprechenden Quelltextdefinition ein, wie in der Abbildung gezeigt.

▷ Lediglich die Beschreibung für den definierten Tabellentyp wird automatisch übernommen. Die restlichen Beschreibungen »Elternteil«, »Kategorietitel«, »Kategoriebeschreibung« und »Mehrwertsteuer« müssen Sie selbst angeben.

▷ Drücken Sie den **Sichern**-Button.

▷ Wechseln Sie zurück auf den Karteireiter **Methoden**.

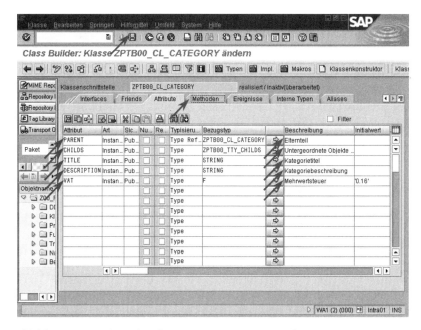

Abbildung 6.12 Attribute der Klasse ZPTB00_CL_Category pflegen

Quelltext der Methode Constructor

Nach diesen vorbereitenden Maßnahmen können wir mit der Eingabe des Quelltextes zu den einzelnen Methoden beginnen.

▷ Doppelklicken Sie auf die Methode CONSTRUCTOR. Alternativ können Sie die Methode auch anklicken und anschließend den Button **Quelltext** wählen.

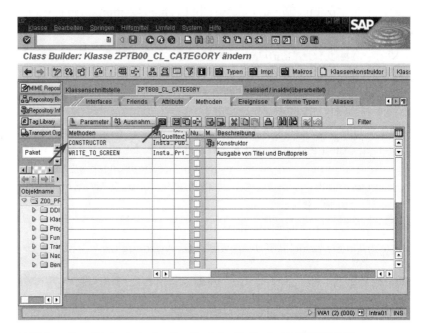

Abbildung 6.13 Wechseln in den Quelltext der Methode CONSTRUCTOR

Der Quelltext wird bei globalen Klassen getrennt pro Methode verwaltet. Sie können sich die Übergabeparameter (Signatur) der Methode anzeigen lassen.

▷ Wählen Sie den **Signatur**-Button.

▷ Geben Sie den in Abbildung 6.14 gezeigten Quelltext ein.

▷ Klicken Sie auf den **Sichern**-Button und dann auf **Prüfen**.

▷ Wählen Sie den **Zurück**-Button, um zurück zum Karteireiter **Methoden** zu gelangen.

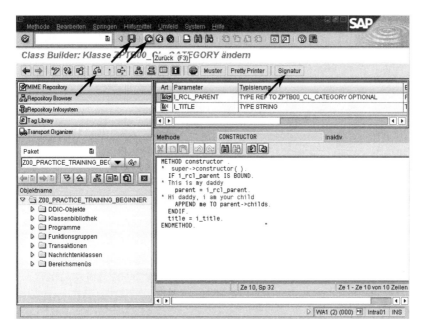

Abbildung 6.14 Quelltext der Methode CONSTRUCTOR eingeben

Analog wollen wir den Quelltext zur Methode `write_to_screen` eingeben.

Quelltext der Methode write_to_screen

▷ Doppelklicken Sie auf die Methode `write_to_screen`. Alternativ können Sie die Methode auch anklicken und anschließend den Button **Quelltext** drücken.

Diese Methode enthält die Logik zum Aufruf aller untergeordneten Objekte.

▷ Geben Sie den in Abbildung 6.15 gezeigten Quelltext ein.

▷ Drücken Sie den **Sichern**-Button.

▷ Drücken Sie den **Zurück**-Button, um zurück zum Karteireiter **Methoden** zu gelangen.

Bitte beachten Sie, dass die Methode (noch) nicht erfolgreich geprüft oder aktiviert werden kann, da die globale Klasse `ZPTB00_CL_Product` von uns noch nicht angelegt wurde.

Abbildung 6.15 Quelltext der Methode write_to_screen

Analog weitere globale Klasse anlegen

Sie können nun auf die gleiche Weise die zweite Klasse ZPTB00_CL_Product erzeugen. Die folgende Abbildung stellt die fertige Methodendefinition dar.

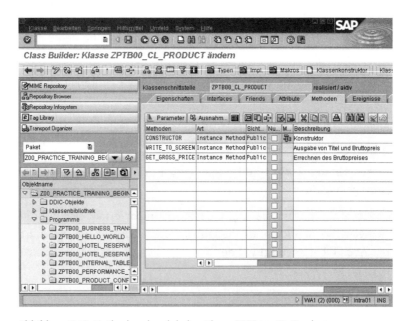

Abbildung 6.16 Methoden der globalen Klasse ZPTB00_CL_Product

362 Objektorientierte Sprachelemente

Die Angaben für die Attribute haben große Ähnlichkeit mit der Klasse ZPTB00_CL_Category.

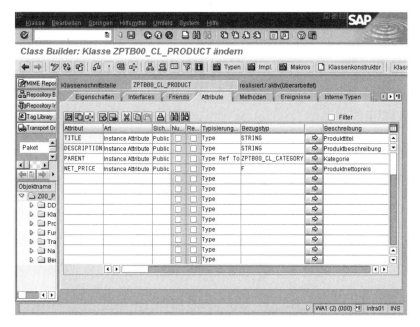

Abbildung 6.17 Attribute der globalen Klasse ZPTB00_CL_Product

Erst nachdem auch die Klasse ZPTB00_CL_Product vollständig angelegt wurde, sind beide globalen Klassen aktivierbar, denn sie verwenden sich gegenseitig.

Wir können nun mit dem Schreiben des Hauptprogramms beginnen.

Hauptprogramm anlegen

▷ Legen Sie ein neues Programm mit Namen ZPTB00_PRODUCT_CONFIGURATOR_GL und ohne TOP-Include an. Der Titel soll »Product Configurator Global« lauten, alle anderen Einstellungen und der Transportauftrag bleiben unverändert.

Dieses Programmgerüst wollen wir nun vervollständigen, wobei wir den Quelltext aus dem Programm ZPTB00_Product_Configurator übernehmen und die Namen der verwendeten Klassen entsprechend anpassen.

▷ Tippen Sie den folgenden Quelltext unterhalb der Kommentarzeilen ein:

Listing 6.14 Der Quelltext des Programms ZPTB00_Product_Configurator_GL

```abap
REPORT  zptb00_product_configurator_gl.
DATA:
  l_category_root TYPE REF TO ZPTB00_cl_category,
  l_category TYPE REF TO ZPTB00_cl_category,
  l_product TYPE REF TO ZPTB00_cl_product.

CREATE OBJECT l_category_root
  EXPORTING
    i_title     = 'Products'.
CREATE OBJECT l_category
  EXPORTING
    i_rcl_parent = l_category_root
    i_title     = 'Hardware'.
CREATE OBJECT l_product
  EXPORTING
    i_rcl_parent = l_category
    i_title     = 'Toshiba Satellite 430s'
    i_net_price = '1500'.
CREATE OBJECT l_product
  EXPORTING
    i_rcl_parent = l_category
    i_title     = 'IBM Thinkpad 30p'
    i_net_price = '1650'.
CREATE OBJECT l_category
  EXPORTING
    i_rcl_parent = l_category_root
    i_title     = 'Software'.
CREATE OBJECT l_product
  EXPORTING
    i_rcl_parent = l_category
    i_title     = 'Microsoft Office SBE'
    i_net_price = '600'.
l_category_root->write_to_screen( ).
```

Beim Testen des Programms ZPTB00_Product_Configurator_GL erhalten wir natürlich exakt das gleiche Ergebnis wie zuvor bei der Implementierung mit Hilfe von lokalen Klassen.

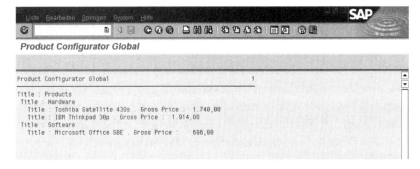

Abbildung 6.18 Das Programm ZPTB00_Product_Configurator_GL während der Ausführung

In der professionellen ABAP-Entwicklung werden meist globale Klassen statt lokaler verwendet. Die Vorteile bezüglich Dokumentierbarkeit, Wiederverwendbarkeit in anderen Projekten ohne Einbinden von Include-Dateien und die einfache Ansprechbarkeit von außen per RFC-, Webservices- oder ähnlichen Protokollen (ab Release 6.20) sind die Gleichen wie bei der Verwendung von Funktionsbausteinen anstelle von Unterprogrammen und überwiegen den größeren Aufwand bei der Eingabe.

6.2 Vererbung und Polymorphie – INHERITING FROM, REDEFINITION

Das Zusammenfassen von Daten und Programmcode zu einer wieder verwendbaren Klasse bringt bereits eine Reihe von Vorteilen bei der Realisierung von Softwareprojekten mit sich. Richtig spannend wird die objektorientierte Programmierung allerdings erst mit der Nutzung weiterer Features: der Vererbung und Polymorphie. Sie sorgen dafür, dass man Änderungen und Erweiterungen am Verhalten von Klassen vornehmen kann, ohne den Quelltext der ursprünglichen Klasse anzutasten.

Eine wichtige Fähigkeit jeder objektorientierten Programmiersprache ist die Möglichkeit zur Vererbung ihrer Attribute und Methoden von einer Klasse zur anderen. Die erbende Klasse kann dabei beinahe alle Attribute und Methoden nutzen, als wären es ihre eigenen, und sogar unpassende Methoden durch neue ersetzen. Diese Flexibilität ist die Voraussetzung für die Wiederverwendung von Programmcode und Daten in einer *Klassenhierarchie*, manchmal auch *Framework*, *Komponentenbibliothek* oder schlicht *Library* genannt. Ausgehend von einem gemeinsamen Vorfahren mit einer Reihe grundlegender Attribute und Methoden werden in einer Klassenhierarchie immer spezialisiertere und erweiterte Nachfahren geschaffen. Beispiele dafür finden sich in den objektorientierten Program-

Grundlagen

Vererbung ABAP Objects unterstützt im Gegensatz zu C++ und in Konformität zu Java den Mechanismus der Einfachvererbung und keine Mehrfachvererbung, so dass jede Klasse nur von einer anderen Klasse erben kann, jedoch selbst als Elternklasse für beliebig viele erbende Klassen dienen kann. Für diese Beziehung zwischen zwei Klassen haben sich im Laufe der Zeit eine Vielzahl von Begriffspaaren herausgebildet wie Elternklasse und Kindklasse, Vorfahre und Nachfahre, Ursprungsklasse und abgeleitete Klasse etc., die jedoch alle das Gleiche ausdrücken.

miersprachen zu hunderten, einige der bekanntesten sind die CLX-Library von Borland, das Java Development Kit von Sun oder das Microsoft.NET-Framework.

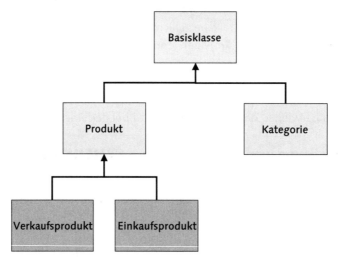

Abbildung 6.19 Klassenhierarchien und Vererbung

In Abbildung 6.19 wird dieser Zusammenhang grafisch dargestellt. Ebenfalls zu erkennen ist, dass jede Klasse in ABAP Objects direkt oder indirekt von der Klasse Object abgeleitet ist. Die Klasse Object ist in der ABAP-Laufzeitumgebung vordefiniert und in jedem Fall die Basisklasse.

Die Ableitung einer Klasse von einer anderen wird über den Zusatz INHERITING FROM des CLASS-Befehls erreicht und kann im folgenden Codefragment nachvollzogen werden:

Listing 6.15 Vererbung und Polymorphie als Quelltextbeispiel

```
CLASS lcl_product DEFINITION.
  PUBLIC SECTION.
    METHODS:
```

```
      constructor
        IMPORTING
          i_rcl_parent TYPE REF TO lcl_category
          i_title TYPE string
          i_net_price TYPE f,
      write_to_screen
        IMPORTING
          i_column TYPE i DEFAULT 0,
      get_gross_price
        RETURNING
          value(r_price) TYPE f.
    DATA:
      title TYPE string,
      description TYPE string,
      parent TYPE REF TO lcl_category,
      net_price TYPE f.
ENDCLASS.                    "lcl_product DEFINITION

CLASS lcl_salesproduct DEFINITION INHERITING FROM lcl_
product.
  PUBLIC SECTION.
    METHODS:
      get_gross_price REDEFINITION.
  PROTECTED SECTION.
    DATA:
      margin TYPE f VALUE '0.2'.
ENDCLASS.                    "lcl_salesproduct DEFINITION
```

Im obigen Beispiel ist die Klasse `lcl_salesproduct` von `lcl_product` abgeleitet. Zu erkennen ist diese Abstammung am Schlüsselwort INHERITING FROM der Klasse `lcl_salesproduct`. Geerbt werden wie in anderen Programmiersprachen auch alle Attribute und Methoden der Elternklasse, jedoch sind diejenigen aus der PRIVATE SECTION der Elternklasse nicht von der abgeleiteten Klasse aus sichtbar. Neue Methoden und Attribute können jedoch problemlos hinzugefügt werden.

Das Ersetzen von geerbten Methoden ist ebenfalls möglich, um beispielsweise die dortige Funktionalität zu erweitern, umzuschreiben oder zu korrigieren. Anstatt von der ursprünglichen Methode werden dann alle Aufrufe automatisch von der neu geschriebenen Methode bearbeitet, die man auch als so genannte *redefinierte Methode* bezeichnet. Das Schlüsselwort REDEFINITION im Definitionsbereich einer Methode gibt an,

Methodenredefinition (Polymorphie)

dass die Methode im Implementationsbereich neu geschrieben wird. In größeren Klassenhierarchien kann es durchaus passieren, dass eine Methode mehrfach redefiniert wird.

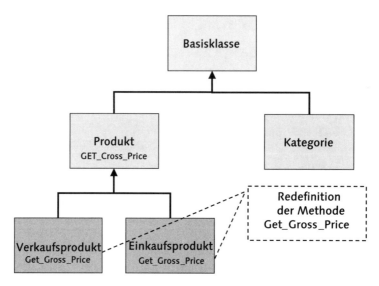

Abbildung 6.20 Klassenhierarchien und Redefinition

Im Gegensatz zu den meisten anderen objektorientierten Programmiersprachen muss die Möglichkeit zur Redefinition einer Methode nicht in der Elternklasse explizit freigegeben worden sein, sondern ABAP Objects sieht jede Methode per se als redefinierbar an. Eine erneute Aufzählung der Übergabeparameter ist nicht erlaubt, was funktionell einleuchtend ist – die Schnittstelle einer redefinierten Methode kann sich ohnehin nicht vom Original unterscheiden, sonst könnte sie von den anderen Methoden der Elternklasse nicht mehr korrekt aufgerufen werden. Während die in der abgeleiteten Klasse redefinierte Methode die ursprüngliche Methode in der Elternklasse überschattet, kann sie diese natürlich dennoch mittels der Pseudoreferenz SUPER aufrufen, um z.B. die geerbte Funktionalität weiter mit einzubeziehen.

Redefinition von Instanzkonstruktoren

Bei der Definition des Instanzkonstruktors Constructor erfolgt keine explizite Angabe des Schlüsselworts REDEFINITION, obwohl es sich immer um eine solche handelt, sondern es wird vom System implizit eingesetzt. Die Übergabeparameter von Instanzkonstruktoren können und müssen stets neu definiert werden, da sie von der Elternklasse abweichen dürfen. Der Aufruf des Konstruktors der übergeordneten Klasse erfolgt wie gewohnt über die Pseudoreferenz SUPER und muss vom Programmierer im Coding explizit angegeben werden. Anders als bei C++ und

Delphi hängt die Objekterzeugung mit dem Aufruf des Konstruktors untrennbar zusammen, so dass bei der Anweisung CREATE OBJECT stets die Übergabeparameter der Constructor-Methode mit angegeben werden müssen.

Die Redefinition von statischen Konstruktoren verläuft analog zu der von Objektkonstruktoren. Allerdings ist hier der explizite Aufruf des statischen Konstruktors des Vorfahren verboten, da die Laufzeitumgebung automatisch für den Aufruf aller statischen Konstruktoren in der richtigen Reihenfolge beim ersten Zugriff auf eine Klasse sorgt.

Redefinition von statischen Konstruktoren

Zusammenfassend lässt sich festhalten, dass Vererbung und Polymorphie für den Aufbau von Klassenhierarchien unerlässlich sind. Die Wiederverwendung von Klassen lässt sich so optimal steuern und ermöglicht eine nachträgliche Erweiterung vorhandener Funktionalität.

> **Aufgabe 6.3**
>
> Legen Sie das Programm ZPTB00_PRODUCT_ENHANCER an, indem Sie das Programm ZPTB00_PRODUCT_CONFIGURATOR kopieren. Leiten Sie zwei neue Klassen `lcl_sales_product` und `lcl_purchase_product` von `lcl_product` ab und redefinieren Sie die Methode `get_gross_price`, so dass im ersten Fall eine Marge von 20% auf den Nettopreis aufgerechnet und im zweiten Fall ein Barzahlungsrabatt von 3% vom Bruttopreis abgerechnet wird. Tauschen Sie im Hauptprogramm die Objekte vom Typ `lcl_product` jeweils durch Objekte vom Typ `lcl_salesproduct` und `lcl_purchaseproduct` aus und beobachten Sie die Auswirkungen auf den Preis bei Ausgabe der Produkthierarchie.

▷ Wählen Sie im Kontextmenü zum Programm ZPTB00_PRODUCT_CONFIGURATOR den Menüpunkt **Kopieren** aus.

▷ Geben Sie als Namen für das Zielprogramm ZPTB00_PRODUCT_ENHANCER an und quittieren Sie Ihre Angaben über den **Kopieren**-Button.

Der nächste Dialog fragt nach, welche Informationen zum Programm im Detail kopiert werden sollen. Da wir weder Dynpros noch Dokumentation oder andere Elemente im Programm ZPTB00_Product_Configurator angelegt haben, können wir die Voreinstellungen übernehmen.

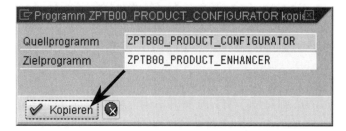

Abbildung 6.21 Kopieren des Programms ZPTB00_Product_Configurator

▷ Lassen Sie die Einstellungsmöglichkeiten unverändert und quittieren Sie mit dem **Kopieren**-Button. Auch der Transportauftrag bleibt gleich.

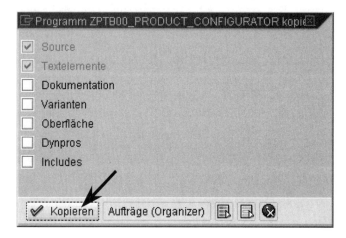

Abbildung 6.22 Kopierdetails zum Programm ZPTB00_Product_Configurator auswählen

Das Programm ist nun kopiert und wir können es per Doppelklick auf den Programmnamen im Objektlistenbereich anzeigen.

▷ Doppelklicken Sie auf den Namen des Programms ZPTB00_Product_Enhancer.

Dieses Programm wollen wir nun erweitern, wobei wir die zwei neuen Klassen definieren und implementieren.

▷ Geben Sie den folgenden Quelltext ein.

Listing 6.16 Der Quelltext des Programms ZPTB00_Product_Enhancer

```
REPORT  zptb00_product_enhancer.
*------------------------------------------------------------*
*       CLASS lcl_category DEFINITION
```

```abap
*--------------------------------------------------------*
*
*--------------------------------------------------------*
CLASS lcl_category DEFINITION.
  PUBLIC SECTION.
    METHODS:
      constructor
        IMPORTING
          i_rcl_parent TYPE REF TO lcl_category
            OPTIONAL
          i_title TYPE string,
      write_to_screen
        IMPORTING
          i_column TYPE i DEFAULT 0.
    DATA:
      parent TYPE REF TO lcl_category,
      childs TYPE STANDARD TABLE OF REF TO object,
      title TYPE string,
      description TYPE string,
      vat TYPE f VALUE '0.16'.
ENDCLASS.                   "lcl_category DEFINITION
*--------------------------------------------------------*
*       CLASS lcl_product DEFINITION
*--------------------------------------------------------*
*
*--------------------------------------------------------*
CLASS lcl_product DEFINITION.
  PUBLIC SECTION.
    METHODS:
      constructor
        IMPORTING
          i_rcl_parent TYPE REF TO lcl_category
          i_title TYPE string
          i_net_price TYPE f,
      write_to_screen
        IMPORTING
          i_column TYPE i DEFAULT 0,
      get_gross_price
        RETURNING
          value(r_price) TYPE f.
```

```abap
      DATA:
        title TYPE string,
        description TYPE string,
        parent TYPE REF TO lcl_category,
        net_price TYPE f.
    ENDCLASS.                  "lcl_product DEFINITION

*----------------------------------------------------*
*       CLASS lcl_salesproduct DEFINITION
*----------------------------------------------------*
*
*----------------------------------------------------*
    CLASS lcl_salesproduct DEFINITION INHERITING FROM lcl_
    product.
      PUBLIC SECTION.
        METHODS:
          get_gross_price REDEFINITION.
      PROTECTED SECTION.
        DATA:
          margin TYPE f VALUE '0.2'.
    ENDCLASS.                  "lcl_salesproduct DEFINITION

*----------------------------------------------------*
*       CLASS lcl_purchaseproduct DEFINITION
*----------------------------------------------------*
*
*----------------------------------------------------*
    CLASS lcl_purchaseproduct DEFINITION INHERITING FROM
    lcl_product.
      PUBLIC SECTION.
        METHODS:
          get_gross_price REDEFINITION.
      PROTECTED SECTION.
        DATA:
          discount TYPE f VALUE '0.03'.
    ENDCLASS.                  "lcl_purchaseproduct DEFINITION

* Main program ***
    DATA:
      l_category_root TYPE REF TO lcl_category,
```

```
    l_category TYPE REF TO lcl_category,
    l_salesproduct TYPE REF TO lcl_salesproduct,
    l_purchaseproduct TYPE REF TO lcl_purchaseproduct.

CREATE OBJECT l_category_root
  EXPORTING
    i_title    = 'Products'.
CREATE OBJECT l_category
  EXPORTING
    i_rcl_parent = l_category_root
    i_title    = 'Hardware'.
CREATE OBJECT l_purchaseproduct
  EXPORTING
    i_rcl_parent = l_category
    i_title    = 'Toshiba Satellite 430s'
    i_net_price = '1500'.
CREATE OBJECT l_salesproduct
  EXPORTING
    i_rcl_parent = l_category
    i_title    = 'Toshiba Satellite 430s'
    i_net_price = '1500'.
CREATE OBJECT l_purchaseproduct
  EXPORTING
    i_rcl_parent = l_category
    i_title    = 'IBM Thinkpad 30p'
    i_net_price = '1650'.
CREATE OBJECT l_salesproduct
  EXPORTING
    i_rcl_parent = l_category
    i_title    = 'IBM Thinkpad 30p'
    i_net_price = '1650'.
CREATE OBJECT l_category
  EXPORTING
    i_rcl_parent = l_category_root
    i_title    = 'Software'.
CREATE OBJECT l_purchaseproduct
  EXPORTING
    i_rcl_parent = l_category
    i_title    = 'Microsoft Office SBE'
    i_net_price = '600'.
```

```abap
    CREATE OBJECT l_salesproduct
      EXPORTING
        i_rcl_parent = l_category
        i_title      = 'Microsoft Office SBE'
        i_net_price  = '600'.
    l_category_root->write_to_screen( ).
    * End of main program ***

    CLASS lcl_category IMPLEMENTATION.
      METHOD constructor.
        super->constructor( ).
        IF i_rcl_parent IS BOUND.
    * This is my daddy
          parent = i_rcl_parent.
    * Hi daddy, I am your child
          APPEND me TO parent->childs.
        ENDIF.
        title = i_title.
      ENDMETHOD.                        "Constructor
      METHOD write_to_screen.
        DATA:
          l_rcl_category  TYPE REF TO lcl_category,
          l_rcl_product   TYPE REF TO lcl_product,
          l_rcl_descr     TYPE REF TO cl_abap_typedescr,
          l_classname     TYPE string,
          l_column        TYPE i.
        FIELD-SYMBOLS:
          <l_object> TYPE REF TO object.
        WRITE: AT /i_column 'Title :', title.
        l_column = i_column + 2.
        LOOP AT childs ASSIGNING <l_object>.
          l_rcl_descr = cl_abap_typedescr=>describe_by_
            object_ref( <l_object> ).
          l_classname = l_rcl_descr->absolute_name.
          FIND 'CL_CATEGORY' IN l_classname.
          IF sy-subrc = 0.
            l_rcl_category ?= <l_object>.
            l_rcl_category->write_to_screen( l_column ).
          ELSE.
            l_rcl_product ?= <l_object>.
```

```abap
        l_rcl_product->write_to_screen( l_column ).
      ENDIF.
    ENDLOOP.
  ENDMETHOD.                "write_to_screen
ENDCLASS.                   "lcl_category IMPLEMENTATION


*----------------------------------------------------------*
*       CLASS lcl_product IMPLEMENTATION
*----------------------------------------------------------*
*
*----------------------------------------------------------*
CLASS lcl_product IMPLEMENTATION.
  METHOD constructor.
* Initialize attributes
*     super->constructor( ).
    IF i_rcl_parent IS BOUND.
* This is my daddy
      parent = i_rcl_parent.
* Hi daddy, i am your child
      APPEND me TO parent->childs.
    ENDIF.
    title = i_title.
    net_price = i_net_price.
  ENDMETHOD.                        "Constructor
  METHOD write_to_screen.
    DATA:
      l_gross_price TYPE p DECIMALS 2.
    l_gross_price = me->get_gross_price( ).
    WRITE: AT /i_column 'Title :', title, '. Gross Price
       :', (10) l_gross_price.
  ENDMETHOD.                        "lcl_product
  METHOD get_gross_price.
    r_price = net_price + net_price * parent->vat.
  ENDMETHOD.                        "get_price
ENDCLASS.                           "lcl_product IMPLEMENTATION


*----------------------------------------------------------*
*       CLASS lcl_salesproduct IMPLEMENTATION
*----------------------------------------------------------*
```

```
*
*-------------------------------------------------------*
CLASS lcl_salesproduct IMPLEMENTATION.
  METHOD get_gross_price.
    DATA:
      l_margin_net_price TYPE f.
      l_margin_net_price = net_price + net_price *
                           margin.
      r_price =  l_margin_net_price +
                 l_margin_net_price * parent->vat.
  ENDMETHOD.            "lcl_salesproduct
ENDCLASS.               "lcl_salesproduct IMPLEMENTATION


*-------------------------------------------------------*
*       CLASS lcl_purchaseproduct IMPLEMENTATION
*-------------------------------------------------------*
*
*-------------------------------------------------------*
CLASS lcl_purchaseproduct IMPLEMENTATION.
  METHOD get_gross_price.
    DATA:
      l_gross_price TYPE f.
      l_gross_price = super->get_gross_price( ).
      r_price = l_gross_price - l_gross_price * discount.
  ENDMETHOD.            "lcl_purchaseproduct
ENDCLASS.               "lcl_purchaseproduct IMPLEMENTATION
```

Erläuterung des Quelltextes

Der Quelltext beginnt mit der Definition der beiden Klassen lcl_category und lcl_product mit den vorgegebenen Attributen und Methoden. Hinzugekommen gegenüber dem Programm ZPTB00_Product_Configurator sind die Definitionen der beiden Klassen lcl_salesproduct und lcl_purchaseproduct, die die ererbte Methode get_gross_price redefinieren. Zusätzlich verfügen Sie im Protected-Bereich noch über Attribute zur Ablage der aktuellen Marge bzw. zum aktuellen Rabatt.

Auf diese Attribute wird bei der Neuimplementierung der jeweiligen Methode zurückgegriffen. Während bei der Berechnung des Verkaufspreises durch eine Zwischenrechnung eine Marge von 20% auf den Nettopreis aufgeschlagen wird und erst darauf die Mehrwertsteuer aufaddiert wird, kann man sich beim Einkaufsprodukt der ursprünglichen Methode get_gross_price aus der Klasse lcl_product bedienen.

Anschließend wird in den dort errechneten Bruttopreis ein Rabatt von 3% einkalkuliert und das Ergebnis als Bruttopreis zurückgeliefert. Der Aufruf der geerbten Methode erfolgt dabei über die »modernere« Form `super->get_gross_price( )`.

Das Hauptprogramm besteht nun aus neun Constructor-Aufrufen, um eine Produkthierarchie aufzubauen, bei der jedes Produkt sowohl als Einkaufsprodukt wie auch als Verkaufsprodukt geführt wird. Danach wird vom Wurzelknoten die Ausgabe mittels Aufruf der `write_to_screen`-Methode angestoßen.

Schauen wir uns nun das Programm während der Ausführung an.

Testen des Programms

▷ Speichern, prüfen und aktivieren Sie das Programm und führen Sie es direkt aus.

Das Programm startet und gibt alle Produkte und Kategorien gemäß ihrer Hierarchie auf dem Bildschirm aus.

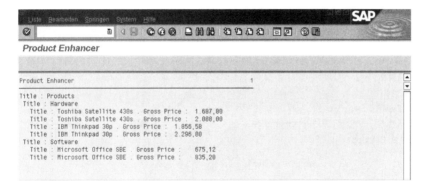

Abbildung 6.23 Das Ergebnis des Programms ZPTB00_Product_Enhancer

Aufgabe 6.4

Legen Sie das Programm ZPTB00_PRODUCT_ENHANCER_GL an. Implementieren Sie exakt die gleiche Funktionalität, jedoch unter Verwendung globaler Klassen für die Kategorien und Produkte. Verwenden Sie als Klassennamen für das Verkaufsprodukt ZPTB00_CL_SALESPRODUCT sowie für das Einkaufsprodukt ZPTB00_CL_PURCHASEPRODUCT. Implementieren Sie dort die neue Funktionalität. Kopieren Sie das Hauptprogramm aus ZPTB00_PRODUCT_ENHANCER und passen Sie die Namen der verwendeten Klassen an.

Deutlich zu erkennen sind die unterschiedlichen Preise für ein und dasselbe Produkt, wobei der jeweils höhere Preis das Verkaufsprodukt darstellt.

Auch die Vererbung lässt sich mit globalen Klassen nutzen.

Globale Klasse anlegen

Beginnen wir mit der Definition der globalen Klasse ZPTB00_CL_SALESPRODUCT.

▷ Wählen Sie im Kontextmenü des Pakets bzw. der Entwicklungsklasse den Menüpunkt **Anlegen** · **Klassenbibliothek** · **Klasse** aus.

▷ Geben Sie als Klasse ZPTB00_CL_SALESPRODUCT an.

▷ Klicken Sie auf den Button **Vererbung anlegen**, worauf die zusätzliche Eingabezeile **Erbt von** eingeblendet wird.

▷ Geben Sie hinter **Erbt von** die Klasse ZPTB00_CL_PRODUCT an.

▷ Als Beschreibung geben Sie bitte »Verkaufsprodukt« an.

▷ Deaktivieren Sie die Checkbox **Final**, denn dann können Sie später Ableitungen von dieser Klasse implementieren.

▷ Quittieren Sie Ihre Angaben mit dem **Sichern**-Button.

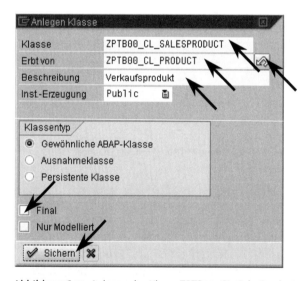

Abbildung 6.24 Anlegen der Klasse ZPTB00_CL_SalesProduct

▷ Die Nummer des bereits zuvor benutzten Transportauftrags ist voreingestellt und muss lediglich per **OK**-Button quittiert werden.

Im Werkzeugbereich des Object Navigators erscheint ein Fenster, in dem die Entwicklung der Klasse weiter vervollständigt werden kann.

Wir beginnen mit der Definition des zusätzlichen Attributs Margin.

Attribute einer globalen Klasse definieren

▷ Klicken Sie auf den Karteireiter **Attribute**.

Hier können wir die Namen und Eigenschaften unseres neuen Attributs pflegen.

▷ Geben Sie als Attributname »Margin« ein, als Art »Instance Attribute«, als Sichtbarkeit »Protected«, als Bezugstyp »F« und als Beschreibung »Marge«.

▷ Setzen Sie das Attribut Margin unter der Spalte »Initialwert« auf »0.2«.

▷ Drücken Sie den **Sichern**-Button und wechseln Sie zurück auf den Karteireiter **Methoden**.

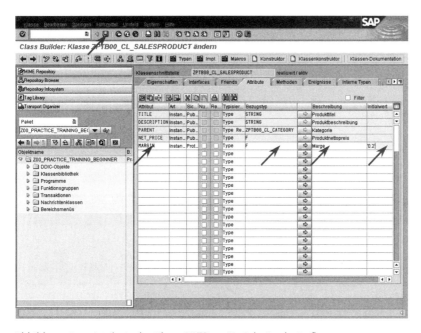

Abbildung 6.25 Attribute der Klasse ZPTB00_CL_SalesProduct pflegen

Nun beschäftigen wir uns mit der Redefinition der Methode get_gross_price.

Methode einer globalen Klasse redefinieren

▷ Wechseln Sie auf den Karteireiter **Methoden** im Werkzeugbereich.

▷ Markieren Sie die Methode »get_gross_price« und drücken Sie den Button **Redefinieren**.

Die aktuelle Ansicht im Werkzeugbereich wechselt auf die Darstellung des Quelltextes der Methode.

Vererbung und Polymorphie **379**

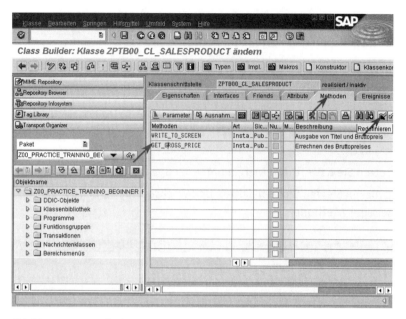

Abbildung 6.26 Methode Get_Gross_Price der Klasse ZPTB00_CL_SalesProduct redefinieren

Geben Sie den in Abbildung 6.27 aufgeführten Quelltext ein. Wählen Sie den **Sichern**-Button und danach **Aktivieren**.

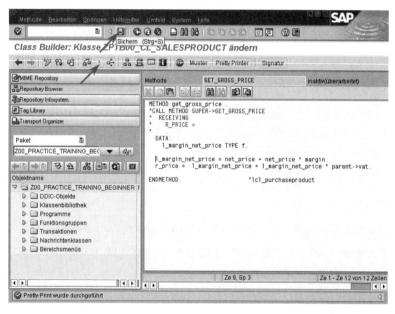

Abbildung 6.27 Redefinierte Methode Get_Gross_Price der Klasse ZPTB00_CL_Sales-Product speichern

Anschließend wechselt die Farbe der Schrift für die Methode `write_to_screen` in der Auflistung der Methoden von Blau (geerbt) auf Schwarz (selbst implementiert).

Sie können nun auf die gleiche Weise die zweite Klasse erzeugen. Abbildung 6.28 stellt die fertige Methodendefinition dar.

Analog weitere globale Klasse anlegen

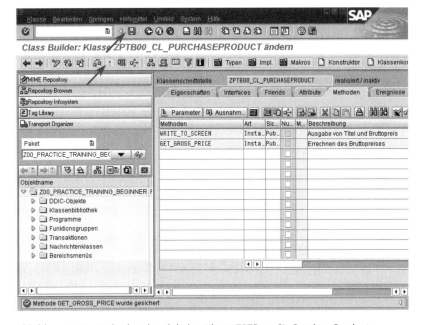

Abbildung 6.28 Methoden der globalen Klasse ZPTB00_CL_PurchaseProduct

Der Quelltext der Methode `write_to_screen` lautet analog zur Implementierung in der lokalen Klasse und die Angaben für die Attribute haben große Ähnlichkeit mit der Klasse `ZPTB00_CL_SalesProduct`.

Erst nachdem auch die Klasse `ZPTB00_CL_Product` vollständig angelegt wurde, sind beide globalen Klassen aktivierbar, denn sie verwenden sich gegenseitig.

Wir können nun mit dem Schreiben des Hauptprogramms beginnen.

Hauptprogramm anlegen

▷ Legen Sie ein neues Programm mit dem Namen ZPTB00_PRODUCT_ENHANCER_GL und ohne TOP-Include an. Der Titel soll »Product Enhancer Global« lauten, die restlichen Eigenschaften und der Transportauftrag bleiben unverändert.

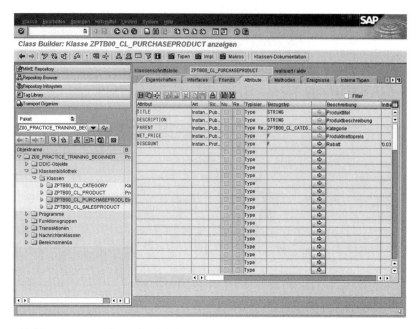

Abbildung 6.29 Attribute der globalen Klasse ZPTB00_CL_PurchaseProduct

Das neue Programmgerüst wollen wir nun vervollständigen, wobei wir den Quelltext aus dem Programm ZPTB00_Product_Enhancer übernehmen und die Namen der verwendeten Klassen entsprechend anpassen.

▷ Tippen Sie den folgenden Quelltext unterhalb der Kommentarzeilen ein:

Listing 6.17 Der Quelltext des Programms ZPTB00_Product_Enhancer_GL

```
REPORT  zptb00_product_enhancer_gl.

DATA:
  l_category_root TYPE REF TO zptb00_cl_category,
  l_category TYPE REF TO zptb00_cl_category,
  l_salesproduct TYPE REF TO zptb00_cl_salesproduct,
  l_purchaseproduct TYPE REF TO
                        zptb00_cl_purchaseproduct.

CREATE OBJECT l_category_root
  EXPORTING
    i_title    = 'Products'.
CREATE OBJECT l_category
```

```
    EXPORTING
      i_rcl_parent = l_category_root
      i_title      = 'Hardware'.
CREATE OBJECT l_purchaseproduct
  EXPORTING
    i_rcl_parent = l_category
    i_title      = 'Toshiba Satellite 430s'
    i_net_price  = '1500'.
CREATE OBJECT l_salesproduct
  EXPORTING
    i_rcl_parent = l_category
    i_title      = 'Toshiba Satellite 430s'
    i_net_price  = '1500'.
CREATE OBJECT l_purchaseproduct
  EXPORTING
    i_rcl_parent = l_category
    i_title      = 'IBM Thinkpad 30p'
    i_net_price  = '1650'.
CREATE OBJECT l_salesproduct
  EXPORTING
    i_rcl_parent = l_category
    i_title      = 'IBM Thinkpad 30p'
    i_net_price  = '1650'.
CREATE OBJECT l_category
  EXPORTING
    i_rcl_parent = l_category_root
    i_title      = 'Software'.
CREATE OBJECT l_purchaseproduct
  EXPORTING
    i_rcl_parent = l_category
    i_title      = 'Microsoft Office SBE'
    i_net_price  = '600'.
CREATE OBJECT l_salesproduct
  EXPORTING
    i_rcl_parent = l_category
    i_title      = 'Microsoft Office SBE'
    i_net_price  = '600'.
l_category_root->write_to_screen( ).
```

Testen des Programms

Beim Testen des Programms ZPTB00_Product_Enhancer_GL erhalten wir erwartungsgemäß exakt das gleiche Ergebnis wie zuvor bei der Implementierung mit Hilfe von lokalen Klassen.

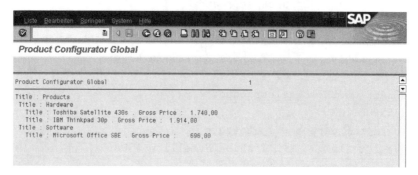

Abbildung 6.30 Das Programm ZPTB00_Product_Enhancer_GL während der Ausführung

Die Redefinition von Methoden bei der Vererbung von Klassen ist einer der wichtigsten Bestandteile der objektorientierten Programmierung, da sie die nachträgliche Erweiterung ohne Veränderungen an der ursprünglichen Funktionalität ermöglicht. Oftmals entwirft man deshalb in der professionellen objektorientierten Programmierung Klassenhierarchien unter dem Aspekt der nachträglichen Erweiterbarkeit.

6.3 Ereignisse – EVENTS

Während Klassen und Vererbungsmechanismen auf die Schaffung und Erweiterung von Funktionalität abzielen, werden Ereignisse für die Kommunikation zwischen Klassen und letztlich die Zusammenschaltung zu einem größeren Ganzen benötigt. Durch Ereignisse wird das Baukastenprinzip für Software Realität und dementsprechend hoch ist ihr Stellenwert in modernen Klassenhierarchien.

Grundlagen

Arbeitet man heutzutage mit modernen Klassenbibliotheken, so könnte man beinahe den Eindruck gewinnen, die objektorientierte Softwareentwicklung hätte sich selbst überholt: Statt aufwändig Klasse für Klasse abzuleiten und so die Funktionalität den eigenen Bedürfnissen anzupassen, instanziiert man die Klassen unverändert, »dreht« hier und da an ein paar Attributen, um sie auf die konkreten Anforderungen einzustellen und schließt sie über Ereignisse (siehe nächster Abschnitt) und einige dazu programmierte Codezeilen (auch *Glue-Logic* genannt) zu einer fertigen Applikation zusammen. Alle Rapid-Application-Development-Tools (RAD-Tools) wie z.B. Delphi, Visual Basic.NET etc. arbeiten nach diesem

Prinzip und bieten dem Entwickler die Softwareerstellung im Baukastenverfahren. Natürlich funktioniert so etwas nur, wenn die Klassen der Klassenhierarchie derart viel Funktionalität besitzen und so flexibel einstellbar sind, dass sie den Bedürfnissen des Programmierers ohne weiteres gerecht werden.

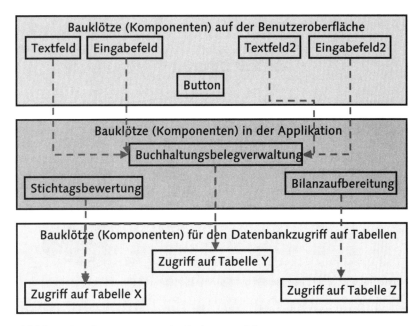

Abbildung 6.31 Programmierung im Baukastenverfahren

Für die Entwicklung von Oberflächen, Datenbankanbindungen und Netzwerkkommunikationen funktioniert das schon recht gut, für komplexe betriebswirtschaftliche Aufgaben sieht es diesbezüglich aber noch mager aus. Da mag man es SAP und seiner Programmiersprache ABAP Objects nicht verübeln, wenn auch dort noch keine umfassende Klassenhierarchie für die Lösung betriebswirtschaftlicher Aufgaben vom Verkauf über die Produktion bis hin zur Buchhaltung zur Verfügung steht. Nichtsdestotrotz arbeitet man bei SAP natürlich an solchen Frameworks und hat z. B. im Bereich Financials auch schon einige Etappensiege errungen.

Technische Grundlage für die Softwareerstellung im Baukastenverfahren sind so genannte *Ereignisse*, d. h. an einer Klasse vorgesehene Schnittstellen, die zu bestimmten Zeitpunkten und/oder unter bestimmten Umständen aufgerufen werden. Benutzt man solche Klassen im Programm und verbindet eigene Methoden mit den Ereignisschnittstellen, wird der darin enthaltene Programmcode in den Ablauf der Klasse mit einbezogen und

Ereignisse

automatisch aufgerufen. Was in der theoretischen Erklärung einigermaßen kompliziert klingt, entpuppt sich in der Praxis als durchaus einleuchtend: So würde man sich an das Ereignis CLICK einer Button-Klasse anhängen, wenn man über jeden Mausklick des Anwenders auf den Button informiert werden möchte oder an das Ereignis FAILED_DOCUMENTS einer Buchhaltungsklasse, wenn man über jeden fehlerhaften Buchhaltungsbeleg informiert werden möchte.

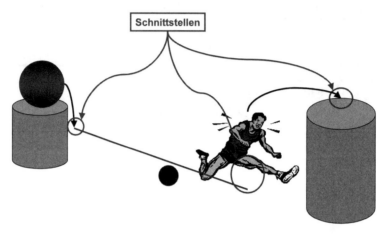

Abbildung 6.32 Ereignisse dienen der Kommunikation und Zusammenschaltung

Grundsätzlich unterscheidet man zwei Arten von Konzepten zur Realisierung von Ereignissen in objektorientierten Programmiersprachen. Auf der einen Seite gibt es das *Listener-Konzept* (auch *Publish and Subscribe* genannt), wie es beispielsweise in ABAP Objects und Java zum Einsatz kommt, und auf der anderen Seite das *Method-Pointer-Konzept* aus Sprachen wie C++, Delphi und VB.NET.

Listener-Konzept Das Listener-Konzept ermöglicht eine 1:n-Zuordnung von Ereignisschnittstellen zu Ereignisbehandlungsmethoden. Dies wird über eine Liste realisiert, in die beliebig viele Ereignisbehandlungsmethoden eingetragen werden können und dann beim Auslösen des Ereignisses durch das Objekt der Reihe nach aufgerufen werden. Das folgende Codefragment zeigt die Syntax zur Definition von Ereignissen und Ereignisbehandlermethoden (auch *Behandlermethoden* genannt) sowie deren Verbindung über die Registrierung von Behandlern.

Listing 6.18 Ereignisse und Ereignisbehandler definieren

```
CLASS lcl_product DEFINITION.
  PUBLIC SECTION.
    EVENTS:
      on_title_change
        EXPORTING
          value(i_title) TYPE string.
    METHODS:
      set_title FOR EVENT on_title_change OF
        lcl_product
        IMPORTING
          i_title.
    DATA:
      title TYPE string,
ENDCLASS.                      "lcl_product DEFINITION

DATA:
  l_product1 TYPE REF TO lcl_product,
  l_product2 TYPE REF to lcl_product.

CREATE OBJECT l_product1.
CREATE OBJECT l_product2.
* Connect handle of product1 with event of product2
SET HANDLER l_product1->set_title FOR l_product2.
```

Ereignisse werden in Klassen über das Schlüsselwort EVENTS name EXPORTING parameters deklariert und definieren neben dem Namen des Ereignisses die Übergabeparameter, die beim späteren Aufruf dieses Ereignisses übergeben werden. Klassen, die über Events verfügen, werden auch als *Auslöser-Klassen* bezeichnet. Alternativ kann man über die Anweisung CLASS-EVENTS auch statische Ereignisse definieren, die ohne die Instanziierung eines Objekts via CREATE OBJECT nutzbar sind (siehe in diesem Zusammenhang auch statische Methoden in Abschnitt 6.1). Wir werden uns in diesem Abschnitt hauptsächlich auf die Erklärung von Instanz-Events beschränken.

Ereignisse deklarieren

Bildlich kann man Events mit »Verteilerlisten« vergleichen, in die sich »interessierte« Methoden eintragen lassen können, um bei jedem Auslösen des Ereignisses informiert zu werden.

```
CLASS class DEFINITION.
  EVENTS:
    evt EXPORTING parameters.
```

Abbildung 6.33 ABAP Objects-Ereignisse als Verteilerliste

Behandlermethoden deklarieren
Sie können in jeder Klasse Ereignisbehandlungsmethoden für die Ereignisse anderer Klassen deklarieren oder – wie im obigen Beispiel – der eigenen Klasse. Ereignisbehandlermethoden werden mit der Anweisung METHODS name FOR EVENT evt OF class oder CLASS-METHODS name FOR EVENT evt for class deklariert, wobei name der Name der Methode ist, evt das Ereignis und class der Name der Klasse, in der das Ereignis deklariert ist. Der Name der Behandlermethode kann sich also vom Namen des Ereignisses unterscheiden. Die Parameterschnittstelle einer Ereignisbehandlungsmethode ist ausschließlich auf Importing-Parameter beschränkt, die namensgleich bei der Deklaration des entsprechenden Ereignisses als Exporting-Parameter definiert wurden, wobei eine Behandlermethode nicht alle Parameter übernehmen muss. Die Importing-Parameter müssen nicht typisiert werden, sondern übernehmen die Typisierung der Exporting-Parameter des Ereignisses. Als impliziter Parameter wird von der ABAP-Laufzeitumgebung immer auch der Parameter SENDER zur Verfügung gestellt, der beim Auslösen immer eine Referenz auf das auslösende Objekt enthält. Falls man eine Behandlermethode mit mehreren Ereignissen verbunden hat, ist so eine eindeutige Feststellung des ereignisauslösenden Objekts möglich. Klassen mit Behandlermethoden werden auch als *Behandlerklassen* bezeichnet.

Bildlich kann man eine Behandlermethode mit einem Interessenten vergleichen, der sich möglicherweise in eine Verteilerliste eintragen kann.

```
CLASS interested_class DEFINITION.
METHODS:
      name for EVENT evt OF class.
```

Abbildung 6.34 Behandlermethoden als Interessenten

Damit eine Behandlermethode beim Auslösen eines Ereignisses tatsächlich aufgerufen wird, muss man sie noch an allen gewünschten Ereignissen registrieren. Diese Kopplung erreicht man über den Aufruf des Befehls `SET HANDLER ref_handler FOR ref_sender [ACTIVATION act]`, wobei `ref_handler` eine Referenzvariable auf die Behandlermethode ist und `ref_sender` eine Referenzvariable auf das Objekt, in dem das Ereignis deklariert ist. Sofern der Zusatz `ACTIVATION act` nicht angegeben ist oder `act` den Wert 'X' hat, ist die Registrierung der Behandlermethode aktiv, d.h., die Behandlermethode wird bei Auslösung des Ereignisses automatisch aufgerufen. Deaktivieren kann man folglich den Aufruf einer Behandlermethode durch den Wert ' ' für `act`.

Registrierung von Behandlermethoden

Alternativ können Sie auch eine Massenregistrierung bzw. Deregistrierung für alle im Speicher befindlichen Objekte durchführen, die das Ereignis auslösen können, indem Sie den Zusatz `FOR ALL INSTANCES` verwenden.

Bildlich kann man sich die Registrierung und Deregistrierung einer Behandlermethode wie das Einschreiben in eine Verteilerliste bzw. das Herausstreichen aus einer Verteilerliste vorstellen.

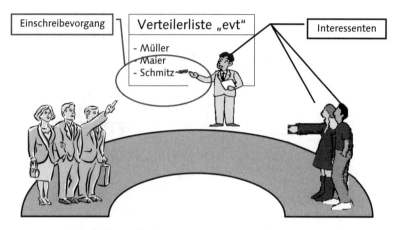

```
* Somewhere in the program ...
  SET HANDLER interested_class->name FOR class.
```

Abbildung 6.35 Registrieren von Behandlermethoden als Einschreibevorgang

Auslösen von Ereignissen
Um ein Ereignis auszulösen und somit alle registrierten Behandlermethoden aufzurufen, wird die Anweisung RAISE EVENT evt EXPORTING parameters verwendet, wobei evt der Name des auszulösenden Ereignisses ist und man in PARAMETERS den deklarierten EXPORTING-Parametern des Ereignisses Werte zuweisen muss. Diese Anweisung unterbricht die Ausführung der Methoden an genau dieser Stelle und die Laufzeitumgebung führt alle für das Ereignis registrierten Behandlermethoden aus. Danach wird die auslösende Methode nach der Anweisung fortgesetzt. Aufgerufen wird die RAISE EVENT-Anweisung in der Auslöser-Klasse selbst.

Bildlich kann man sich das Auslösen eines Ereignisses so vorstellen, dass alle in der Verteilerliste eingetragenen Interessenten nacheinander angerufen und über den Wert der Übergabeparameter informiert werden.

Schauen wir uns dieses Zusammenspiel der Anweisungen anhand eines Praxisbeispiels näher an.

```
* Somewhere in the program ...
RAISE EVENT evt EXPORTING parameters
```

Abbildung 6.36 Auslösen des Ereignisses als Anruf jedes Interessenten auf der Verteilerliste – RAISE EVENT

> **Aufgabe 6.5**
>
> Legen Sie das Programm ZPTB00_PRODUCT_EVENT an, indem Sie das Programm ZPTB00_PRODUCT_ENHANCER kopieren. Das Programm soll so erweitert werden, dass der Titel eines Verkaufsprodukts immer dann geändert wird, wenn sich der Titel des Einkaufsprodukts ändert. Ergänzen Sie in der Klasse `lcl_product` ein Ereignis `on_title_change` mit dem Übergabeparameter `i_title` vom Typ `string` und legen Sie dazu eine Behandlermethode mit Namen `set_title` an. Erzeugen Sie im Programm neben der Kategorie ein Objekt vom Typ `lcl_salesproduct` und ein Objekt vom Typ `lcl_purchaseproduct` und geben Sie die Produkthierarchie aus. Weisen Sie anschließend die Behandlermethode von `lcl_salesproduct` dem Ereignis von `lcl_purchaseproduct` zu und ändern Sie den Text des Einkaufsprodukts durch Aufruf der entsprechenden `set_title`-Methode. Geben Sie schließlich erneut die Produkthierarchie aus.

▷ Wählen Sie im Kontextmenü zum Programm ZPTB00_PRODUCT_ENHANCER den Menüpunkt **Kopieren** aus.

▷ Geben Sie als Namen für das Zielprogramm ZPTB00_PRODUCT_EVENT an und quittieren Sie Ihre Angaben über den **Kopieren**-Button.

Der nächste Dialog fragt nach, welche Informationen zum Programm im Detail kopiert werden sollen. Da wir weder Dynpros noch Dokumentation oder andere Elemente im Programm ZPTB00_Product_Enhancer angelegt haben, können wir die Voreinstellungen übernehmen.

▷ Lassen Sie die Einstellungsmöglichkeiten unverändert und quittieren Sie mit dem **Kopieren**-Button. Auch der Transportauftrag bleibt unverändert.

Das Programm ist nun kopiert und wir können es per Doppelklick auf den Programmnamen im Objektlistenbereich anzeigen.

▷ Doppelklicken Sie auf den Namen des Programms ZPTB00_Product_Event.

Dieses Programm wollen wir nun erweitern, wobei wir die zwei neuen Klassen definieren und implementieren.

▷ Geben Sie den folgenden Quelltext ein:

Listing 6.19 Der Quelltext des Programms ZPTB00_Product_Event

```
REPORT   zptb00_product_event.
*----------------------------------------------------*
*        CLASS lcl_category DEFINITION
*----------------------------------------------------*
*
*----------------------------------------------------*
CLASS lcl_category DEFINITION.
  PUBLIC SECTION.
    METHODS:
      constructor
        IMPORTING
          i_rcl_parent TYPE REF TO lcl_category
            OPTIONAL
          i_title TYPE string,
      write_to_screen
        IMPORTING
          i_column TYPE i DEFAULT 0.
    DATA:
      parent TYPE REF TO lcl_category,
      childs TYPE STANDARD TABLE OF REF TO object,
      title TYPE string,
      description TYPE string,
```

```abap
      vat TYPE f VALUE '0.16'.
ENDCLASS.                        "lcl_category DEFINITION
*----------------------------------------------------------*
*       CLASS lcl_product DEFINITION
*----------------------------------------------------------*
*
*----------------------------------------------------------*
CLASS lcl_product DEFINITION.
  PUBLIC SECTION.
    EVENTS:
      on_title_change
        EXPORTING
          value(i_title) TYPE string.
    METHODS:
      constructor
        IMPORTING
          i_rcl_parent TYPE REF TO lcl_category
          i_title TYPE string
          i_net_price TYPE f,
      write_to_screen
        IMPORTING
          i_column TYPE i DEFAULT 0,
      get_gross_price
        RETURNING
          value(r_price) TYPE f,
      set_title FOR EVENT on_title_change OF
        lcl_product
        IMPORTING
          i_title.
    DATA:
      title TYPE string,
      description TYPE string,
      parent TYPE REF TO lcl_category,
      net_price TYPE f.
ENDCLASS.                        "lcl_product DEFINITION

*----------------------------------------------------------*
*       CLASS lcl_salesproduct DEFINITION
*----------------------------------------------------------*
*
*----------------------------------------------------------*
```

```abap
CLASS lcl_salesproduct DEFINITION INHERITING FROM lcl_
product.
  PUBLIC SECTION.
    METHODS:
      get_gross_price REDEFINITION.
  PROTECTED SECTION.
    DATA:
      margin TYPE f VALUE '0.2'.
ENDCLASS.              "lcl_salesproduct DEFINITION

*----------------------------------------------------------*
*       CLASS lcl_purchaseproduct DEFINITION
*----------------------------------------------------------*
*
*----------------------------------------------------------*
CLASS lcl_purchaseproduct DEFINITION INHERITING FROM
lcl_product.
  PUBLIC SECTION.
    METHODS:
      get_gross_price REDEFINITION.
  PROTECTED SECTION.
    DATA:
      discount TYPE f VALUE '0.03'.
ENDCLASS.              "lcl_purchaseproduct DEFINITION

* Main program ***
DATA:
  l_category_root TYPE REF TO lcl_category,
  l_category TYPE REF TO lcl_category,
  l_salesproduct TYPE REF TO lcl_salesproduct,
  l_purchaseproduct TYPE REF TO lcl_purchaseproduct.

CREATE OBJECT l_category_root
  EXPORTING
    i_title     = 'Products'.
CREATE OBJECT l_category
  EXPORTING
    i_rcl_parent = l_category_root
    i_title     = 'Hardware'.
```

```abap
CREATE OBJECT l_purchaseproduct
  EXPORTING
    i_rcl_parent = l_category
    i_title      = 'Toshiba Satellite 430s'
    i_net_price  = '1500'.
CREATE OBJECT l_salesproduct
  EXPORTING
    i_rcl_parent = l_category
    i_title      = 'Toshiba Satellite 430s'
    i_net_price  = '1500'.
l_category_root->write_to_screen( ).
* connect l_purchaseproduct to event of
* l_salesproduct, so we get noticed in
* l_purchaseproduct
SET HANDLER l_salesproduct->set_title FOR l_purchaseproduct.
CALL METHOD l_purchaseproduct->set_title
  EXPORTING
    i_title = 'Toshiba Portege 120s'.
l_category_root->write_to_screen( ).
* End of main program ***


*------------------------------------------------------*
*       CLASS lcl_category IMPLEMENTATION
*------------------------------------------------------*
*
*------------------------------------------------------*
CLASS lcl_category IMPLEMENTATION.
  METHOD constructor.
    super->constructor( ).
    IF i_rcl_parent IS BOUND.
* This is my daddy
      parent = i_rcl_parent.
* Hi daddy, I am your child
      APPEND me TO parent->childs.
    ENDIF.
    title = i_title.
  ENDMETHOD.                          "Constructor
  METHOD write_to_screen.
    DATA:
```

```abap
        l_rcl_category   TYPE REF TO lcl_category,
        l_rcl_product    TYPE REF TO lcl_product,
        l_rcl_descr      TYPE REF TO cl_abap_typedescr,
        l_classname      TYPE string,
        l_column         TYPE i.
    FIELD-SYMBOLS:
      <l_object> TYPE REF TO object.
    WRITE: AT /i_column 'Title :', title.
    l_column = i_column + 2.
    LOOP AT childs ASSIGNING <l_object>.
      l_rcl_descr =
         cl_abap_typedescr=>describe_by_object_ref(
           <l_object> ).
      l_classname = l_rcl_descr->absolute_name.
      FIND 'CL_CATEGORY' IN l_classname.
      IF sy-subrc = 0.
        l_rcl_category ?= <l_object>.
        l_rcl_category->write_to_screen( l_column ).
      ELSE.
        l_rcl_product ?= <l_object>.
        l_rcl_product->write_to_screen( l_column ).
      ENDIF.
    ENDLOOP.
  ENDMETHOD.                    "write_to_screen
ENDCLASS.                       "lcl_category IMPLEMENTATION

*----------------------------------------------------------*
*       CLASS lcl_product IMPLEMENTATION
*----------------------------------------------------------*
*
*----------------------------------------------------------*
CLASS lcl_product IMPLEMENTATION.
  METHOD constructor.
* Initialize attributes
*    super->constructor( ).
    IF i_rcl_parent IS BOUND.
* This is my daddy
      parent = i_rcl_parent.
* Hi daddy, I am your child
      APPEND me TO parent->childs.
```

```abap
      ENDIF.
      title = i_title.
      net_price = i_net_price.
    ENDMETHOD.                      "Constructor
    METHOD write_to_screen.
      DATA:
        l_gross_price TYPE p DECIMALS 2.
      l_gross_price = me->get_gross_price( ).
      WRITE: AT /i_column 'Title :', title, '. Gross
        Price :', (10) l_gross_price.
    ENDMETHOD.                      "lcl_product
    METHOD get_gross_price.
      r_price = net_price + net_price * parent->vat.
    ENDMETHOD.                      "get_price
    METHOD set_title.
      RAISE EVENT on_title_change
        EXPORTING
          i_title = i_title.
      title = i_title.
    ENDMETHOD.                      "lcl_product
ENDCLASS.                           "lcl_product IMPLEMENTATION

*---------------------------------------------------------*
*       CLASS lcl_salesproduct IMPLEMENTATION
*---------------------------------------------------------*
*
*---------------------------------------------------------*
CLASS lcl_salesproduct IMPLEMENTATION.
  METHOD get_gross_price.
    DATA:
     l_margin_net_price TYPE f.
    l_margin_net_price = net_price + net_price *
      margin.
    r_price =  l_margin_net_price +
               l_margin_net_price * parent->vat.
   ENDMETHOD.            "lcl_salesproduct
ENDCLASS.                "lcl_salesproduct IMPLEMENTATION
```

```
*--------------------------------------------------*
*          CLASS lcl_purchaseproduct IMPLEMENTATION
*--------------------------------------------------*
*
*--------------------------------------------------*
CLASS lcl_purchaseproduct IMPLEMENTATION.
  METHOD get_gross_price.
    DATA:
    l_gross_price TYPE f.
    l_gross_price = super->get_gross_price( ).
    r_price = l_gross_price - l_gross_price *
      discount.
  ENDMETHOD.            "lcl_purchaseproduct
ENDCLASS.               "lcl_purchaseproduct IMPLEMENTATION
```

Erläuterung des Quelltextes

Der vorhandene Quelltext wurde zunächst in der Klasse lcl_product um die Deklaration eines Ereignisses mit Namen on_title_change erweitert, dessen einziger Export-Parameter i_title vom Typ String ist. Über diesen Parameter kann später einer Behandlermethode der neue Titel des Produkts mitgeteilt werden, sobald sich dieser ändert.

In der gleichen Klasse ist auch die Behandlermethode set_title deklariert, die explizit als Ereignisbehandler für das Ereignis on_title_change definiert ist.

Im Hauptprogramm haben wir der Übersichtlichkeit halber alle Produkte außer einem Verkaufs- und Einkaufsprodukt entfernt und mittels der SET HANDLER-Anweisung weisen wir die Ereignisbehandlungsmethode set_title des Verkaufsprodukts dem entsprechenden Ereignis des Einkaufsprodukts zu. Der anschließende Aufruf der Set_Title-Methode des Einkaufsprodukts löst schließlich das Ereignis aus.

Zu diesem Zweck implementieren wir in der Klasse lcl_product die Methode set_title, die neben dem Setzen des eigenen Titels auch per RAISE EVENT-Anweisung das Ereignis on_title_change aufruft. Die Laufzeitumgebung sorgt dann automatisch dafür, dass alle per SET HANDLER-Anweisung angeschlossenen Behandlermethoden aufgerufen werden und den Inhalt des Übergabeparameters i_title erhalten. In unserem Fall ist die Behandlermethode des Verkaufsprodukts angeschlossen, so dass dort der Titel ebenfalls geändert wird.

Testen des Programms

Schauen wir uns nun das Programm während der Ausführung an.

▷ Speichern, prüfen und aktivieren Sie das Programm und führen Sie es direkt aus.

Das Programm startet und gibt alle Produkte und Kategorien gemäß ihrer Hierarchie zweimal auf dem Bildschirm aus.

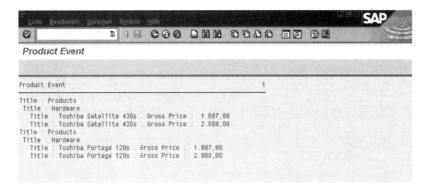

Abbildung 6.37 Das Ergebnis des Programms ZPTB00_Product_Event

Deutlich zu erkennen sind die geänderten Titel beider Produkte während der ersten und der zweiten Ausgabe.

Selbstverständlich lassen sich Ereignisse auch mit globalen Klassen nutzen.

Aufgabe 6.6

Legen Sie das Programm ZPTB00_PRODUCT_EVENT_GL an. Implementieren Sie exakt die gleiche Funktionalität, jedoch unter Verwendung globaler Klassen für die Kategorien und Produkte. Kopieren Sie das Hauptprogramm aus ZPTB00_PRODUCT_EVENT und passen Sie die Namen der verwendeten Klassen an.

Beginnen wir mit der Definition des Ereignisses on_title_change.

▷ Wählen Sie im Objektlistenbereich die Klasse ZPTB00_CL_PRODUCT aus und laden Sie deren Deklaration per Doppelklick in den Werkzeugbereich.

▷ Klicken Sie auf den Karteireiter **Ereignisse**.

Auf der neu erscheinenden Seite können wir unser Ereignis deklarieren.

▷ Geben Sie als Ereignis »on_title_change« ein, wählen Sie als Art »instance event« und als Sichtbarkeit »public« aus. Geben Sie als Beschreibung »Ereignis bei Titeländerung« ein.

Ereignis in einer globalen Klasse deklarieren

▷ Klicken Sie auf den **Parameter**-Button.

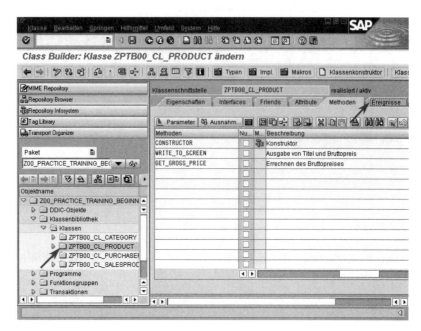

Abbildung 6.38 Auswahl der Klasse ZPTB00_CL_Product

Abbildung 6.39 Eingabe des Ereignisses on_title_change der Klasse ZPTB00_CL_Product

In diesem Fenster können wir die Parameter des Ereignisses deklarieren.

▷ Geben Sie als Parameter »i_title« ein und als Bezugstyp »string«.

▷ Wechseln Sie zurück in die **Ereignis**-Ansicht, indem Sie auf den **Ereignisse**-Button klicken.

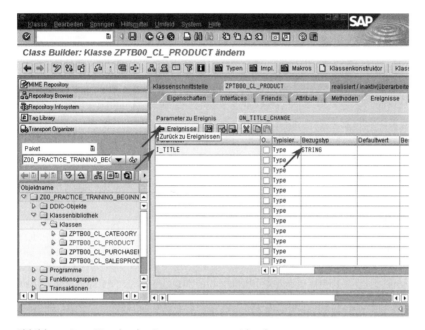

Abbildung 6.40 Eingabe des Parameters zu on_title_change

Damit wir auf das Ereignis in der eigenen Klasse zugreifen können, müssen wir es zunächst speichern.

▷ Klicken Sie auf den **Sichern**-Button und dann auf den Karteireiter **Methoden**, um zurück zur Methodenauflistung zu gelangen.

Das Ereignis ist nun deklariert und wir können mit der Definition der entsprechenden Ereignisbehandlungsmethode beginnen.

Ereignisbehandlungsmethode definieren

▷ Geben Sie als Namen der neuen Methode »set_title« ein, als Art »Instance Method«, als Sichtbarkeit »public« und als Beschreibung »Bestimmen des Titels«.

▷ Wählen Sie den **Detailsicht**-Button.

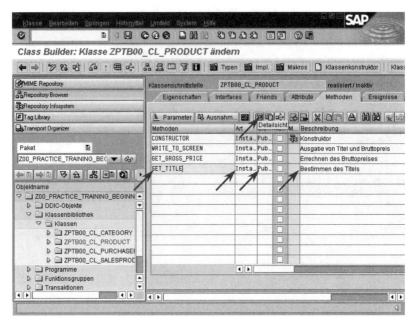

Abbildung 6.41 Ereignisbehandlungsmethode set_title der Klasse ZPTB00_CL_Product definieren

Was der Methode noch fehlt, ist die Angabe, dass es sich um einen Behandler für ein bestimmtes Ereignis handelt. Diese Einstellung wird über die Detailsicht vorgenommen.

▷ Aktivieren Sie die Checkbox **Ereignisbehandler für**, wodurch die darunter liegenden Eingabefelder eingabebereit werden.

▷ Geben Sie als **Klasse/Interf.** »ZPTB00_CL_PRODUCT« an.

▷ Wählen Sie über die **F4**-Hilfe das Ereignis on_title_change aus und klicken Sie auf den **Ändern**-Button.

Der Dialog schließt und rechts neben der Methode set_title erscheint als Methodentyp ein neues Symbol, das die Methode als Ereignisbehandlungsmethode ausweist.

Wir müssen der Methode nun noch mitteilen, welche Parameter des Ereignisses wir übernehmen wollen.

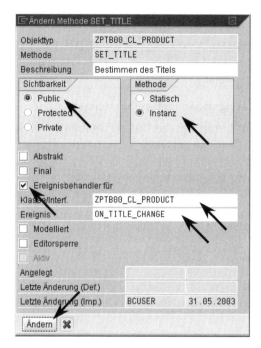

Abbildung 6.42 Details der Ereignisbehandlungsmethode set_title der Klasse ZPTB00_CL_Product definieren

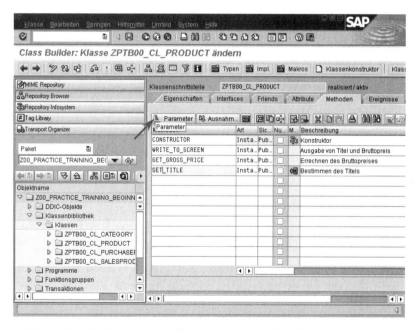

Abbildung 6.43 In die Parameterauflistung der Ereignisbehandlungsmethode set_title wechseln

▷ Wählen Sie den **Parameter**-Button.

Es erscheint eine leere Parameterauflistung, da die Parameter von der Entwicklungsumgebung nicht sofort übernommen werden. Stattdessen geschieht dies nur auf expliziten Befehl.

▷ Klicken Sie auf den Button **Ereignisparameter übernehmen**.

▷ Wählen Sie den **Methoden**-Button, um zurück zur Methodenauflistung zu gelangen.

Abbildung 6.44 Parameter der Ereignisbehandlungsmethode set_title der Klasse ZPTB00_CL_Product anpassen

Wir können nun mit dem Schreiben des Quelltextes für die Methode set_title beginnen.

▷ Klicken Sie auf die Methode set_title.

▷ Klicken Sie auf den **Sichern**-Button und danach auf **Quelltext**.

Da unsere Methode sowohl eine Ereignisbehandlungsmethode ist als auch selbst Auslöser eines Ereignisses, platzieren wir neben der obligatorischen Zuweisung des neuen Titels auch die Anweisung RAISE EVENT.

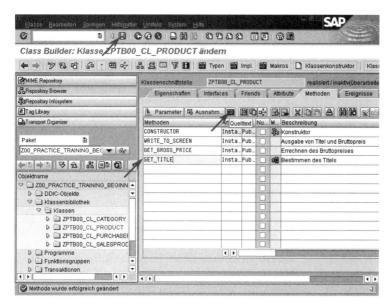

Abbildung 6.45 In den Quelltext der Ereignisbehandlungsmethode set_title der Klasse ZPTB00_CL_Product wechseln

▷ Geben Sie den in der Abbildung 6.46 gezeigten Quelltext ein.
▷ Klicken Sie auf den **Sichern**-Button und danach auf **Zurück**.

Abbildung 6.46 Quelltext der Ereignisbehandlungsmethode set_title der Klasse ZPTB00_CL_Product definieren

Ereignisse **405**

Die Erweiterung der Klasse `ZPTB00_CL_Product` ist nun vollständig umgesetzt.

Hauptprogramm anlegen

Wir können nun mit dem Schreiben des Hauptprogramms beginnen.

▷ Wählen Sie im Kontextmenü zum Programm ZPTB00_Product_Event den Befehl **Kopieren** aus.

Geben Sie als Programmnamen ZPTB00_PRODUCT_EVENT_GL an und quittieren Sie Ihre Angaben mit dem **Kopieren**-Button.

Der nächste Dialog fragt ab, welche Zusatzinformationen über den Quelltext und die Textelemente hinaus kopiert werden sollen.

▷ Belassen Sie es bei den Voreinstellungen und quittieren Sie mit dem **Kopieren**-Button.

▷ Die Nummer des bereits zuvor benutzten Transportauftrags ist voreingestellt und muss lediglich per **OK**-Button quittiert werden.

Wir können das Programm nun über den Objektlistenbereich laden und den Quelltext anzeigen.

▷ Doppelklicken Sie auf den Namen des Programms ZPTB00_Product_Event_GL im Objektlistenbereich, um den Quelltext anzuzeigen.

▷ Wechseln Sie per **Strg+F1** in den Editiermodus.

Abbildung 6.47 Der kopierte Quelltext zum Programm ZPTB00_Product_Event_GL

Dieses Programm wollen wir nun anpassen.

▷ Tippen Sie den folgenden Quelltext unterhalb der Kommentarzeilen ein:

Listing 6.20 Der Quelltext des Programms ZPTB00_Product_Event_GL

```
REPORT   zptb00_product_event.

* Main program ***
DATA:
  l_category_root TYPE REF TO ZPTB00_cl_category,
  l_category TYPE REF TO ZPTB00_cl_category,
  l_salesproduct TYPE REF TO ZPTB00_cl_salesproduct,
  l_purchaseproduct TYPE REF TO
     ZPTB00_cl_purchaseproduct.

CREATE OBJECT l_category_root
  EXPORTING
    i_title    = 'Products'.
CREATE OBJECT l_category
  EXPORTING
    i_rcl_parent = l_category_root
    i_title    = 'Hardware'.
CREATE OBJECT l_purchaseproduct
  EXPORTING
    i_rcl_parent = l_category
    i_title    = 'Toshiba Satellite 430s'
    i_net_price = '1500'.
CREATE OBJECT l_salesproduct
  EXPORTING
    i_rcl_parent = l_category
    i_title    = 'Toshiba Satellite 430s'
    i_net_price = '1500'.
l_category_root->write_to_screen( ).
* connect l_purchaseproduct to event of
* l_salesproduct, so we get noticed in
* l_purchaseproduct
SET HANDLER l_salesproduct->set_title FOR l_purchasepro-
duct.
CALL METHOD l_purchaseproduct->set_title
  EXPORTING
```

```
        i_title = 'Toshiba Portege 120s'.
l_category_root->write_to_screen( ).
* End of main program ***
```

Wie schon im Beispiel des vorangegangenen Abschnitts brauchen wir in der Datendeklaration lediglich den Namen der lokalen Klasse gegen die entsprechende globale Klasse auszutauschen.

Testen des Programms — Beim Testen des Programms ZPTB00_Product_Event_GL erhalten wir erwartungsgemäß exakt das gleiche Ergebnis wie zuvor bei der Implementierung mithilfe von lokalen Klassen.

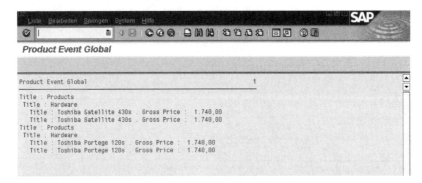

Abbildung 6.48 Das Programm ZPTB00_Product_Event_GL während der Ausführung

Die Nutzung des ABAP-Ereigniskonzepts in globalen Klassen steht der programmatischen Nutzung in lokalen Klassen in nichts nach – ganz im Gegenteil werden durch den hohen Eingabekomfort und die Dialogführung Flüchtigkeitsfehler vermieden, die gerade bei Einsteigern häufiger auftreten können. Die Entwicklungsumgebung für globale Klassen sorgt hingegen jederzeit für einen konsistenten Zustand und die Übersichtlichkeit steigt. Der Einsatz von Ereignissen zusammen mit globalen Klassen ist aus diesem Grund besonders zu empfehlen.

7 Praxisszenario – Automatisierte Buchführung für Konzernniederlassungen

Dieses Buch führt Sie nicht nur anhand von vielen Beispielen in die Grundlagen der Sprache ABAP Objects ein, sondern beinhaltet auch ein umfangreiches »Real-Life«-Praxisszenario, das wir auf Grundlage des vermittelten Wissens realisieren wollen. Anhand dieses Praxisszenarios wird Ihnen die Art und Weise näher gebracht, wie typischerweise professionelle Entwicklungen mit ABAP vonstatten gehen – auch bei der SAP selbst –, und es wird eine beachtliche Anwendung realisiert: Die automatisierte Buchführung für die Niederlassungen eines Handelskonzerns.

Das bis jetzt vermittelte Wissen genügt für die Erstellung kleiner bis mittelgroßer ABAP-Anwendungen und bildet eine solide Ausgangsbasis für die Erkundung SAP-eigener Applikationen und Lösungen. Das im Folgenden beschriebene Praxisszenario beseitigt in diesem Sinne keine Wissenslücke, sondern soll Ihnen die Erfahrung vermitteln, die Sie bei der Umsetzung von Softwareprojekten mit SAP-Mitteln erlangen.

Praxisszenario

Unser Praxisszenario spielt in der Firma *Pharma Trades Corporation*, einem weltweit operierenden Pharmakonzern. Bei der neu zu entwickelnden Applikation handelt es sich um eine Lösung zur automatisierten Buchführung von Filialgeschäften mit dem Namen PHARMA-TRANSACT.

Ihre konkrete Aufgabe wird es sein, einige wesentliche Kernfunktionen von PHARMA-TRANSACT auf Seiten des Konzerns beizusteuern. In den folgenden Abschnitten werden wir Sie dabei Schritt für Schritt durch die Stationen des Projekts führen. Sie werden wichtige Entwicklungsaufgaben meistern und vieles über die effiziente Handhabung der Sprache ABAP Objects lernen.

> Während der Einführungsveranstaltung zum Projekt PHARMA-TRANSACT erfahren Sie von Ihrem Projektleiter, welche Phasen des Softwareentwicklungsprojekts bereits erfolgreich abgeschlossen werden konnten. Im Einzelnen sind dies:
>
> 1. Erstellen der Anforderungsdefinition und Funktionsliste gemeinsam mit der Fachabteilung.
> 2. Architektur und Design der einzelnen Softwarebestandteile auf Seiten des Konzerns.
>
> Informieren Sie sich anhand der vorhandenen Dokumentationen – den zwei nachfolgenden Unterkapiteln – über den Stand der fachlichen und technischen Planung für dieses Entwicklungsprojekt. Danach werden Sie direkt in die Programmierphase einsteigen.

7.1 Fachliche Anforderungsdefinition und Funktionalitätsliste

Die Anforderungsdefinition, auch *Spezifikation* genannt, beschreibt die Anforderungen an die zu erstellende Software rein auf fachlicher (in diesem Fall also betriebswirtschaftlicher) Ebene. Sie steht am Anfang eines jeden Softwareprojekts und wird von der Entwicklungsleitung (Projektleiter, Architekt und Produktmanager) gemeinsam mit den Kunden – in unserem Fall den Repräsentanten aus den beteiligten Fachabteilungen der Niederlassungen und Konzernzentrale von Pharma Trades Corporation – erstellt und schriftlich fixiert. Alles, was hier beschrieben ist, ist »Vertragsbestandteil«.

Funktionalitätsüberblick Die weltweit mehr als hundert Filialen des Medikamenten-Großhändlers Pharma Trades Corporation sollen über das Internet – gesichert per Virtual Private Network, kurz VPN – an das Konzern-Netzwerk angebunden werden und all ihre Geschäftsvorfälle aus den Kassen- und Lagersystemen an das zentral installierte PHARMA-TRANSACT übermitteln: Jeder Verkaufsvorgang an einen Kunden, jede Nachbestellung für das Filiallager und jede Vernichtung von Medikamenten mit abgelaufenem Verfallsdatum soll auf diese Weise von PHARMA-TRANSACT in Echtzeit erfasst und automatisch, d.h. ohne manuelle Eingriffe eines Buchhalters, in einen entsprechenden Buchungsbeleg umgewandelt und gespeichert werden können; nur für den Notfall ist eine Benutzeroberfläche zu implementieren, die für Filialmitarbeiter eine manuelle Eingabemöglichkeit von Geschäftsvorfällen zur Verfügung stellt.

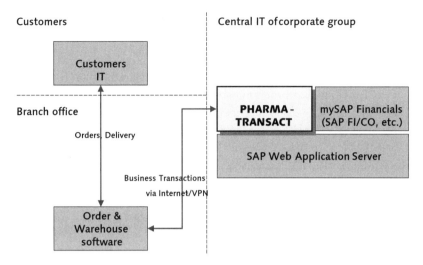

Abbildung 7.1 PHARMA-TRANSACT im Umfeld des Handelskonzerns Pharma Trades Corporation

Eine spezielle Logik innerhalb von PHARMA-TRANSACT übernimmt die Aufgabe, aus den unterschiedlichen Geschäftsvorfällen gemäß den Regeln der ordnungsgemäßen doppelten Buchführung und der im Konzern geltenden Rechnungslegungsvorschriften (z. B. HGB, IAS oder US-GAAP) korrekte Buchungsbelege zu erzeugen und diese in der Datenbank abzulegen. Der Vorteil gegenüber einer manuellen Buchführung liegt auf der Hand: Anders als eine Abteilung mit Buchhaltern bucht die Software identische Geschäftsvorfälle blitzschnell, stets auf die gleiche Art und Weise (d. h. auf die gleichen Konten) und fehlerfrei.

Die gebuchten Belege stehen anschließend für eine ganze Reihe weiterer Softwarelösungen zur Verfügung, im Falle von Pharma Trades Corporation beispielsweise für das konzerneigene Buchhaltungs- und Controllingsystem (SAP FI/CO), für die Planung und Optimierung der Lager- und Einkaufsprozesse (SAP APO) oder für die strategische Unternehmensanalyse und -planung (SAP SEM). Natürlich können auch beinahe beliebige Fremd-Applikationen von dem Resultat profitieren.

7.1.1 Funktionalitätsliste

Die Funktionalitätsliste bringt die vereinbarten Fähigkeiten der Software auf den Punkt. Jede hier gelistete Anforderung beschreibt eine Kernfunktionalität der Software, die von der Fachabteilung einzeln geprüft und abgenommen werden muss.

Vom Geschäftsvorfall zum Buchungsbeleg

Der Weg vom Geschäftsvorfall der Filiale zum Buchhaltungsbeleg auf der Datenbank und von dort weiter zu beliebigen Fremdapplikationen umfasst die folgenden Schritte:

1. **Übergabe des Geschäftsvorfalls per Eingangsschnittstelle**
   Die Filiale übergibt programmatisch die Daten jedes Geschäftsvorfalls aus ihrer Kassen- und Lagersoftware an eine Eingangsschnittstelle unserer neuen Applikation PHARMA-TRANSACT. Alternativ gibt ein Mitarbeiter der Filiale die Daten manuell über eine Benutzeroberfläche der neuen Applikation ein. Ein typischer Geschäftsvorfall wäre beispielsweise die Übergabe der Daten einer Rechnung, die von der Filiale an eine Apotheke ausgestellt wurde. Für Notfälle ist auch eine Oberfläche für die manuelle Eingabe von Geschäftsvorfällen vorgesehen.

2. **Prüfung des Geschäftsvorfalls auf Korrektheit**
   Um die neue Applikation nicht durch inkonsistente Daten unbrauchbar zu machen, muss jeder Geschäftsvorfall auf Korrektheit überprüft werden (Validierung), bevor er verarbeitet werden kann. Z.B. muss bei Produkten immer eine Menge (z.B. zehn Packungen) und ein Einzelbetrag (z.B. Verkaufspreis oder Einkaufspreis) mit angegeben sein.

3. **Umwandlung des Geschäftsvorfalls in einen Buchungsbeleg und Abspeichern in der Datenbank**
   Jeder Geschäftsvorfall muss in Form von einem oder mehreren Buchungsbelegen dokumentiert werden, so wie es ein Buchhalter auch manuell tun würde. Natürlich müssen dabei die Grundregeln der ordnungsgemäßen doppelten Buchführung beachtet werden. Ein Geschäftsvorfall besteht immer aus einem Kopf plus einer oder mehreren Positionen. In den Daten des Kopfes finden sich übergreifende Informationen über den Geschäftsvorfallstyp (z.B. Kauf, Verkauf etc.), die Anschrift des Kunden, Datumsangaben oder Zahlungsmodalitäten. In den Positionsdaten werden hingegen Informationen über den Positionstyp (z.B. Kauf eines Produkts, Verkauf einer Dienstleistung etc.), Produkte, zugehörige Mengen und Beträge abgelegt. Die Umwandlung in einen Buchhaltungsbeleg erfolgt grundsätzlich so, dass pro Geschäftsvorfallskopf genau ein Belegkopf erzeugt wird und pro Geschäftsvorfallsposition zwei Belegpositionen (Soll und Haben). Die in PHARMA-TRANSACT abgelegte Buchungslogik bestimmt den genauen Ablauf. Die erzeugten Buchungsbelege werden in der Datenbank abgespeichert und stehen somit dauerhaft zur Verfügung. Sie sind das Endresultat unserer Applikation.

4. **Auslesen von Buchungsbelegen**
Speziell für die Weiterverarbeitung der Buchhaltungsbelege in anderen Fremd- und SAP-Applikationen wird eine Schnittstelle definiert, mit deren Hilfe flexibel anhand von Suchkriterien auf unser Endresultat, d.h. alle dort abgelegten Daten, lesend zugegriffen werden kann. Für einfache Reporting-Anforderungen ist auch eine Buchhaltungsbeleganzeige vorgesehen, über die eine durch Selektionsparameter eingeschränkte Auswahl von gespeicherten Buchhaltungsbelegen tabellarisch am Bildschirm betrachtet werden kann. Von dort ist auch eine manuelle Übernahme in andere Programme per Copy & Paste vorgesehen.

Das Projektteam als Ganzes (sowohl technische als auch fachliche Mitarbeiter aus dem Konzern und den Filialen) ist dafür verantwortlich, die neue Applikation zu entwickeln und die vorhandenen Softwaresysteme sowohl auf der Seite der Filialen als auch des Konzerns so anzupassen, dass sie mit der neuen Applikation zusammenarbeiten. Da es sich um ein größeres Projekt handelt, wird eine formelle Entwicklungsweise gewählt, in deren Rahmen wichtige Dokumente wie die Anforderungsdefinition und Funktionsliste, die Beschreibung von Softwarearchitektur und -design sowie gegebenenfalls Change Requests (Änderungsanforderungen) erstellt werden.

Aufgabe des Projektteams

7.1.2 Abgrenzungsliste

Die Funktionalitätsliste beschreibt, was die Software können muss, während die Abgrenzungsliste beschreibt, was sie (noch) nicht kann und folglich von den angrenzenden Softwaresystemen geleistet werden muss oder als zusätzlicher manueller Aufwand anfällt.

Regelmäßig geht es in der Abgrenzungsliste u.a. um die »Glue-Logic« zur Verbindung der vorhandenen Softwaresysteme mit dem neu zu erstellenden System, beispielsweise in Form von Einrichtung zusätzlicher Middleware-Tools wie der SAP Exchange Infrastructure oder separat zu entwickelnden Transferprogrammen (auch *Trafoschicht* genannt), die die Datenkonvertierung und den Datenaustausch zwischen den Softwaresystemen übernehmen. Aber auch Funktionalitäten, die auf lange Sicht notwendig werden, jedoch aus organisatorischen Gründen nicht in das aktuelle Software-Release aufgenommen werden können, werden hier genannt:

1. **Anbindung von vor- und nachgelagerten Systemen**
   Die Software PHARMA-TRANSACT stellt remotefähige Funktionsbausteine zum Einstellen von Geschäftsvorfällen bzw. Auslesen von Buchungsbelegen zur Verfügung, die von einer Vielzahl unterschiedlicher Systeme und Plattformen (Windows, Java, Webservices) aufrufbar sind. Gleichwohl übernimmt sie nicht die Anbindung der Vorsysteme an sich, sondern überlässt den Aufruf der Schnittstellen und die damit einhergehende Anlieferung bzw. Entgegennahme der Daten im richtigen Format den vor- und nachgelagerten Systemen oder geeigneter Middleware.

2. **Fixe Logik zur Umwandlung von Geschäftsvorfällen in Buchhaltungsbelege**
   PHARMA-TRANSACT unterstützt die automatisierte Erstellung von Buchungsbelegen aus Geschäftsvorfällen per Programmcoding. Eine Einflussnahme auf die dabei verwendete Buchungslogik per Customizing ist für dieses Release nicht geplant. In einem zukünftigen Release wäre wahrscheinlich pro Geschäftsvorfallstyp und Positionstyp per Customizing einstellbar, welche Konten für Soll und Haben bebucht werden.

3. **Storno von Geschäftsvorfällen**
   Zum aktuellen Release ist weder die Verarbeitung noch Anlieferung von Storno-Geschäftsvorfällen vorgesehen. Stattdessen wird erwartet, dass der gleiche Geschäftsvorfall wie der zu stornierende, jedoch mit »umgedrehten« Mengen und Beträgen, erneut angeliefert wird. Die Berücksichtigung in einem zukünftigen Release würde wahrscheinlich derart erfolgen, dass eine separate Eingangschnittstelle und Oberfläche zur Entgegennahme von Storno-Geschäftsvorfällen bereitgestellt wird.

4. **Bilanzierung**
   Die Erstellung einer Bilanz mit Gewinn- und Verlustrechnung sowie Anhängen aus den Buchhaltungsbelegen wird von PHARMA-TRANSACT nicht unterstützt. In einem späteren Release könnte hier entsprechend eine Komponente zur Errechnung von Salden über den einzelnen Positionstypen, eine Umrechnung von Fremdwährungen in die Bilanzierungswährung sowie eine Zuordnung der Salden zu den Ergebnispositionen einer Bilanz erfolgen, die anschließend vom SAP Business Information Warehouse ausgelesen und dargestellt werden könnten.

7.2 Softwarearchitektur

Die technische Struktur und Arbeitsweise einer Software wird durch die Softwarearchitektur und das Softwaredesign beschrieben, die auf Basis der fachlichen Anforderungsdefinition (siehe Abschnitt 7.1) konzipiert werden. Dabei benutzt man typischerweise einen Top-Down-Ansatz und verfeinert ausgehend von einer durch die Projektleitung skizzierten Architekturübersicht die einzelnen Bestandteile bis hinunter auf ABAP-Pakete, ABAP-Funktionsgruppen bzw. ABAP-Klassen. Die anschließend bestimmten verantwortlichen Projektmitglieder übernehmen dann die Erstellung des Softwaredesigns und deren Prüfung in Reviews mit Kollegen bis hin auf direkt implementierbare Einzelfunktionen bzw. Methoden.

Angesichts der Komplexität heutiger betriebswirtschaftlicher Software kommt der Konzeption einer geeigneten Softwarearchitektur und der damit einhergehenden Aufteilung und Wiederverwendung von Komponenten eine zentrale Bedeutung zu. In Bezug auf die Software PHARMA-TRANSACT hat man sich aus diesem Grund für ein modulares Konzept entschieden, das in den Programmierrichtlinien im Anhang beschrieben ist. Kern der Richtlinien ist die Verwendung eines Schichtenmodells, bei dem jeder Schicht eine spezielle Aufgabe zuteil wird:

Einführung

1. **MAPI-Schicht – Kommunikation mit vor- und nachgelagerten Systemen**
   Die Kommunikation mit vor- und nachgelagerten Systemen geschieht über speziell zu diesem Zweck konzipierte remote aufrufbare Funktionsbausteine (MAPI-Schicht), die intern Funktionsbausteine aus der API-Schicht aufrufen.

2. **API-Schicht – Kommunikation zwischen den Softwareteilen**
   Die einzelnen Softwareteile von PHARMA-TRANSACT kommunizieren über speziell dafür konzipierte Funktionsbausteine (API-Schicht) miteinander. Der direkte Zugriff auf die betriebswirtschaftliche Logik oder gar Datenbanktabellen anderer Softwareteile ist verboten.

3. **OBJ-Schicht – Verarbeitungslogik innerhalb eines Softwareteils**
   Die eigentliche betriebswirtschaftliche Logik jedes Softwareteils wird in Funktionsbausteinen der Objekt-Schicht implementiert. Hier wird der Hauptteil des Codings während der Implementierung angelagert.

4. **DB-Schicht – Zugriff auf die Datenbank**
   Der Zugriff auf die eigenen Datenbanktabellen innerhalb eines Softwareteils kann bei Bedarf von der betriebswirtschaftlichen Logik durch speziell dafür ausgelegte Funktionsbausteine getrennt werden, die als

DB-Schicht bezeichnet werden. Bei komplexeren Datenbankzugriffen lässt sich dadurch die Wiederverwendbarkeit von Zugriffen erhöhen. Der Zugriff auf Datenbanktabellen fremder Softwareteile ist nur über Funktionsbausteine der API-Schicht des betreffenden Softwareteils gestattet.

Diese Aufteilung in Schichten ermöglicht bei größeren Projektteams die Festlegung und Einbindung von Schnittstellen (Aufruf von Funktionsbausteinen mit Übergabeparametern), lange bevor innerhalb der Funktionsbausteine der vollständige Quellcode implementiert ist.

Architekturkonzept Die Softwarearchitektur von PHARMA-TRANSACT basiert auf dem Schichtmodell und definiert somit pro Softwareteil mehrere Funktionsgruppen, die die einzelnen Schichten repräsentieren.

Standardisierte Realisierung der Softwareteile Jeder Softwareteil von PHARMA-TRANSACT setzt sich mindestens aus den Schichten API zur Kommunikation mit anderen Softwareteilen und OBJ zur Implementierung der betriebswirtschaftlichen Logik zusammen. Optional können die Schichten MAPI zur Kommunikation mit vor- und nachgelagerten Systemen sowie DB zur Kapselung von Datenbankzugriffen hinzukommen.

Softwarearchitektur und Hauptprozesse Jeder der vier Punkte in der Funktionalitätsliste repräsentiert einen separaten Softwareteil und wird demzufolge mittels mehrerer Funktionsgruppen realisiert.

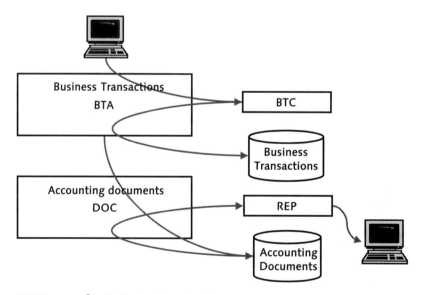

Abbildung 7.2 Überblick über die Architektur von PHARMA-TRANSACT

Es wurde diskutiert, die Prüfung von Geschäftsvorfällen zusammenzulegen mit der Entgegennahme und Speicherung von Geschäftsvorfällen. Der Vorteil einer Separierung liegt in der nachträglichen Erweiterbarkeit der Prüfungen (auch durch andere Projektteams, die nachträglich neue Geschäftsvorfalls- und Positionstypen definieren), ohne die Annahme und Speicherung von Geschäftsvorfällen zu tangieren.

PHARMA-TRANSACT realisiert seine Funktionalität in drei Prozessen, die unabhängig voneinander gestartet und benutzt werden können:

1. Entgegennahme, Validierung und Abspeicherung von Geschäftsvorfällen
2. Umwandlung der Geschäftsvorfälle in Buchhaltungsbelege und Abspeichern
3. Ausgabe der Buchhaltungsbelege

Die Trennung von Geschäftsvorfallsannahme und -verarbeitung ermöglicht eine zeitliche Entzerrung der Serverlast, so können beispielsweise die Geschäftsvorfälle abends mit großer Geschwindigkeit und ohne zeitaufwändige Verarbeitung in die Datenbank geladen werden. Nachts startet danach die Weiterverarbeitung der Geschäftsvorfälle zu Buchungsbelegen. Ferner werden die Geschäftsvorfälle dadurch unabhängig von der Anlieferungszeit und dem Vorsystem in eine chronologische Reihenfolge gemäß Buchungsdatum gebracht und diese Reihenfolge wird auch später beim Buchen eingehalten. Die Ausgabe der Buchhaltungsbelege über eine Anzeigeoberfläche oder eine Ausgangsschnittstelle kann jederzeit und unabhängig von den übrigen Prozessen erfolgen. Tagsüber kann z.B. das Controlling uneingeschränkt und performant auf die verarbeiteten Daten zugreifen.

7.3 Softwaredesign

Das Softwaredesign verfeinert die Softwareteile von PHARMA-TRANSACT bis hinunter auf einzelne Funktionsbausteine, die in Funktionsgruppen angeordnet sind. Die Vorgehensweise ist dabei sehr formell und standardisiert. Der Fokus liegt auf der schnellen Verfügbarkeit der implementierungsrelevanten Informationen. Durch die Verwendung des Schichtenmodells treffen einige Funktionalitätsbeschreibungen auf mehrere Funktionen zu.

Einordnung in die Architektur

Gegenstand dieses Designs sind die Softwareteile, die in der Anforderungsdefinition fachlich beschrieben wurden:

1. ZPTB00_***_BTA – Geschäftsvorfälle entgegennehmen und speichern
2. ZPTB00_***_BTC – Geschäftsvorfälle validieren
3. ZPTB00_***_DOC – Geschäftsvorfälle zu Buchhaltungsbelegen weiterverarbeiten
4. ZPTB00_***_REP – Buchhaltungsbelege auslesen

Hierbei handelt es sich um die Kernprozesse von PHARMA-TRANSACT. Alle weiteren Prozesse, die zur Anbindung der Filialen an dieses konzernzentrale Softwaresystem realisiert werden müssen, sind nicht Gegenstand dieses Softwareprojekts.

7.3.1 Grobdesign

Das Grobdesign geht in seiner Detailliertheit über den Grad des Architekturkonzepts hinaus. Es beschreibt die Namen der externen und internen Schnittstellen und erläutert die wichtigen Prozesse.

Abhängigkeiten

Abhängigkeiten der hier beschriebenen Softwareteile zu anderen Softwaresystemen bestehen nicht, da sämtliche Eingangs- und Ausgangsschnittstellen innerhalb dieses Softwareprojekts vorgegeben werden. Aus diesem Grund müssen hier keine Abhängigkeiten beschrieben werden.

Externe Programmierschnittstellen

Die folgenden Programmierschnittstellen stehen anderen Softwaresystemen zur Verfügung. Sie sind als remote aufrufbare Funktionsbausteine realisiert. Dadurch ergibt sich primär die Einschränkung, dass alle Übergabeparameter als Werteparameter und nicht als Referenz übergeben werden müssen.

- ZPTB00_MAP_BTA_SET
  Geschäftsvorfall annehmen und speichern
- ZPTB00_MAP_REP_GET
  Buchhaltungsbelege auslesen

Interne Programmierschnittstellen

Die folgenden Programmierschnittstellen stehen anderen Softwareteilen innerhalb des Projekts zur Verfügung. Sie sind als Funktionsbausteine realisiert und in die Paketschnittstelle des Pakets Z00_PRACTICE_TRAINING_BEGINNER aufgenommen worden:

- ZPTB00_API_BTA_SET
  Geschäftsvorfall annehmen und speichern

- ZPTB00_API_BTA_EDIT
  Geschäftsvorfall manuell editieren
- ZPTB00_API_BTC_CHECK
  Geschäftsvorfall prüfen
- ZPTB00_API_DOC_RUN
  Buchhaltungsbelege aus Geschäftsvorfällen erzeugen
- ZPTB00_API_REP_GET
  Buchhaltungsbelege auslesen
- ZPTB00_API_REP_DISPLAY
  Buchhaltungsbelege anzeigen

Die manuelle Eingabe von Geschäftsvorfällen untergliedert sich in eine Eingabemöglichkeit für den Geschäftsvorfallskopf und eine Tabelle zur Eingabe der einzelnen Geschäftsvorfallspositionen (siehe Abbildung 7.3). Diese Oberfläche wurde bereits im Rahmen von Abschnitt 5.2 realisiert.

Benutzeroberflächen und Programme

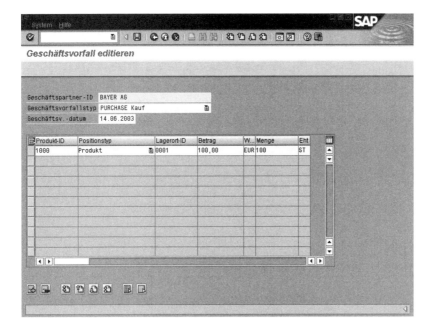

Abbildung 7.3 Manuelle Eingabe von Geschäftsvorfällen

Eine weitere Programmoberfläche dient zum Starten der Weiterverarbeitung von Geschäftsvorfällen zu Buchhaltungsbelegen und gestattet die Selektion über Geschäftsvorfallstyp und Buchungsdatum. Das Ergebnis der Selektion wird dann ausschließlich verarbeitet, und alle anderen Geschäftsvorfälle bleiben unberührt.

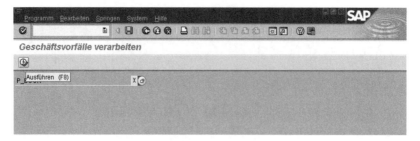

Abbildung 7.4 Weiterverarbeitung von Geschäftsvorfällen zu Buchhaltungsbelegen

Die manuelle Auswertung von Buchhaltungsbelegen geschieht über zwei Bildschirme. Zuerst erscheint ein Selektionsbildschirm zur Einschränkung der anzuzeigenden Belege gemäß Geschäftsvorfallstyp und Buchungsdatum und danach eine Vollbild-ALV zur Anzeige des Selektionsergebnisses.

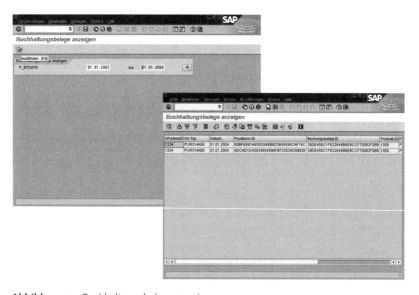

Abbildung 7.5 Buchhaltungsbelege anzeigen

Übersichts-diagramm
Das folgende Übersichtsdiagramm zeigt die Namen aller zu realisierenden Funktionsgruppen mit ihren Funktionsbausteinen.

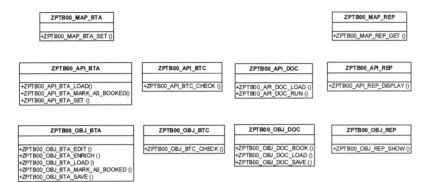

Abbildung 7.6 Alle Funktionsgruppen des Projekts im Überblick

Bei einem objektorientierten Design würden stattdessen die designten Klassen mit ihren Methoden und Attributen dargestellt werden.

Abbildung 7.7 zeigt die Schritte nach der maschinellen Entgegennahme eines Geschäftsvorfalls.

Wichtige Sequenzdiagramme

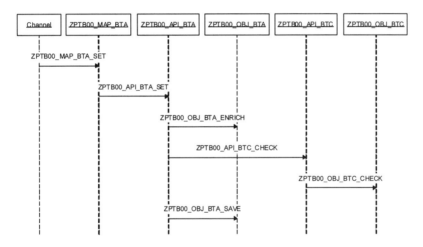

Abbildung 7.7 Sequenzdiagramm Entgegennahme, Validierung und Speicherung von Geschäftsvorfällen

Abbildung 7.8 zeigt die Schritte nach dem Start der Weiterverarbeitung von Geschäftsvorfällen zu Buchhaltungsbelegen und die Abspeicherung der Buchhaltungsbelege.

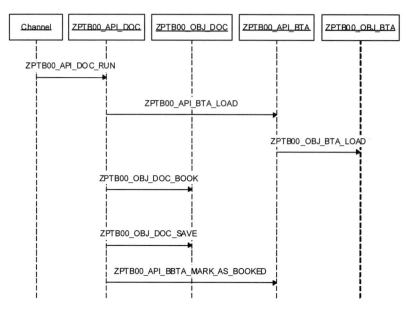

Abbildung 7.8 Sequenzdiagramm Weiterverarbeitung von Geschäftsvorfällen zu Buchhaltungsbelegen

Abbildung 7.9 zeigt die Schritte zum Auslesen eines Buchhaltungsbelegs, entweder zur Ausgabe auf dem Bildschirm oder zur Übergabe an der maschinellen Ausgangsschnittstelle.

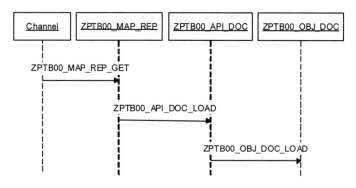

Abbildung 7.9 Sequenzdiagramm Auslesen und Anzeigen von Buchhaltungsbelegen

7.3.2 Feindesign

Das Feindesign enthält die Schnittstelle jeder einzelnen zu implementierenden Funktion bzw. Methode. Bei auf mehrere Personen aufgeteilten Designs lassen sich so insbesondere die Schnittstellen und Datenanforderungen innerhalb der einzelnen Softwareteile abstimmen.

Die Funktionsgruppe ZPTB00_MAP_BTA (Business Transaction) beinhaltet die externe Schnittstelle zum Annehmen, Prüfen und Speichern von maschinell angelieferten Geschäftsvorfällen. Alle enthaltenen Funktionsbausteine sind als remote ausführbar gekennzeichnet und übergeben Parameter als Werte.

Funktionsgruppe ZPTB00_MAP_BTA

Der Funktionsbaustein ZPTB00_MAP_BTA_SET übernimmt in einer Eingabestruktur einen Geschäftsvorfall mit Kopf- sowie Positionsdaten und reicht ihn zwecks Validierung und Speicherung an andere Funktionsbausteine weiter. Verläuft der Vorgang nicht erfolgreich, wird eine Exception ausgelöst.

```
FUNCTION zptb00_map_bta_set.
*"----------------------------------------------------
*"*"Lokale Schnittstelle:
*"  IMPORTING
*"     VALUE(I_STR_BTA) TYPE   ZPTB00_STR_BTA
*"  EXCEPTIONS
*"      FAILED
*"----------------------------------------------------
```

Die Funktionsgruppe ZPTB00_MAP_REP (Reporting) beinhaltet die externe Schnittstelle zum Auslesen und Weiterverarbeiten von Buchhaltungsbelegen. Alle enthaltenen Funktionsbausteine sind als remote ausführbar gekennzeichnet und übergeben Parameter als Werte.

Funktionsgruppe ZPTB00_MAP_REP

Der Funktionsbaustein ZPTB00_MAP_REP_GET übernimmt in einer Eingabestruktur einen Range von Buchungsdatumsangaben und liest mit diesen Information diejenigen Buchhaltungsbelege aus, deren Buchungsdatum innerhalb des Ranges liegen. Diese Buchhaltungsbelege werden anschließend an den Aufrufer zurückgeliefert.

```
FUNCTION zptb00_map_rep_get.
*"----------------------------------------------------
*"*"Lokale Schnittstelle:
*"  IMPORTING
*"     VALUE(I_TAB_BOOKING_DATE) TYPE   DDTRANGE
*"  EXPORTING
*"     VALUE(E_TAB_DOC) TYPE   ZPTB00_TTY_DOC
*"  EXCEPTIONS
*"      FAILED
*"----------------------------------------------------
```

Funktionsgruppe ZPTB00_API_BTA

Die Funktionsgruppe ZPTB00_API_BTA (Business Transaction) beinhaltet die interne Schnittstelle zum Entgegennehmen, Auslesen und Modifizieren von Geschäftsvorfällen. Die enthaltenen Funktionsbausteine werden von anderen Softwareteilen des Projekts aufgerufen, um Informationen über Geschäftsvorfälle zu verarbeiten.

Der Funktionsbaustein ZPTB00_API_BTA_LOAD lädt Geschäftsvorfälle und gibt diese in einer hierarchischen Tabelle mit Header- und Positionsinformationen zurück. Als Eingabeparameter erwartet er die Angabe, ob nur ungebuchte oder nur gebuchte Geschäftsvorfälle gelesen werden sollen.

```
FUNCTION zptb00_api_bta_load.
*"----------------------------------------------------
*"*"Lokale Schnittstelle:
*"  IMPORTING
*"     REFERENCE(I_BOOKED) TYPE   ZPTB00_DTE_BTA_BOOKED
*"        DEFAULT '1'
*"  EXPORTING
*"     REFERENCE(E_TAB_BTA) TYPE   ZPTB00_TTY_BTA
*"  EXCEPTIONS
*"      FAILED
*"----------------------------------------------------
```

Der Funktionsbaustein ZPTB00_API_BTA_MARK_AS_BOOKED modifiziert die per Eingabeparameter übergebenen Geschäftsvorfälle auf der Datenbank dahingehend, dass ihr Feld BOOKED den Wert '2' (d.h. gebucht) annimmt. Dadurch unterschieden sie sich von den nicht gebuchten Geschäftsvorfällen, deren Feld BOOKED den Wert '1' hat. Letztlich wird dadurch das doppelte Verarbeiten von Buchhaltungsbelegen verhindert.

```
FUNCTION zptb00_api_bta_mark_as_booked.
*"----------------------------------------------------
*"*"Lokale Schnittstelle:
*"  IMPORTING
*"     REFERENCE(I_TAB_BTA) TYPE   ZPTB00_TTY_BTA
*"  EXCEPTIONS
*"      FAILED
*"----------------------------------------------------
```

Der Funktionsbaustein ZPTB00_MAP_BTA_SET übernimmt in einer Eingabestruktur einen Geschäftsvorfall mit Kopf- sowie Positionsdaten und reicht ihn zwecks Validierung und Speicherung an andere Funktionsbausteine weiter. Verläuft der Vorgang nicht erfolgreich, wird eine Exception ausgelöst.

```
FUNCTION zptb00_api_bta_set.
*"----------------------------------------------------
*"*"Lokale Schnittstelle:
*"  IMPORTING
*"     REFERENCE(I_STR_BTA) TYPE  ZPTB00_STR_BTA
*"  EXCEPTIONS
*"     FAILED
*"----------------------------------------------------
```

Die Funktionsgruppe ZPTB00_API_BTC (Business Transaction Check) beinhaltet die interne Schnittstelle zum Entgegennehmen und Prüfen von Geschäftsvorfällen. Die enthaltenen Funktionsbausteine werden von anderen Softwareteilen des Projekts aufgerufen, um die Gültigkeit von Geschäftsvorfällen zu überprüfen.

Funktionsgruppe ZPTB00_API_BTC

Der Funktionsbaustein ZPTB00_API_BTC_CHECK übernimmt in einer Eingabestruktur einen Geschäftsvorfall mit Kopf- sowie Positionsdaten und überprüft dessen Felder auf Gültigkeit. Zu diesem Zweck reicht er den Geschäftsvorfall an die entsprechende Objekt-Schicht weiter.

```
FUNCTION zptb00_api_btc_check.
*"----------------------------------------------------
*"*"Lokale Schnittstelle:
*"  IMPORTING
*"     REFERENCE(I_STR_BTA) TYPE  ZPTB00_STR_BTA
*"  EXCEPTIONS
*"     FAILED
*"----------------------------------------------------
```

Die Funktionsgruppe ZPTB00_API_DOC (Accounting documents) beinhaltet die interne Schnittstelle zur automatisierten Weiterverarbeitung von Geschäftsvorfällen zu Buchhaltungsbelegen. Die enthaltenen Funktionsbausteine werden von anderen Softwareteilen des Projekts aufgerufen.

Funktionsgruppe ZPTB00_API_DOC

Der Funktionsbaustein ZPTB00_API_DOC_LOAD übernimmt in einer Eingabestruktur einen Range von Buchungsdatumsangaben und liest mit diesen Informationen diejenigen Buchhaltungsbelege aus, deren Buchungsdatum innerhalb des Ranges liegen. Diese Buchhaltungsbelege werden anschließend in Form einer hierarchischen Tabelle mit Kopf- und Positionsinformationen an den Aufrufer zurückgeliefert. Zu diesem Zweck reicht er den Eingabeparameter an die entsprechende Objekt-Schicht weiter und nimmt die zurückgelieferten Buchhaltungsbelege entgegen.

```
FUNCTION zptb00_api_doc_load.
*"----------------------------------------------------
*"*"Lokale Schnittstelle:
*"      IMPORTING
*"             REFERENCE(I_TAB_BOOKING_DATE) TYPE
*"                 DDTRANGE
*"      EXPORTING
*"             REFERENCE(E_TAB_DOC) TYPE   ZPTB00_TTY_DOC
*"      EXCEPTIONS
*"             FAILED
*"----------------------------------------------------
```

Der Funktionsbaustein ZPTB00_API_DOC_RUN verarbeitet die ungebuchten Geschäftsvorfälle, indem er sie einliest, in Buchhaltungsbelege transformiert, diese anschließend abspeichert und schließlich die verarbeiteten Geschäftsvorfälle als gebucht markiert. Er benötigt keine Übergabeparameter.

```
FUNCTION zptb00_api_doc_run.
*"----------------------------------------------------
*"*"Lokale Schnittstelle:
*"   EXCEPTIONS
*"      FAILED
*"----------------------------------------------------
```

Funktionsgruppe ZPTB00_API_REP Die Funktionsgruppe ZPTB00_API_REP (Reporting) beinhaltet die interne Schnittstelle zum Anzeigen von Buchhaltungsbelegen auf dem Bildschirm. Die enthaltenen Funktionsbausteine werden von anderen Softwareteilen des Projekts aufgerufen.

Der Funktionsbaustein ZPTB00_API_REP_DISPLAY übernimmt in einer Eingabestruktur einen Range von Buchungsdatumsangaben und liest mit diesen Information diejenigen Buchhaltungsbelege aus, deren Buchungsdatum innerhalb des Ranges liegen. Diese Buchhaltungsbelege werden anschließend zu einer flachen Tabelle zusammengeführt, deren Kopf- und Positionsinformationen nebeneinander in einer Struktur stehen, an ein ALV-Grid-Display weitergereicht und auf dem Bildschirm ausgegeben. Zu diesem Zweck reicht er den Eingabeparameter an die entsprechende

Objekt-Schicht weiter und nimmt die zurückgelieferten Buchhaltungsbelege entgegen.

```
FUNCTION ZPTB00_API_REP_DISPLAY .
*"----------------------------------------------------
*"*"Lokale Schnittstelle:
*"  IMPORTING
*"     REFERENCE(I_TAB_BOOKING_DATE) TYPE  DDTRANGE
*"  EXCEPTIONS
*"      FAILED
*"----------------------------------------------------
```

Die Funktionsgruppe ZPTB00_OBJ_BTA (Business Transactions) beinhaltet die Geschäftslogik zum Entgegennehmen und Speichern von Geschäftsvorfällen. Die enthaltenen Funktionsbausteine werden ausschließlich in der gleichen Schicht oder von der übergeordneten API-Schicht aufgerufen, da sie nicht für die Verwendung in anderen Softwareteilen vorgesehen sind.

Funktionsgruppe ZPTB00_OBJ_BTA

Der Funktionsbaustein ZPTB00_OBJ_BTA_EDIT wurde bereits in Abschnitt 5.2 implementiert. Er übernimmt in einer Eingabestruktur wahlweise einen bereits vorhandenen Geschäftsvorfall zum Editieren oder bietet bei initial gelassener Struktur die Eingabe eines neuen Geschäftsvorfalls. Nach der korrekten Eingabe wird die komplette Geschäftsvorfallsstruktur an den Aufrufer zwecks Weiterverarbeitung zurückgegeben. Intern macht diese Funktion regen Gebrauch von der Dynpro-Technik zur Darstellung und Steuerung der Eingabeoberfläche.

```
FUNCTION zptb00_obj_bta_edit.
*"----------------------------------------------------
*"*"Lokale Schnittstelle:
*"  CHANGING
*"     REFERENCE(C_STR_BTA) TYPE  ZPTB00_STR_BTA OPTIONAL
*"----------------------------------------------------
```

Der Funktionsbaustein ZPTB00_OBJ_BTA_ENRICH wurde speziell zur Anreicherung maschinell angelieferter Geschäftsvorfälle um die zur Speicherung notwendigen Informationen wie Primär- und Fremdschlüssel ergänzt. Als Eingabeparameter wird der anzureichernde Geschäftsvorfall verlangt, der anschließend in angereicherter Form wieder zurückgeliefert wird.

```
FUNCTION zptb00_obj_bta_enrich.
*"----------------------------------------------------------
*"*"Lokale Schnittstelle:
*"  CHANGING
*"     REFERENCE(C_STR_BTA) TYPE  ZPTB00_STR_BTA
*"  EXCEPTIONS
*"     FAILED
*"----------------------------------------------------------
```

Der Funktionsbaustein ZPTB00_OBJ_DOC_LOAD übernimmt in einer Eingabestruktur einen Range von Buchungsdatumsangaben und liest mit diesen Informationen diejenigen Buchhaltungsbelege aus, deren Buchungsdaten innerhalb des Ranges liegen. Diese Buchhaltungsbelege werden anschließend in Form einer hierarchischen Tabelle mit Kopf- und Positionsinformationen an den Aufrufer zurückgeliefert.

```
FUNCTION zptb00_obj_bta_load .
*"----------------------------------------------------------
*"*"Lokale Schnittstelle:
*"  IMPORTING
*"     REFERENCE(I_BOOKED) TYPE  ZPTB00_DTE_BTA_BOOKED
*"         DEFAULT '1'
*"  EXPORTING
*"     REFERENCE(E_TAB_BTA) TYPE  ZPTB00_TTY_BTA
*"  EXCEPTIONS
*"     FAILED
*"----------------------------------------------------------
```

Der Funktionsbaustein ZPTB00_OBJ_BTA_MARK_AS_BOOKED modifiziert die per Eingabeparameter übergebenen Geschäftsvorfälle auf der Datenbank dahingehend, dass ihr Feld BOOKED den Wert '2' (d.h. gebucht) annimmt. Dadurch unterscheiden sie sich von den nicht gebuchten Geschäftsvorfällen, deren Feld BOOKED den Wert '1' hat. Letztlich wird dadurch das doppelte Verarbeiten von Buchhaltungsbelegen verhindert.

```
FUNCTION zptb00_obj_bta_mark_as_booked.
*"----------------------------------------------------------
*"*"Lokale Schnittstelle:
*"      IMPORTING
*"          REFERENCE(I_TAB_BTA) TYPE  ZPTB00_TTY_BTA
*"      EXCEPTIONS
*"          FAILED
*"----------------------------------------------------------
```

Der Funktionsbaustein ZPTB00_OBJ_BTA_SAVE wurde bereits in Abschnitt 5.2 implementiert und soll hier in einer Eingabestruktur wahlweise eine Geschäftsvorfallsstruktur oder in Tabellenform mehrere Geschäftsvorfälle übernehmen und in einer Datenbanktabelle abspeichern. Kommt es beim Abspeichern zu einem Fehler, wird eine Exception ausgelöst.

```
FUNCTION zptb00_obj_bta_save.
*"----------------------------------------------------------
*"*"Lokale Schnittstelle:
*"  IMPORTING
*"     REFERENCE(I_STR_BTA) TYPE  ZPTB00_STR_BTA
*"        OPTIONAL
*"     REFERENCE(I_TAB_BTA) TYPE  ZPTB00_TTY_BTA
*"        OPTIONAL
*"  EXCEPTIONS
*"      FAILED
*"----------------------------------------------------------
```

Die Funktionsgruppe ZPTB00_OBJ_BTC (Business Transaction Check) beinhaltet die notwendige Funktionalität zum Prüfen von Geschäftsvorfällen. Die enthaltenen Funktionsbausteine werden ausschließlich in der gleichen Schicht oder von der übergeordneten API-Schicht aufgerufen, da sie nicht für die Verwendung in anderen Softwareteilen vorgesehen sind.

Funktionsgruppe ZPTB00_OBJ_BTC

Der Funktionsbaustein ZPTB00_OBJ_BTC_CHECK übernimmt in einer Eingabestruktur einen Geschäftsvorfall mit Kopf- sowie Positionsdaten und überprüft dessen Felder auf Gültigkeit. Zu diesem Zweck sollte er intern die Basisfunktion DD_DOMVALUES_GET zum Auslesen von Domänenfestwerten verwenden, gegen die geprüft werden soll. Für die Überprüfung der Währungen und Einheiten sollte mit einem geeigneten Select-Statement auf die entsprechenden Stammdatentabellen TCURC bzw. T006 zugegriffen werden.

```
FUNCTION ZPTB00_OBJ_BTC_CHECK.
*"----------------------------------------------------------
*"*"Lokale Schnittstelle:
*"       IMPORTING
*"          REFERENCE(I_STR_BTA) TYPE   ZPTB00_STR_BTA
*"       EXCEPTIONS
*"              FAILED
*"----------------------------------------------------------
```

Funktionsgruppe ZPTB00_OBJ_DOC

Die Funktionsgruppe ZPTB00_OBJC (Accounting documents) beinhaltet die notwendige Funktionalität zum Laden und Speichern von Buchhaltungsbelegen sowie zum Buchen von Geschäftsvorfällen. Die enthaltenen Funktionsbausteine werden ausschließlich in der gleichen Schicht oder von der übergeordneten API-Schicht aufgerufen, da sie nicht für die Verwendung in anderen Softwareteilen vorgesehen sind.

Der Funktionsbaustein ZPTB00_OBJ_DOC_BOOK enthält das »Herz« der Applikation PHARMA-TRANSACT. Hier werden die noch nicht gebuchten Geschäftsvorfälle als Eingabeparameter entgegengenommen und in Buchhaltungsbelege umgewandelt, wobei der Geschäftsvorfalls-Header quasi unverändert übernommen wird, jedoch für jede Geschäftsvorfallsposition zwei Buchungspositionen (Soll und Haben) erzeugt werden, die mit den entsprechenden Buchhaltungskontoinformationen versorgt werden. Schließlich werden die erzeugten Buchhaltungsbelege als Rückgabeparameter an den Aufrufer zurückgeliefert.

```
FUNCTION zptb00_obj_doc_book.
*"----------------------------------------------------------
*"*"Lokale Schnittstelle:
*"  IMPORTING
*"     REFERENCE(I_TAB_BTA) TYPE   ZPTB00_TTY_BTA
*"  EXPORTING
*"     REFERENCE(E_TAB_DOC) TYPE   ZPTB00_TTY_DOC
*"  EXCEPTIONS
*"      FAILED
*"----------------------------------------------------------
```

Der Funktionsbaustein ZPTB00_OBJ_DOC_LOAD übernimmt in einer Eingabestruktur einen Range von Buchungsdatumsangaben und liest mit diesen Informationen diejenigen Buchhaltungsbelege aus, deren Buchungsdaten innerhalb des Ranges liegen. Diese Buchhaltungsbelege werden anschließend in Form einer hierarchischen Tabelle mit Kopf- und Positionsinformationen an den Aufrufer zurückgeliefert.

```
FUNCTION zptb00_obj_doc_load.
*"----------------------------------------------------------
*"*"Lokale Schnittstelle:
*"  IMPORTING
*"     REFERENCE(I_TAB_BOOKING_DATE) TYPE   DDTRANGE
*"  EXPORTING
*"     REFERENCE(E_TAB_DOC) TYPE   ZPTB00_TTY_DOC
```

```
*"  EXCEPTIONS
*"      FAILED
*"----------------------------------------------------
```

Der Funktionsbaustein ZPTB00_OBJ_DOC_SAVE wird analog zum Funktionsbaustein ZPTB00_OBJ_BTA_SAVE implementiert und übernimmt in einer Eingabestruktur wahlweise eine Buchhaltungsbelegstruktur oder in Tabellenform mehrere Buchhaltungsbelege und speichert sie in einer Datenbanktabelle ab. Kommt es beim Abspeichern zu einem Fehler, wird eine Exception ausgelöst.

```
FUNCTION zptb00_obj_doc_save.
*"----------------------------------------------------
*"*"Lokale Schnittstelle:
*"  IMPORTING
*"     REFERENCE(I_STR_DOC) TYPE  ZPTB00_STR_DOC
*"        OPTIONAL
*"     REFERENCE(I_TAB_DOC) TYPE  ZPTB00_TTY_DOC
*"        OPTIONAL
*"  EXCEPTIONS
*"     FAILED
*"----------------------------------------------------
```

Der Funktionsbaustein ZPTB00_OBJ_REP_SHOW übernimmt in einer Eingabestruktur die anzuzeigenden Buchhaltungsbelege. Diese werden anschließend zu einer flachen Tabelle zusammengeführt, deren Kopf- und Positionsinformationen nebeneinander in einer Struktur stehen, an ein ALV-Grid-Display weitergereicht und auf dem Bildschirm ausgegeben.

```
FUNCTION zptb00_obj_rep_show.
*"----------------------------------------------------
*"*"Lokale Schnittstelle:
*"  IMPORTING
*"     REFERENCE(I_TAB_DOC) TYPE  ZPTB00_TTY_DOC
*"  EXCEPTIONS
*"     FAILED
*"----------------------------------------------------
```

7.4 Implementation

In der Implementationsphase wird das in Dokumentform beschriebene technische Softwaredesign in Programmcode umgesetzt. Dazu muss jedes beschriebene Entwicklungsobjekt im Object Navigator angelegt und der Quelltext gemäß Beschreibung vervollständigt werden. In der Praxis kommt es ab und an zu kleineren oder größeren Change-Requests, weil sich gewisse Abschnitte des Softwaredesigns als unperformant, suboptimal oder schlimmstenfalls nicht realisierbar herausstellen. Je nach Schweregrad der Abweichungen muss die Projektleitung oder der Kunde – in unserem Fall die Fachabteilungen – der Änderung schriftlich zustimmen und die Auswirkungen auf die Projektlaufzeit und das Budget müssen kalkuliert werden.

Versuchen Sie es einmal selbst! Wenn Sie in der Lage sind, aufgrund der in Abschnitt 7.1 genannten fachlichen und technischen Informationen die Implementation eines funktionsfähigen Prototypen durchzuführen, dann sind Sie bereit für Ihr erstes professionelles Projekt. Die im Folgenden skizzierte Implementierung ist natürlich nur einer von vielen möglichen Lösungsansätzen und soll nicht mehr als einen gängigen Weg für die Umsetzung des Projekts vermitteln. Für den Fall, dass Sie an einer Stelle nicht weiterkommen sollten, können Sie in diesem Kapitel die Details unserer Beispielimplementierung nachvollziehen. Auf ein nochmaliges Erklären der Entwicklungsobjekte haben wir dabei bewusst verzichtet, denn die in den letzten Kapiteln vorgestellten fachlichen und technischen Dokumente bilden bei einem realen Projekt ja gerade die offizielle Dokumentation.

7.4.1 DDIC-Objekte

Dieses Kapitel enthält die wichtigsten Definitionen zu allen DDIC-Objekten dieses Praxisszenarios. Eine Ausnahme bilden die Datenelemente und Domänen, die bereits ausführlich in Abschnitt 5.2 erläutert wurden.

Datenbanktabellen

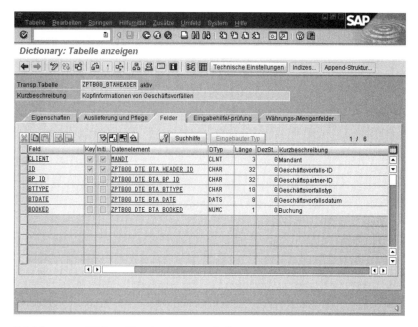

Abbildung 7.10 ZPTB00_BTAHEADER – Kopfinformationen von Geschäftsvorfällen

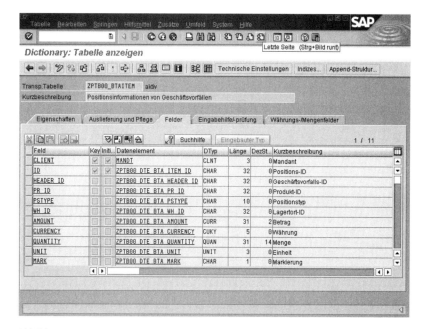

Abbildung 7.11 ZPTB00_BTAITEM – Positionsinformationen eines Geschäftsvorfalls

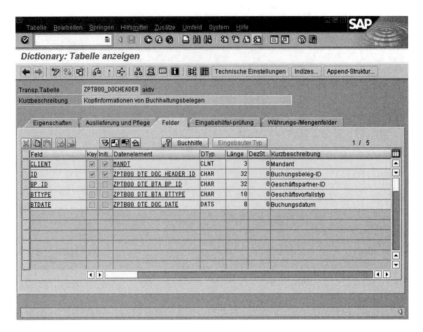

Abbildung 7.12 ZPTB00_DOCHEADER – Kopfinformationen von Buchhaltungsbelegen

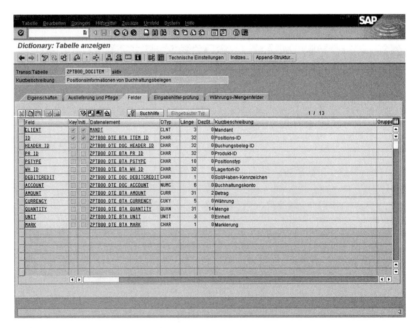

Abbildung 7.13 ZPTB00_DOCITEM – Positionsinformationen von Buchhaltungsbelegen

Tabellentypen

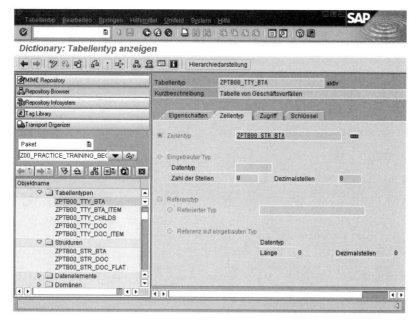

Abbildung 7.14 ZPTB00_TTY_BTA – Tabelle von Geschäftsvorfällen

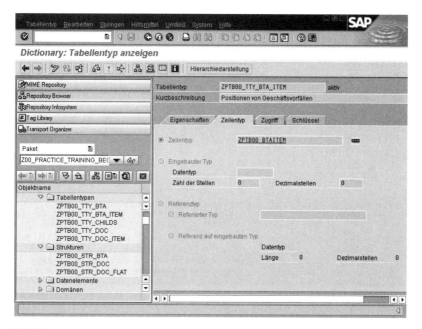

Abbildung 7.15 ZPTB00_TTY_BTA_ITEM – Positionen von Geschäftsvorfällen

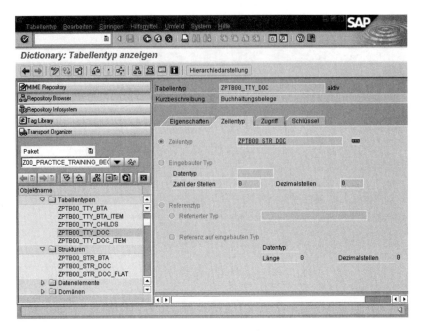

Abbildung 7.16 ZPTB00_TTY_DOC – Buchhaltungsbelege

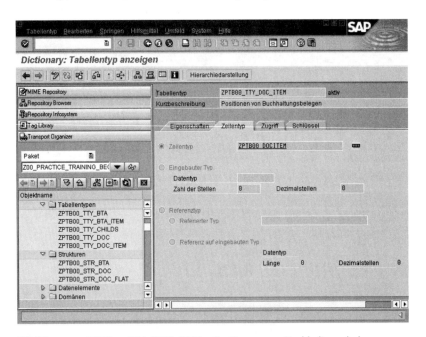

Abbildung 7.17 ZPTB00_TTY_DOC_ITEM – Positionen von Buchhaltungsbelegen

Strukturen

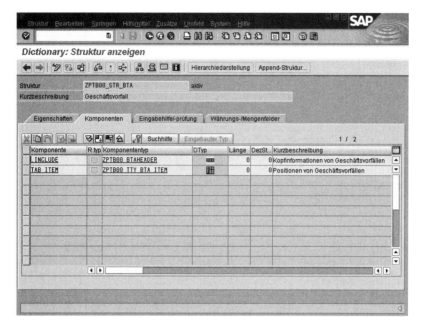

Abbildung 7.18 ZPTB00_STR_BTA – Geschäftsvorfall

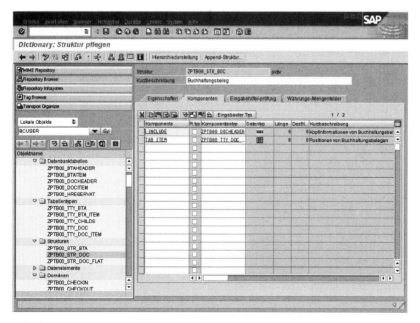

Abbildung 7.19 ZPTB00_STR_DOC – Buchhaltungsbeleg

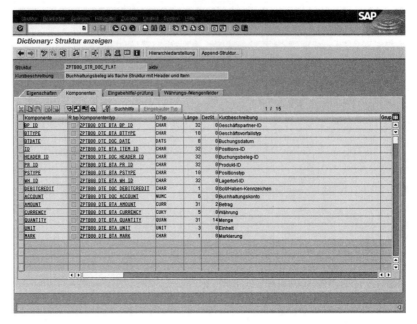

Abbildung 7.20 ZPTB00_STR_DOC_FLAT – Buchhaltungsbeleg als flache Struktur mit Header und Item

7.4.2 Programme

Dieser Abschnitt enthält die vollständigen Quelltexte zu den Programmen dieses Praxisszenarios.

Listing 7.1 ZPTB00_BUSINESS_TRANSACTION – Geschäftsvorfall manuell erfassen

```
REPORT  zptb00_business_transaction.

DATA:
  l_str_bta TYPE zptb00_str_bta.

DO.
  CALL FUNCTION 'ZPTB00_OBJ_BTA_EDIT'
    CHANGING
      c_str_bta = l_str_bta.

  IF NOT l_str_bta IS INITIAL.
    CALL FUNCTION 'ZPTB00_OBJ_BTA_SAVE'
      EXPORTING
        i_str_bta = l_str_bta
*       i_tab_bta =
```

```abap
      EXCEPTIONS
        failed   = 1
        OTHERS   = 2.
    IF sy-subrc <> 0.
      MESSAGE e008(ZPTB00_BTA).
    ENDIF.
    CLEAR l_str_bta.
  ELSE.
    RETURN.
  ENDIF.

ENDDO.
```

Listing 7.2 ZPTB00_DOCUMENT_BOOKING – Geschäftsvorfälle verarbeiten

```abap
REPORT   zptb00_document_booking.

PARAMETERS:
  p_book TYPE boolean.

CALL FUNCTION 'ZPTB00_API_DOC_RUN'
  EXCEPTIONS
    failed = 1
    OTHERS = 2.
IF sy-subrc <> 0.
  message e000(ZPTB00_DOC).
ENDIF.
```

Listing 7.3 ZPTB00_DOCUMENT_VIEWER – Buchhaltungsbelege anzeigen

```abap
REPORT   zptb00_document_viewer.

DATA:
  l_btdate TYPE zptb00_dte_bta_date,
  l_tab_btdate TYPE ddtrange,
  l_str_btdate TYPE ddrange.
FIELD-SYMBOLS:
  <l_str_btdate> TYPE ANY.

* Input new reservation as selection screen
SELECTION-SCREEN BEGIN OF SCREEN 110.
```

```
SELECTION-SCREEN BEGIN OF BLOCK b110 WITH FRAME TITLE
text-005.
SELECT-OPTIONS:
  p_btdate FOR l_btdate.
SELECTION-SCREEN END OF BLOCK b110.
SELECTION-SCREEN END OF SCREEN 110.

* Main program
DO.
  CALL SELECTION-SCREEN 110.
  IF sy-subrc <> 0.
    EXIT.
  ELSE.
    LOOP AT p_btdate ASSIGNING <l_str_btdate>.
      MOVE-CORRESPONDING <l_str_btdate> TO l_str_btdate.
    ENDLOOP.
    CALL FUNCTION 'ZPTB00_API_REP_DISPLAY'
      EXPORTING
        i_tab_booking_date = l_tab_btdate
      EXCEPTIONS
        failed             = 1
        OTHERS             = 2.
    IF sy-subrc <> 0.
      message e000(ZPTB00_REP).
    ENDIF.

  ENDIF.
ENDDO.
```

7.4.3 Funktionsgruppen

Dieses Kapitel enthält die vollständigen Quelltexte zu allen Funktionsbausteinen. Die Dynpro-Ablauflogik sowie die damit zusammenhängenden Module der Editier-Funktion für Geschäftsvorfälle wurden bereits detailliert in Abschnitt 5.2 beschrieben.

ZPTB00_API_BTA – Geschäftsvorfälle annehmen und speichern

Listing 7.4 ZPTB00_API_BTA_LOAD – Laden von Geschäftsvorfällen

```
FUNCTION zptb00_api_bta_load.
*"----------------------------------------------------
*"*"Lokale Schnittstelle:
*"  IMPORTING
*"     REFERENCE(I_BOOKED) TYPE  ZPTB00_DTE_BTA_BOOKED
*"        DEFAULT '1'
*"  EXPORTING
*"     REFERENCE(E_TAB_BTA) TYPE  ZPTB00_TTY_BTA
*"  EXCEPTIONS
*"       FAILED
*"----------------------------------------------------

  CALL FUNCTION 'ZPTB00_OBJ_BTA_LOAD'
*    EXPORTING
*      I_BOOKED       = '1'
    IMPORTING
      e_tab_bta      = e_tab_bta
    EXCEPTIONS
      failed         = 1
      OTHERS         = 2.
  IF sy-subrc <> 0.
    RAISE failed.
  ENDIF.

ENDFUNCTION.
```

Listing 7.5 ZPTB00_API_BTA_MARK_AS_BOOKED – Geschäftsvorfälle als gebucht markieren

```
FUNCTION zptb00_api_bta_mark_as_booked.
*"----------------------------------------------------
*"*"Lokale Schnittstelle:
*"  IMPORTING
*"     REFERENCE(I_TAB_BTA) TYPE  ZPTB00_TTY_BTA
*"  EXCEPTIONS
*"       FAILED
*"----------------------------------------------------

  CALL FUNCTION 'ZPTB00_OBJ_BTA_MARK_AS_BOOKED'
```

```abap
      EXPORTING
        i_tab_bta = i_tab_bta
      EXCEPTIONS
        failed   = 1
        OTHERS   = 2.
  IF sy-subrc <> 0.
    RAISE failed.
  ENDIF.

ENDFUNCTION.
```

Listing 7.6 ZPTB00_API_BTA_SET – Geschäftsvorfall annehmen und speichern

```abap
FUNCTION zptb00_api_bta_set.
*"----------------------------------------------------
*"*"Lokale Schnittstelle:
*"  IMPORTING
*"     REFERENCE(I_STR_BTA) TYPE  ZPTB00_STR_BTA
*"  EXCEPTIONS
*"     FAILED
*"----------------------------------------------------
  DATA:
    l_str_bta TYPE zptb00_str_bta.

* assign to local variable, because we want to enrich
* the structure
  l_str_bta = i_str_bta.

* Enrich the structure by technical fields
  CALL FUNCTION 'ZPTB00_OBJ_BTA_ENRICH'
    CHANGING
      c_str_bta = l_str_bta
    EXCEPTIONS
      failed   = 1
      OTHERS   = 2.
  IF sy-subrc <> 0.
    RAISE failed.
  ENDIF.

* Check the structure
  CALL FUNCTION 'ZPTB00_API_BTC_CHECK'
```

```abap
      EXPORTING
        i_str_bta = l_str_bta
      EXCEPTIONS
        failed    = 1
        OTHERS    = 2.
  IF sy-subrc <> 0.
    RAISE failed.
  ENDIF.

* Save the structure in the database table
  CALL FUNCTION 'ZPTB00_OBJ_BTA_SAVE'
    EXPORTING
      i_str_bta = l_str_bta
*     l_tab_bta =
    EXCEPTIONS
      failed    = 1
      OTHERS    = 2.
  IF sy-subrc <> 0.
    RAISE failed.
  ENDIF.

ENDFUNCTION.
```

ZPTB00_API_BTC – Geschäftsvorfall prüfen

Listing 7.7 ZPTB00_API_BTC_CHECK – Geschäftsvorfall prüfen

```abap
FUNCTION zptb00_api_btc_check.
*"----------------------------------------------------
*"*"Lokale Schnittstelle:
*"  IMPORTING
*"     REFERENCE(I_STR_BTA) TYPE  ZPTB00_STR_BTA
*"  EXCEPTIONS
*"      FAILED
*"----------------------------------------------------

  CALL FUNCTION 'ZPTB00_OBJ_BTC_CHECK'
    EXPORTING
      i_str_bta = i_str_bta
    EXCEPTIONS
      failed    = 1
```

```
          OTHERS    = 2.
    IF sy-subrc <> 0.
      RAISE failed.
    ENDIF.

ENDFUNCTION.
```

ZPTB00_API_DOC – Buchhaltungsbelege erzeugen

Listing 7.8 ZPTB00_API_DOC_LOAD – Laden von Geschäftsvorfällen

```
FUNCTION zptb00_api_doc_load.
*"----------------------------------------------------
*"*"Lokale Schnittstelle:
*"      IMPORTING
*"         REFERENCE(I_TAB_BOOKING_DATE) TYPE DDTRANGE
*"      EXPORTING
*"         REFERENCE(E_TAB_DOC) TYPE   ZPTB00_TTY_DOC
*"      EXCEPTIONS
*"         FAILED
*"----------------------------------------------------

  CALL FUNCTION 'ZPTB00_OBJ_DOC_LOAD'
    EXPORTING
      i_tab_booking_date = i_tab_booking_date
    IMPORTING
      e_tab_doc          = e_tab_doc
    EXCEPTIONS
      failed             = 1
      OTHERS             = 2.
  IF sy-subrc <> 0.
    RAISE failed.
  ENDIF.

ENDFUNCTION.
```

Listing 7.9 ZPTB00_API_DOC_RUN – Ungebuchte Geschäftsvorfälle verarbeiten

```
FUNCTION zptb00_api_doc_run .
*"----------------------------------------------------
*"*"Lokale Schnittstelle:
```

```
*"  EXCEPTIONS
*"      FAILED
*"----------------------------------------------------

  DATA:
    l_tab_bta TYPE zptb00_tty_bta,
    l_tab_doc TYPE zptb00_tty_doc.

  CALL FUNCTION 'ZPTB00_API_BTA_LOAD'
*   EXPORTING
*     I_BOOKED        = '1'
    IMPORTING
      e_tab_bta       = l_tab_bta
    EXCEPTIONS
      failed          = 1
      OTHERS          = 2.
  IF sy-subrc <> 0.
    RAISE failed.
  ENDIF.

  CALL FUNCTION 'ZPTB00_OBJ_DOC_BOOK'
    EXPORTING
      i_tab_bta = l_tab_bta
    IMPORTING
      e_tab_doc = l_tab_doc
    EXCEPTIONS
      failed    = 1
      OTHERS    = 2.
  IF sy-subrc <> 0.
    RAISE failed.
  ENDIF.

  CALL FUNCTION 'ZPTB00_OBJ_DOC_SAVE'
    EXPORTING
*     i_str_doc =
      i_tab_doc = l_tab_doc
    EXCEPTIONS
      failed    = 1
      OTHERS    = 2.
  IF sy-subrc <> 0.
```

```
      RAISE failed.
    ENDIF.

    CALL FUNCTION 'ZPTB00_API_BTA_MARK_AS_BOOKED'
      EXPORTING
        i_tab_bta = l_tab_bta
      EXCEPTIONS
        failed    = 1
        OTHERS    = 2.
    IF sy-subrc <> 0.
      RAISE failed.
    ENDIF.

ENDFUNCTION.
```

ZPTB00_API_REP – Reporten von Buchhaltungsbelegen

Listing 7.10 ZPTB00_API_REP_DISPLAY – Buchhaltungsbelege anzeigen

```
FUNCTION ZPTB00_API_REP_DISPLAY .
*"----------------------------------------------------------
*"*"Lokale Schnittstelle:
*"  IMPORTING
*"     REFERENCE(I_TAB_BOOKING_DATE) TYPE  DDTRANGE
*"  EXCEPTIONS
*"     FAILED
*"----------------------------------------------------------
DATA:
  l_tab_doc type zptb00_tty_doc.

  CALL FUNCTION 'ZPTB00_OBJ_DOC_LOAD'
    EXPORTING
      i_tab_booking_date     = i_tab_booking_date
    IMPORTING
      E_TAB_DOC              = l_tab_doc
    EXCEPTIONS
      FAILED                 = 1
      OTHERS                 = 2.
  IF sy-subrc <> 0.
    raise failed.
  ENDIF.
```

```abap
  CALL FUNCTION 'ZPTB00_OBJ_REP_SHOW'
    EXPORTING
      i_tab_doc       = l_tab_doc
    EXCEPTIONS
      FAILED          = 1
      OTHERS          = 2 .
  IF sy-subrc <> 0.
    RAISE failed.
  ENDIF.

ENDFUNCTION.
```

ZPTB00_MAP_BTA – Geschäftsvorfälle annehmen und speichern

Listing 7.11 ZPTB00_MAP_BTA_SET – Geschäftsvorfall annehmen und speichern

```abap
FUNCTION zptb00_map_bta_set.
*"----------------------------------------------------
*"*"Lokale Schnittstelle:
*"  IMPORTING
*"     VALUE(I_STR_BTA) TYPE  ZPTB00_STR_BTA
*"  EXCEPTIONS
*"      FAILED
*"----------------------------------------------------

  CALL FUNCTION 'ZPTB00_API_BTA_SET'
    EXPORTING
      i_str_bta = i_str_bta
    EXCEPTIONS
      failed    = 1
      OTHERS    = 2.
  IF sy-subrc <> 0.
    RAISE failed.
  ENDIF.

ENDFUNCTION.
```

ZPTB00_MAP_REP – Reporten von Buchhaltungsbelegen

Listing 7.12 ZPTB00_MAP_REP_GET – Buchhaltungsbelege anzeigen

```
FUNCTION zptb00_map_rep_get.
*"----------------------------------------------------------
*"*"Lokale Schnittstelle:
*"  IMPORTING
*"     VALUE(I_TAB_BOOKING_DATE) TYPE  DDTRANGE
*"  EXPORTING
*"     VALUE(E_TAB_DOC) TYPE  ZPTB00_TTY_DOC
*"  EXCEPTIONS
*"     FAILED
*"----------------------------------------------------------

  CALL FUNCTION 'ZPTB00_API_DOC_LOAD'
    EXPORTING
      i_tab_booking_date = i_tab_booking_date
    IMPORTING
      e_tab_doc          = e_tab_doc
    EXCEPTIONS
      failed             = 1
      OTHERS             = 2.
  IF sy-subrc <> 0.
    RAISE failed.
  ENDIF.

ENDFUNCTION.
```

ZPTB00_OBJ_BTA – Geschäftsvorfälle annehmen und speichern

Listing 7.13 ZPTB00_OBJ_BTA_EDIT – Geschäftsvorfall editieren

```
FUNCTION zptb00_obj_bta_edit.
*"----------------------------------------------------------
*"*"Lokale Schnittstelle:
*"  CHANGING
*"     REFERENCE(C_STR_BTA) TYPE  ZPTB00_STR_BTA
*"        OPTIONAL
*"----------------------------------------------------------
DATA:
  l_str_item type ZPTB00_BTAITEM.
```

```abap
    IF c_str_bta IS INITIAL.
*     Just add one line to the position by default
      APPEND l_str_item TO c_str_bta-tab_item.
    ENDIF.

*   Make manual posting global for dynpro
    MOVE-CORRESPONDING c_str_bta TO g_str_bta.
*   Call edit screen
    CALL SCREEN 0100.
*   If the user pressed save and everthing is fine,
*   then g_str_bta is filled with user input
*   otherwise the structure is initial
*   move edited data back to our interface variable
    MOVE-CORRESPONDING g_str_bta TO c_str_bta.
ENDFUNCTION.
```

Listing 7.14 ZPTB00_OBJ_BTA_ENRICH – Reichert den Geschäftsvorfall um technische Infos an

```abap
FUNCTION zptb00_obj_bta_enrich.
*"----------------------------------------------------
*"*"Lokale Schnittstelle:
*"  CHANGING
*"     REFERENCE(C_STR_BTA) TYPE  ZPTB00_STR_BTA
*"  EXCEPTIONS
*"     FAILED
*"----------------------------------------------------
  FIELD-SYMBOLS:
    <l_str_item> TYPE zptb00_btaitem.

* enrich header
  c_str_bta-client = sy-mandt.
  CALL FUNCTION 'GUID_CREATE'
    IMPORTING
*     EV_GUID_16      =
*     EV_GUID_22      =
      ev_guid_32      = c_str_bta-id.
  c_str_bta-booked = '1'.

* enrich items
  LOOP AT c_str_bta-tab_item ASSIGNING <l_str_item>.
```

```abap
          <l_str_item>-client = sy-mandt.
          CALL FUNCTION 'GUID_CREATE'
              IMPORTING
*               EV_GUID_16         =
*               EV_GUID_22         =
                ev_guid_32         = <l_str_item>-id.
          <l_str_item>-header_id = c_str_bta-id.
          <l_str_item>-mark = ' '.
      ENDLOOP.
ENDFUNCTION.
```

Listing 7.15 ZPTB00_OBJ_BTA_LOAD – Laden von Geschäftsvorfällen

```abap
FUNCTION zptb00_obj_bta_load.
*"----------------------------------------------------
*"*"Lokale Schnittstelle:
*"  IMPORTING
*"     REFERENCE(I_BOOKED) TYPE  ZPTB00_DTE_BTA_BOOKED
*"        DEFAULT '1'
*"  EXPORTING
*"     REFERENCE(E_TAB_BTA) TYPE  ZPTB00_TTY_BTA
*"  EXCEPTIONS
*"     FAILED
*"----------------------------------------------------
  DATA:
* db
    l_tab_bta_header   TYPE STANDARD TABLE OF
      zptb00_btaheader,
    l_tab_bta_item     TYPE STANDARD TABLE OF
      zptb00_btaitem,
* local
    l_str_bta TYPE zptb00_str_bta.
  FIELD-SYMBOLS:
* db
    <l_str_bta_header> TYPE zptb00_btaheader,
    <l_str_bta_item>   TYPE zptb00_btaitem.

* read the header data
  SELECT * FROM zptb00_btaheader INTO TABLE
    l_tab_bta_header
  WHERE booked = i_booked.
```

```abap
    IF sy-dbcnt = 0.
      RAISE failed.
    ENDIF.

* read the item data
* abap statement "for all entries" only works up to ca.
* 1700 entries so we better loop
    LOOP AT l_tab_bta_header ASSIGNING
      <l_str_bta_header>.
      MOVE-CORRESPONDING <l_str_bta_header> TO l_str_bta.
      SELECT * FROM  zptb00_btaitem INTO TABLE
      l_tab_bta_item
      WHERE header_id = <l_str_bta_header>-id.
      l_str_bta-tab_item = l_tab_bta_item.
      APPEND l_str_bta TO e_tab_bta.
    ENDLOOP.
    IF sy-dbcnt = 0.
      RAISE failed.
    ENDIF.

ENDFUNCTION.
```

Listing 7.16 ZPTB00_OBJ_BTA_MARK_AS_BOOKED – Geschäftsvorfälle als gebucht markieren

```abap
FUNCTION zptb00_obj_bta_mark_as_booked.
*"----------------------------------------------------
*"*"Lokale Schnittstelle:
*"      IMPORTING
*"           REFERENCE(I_TAB_BTA) TYPE
*"             ZPTB00_TTY_BTA
*"      EXCEPTIONS
*"            FAILED
*"----------------------------------------------------
  FIELD-SYMBOLS:
    <l_str_bta> TYPE zptb00_str_bta.

  LOOP AT i_tab_bta ASSIGNING <l_str_bta>.
    UPDATE zptb00_btaheader SET booked = '2'
    WHERE id = <l_str_bta>-id.
  ENDLOOP.

ENDFUNCTION.
```

Listing 7.17 ZPTB00_OBJ_BTA_SAVE – Geschäftsvorfall abspeichern

```
FUNCTION zptb00_obj_bta_save.
*"----------------------------------------------------------
*"*"Lokale Schnittstelle:
*"  IMPORTING
*"     REFERENCE(I_STR_BTA) TYPE   ZPTB00_STR_BTA
*"        OPTIONAL
*"     REFERENCE(I_TAB_BTA) TYPE   ZPTB00_TTY_BTA
*"        OPTIONAL
*"  EXCEPTIONS
*"     FAILED
*"----------------------------------------------------------
  DATA:
* Structure like header and item table
    l_tab_bta       TYPE zptb00_tty_bta,
    l_str_btaheader TYPE zptb00_btaheader.
  FIELD-SYMBOLS:
    <l_str_bta>     TYPE zptb00_str_bta.

  l_tab_bta = i_tab_bta.
  IF NOT i_str_bta IS INITIAL.
    APPEND i_str_bta TO l_tab_bta.
  ENDIF.

* loop through all the data for saving
  LOOP AT i_tab_bta ASSIGNING <l_str_bta>.
* Get header data and write to database table
    MOVE-CORRESPONDING <l_str_bta> TO l_str_btaheader.
    MODIFY zptb00_btaheader FROM l_str_btaheader.
    IF sy-subrc <> 0.
      RAISE failed.
    ENDIF.

    DELETE FROM zptb00_btaitem WHERE header_id =
      l_str_btaheader-id.
    MODIFY zptb00_btaitem FROM TABLE
      <l_str_bta>-tab_item.
    IF sy-subrc <> 0.
      RAISE failed.
    ENDIF.
```

```abap
  ENDLOOP.

ENDFUNCTION.
```

ZPTB00_OBJ_BTC – Geschäftsvorfälle prüfen

Listing 7.18 ZPTB00_OBJ_BTC_CHECK – Geschäftsvorfall prüfen

```abap
FUNCTION ZPTB00_OBJ_BTC_CHECK.
*"----------------------------------------------------------
*"*"Lokale Schnittstelle:
*"      IMPORTING
*"          REFERENCE(I_STR_BTA) TYPE
*"            ZPTB00_STR_BTA
*"      EXCEPTIONS
*"            FAILED
*"----------------------------------------------------------
  DATA:
    l_tab_dd07v LIKE STANDARD TABLE OF dd07v,
    l_str_currency TYPE tcurc,
    l_str_quantity TYPE t006.
  FIELD-SYMBOLS:
    <l_str_item> TYPE zptb00_btaitem.

************* check header
* check bp_id
  IF i_str_bta-bp_id IS INITIAL.
    RAISE failed.
  ENDIF.

* check bttype
  CALL FUNCTION 'DD_DOMVALUES_GET'
    EXPORTING
      domname              = 'ZPTB00_DOM_BTA_BTTYPE'
*     TEXT                 = ' '
*     LANGU                = ' '
*     BYPASS_BUFFER        = ' '
*    IMPORTING
*     RC                   =
    TABLES
      dd07v_tab            = l_tab_dd07v
```

```abap
        EXCEPTIONS
          wrong_textflag        = 1
          OTHERS                = 2.
      IF sy-subrc <> 0.
        RAISE failed.
      ENDIF.
      READ TABLE l_tab_dd07v WITH KEY domvalue_l =
        i_str_bta-bttype TRANSPORTING NO FIELDS.
      IF sy-subrc <> 0.
        RAISE failed.
      ENDIF.

* check btdate
      IF i_str_bta-btdate IS INITIAL.
        RAISE failed.
      ENDIF.

************* check item
* check tab_item
      IF i_str_bta-tab_item IS INITIAL.
        RAISE failed.
      ENDIF.
      LOOP AT i_str_bta-tab_item ASSIGNING <l_str_item>.

* check pr_id
        CALL FUNCTION 'DD_DOMVALUES_GET'
          EXPORTING
            domname               = 'ZPTB00_DOM_BTA_PR_ID'
*           TEXT                  = ' '
*           LANGU                 = ' '
*           BYPASS_BUFFER         = ' '
*         IMPORTING
*           RC                    =
          TABLES
            dd07v_tab             = l_tab_dd07v
          EXCEPTIONS
            wrong_textflag        = 1
            OTHERS                = 2.
        IF sy-subrc <> 0.
          RAISE failed.
```

```abap
      ENDIF.
      READ TABLE l_tab_dd07v WITH KEY domvalue_l =
        <l_str_item>-pr_id TRANSPORTING NO FIELDS.
      IF sy-subrc <> 0.
        RAISE failed.
      ENDIF.

* check pstype
      CALL FUNCTION 'DD_DOMVALUES_GET'
        EXPORTING
          domname               = 'ZPTB00_DOM_BTA_PSTYPE'
*         TEXT                  = ' '
*         LANGU                 = ' '
*         BYPASS_BUFFER         = ' '
*       IMPORTING
*         RC                    =
        TABLES
          dd07v_tab             = l_tab_dd07v
        EXCEPTIONS
          wrong_textflag        = 1
          OTHERS                = 2.
      IF sy-subrc <> 0.
        RAISE failed.
      ENDIF.
      READ TABLE l_tab_dd07v WITH KEY domvalue_l =
        <l_str_item>-pstype TRANSPORTING NO FIELDS.
      IF sy-subrc <> 0.
        RAISE failed.
      ENDIF.

* check wh_id
      CALL FUNCTION 'DD_DOMVALUES_GET'
        EXPORTING
          domname               = 'ZPTB00_DOM_BTA_WH_ID'
*         TEXT                  = ' '
*         LANGU                 = ' '
*         BYPASS_BUFFER         = ' '
*       IMPORTING
*         RC                    =
        TABLES
```

```abap
          dd07v_tab              = l_tab_dd07v
        EXCEPTIONS
          wrong_textflag         = 1
          OTHERS                 = 2.
      IF sy-subrc <> 0.
        RAISE failed.
      ENDIF.
      READ TABLE l_tab_dd07v WITH KEY domvalue_l =
        <l_str_item>-wh_id TRANSPORTING NO FIELDS.
      IF sy-subrc <> 0.
        RAISE failed.
      ENDIF.

* check currency
      SELECT SINGLE * FROM tcurc INTO l_str_currency
        WHERE waers = <l_str_item>-currency.
      IF sy-subrc <> 0.
        RAISE failed.
      ENDIF.

* check unit
      SELECT SINGLE * FROM t006 INTO l_str_quantity WHERE
        msehi = <l_str_item>-unit.
      IF sy-subrc <> 0.
        RAISE failed.
      ENDIF.
    ENDLOOP.

ENDFUNCTION.
```

ZPTB00_OBJ_DOC – Buchhaltungsbelege erzeugen

Listing 7.19 ZPTB00_OBJ_DOC_BOOK – Buchen von Geschäftsvorfällen

```abap
FUNCTION zptb00_obj_doc_book.
*"----------------------------------------------------------
*"*"Lokale Schnittstelle:
*"  IMPORTING
*"     REFERENCE(I_TAB_BTA) TYPE  ZPTB00_TTY_BTA
*"  EXPORTING
*"     REFERENCE(E_TAB_DOC) TYPE  ZPTB00_TTY_DOC
```

```abap
*"   EXCEPTIONS
*"      FAILED
*"----------------------------------------------------------
  DATA:
* accounting document
    l_str_doc              TYPE zptb00_str_doc,
    l_str_doc_item         TYPE zptb00_docitem,
* business transaction
    l_str_bta              TYPE zptb00_btaheader.
  FIELD-SYMBOLS:
* business transaction
    <l_str_bta>            TYPE zptb00_str_bta,
    <l_str_bta_item>       TYPE zptb00_btaitem.
  CONSTANTS:
* business transaction field constants
    con_bta_bttype_purchase TYPE zptb00_dte_bta_bttype
      VALUE 'PURCHASE',
    con_bta_bttype_sale    TYPE zptb00_dte_bta_bttype
      VALUE 'SALE',
    con_bta_pstype_service TYPE zptb00_dte_bta_pstype
      VALUE 'SERVICE',
    con_bta_pstype_product TYPE zptb00_dte_bta_pstype
      VALUE 'PRODUCT',
* document field constants
    con_doc_debit   TYPE zptb00_dte_doc_debitcredit
      VALUE 'D',
    con_doc_credit  TYPE zptb00_dte_doc_debitcredit
      VALUE 'C',
    con_doc_account_BGA   TYPE zptb00_dte_doc_account
      VALUE '001000',
    con_doc_account_cash   TYPE zptb00_dte_doc_account
      VALUE '002000'.

* loop through every business transaction
  LOOP AT i_tab_bta ASSIGNING <l_str_bta>.
* direct move-corresponding <l_str_bta> TO l_str_doc
* not possible, so use intermediate structure
    MOVE-CORRESPONDING <l_str_bta> TO l_str_bta.
    MOVE-CORRESPONDING l_str_bta TO l_str_doc.
* loop through every business transaction position
```

```abap
      LOOP AT <l_str_bta>-tab_item ASSIGNING
        <l_str_bta_item>.
        MOVE-CORRESPONDING <l_str_bta_item> TO
          l_str_doc_item.
* this is the accounting brain
* book every business transaction as an accounting
* document
        IF <l_str_bta>-bttype = con_bta_bttype_purchase.
          IF <l_str_bta_item>-pstype =
            con_bta_pstype_service.
          ELSEIF <l_str_bta_item>-pstype =
            con_bta_pstype_product.
* For our project we implement only one example, but
* more to come
            l_str_doc_item-debitcredit = con_doc_debit.
            l_str_doc_item-account = con_doc_account_BGA.
            APPEND l_str_doc_item TO l_str_doc-tab_item.
            CALL FUNCTION 'GUID_CREATE'
              IMPORTING
*               EV_GUID_16      =
*               EV_GUID_22      =
                ev_guid_32      = l_str_doc_item-id.
            l_str_doc_item-debitcredit = con_doc_credit.
            l_str_doc_item-account =
              con_doc_account_cash.
            APPEND l_str_doc_item TO l_str_doc-tab_item.
          ENDIF.
        ENDIF.
      ENDLOOP.
      APPEND l_str_doc TO e_tab_doc.
    ENDLOOP.

ENDFUNCTION.
```

Listing 7.20 ZPTB00_OBJ_DOC_LOAD – Laden von Geschäftsvorfällen

```abap
FUNCTION zptb00_obj_doc_load.
*"----------------------------------------------------
*"*"Lokale Schnittstelle:
*"  IMPORTING
*"     REFERENCE(I_TAB_BOOKING_DATE) TYPE    DDTRANGE
```

```abap
*"  EXPORTING
*"     REFERENCE(E_TAB_DOC) TYPE  ZPTB00_TTY_DOC
*"  EXCEPTIONS
*"     FAILED
*"----------------------------------------------------
  DATA:
* db
    l_tab_doc_header   TYPE STANDARD TABLE OF
      zptb00_docheader,
    l_tab_doc_item     TYPE STANDARD TABLE OF
      zptb00_docitem,
* local
    l_str_doc TYPE zptb00_str_doc.
  FIELD-SYMBOLS:
* db
    <l_str_doc_header> TYPE zptb00_docheader,
    <l_str_doc_item>   TYPE zptb00_docitem.

* read the header data
  SELECT * FROM zptb00_docheader INTO TABLE
    l_tab_doc_header
  WHERE btdate IN i_tab_booking_date.
  IF sy-dbcnt = 0.
    RAISE failed.
  ENDIF.

* read the item data
* abap statement "for all entries" only works up to ca.
* 1700 entries so we better loop
  LOOP AT l_tab_doc_header ASSIGNING
    <l_str_doc_header>.
    MOVE-CORRESPONDING <l_str_doc_header> TO l_str_doc.
    SELECT * FROM  zptb00_docitem INTO TABLE
      l_tab_doc_item
    WHERE header_id = <l_str_doc_header>-id.
    l_str_doc-tab_item = l_tab_doc_item.
    APPEND l_str_doc TO e_tab_doc.
  ENDLOOP.
  IF sy-dbcnt = 0.
    RAISE failed.
```

```
      ENDIF.

  ENDFUNCTION.
```

Listing 7.21 ZPTB00_OBJ_DOC_SAVE – Buchungsbelege abspeichern

```
FUNCTION zptb00_obj_doc_save.
*"----------------------------------------------------
*"*"Lokale Schnittstelle:
*"  IMPORTING
*"     REFERENCE(I_STR_DOC) TYPE   ZPTB00_STR_DOC
*"        OPTIONAL
*"     REFERENCE(I_TAB_DOC) TYPE   ZPTB00_TTY_DOC
*"        OPTIONAL
*"  EXCEPTIONS
*"     FAILED
*"----------------------------------------------------

  DATA:
* Structure like header and item table
    l_tab_doc TYPE zptb00_tty_doc,
    l_str_docheader TYPE zptb00_docheader.
  FIELD-SYMBOLS:
    <l_str_doc>     TYPE zptb00_str_doc.

  l_tab_doc = i_tab_doc.
  IF NOT i_str_doc IS INITIAL.
    APPEND i_str_doc TO l_tab_doc.
  ENDIF.

* loop through all the data for saving
  LOOP AT i_tab_doc ASSIGNING <l_str_doc>.
* Get header data and write to database table
    MOVE-CORRESPONDING <l_str_doc> TO l_str_docheader.
    MODIFY zptb00_docheader FROM l_str_docheader.
    IF sy-subrc <> 0.
      RAISE failed.
    ENDIF.

    DELETE FROM zptb00_docitem WHERE header_id =
      l_str_docheader-id.
```

```abap
      MODIFY zptb00_docitem FROM TABLE
        <l_str_doc>-tab_item.
      IF sy-subrc <> 0.
        RAISE failed.
      ENDIF.
  ENDLOOP.

ENDFUNCTION.
```

ZPTB00_OBJ_REP – Reporten von Buchhaltungsbelegen

Listing 7.22 ZPTB00_OBJ_REP_SHOW – Buchhaltungsbelege anzeigen

```abap
FUNCTION zptb00_obj_rep_show.
*"----------------------------------------------------
*"*"Lokale Schnittstelle:
*"  IMPORTING
*"     REFERENCE(I_TAB_DOC) TYPE  ZPTB00_TTY_DOC
*"  EXCEPTIONS
*"      FAILED
*"----------------------------------------------------
* Contains ALV-Grid structures, needed for variables
  TYPE-POOLS slis .

  DATA:
* for data handling
    l_str_doc_flat    TYPE zptb00_str_doc_flat,
    l_tab_doc_flat    TYPE STANDARD TABLE OF
      zptb00_str_doc_flat,
* for ALV-Grid display
    l_dis             TYPE disvariant,
    l_rda_table       TYPE REF TO data,
    l_str_layout      TYPE slis_layout_alv.
  FIELD-SYMBOLS:
* for data handling
    <l_str_doc>       TYPE zptb00_str_doc,
    <l_str_doc_item>  TYPE zptb00_docitem.

* convert data to flat structure
  LOOP AT i_tab_doc ASSIGNING <l_str_doc>.
    MOVE-CORRESPONDING <l_str_doc> TO l_str_doc_flat.
```

```abap
      LOOP AT <l_str_doc>-tab_item ASSIGNING
        <l_str_doc_item>.
        MOVE-CORRESPONDING <l_str_doc_item> TO
          l_str_doc_flat.
        APPEND l_str_doc_flat TO l_tab_doc_flat.
      ENDLOOP.
    ENDLOOP.

* Make column width as small as possible
    l_str_layout-colwidth_optimize = 'X'.
* This text should be displayed as the window title
    l_str_layout-window_titlebar = text-001.
* Give the name of our report, so that the user can
* save individual configurations of the ALV-Grid
* display. You could also provide another text here, if
* you want separate configuration of the show and
* deletion display
    l_dis-report = sy-repid.

* Call the ALV-Grid display function
    CALL FUNCTION 'REUSE_ALV_GRID_DISPLAY'
      EXPORTING
*       I_INTERFACE_CHECK                 = ' '
*       I_BYPASSING_BUFFER                = ' '
*       I_BUFFER_ACTIVE                   = ' '
*       I_CALLBACK_PROGRAM                = ' '
*       I_CALLBACK_PF_STATUS_SET          = ' '
*       I_CALLBACK_USER_COMMAND           = ' '
*       I_CALLBACK_TOP_OF_PAGE            = ' '
*       I_CALLBACK_HTML_TOP_OF_PAGE       = ' '
*       I_CALLBACK_HTML_END_OF_LIST       = ' '
        i_structure_name                  =
          'ZPTB00_STR_DOC_FLAT'
*       I_BACKGROUND_ID                   = ' '
*       I_GRID_TITLE                      =
*       I_GRID_SETTINGS                   =
        is_layout                         = l_str_layout
*       IT_FIELDCAT                       =
*       IT_EXCLUDING                      =
*       IT_SPECIAL_GROUPS                 =
```

```
*      IT_SORT                         =
*      IT_FILTER                       =
*      IS_SEL_HIDE                     =
*      I_DEFAULT                       = 'X'
       i_save                          = 'A'
       is_variant                      = l_dis
*      IT_EVENTS                       =
*      IT_EVENT_EXIT                   =
*      IS_PRINT                        =
*      IS_REPREP_ID                    =
*      I_SCREEN_START_COLUMN           = 0
*      I_SCREEN_START_LINE             = 0
*      I_SCREEN_END_COLUMN             = 0
*      I_SCREEN_END_LINE               = 0
*      IT_ALV_GRAPHICS                 =
*      IT_HYPERLINK                    =
*      IT_ADD_FIELDCAT                 =
*    IMPORTING
*      E_EXIT_CAUSED_BY_CALLER         =
*      ES_EXIT_CAUSED_BY_USER          =
     TABLES
       t_outtab                        =
          l_tab_doc_flat
     EXCEPTIONS
       program_error                   = 1
       OTHERS                          = 2.
  IF sy-subrc <> 0.
* Error? -> Show to the user what happened
    MESSAGE ID sy-msgid TYPE sy-msgty NUMBER sy-msgno
            WITH sy-msgv1 sy-msgv2 sy-msgv3 sy-msgv4.
  ENDIF.

ENDFUNCTION.
```

Anhang

A   Programmierrichtlinien und Tools

Dieser Anhang gibt einen leicht verständlichen und kurzen Überblick über eine Auswahl an Grundlagen und technischen Konzepten, die in diesem Buch Verwendung finden.

A.1   Programmierrichtlinien

Programmierrichtlinien sind das A und O größerer Softwareentwicklungsprojekte, denn sie dienen der Vereinheitlichung von Quelltextstrukturen und Entwicklungsobjekten und somit der Lesbarkeit und Verständlichkeit in der ABAP-Entwicklung.

Für die professionelle Softwareentwicklung sind strikte Programmierrichtlinien eine wichtige Voraussetzung. Sie bieten folgende Vorteile:

Vorteile strikter Programmierrichtlinien

- **gute Lesbarkeit der eigenen Programme**
  Schon im einfachsten Fall, der Verwendung aussagekräftiger Namen für Variablen mit Hinweis auf ihren Typ, sind Programme wesentlich besser lesbar als mit durchnummerierten oder alphabetisierten Kurzbezeichnungen wie beispielsweise i1, i2, a, b etc.

- **leichtes Zurechtfinden in fremden Programmen**
  Wird beispielsweise bei Funktionen grundsätzlich das Schichtenmodell (s.u.) eingehalten, hilft das einem fremden Entwickler unmittelbar beim Verstehen der Programmstruktur.

- **einfache Modifikation und Wartung von Programmen**
  Sofern beispielsweise für das Erzeugen von Klassen Factory-Methoden und Interfaces benutzt werden, ist es sehr einfach, gänzlich neue kundenspezifische Klassen zu implementieren, die durch Verwendung des gleichen Interfaces für den übrigen Programmcode auf die gleiche Weise nutzbar bleiben.

- **gute Qualität durch Vermeidung von Fehlern**
  Eine standardisierte und eingespielte Vorgehensweise bei der Entwicklung von Software schützt zwar nicht vor groben Konzeptfehlern, vermeidet aber insbesondere kleine und schwer zu findende Flüchtigkeitsfehler.

Für die bekanntermaßen umfangreichen und komplexen SAP-Applikationen, die in weiten Teilen generisch ausgelegt sind, vom Kunden umfassend angepasst werden und aufgrund der Auslieferung im Quelltext sogar für Modifikationen oder Erweiterungen vorbereitet sein müssen, ist die

Einhaltung von Programmierrichtlinien essenziell. Als ABAP-Entwickler tut man gut daran, sich einheitlicher Programmierrichtlinien zu bedienen und wo immer möglich zu verwenden, um in jeder Hinsicht vergleichbare Entwicklungsobjekte und Quelltexte zu produzieren.

Bei SAP selbst werden die Programmierrichtlinien beinahe schon als eine kleine Wissenschaft für sich betrachtet und mehrere Teams in branchenneutralen und branchenspezifischen Bereichen arbeiten permanent an deren Optimierung. Sobald neue Technologien oder Tools vorliegen, werden diese mit einbezogen. Insofern verändern sich die Richtlinien natürlich über die Jahre, was man auch im direkten Vergleich des Quelltextes von älteren Entwicklungen, z. B. SAP Finance Modul (FI), und neuen Entwicklungen, wie z. B. dem SAP E-Business Accounting (FIN-eAcc), nachvollziehen kann.

Die folgenden Ausführungen orientieren sich an den Programmierrichtlinien der SAP IBU Financial Services, wo eine der größten Neuentwicklungen, der SAP Bank Analyzer, entwickelt wurde. Sie umfassen neben Vorgaben für die Namenskonvention auch Richtlinien für die prozedurale bzw. objektorientierte Softwareentwicklung. Wir verwenden die folgenden Programmierrichtlinien durchgängig in Kapitel 7 dieses Buches.

Allgemeine Namenskonventionen

Die folgenden Namenskonventionen besitzen für alle Entwicklungsobjekte Gültigkeit:

- ▶ Entwicklungsobjekte müssen einen englischen Namen tragen.
- ▶ Alle Namen müssen sprechend sein.
- ▶ Bei zusammengesetzten Namen müssen Unterstriche verwendet werden.
- ▶ Es müssen übliche Namen verwendet werden, anstatt sie neu zu erfinden.
- ▶ Quelltextkommentare müssen in Englisch verfasst sein.

Diese Richtlinien dienen der Lesbarkeit, da die Sprache ABAP wie auch alle global deklarierten Entwicklungsobjekte nicht zwischen Groß- und Kleinschreibung unterscheiden (Ausnahme: BOR-Objekttypen) und der Quelltext sowie alle Entwicklungsobjekte auch von ausländischen Projektmitarbeitern verstanden werden müssen.

Namensräume

Partnerunternehmen und Kunden sollten sich bei SAP ein eigenes Präfix der Art »/<partnerpräfix>/« reservieren lassen. Die Einrichtung von Partnernamensräumen wird im Hinweis 72843 beschrieben.

Neuere Entwicklungsprojekte der SAP müssen sich einen Namensraum reservieren (beispielsweise wurde für die Software SAP Bank Analyzer der Namensraum »/BA1/« reserviert).

Variablen und Parameter

Variablen und Parameter werden so deklariert, dass aus ihren Namen direkt die Sichtbarkeit hervorgeht (Präfix1, z. B. »l« für lokal oder »g« für global) sowie der Typ (Präfix2, z. B. »str« für Struktur oder »tab« für Tabelle). Die Namen von Variablen und Parametern werden nach folgendem Muster gebildet:

`<Präfix1>_[<Präfix2>_]<name>`

Präfix1	Beschreibung
G	globale Variable
L	lokale Variable
S	statische Variable
I	Import-Parameter in einem Funktionsbaustein
E	Export-Parameter in einem Funktionsbaustein
C	Changing-Parameter in einem Funktionsbaustein oder in einer Form
U	Using-Parameter in einer Form
P	Parameter eines Reports
O	Selektionsoptionen eines Reports

Tabelle A.1 Richtlinien zur Sichtbarkeitskennzeichnung von Variablen und Parametern

Der TABLES-Parameter darf nicht mehr verwendet werden, stattdessen müssen Dictionary-Tabellentypen angelegt werden. Falls trotzdem noch TABLES verwendet wird, ist das Präfix I, C, E oder U zu verwenden.

Das Präfix2 dient zur Kenntlichmachung von Variablen und Parametern und sagt darüber hinaus in einigen Fällen etwas über die Semantik aus.

Präfix2	Beschreibung
FLG	Kennzeichen, Flag
CNT	Zähler (counter)
SAV	Variable zum Zwischenspeichern (Saving variable, clipboard)
STR	Struktur
TAB	interne Tabelle
TAH	interne Hash-Tabellen
TAS	interne sortierte Tabelle
TTY	Tabellentyp, falls man nicht weiter unterteilen will
RNG	»Ranges«-Tabelle
WRK	Struktur, die als Arbeitsbereich (work area) einer internen Tabelle verwendet wird
RCD	Return code
RDA	Ref To Data
RIF	Ref To Interface
RCL	Ref to Class

Tabelle A.2 Richtlinien zur Strukturkennzeichnung von Variablen und Parametern

Das Präfix2 ist optional, da elementare Datentypen wie z. B. eine Integer-Variable kein Präfix2 besitzen, sondern nur strukturierte Datentypen. Interne Tabellen sind immer »ohne Kopfzeilen« zu verwenden. Dieses veraltete Konzept trifft man nur noch sehr vereinzelt in alten Funktionsbausteinen an.

Beispiele:

Ein lokales Flag: `L_FLG_FLOW_POSTED`

Eine globale interne Tabelle: `G_TAB_ITEMS`

Interne Tabellen als Parameter:

In Funktionsbausteinen	In Forms
I_TAB_ITEMS	U_TAB_ITEMS
E_TAB_ITEMS	C_TAB_ITEMS
C_TAB_ITEMS	

Tabelle A.3 Richtlinien zur Bezeichnung von internen Tabellen als Parameter

Konstanten

Konstanten dienen per se zur einheitlichen Verwendung von Werten in unterschiedlichen Quelltexten und benötigen daher keine Kenntlichmachung als global. Stattdessen tragen Sie immer als Präfix1 »CON«. Da sich in ABAP strukturierte Konstanten verbieten und nur elementare Konstanten erlaubt sind, entfällt Präfix2. Folgendermaßen wird der Name von Konstanten gebildet:

CON_<name>

Dabei gelten zwei Regeln:

- Literale sind in Quelltexten nur in Ausnahmefällen erlaubt. Statt Literalen müssen grundsätzlich Konstanten verwendet werden, beispielsweise IF L_FLG_FLOW_POSTED = CON_TRUE.
- Message-IDs dürfen nicht als Konstanten definiert werden und sollten vollständig qualifiziert angegeben werden, damit der Verwendungsnachweis funktioniert, beispielsweise MESSAGE e018(/BA1/EACC_CONFIG).

Die Definition von Konstanten erfolgt in Includes. Die Wahl des dafür richtigen Includes hängt von der Art der Konstanten ab. Konstanten der verschiedenen Arten dürfen nicht im selben Include definiert werden. Jedes Paket bzw. jede Entwicklungsklasse hat in der Regel ein oder mehrere »public« und »private« Includes mit Konstanten, die also entweder auch von anderen Paketen oder nur innerhalb des Pakets verwendet werden. Die Includes sollten nicht zu groß sein, es wird empfohlen, pro Themengebiet ein Include anzulegen.

Programmlokale Datentypen

Programmlokale Datentypen (d.h. im Quelltext definierte Datentypen) sollten nur in Ausnahmefällen benutzt werden. Grundsätzlich sind globale Datentypen aufgrund der besseren Dokumentationsmöglichkeiten vorzuziehen. Ansonsten gelten für programmlokale Datentypen die gleichen Regeln wie für Variablen und Parameter, jedoch ist Präfix1 auf »TYP« festgelegt.

DDIC-Datentypen

DDIC-Datentypen sind programmlokalen Datentypen grundsätzlich vorzuziehen, da sie wesentlich besser dokumentiert werden können und über die Paketschnittstellen die Verwendbarkeit in anderen Paketen gesteuert werden kann. Die wichtigsten DDIC-Datentypen müssen ein dreistelliges Präfix verwenden, so dass man den Typ bereits beim ersten Blick auf die Deklaration innerhalb des Quelltextes erkennen kann. Ein gegebenenfalls reservierter Namensraum muss natürlich ebenfalls verwendet werden. Die Namen werden nach folgendem Beispiel gebildet:

<Namensraum>_<Präfix>_<Name>

Präfix	Beschreibung
TAB	Datenbanktabelle, falls genügend Zeichen verfügbar, z. B. /BA1/TAB_TOTAL
TTY	Tabellentyp, z. B. /BA1/B1_TTY_TOTALS
STR	Struktur, z. B. /BA1/B1_STR_TOTALS
DTE	Datenelement, z. B. /BA1/B1_DTE_TOTALS_ID
DOM	Domäne, z. B. /BA1/B1_DOM_TOTALS_ID

Tabelle A.4 Richtlinien für DDIC-Datentypen wie Datenbanktabellen, Strukturen oder Datenelemente

Datenelemente müssen auf Domänen verweisen, die die technischen Eigenschaften festlegen. Die direkte Angabe eingebauter Datentypen für Datenelemente ist nicht erlaubt. Die Wiederverwendbarkeit von Strukturen, Datenbanktabellen und Tabellentypen lässt sich durch den Einsatz der Include-Anweisung maximieren (siehe z. B. die Struktur ZPTB00_STR_BTA in Abschnitt 5.2). Bei Tabellen mit der Auslieferungsklasse »S« und »E« muss eine Tabellendokumentation angelegt werden (siehe technische Eigenschaften von Tabellen in Abschnitt 4.2).

Funktionsgruppen

Die Namenskonventionen für Funktionsgruppen umfassen neben dem Namensraum ein Präfix und den eigentlichen Gruppennamen:

`<Namensraum>_<Präfix>_<Gruppenname>`

Präfix	Beschreibung
MAP	MAPI-Schicht (Message API), enthaltene Funktionsbausteine sind für den Aufruf durch Fremdsysteme vorgesehen, z. B. /BA1/B1_MAP_BTA
API	API-Schicht (Application Programming Interface), enthaltene Funktionsbausteine sind für den Aufruf durch andere Softwareteile vorgesehen, z. B. /BA1/B1_API_BTA
OBJ	OBJ-Schicht (Objekt), enthaltene Funktionsbausteine sind für den Aufruf durch andere Funktionsbausteine der OBJ-Schicht und der API-Schicht des gleichen Softwareteils vorgesehen, z. B. /BA1/B1_OBJ_BTA
DB	DB-Schicht (Datenbank), enthaltene Funktionsbausteine sind für den Aufruf durch Funktionsbausteine der OBJ-Schicht des gleichen Softwareteils vorgesehen, z. B. /BA1/B1_DB_BTA

Tabelle A.5 Richtlinien für Funktionsgruppen

Eine Funktionsgruppe kann maximal 99 Funktionsbausteine enthalten. Lassen Sie Funktionsgruppen nicht zu groß werden (Performance beim Laden der Funktionsgruppe, Hauptspeicherbedarf). Eine Funktionsgruppe darf nur Funktionsbausteine aus einer Schicht (MAPI-, API-, Objekt- oder Datenbankschicht) enthalten.

Funktionsbausteine

Für Funktionsbausteine gelten grundsätzlich die gleichen Namenskonventionen und Regeln wie für die sie umgebenden Funktionsgruppen. Hinzu kommt jedoch am Ende der Name des jeweiligen Funktionsbausteins. Für Letzteren gelten besondere Regeln, da hier möglichst einheitliche Namen unabhängig von den zu verarbeitenden Daten für einen schnellen Überblick sorgen sollen. Sofern sinnvoll, sollten daher die Namen aus Tabelle A.6 verwendet werden:

`<Namensraum>_<Präfix>_<Gruppenname>_<Name>`

Name	Bedeutung
OPEN	Initialisieren einer Funktionsgruppe, z.B. /BA1/B1_API_FPT_OPEN
CHECK	Durchführen einer Datenprüfung, z.B. /BA1/B1_API_FPT_CHECK
SET	Übernahme und Prüfung von Daten, z.B. /BA1/B1_API_FPT_SET
GET	Auslesen von Daten, z.B. /BA1/B1_API_FPT_GET
SAVE	Speichern von Daten auf der Datenbank, z.B. /BA1/B1_API_FPT_SAVE
CLOSE	»Schließen« einer Funktionsgruppe und Freigeben von Speicher, z.B. /BA1/B1_API_FPT_CLOSE
UPDATE	Durchführen eines Updates auf Daten, z.B. /BA1/B1_API_FPT_UPDATE
INSERT	Einfügen von Daten, z.B. /BA1/B1_API_FPT_INSERT
DELETE	Löschen von Daten, z.B. /BA1/B1_API_FPT_DELETE
MODIFY	Ändern von Daten, z.B. /BA1/B1_API_FPT_MODIFY

Tabelle A.6 Richtlinien für die Namen von Funktionsbausteinen

Für die Funktionsbausteine der MAPI- und der API-Schicht müssen Sie eine Dokumentation anlegen. Diese Dokumentation umfasst die Beschreibung der Themen Arbeitsweise des Funktionsbausteins, Voraussetzungen für den Aufruf des Funktionsbausteins, eventuelle Seiteneffekte beim Einsatz des Funktionsbausteins sowie Beschreibung der Schnittstellenparameter. Funktionsbausteine sollten nicht zu groß oder komplex sein. Sie sollten nur eine Funktionalität enthalten und die Schnittstellen sollten möglichst klein sein. Bei den Funktionsbausteinen der Datenbankschicht ist darauf zu achten, dass diese keine Anwendungslogik enthalten. Insbesondere sollten Prüfungen und Datenbankänderungen nicht in demselben Funktionsbaustein erfolgen.

Forms – Unterprogramme

Unterprogramme sollten aufgrund der schlechteren Dokumentierbarkeit gegenüber Funktionsbausteinen grundsätzlich nicht verwendet werden. Einige wenige ältere Tools verlangen jedoch die Verwendung von Unterprogrammen zu Callback-Aufrufen.

Nachrichtenklassen

Nachrichtenklassen verfügen neben dem Namensraum über den Gruppennamen, der angibt, zu welcher Funktionsgruppe bzw. Klasse sie gehören:

```
<Namensraum>_<Gruppenname>
```

Nachrichten

In vielen Fällen gibt es für Objekte eine ID und einen Text, z. B. »transaction type 4711 = 'Eurocheque'«. Der Enduser interessiert sich nur für den Text. Aber einige User interessieren sich auch für die ID, weil sie diese ID für Customizing und Interfaces benötigen. Deshalb ist wie folgt vorzugehen:

- Der Kurztext der Nachricht zeigt nur den Text, z. B. »Transaction type Eurocheque is not allowed«.
- Der Langtext der Nachricht enthält den Text und die ID in Klammern, z. B. »Transaction type Eurocheque (4711) is not allowed«.

Error-Meldungen

Error-Meldungen sollten folgenden Richtlinien genügen:

- Sie sind freundlich und höflich formuliert.
- Ein Punkt am Ende des Kurztextes ist nicht erlaubt.
- Sie erklären im Abschnitt »Diagnose« des Langtextes, was passiert ist.
- Sie erklären im Abschnitt »Vorgehen« des Langtextes, was der Enduser machen kann.

Beispiel 1: Der User hat einen falschen Wert eingegeben. Es sollte erklärt werden, wie der User die erlaubten Werte finden kann.

Beispiel 2: Das Programm hat einen Fehler in den Customizing-Einstellungen festgestellt. Da der Enduser in der Regel keine Customizing-Einstellungen vornehmen darf, sollte »please contact the system administrator« ausgegeben werden.

Warning-Meldungen

Im Abschnitt »Systemaktivitäten« des Langtexts beschreiben Warning-Meldungen, was passiert, falls der User **Enter** oder **Cancel** drückt.

Module

Es dürfen keine Datendefinitionen in PBO- und PAI-Modulen vorgenommen werden, weil Definitionen an diesen Stellen immer global sind. Stattdessen wird in einem MODULE eine FORM oder ein Funktionsbaustein aufgerufen und die benötigten Dynprofelder werden als Parameter übergeben. Dadurch kann oft auch doppeltes Coding in ähnlichen Modulen von verschiedenen Dynpros vermieden werden.

Dynpros

Dynprofelder dürfen nie mit Variablen ohne DDIC-Bezug definiert werden. Für Feldbezeichner der dabei verwendeten Datenelemente sollten Sie immer sprechende Texte verwenden (auch für Überschriften), damit der Benutzer in Listen und Table Controls den vollständigen Text sehen kann.

Lesbarkeit von Programmen

Speziell für die Lesbarkeit von Programmen gibt es noch einige weitere Richtlinien.

- Verwendung der Pretty-Printer-Funktion des ABAP-Editors.
- Verwendung von maximal einer Anweisung pro Zeile.
- Auskommentiertes Coding und nicht mehr benötigte Variablendefinitionen müssen gelöscht werden. In Ausnahmefällen (z.B., weil Sie noch nicht wissen, ob das Coding wirklich auskommentiert bleibt) verwendet man folgende Kommentare: »to be deleted by...«, »not yet deleted because...«, »Do not delete!« etc.

Sonstiges

Die folgenden Richtlinien beschreiben eigentlich Selbstverständlichkeiten, werden jedoch bei hastiger Programmierweise gerne vergessen:

- Nach Datenbankoperationen, Lesen interner Tabellen und Rückkehr aus einem Funktionsbaustein muss der SY-SUBRC abgefragt werden.
- Offene Punkte (»TODOs«) im Programm sollten mit einem bestimmten Flag markiert werden, so dass diese Stellen später wieder einfach zu finden sind. Markierung beispielsweise mit *TODO.

A.2 Tools zur Programmprüfung

Im Laufe der Jahre sind für die ABAP-Entwicklung umfangreiche Tools entstanden, mit deren Hilfe die Programme und allgemein Entwicklungsobjekte und Datenbankzugriffe einer Prüfung unterzogen werden können.

Wir stellen in diesem Abschnitt eine Auswahl der wichtigsten Tools vor. Eine vollständige Aufzählung über alle Prüfungswerkzeuge erhalten Sie, indem Sie sich die einzelnen Anwendungen im Anwendungsmenü (SAP Easy Access) unterhalb des Menüpunkts **Werkzeuge** genauer anschauen.

Erweiterte Programmprüfung

Die Durchführung der »Erweiterten Programmprüfung« vor dem Transportieren ins Test- und Konsolidierungssystem ist zwingend vorgeschrieben. Die »Erweiterte Programmprüfung« ist im Programmeditor über das Kontextmenü eines Programms oder Funktionsbausteins unter **Prüfen · Erw. Programmprüfung** erreichbar.

Checkman-Prüfungen

Unter der Voraussetzung, dass Ihr Administrator die regelmäßige Überprüfung von Codeteilen eingerichtet hat, können Sie über die Transaktion CHECKMAN programmübergreifend nach Hinweisen, Warnungen oder Fehlern unterschiedlicher Schweregrade forschen, die von Ihnen erstellt wurden. Neben Hinweisen zum Quelltext erhalten Sie hier auch Anmerkungen und Verbesserungsvorschläge zu allen anderen ABAP-Entwicklungsobjekten wie Transaktionen, Berechtigungsobjekten, Dynpros etc.

Laufzeitanalyse

Die Transaktion SE30 (Laufzeitanalyse) gibt detaillierte Hinweise über die Laufzeit einzelner Bereiche einer Anwendung bis hinunter auf einzelne Quelltexte wie Funktionsbausteine und Datenbankzugriffe. Ferner erhalten Sie dort im Menü unter **Tips & Tricks** eine große Menge an nützlichen Hinweisen zur Performance-Optimierung von ABAP-Programmen.

B Quellen und Literaturhinweise

Quellen

- Färber, Günther; Kirchner, Julia: *mySAP Technology. Einführung in die neue Technologie-Plattform der SAP.* Galileo Press, Bonn 2002.
- Keller, Horst: *ABAP-Referenz.* 2. Auflage, SAP PRESS, Bonn 2004.
- Keller, Horst; Krüger, Sascha: *ABAP Objects. Einführung in die SAP-Programmierung.* 2. Auflage, SAP PRESS, Bonn 2001.
- Online-Hilfe des SAP-Systems, Releases 4.6 und 6.x.
- SAP Knowledge Warehouse

Weiterführende Literatur

- Heinemann, Frédéric; Rau, Christian: *Webentwicklung in ABAP mit dem SAP Web Application Server.* 2. Auflage, SAP PRESS, Bonn 2005.
- Kirch-Prinz, Ulla; Prinz, Peter: *C++. Alles zur Objektorientierten Programmierung.* Galileo Computing, Bonn 2001.
- Kühnel, Andreas: *VB.NET. Objektorientiertes Programmieren in VB und Einstieg in die .NET-Klassenbibliothek.* Galileo Computing, Bonn 2002.
- Martin, René: *Einstieg in VB.NET. Für Programmieranfänger.* Galileo Computing, Bonn 2002.
- Steppan, Bernhard: *Einstieg in Java. Die Einführung für Programmierneulinge zum Tiger-Release.* 2. Auflage, Galileo Computing, Bonn 2005.
- Ullenboom, Christian: *Java ist auch eine Insel. Programmieren für die Java 2-Plattform in der Version 1.5/5 (Tiger-Release).* 5. Auflage, Galileo Computing, Bonn 2004.

C Glossar

Dieses Glossar enthält eine Übersicht über die wichtigsten technischen Fachbegriffe, von denen in diesem Buch die Rede ist.

ABAP Dictionary/Data Dictionary/ DDIC Speicherort für Datentypen, wie z. B. Datenbanktabellen, Datenelemente und Domänen. Per Transaktion SE80 lassen sich diese Datentypen definieren.

ABAP-Laufzeitumgebung Programm, das auf unterschiedlichen Betriebssystemen und Hardware-Plattformen den ABAP-Quelltext kompilieren und ausführen kann.

ABAP Workbench Sammlung von mehr als 100 Programmen, die die Erstellung und Prüfung von ABAP-Programmen ermöglicht. Wird in neueren Releases der SAP-Software unter der Entwicklungsumgebung Object Navigator (Transaktion SE80) zusammengefasst.

Adapter Ein Baustein, der die Verknüpfung bestehender Anwendungen mit anderen Anwendungen oder einer anderen Infrastruktur vereinfacht. Ein Adapter liefert sowohl die technische Anbindung als auch die erforderliche Geschäftslogik.

Advanced Business Application Programming (ABAP) ABAP ist neben Java/J2EE die objektorientierte Programmiersprache und Umgebung für die Entwicklung, Anwendung und den Einsatz von mySAP-Anwendungskomponenten.

Applikation/Anwendung Eine Applikation ist ein logisch weitläufig zusammenhängender Satz von Funktionen oder Webservices (z. B. zur Finanzbuchhaltung), die zusammen ausgeliefert werden und über eine Benutzeroberfläche vom Anwender benutzt werden können.

Application Programming Interface (API) Ein API ist ein logisch eng zusammenhängender Satz von Funktionen oder Webservices (z. B. zur Preisberechnung), die für die Nutzung durch Programmierer vorgesehen ist.

Business Application Programming Interface (BAPI) BAPI ist ein von SAP offengelegter Schnittstellenstandard, über den alle SAP-Lösungen ihre Funktionalität untereinander und für Applikationen anderer Hersteller zur Verfügung stellen. Alle BAPIs können auch als Webservice angesprochen werden.

Business Process/Geschäftsprozess Ein Geschäftsprozess ist die logisch zusammenhängende Ausführung einer oder mehrerer Funktionen aus einer oder mehreren Applikationen und unterstützt dadurch die in einem oder zwischen Unternehmen ablaufenden Tätigkeiten.

Business Scenario/Geschäftsszenario Ein Geschäftsszenario besteht aus einem oder mehreren thematisch zusammenhängenden Geschäftsprozessen und unterstützt als Software somit die Tätigkeiten in oder zwischen ganzen Geschäftsbereichen.

Business Server Pages Spezielle SAP-Technik zur Erstellung von webbasierten Benutzeroberflächen.

C C ist eine prozedurale Programmiersprache, die sowohl bei der Programmierung von Betriebssystemen als auch von Applikationen weite Verbreitung gefunden hat. Sie wird heute vor allem in wissenschaftlichen Zusammenhängen verwendet. Mit der weiteren Verbreitung der objektorientierten Programmierung wird C zunehmend von C++ und Java abgelöst.

Compiler Ein Compiler ist ein Programm, das die Befehle einer bestimmten Programmiersprache zu einem Code oder einer Maschinensprache verarbeitet, die der Prozessor eines Computers »versteht« und somit ausführen kann. Im Gegensatz zu interpretierten Programmiersprachen, deren Code erst zur Laufzeit verarbeitet wird, müssen Programme aus Compiler-Sprachen umgewandelt werden, bevor das Programm ablaufen kann.

Data Dictionary → ABAP Dictionary.

Datenbank Eine Datenbank ist eine Sammlung strukturierter Informationen, auf die mithilfe einer speziellen Sprache lesend und schreibend zugegriffen werden kann. Heute sind die meisten Datenbanken relational in Tabellen organisiert.

DDIC → ABAP Dictionary.

Directory/Verzeichnis Ein Verzeichnis wird zur Ablage von gemeinsam genutzten digitalen Informationen genutzt.

Dynpro Dynamisches Programm. Ist Bestandteil eines ausführbaren Programmtyps und enthält eine per grafischer Benutzeroberfläche gemalte Bedienoberfläche.

Dynpro-Ablauflogik Teil eines Dynpros, der mithilfe einer prozeduralen ABAP-ähnlichen Sprache programmiert ist.

Engine Mit dem Begriff Engine beschreibt man häufig den Kern einer größeren Software, ähnlich wie der Motor den Kern eines jeden Autos darstellt.

Enterprise Resource Planning (ERP) Als ERP bezeichnet man die Software-unterstützte Organisation wesentlicher Geschäftsprozesse in einem Unternehmen. ERP-Software bietet für alle wichtigen Bereiche eines Unternehmens wie z. B. Finanzen, Personal oder Materialmanagement eine Applikation, die den entsprechenden Prozess standardisiert und erleichtert.

Feldsymbol Symbolischer Name eines Datenobjekts. Ein Feldsymbol »zeigt« auf ein Datenobjekt und belegt daher zunächst keinen Speicherplatz. Die Zuordnung an Speicherbereiche erfolgt zur Laufzeit des Programms.

Geschäftsprozess → Business Process.

Geschäftsszenario → Business Scenario.

GUI Graphical User Interface; grafische Benutzeroberfläche einer Applikation.

GUID Global Unique Identifier. Systemweit eindeutiger Schlüssel zum Zugriff auf Daten.

Internetstandards Allgemeine, offene Standards, die für die Kommunikation und Integration über das Internet verwendet werden. Beispiele für Internetstandards sind HTTP, XML und WSDL.

Interpreter Ein Programm, das die Befehle einer Programmiersprache (Interpreter-Sprache, z. B. Perl) zur Laufzeit in maschinenlesbaren Code umwandelt. Im Gegensatz zu Compiler-Sprachen wie C müssen Interpreter-Sprachen nicht zuerst umgewandelt (kompiliert) werden, bevor die Programme ablaufen können.

Java 2 Platform Enterprise Edition (J2EE) Definiert den Standard für die Entwicklung mehrstufiger, auf Java basierender Unternehmensanwendungen. Dieser Standard wurde von einer offenen Initiative (mit Beteiligung von SAP) definiert und von Sun Microsystems entwickelt. Weitere Informationen finden sie unter *http://java.sun.com*.

Klasse Eine Klasse ist in der objektorientierten Programmierung die Generalisierung der Eigenschaften eines Objekts. In der Klasse wird definiert, welche Daten die Objekte der Klasse (Instanzen) enthalten und welche Methoden auf sie angewandt werden können.

Komponente/Component Komponenten sind ähnlich wie Applikationen die Zusammenfassung von thematisch verwandten Funktionen und Webservices. Komponenten können unabhängig von anderen Teilen einer Applikation ausgeliefert werden und haben ihren eigenen Entwicklungszyklus.

Mandant In sich abgeschlossene Abrechnungseinheit innerhalb eines SAP-Systems. Üblicherweise erhält neben dem Konzern jede Tochterfirma eine eigene Mandantennummer, die bei der Anmeldung an ein SAP-System angegeben werden muss. Dadurch lassen sich die Anwendungsdaten der einzelnen Tochterfirmen und des Konzerns logisch unterscheiden und eine Tochterfirma kann nicht die Daten einer anderen verändern.

Methode In der objektorientierten Programmierung bezeichnet man mit diesem Begriff eine logische Sequenz, mit der ein Objekt manipuliert werden kann. Eine Methode ist immer Bestandteil einer Klasse.

Microsoft.NET Von Microsoft entwickelte Plattform für XML-Webservices. Sie umfasst Funktionen für die Entwicklung und Verwendung von internetgestützten Anwendungen. Weitere Informationen finden Sie unter *www.microsoft.com/net*.

mySAP Business Suite Mit mySAP Business Suite bezeichnet SAP das komplette Set ihrer Business-Lösungen. Umfasste der alte Begriff mySAP.com sowohl die betriebswirtschaftlichen Lösungen als auch die darunter liegende Technologie, verdeutlicht die Aufspaltung in die Begriffe mySAP Business Suite (Lösungen) und SAP NetWeaver (Technologie) die neue strategische Ausrichtung der SAP als Lösungs- und Technologie-Anbieter.

Native SQL In ABAP-Quelltexten kann der SQL-Sprachumfang (Structured Query Language) der zugrunde liegenden Datenbank (z. B. von IBM oder Oracle) vollständig genutzt werden. SAP bezeichnet diese Art von Datenbankzugriff als Native SQL, warnt aber davor, dass Native SQL-Befehle nicht auf allen Datenbanken lauffähig sein müssen. Demgegenüber steht Open SQL, dessen Befehle auf allen Datenbanken lauffähig sind.

Objekt Objekte sind der Gegenstand der objektorientierten Programmierung. Jedes Objekt gehört zu einer Klasse (genauer: ist die Instanz einer Klasse), in der die spezifischen Eigenschaften eines Objekts (Daten, Methoden etc.) definiert sind.

Objektorientierte Programmierung Ein neues Konzept in der Anwendungsprogrammierung, das sich seit Mitte der 90er Jahre durchzusetzen begann. In früheren Konzepten (prozedurale Programmierung) wurde ein Programm als ein logischer Prozess angesehen, der durch Manipulation eines Dateninputs einen Output generierte. Die Herausforderung lag dabei in der optimalen Umsetzung der Manipulationslogik. Objektorientierte Programmierung denkt hingegen von den Objekten her, die manipuliert werden sollen (z. B. Fenster oder Buttons auf dem Bildschirm). Die Manipulationslogik ist Teil des Objekts, d. h., jedes Objekt trägt bereits Angaben über mögliche Daten und Aktionen, die auf das Objekt angewandt werden können (Methoden), in sich. Diese Informationen sind in den Klassen niedergelegt, von denen die einzelnen Objekte Instanzen sind.

Open SQL In ABAP-Quelltexten kann eine Untermenge des SQL-Standards (Structured Query Language) zur Verwaltung von Datenbanken direkt verwendet werden. Diese Untermenge bezeichnet SAP mit Open SQL.

R/3 Realtime System 3. Produkt von SAP, mit dem Anfang der 90er Jahre der weltweite Durchbruch der SAP auf dem Markt für Geschäftsanwendungen gelang. R/3 basiert auf einer revolutionären 3-Schichten-Architektur, die die Schichten Frontend, Applikationsserver und Datenbank voneinander trennt.

Release SAP nennt die Versionen seiner Software Releases. Wichtige Releases ihrer Software mit großen Erweiterungen waren zum Beispiel die R/3-Releases 4.0, 4.6 sowie 6.20.

Remote Function Call (RFC) RFC ist ein SAP-eigenes Protokoll über das Funktionen und BAPIs von Applikationen auf anderen Rechnern aus aufgerufen werden können. SAP stellt das Protokoll in Form von APIs für viele Betriebssysteme und Programmiersprachen zur Verfügung.

Repository Metadaten und Informationen (z. B. über Entwicklungsobjekte) werden in Repositories gespeichert und zugänglich gemacht. Im Zusammenhang mit Applikationsentwicklung wird das Repository hauptsächlich für Informationen während der Konfigurationszeit verwendet.

SAP Easy Access Menü mit allen Anwendungen, die einem Benutzer innerhalb eines SAP-Systems zur Verfügung stehen.

SAP GUI Software, die auf dem Rechner des Endanwenders installiert werden muss, damit dieser mit einem SAP-System arbeiten kann. Im SAP GUI werden die Benutzeroberflächen von ABAP-Programmen ausgegeben und Eingaben des Endanwenders entgegengenommen und an das ABAP-Programm weitergereicht.

SAP NetWeaver Mit diesem Namen bezeichnet SAP die Plattform, auf der neue SAP-Systemlandschaften aufsetzen. NetWeaver besteht im Wesentlichen aus den drei großen Komponenten SAP Enterprise Portal, SAP Web Application Server und SAP Exchange Infrastructure.

SAP-System Ein SAP-System ist aus den drei logischen Schichten SAP GUI, SAP Web Application Server und Datenbank aufgebaut. Diese können sich physikalisch auch auf einem Rechner befinden.

Single Sign-On (SSO) Mechanismus, durch den der Benutzer nicht mehr für jedes System, an dem er sich anmeldet, ein Kennwort eingeben muss. Mit Single Sign-On weist sich der Benutzer nur einmal an seinem Frontend aus und kann sich danach an allen Systemen anmelden, die Teil der Single-Sign-On-Umgebung sind.

Vererbung Bezeichnet in der objektorientierten Programmierung die Weitergabe von Definitionen einer Klasse (parent) an ihre Subklassen (child).

Verzeichnis → Directory.

Web Dynpro Neue Technik zur Erstellung von Benutzeroberflächen für Java- und ABAP-Programme, die unter der SAP-Software ausgeführt und im Webbrowser des Endanwenders angezeigt und bedient werden kann.

Webservice Eigenständige, modulare Funktionen, die über ein Netzwerk mithilfe offener Standards veröffentlicht, gesucht und zugänglich gemacht werden können. Sie stellen die Implementierung einer Schnittstelle von einer Komponente dar. Ein Webservice ist eine abgeschlossene, ablauffähige Einheit. Für die aufrufende und sendende Einheit stellt ein Service eine Art »Black Box« dar, die eine Eingabe erfordert und ein Ergebnis liefert. Webservices stellen Services für die Integration innerhalb eines Unternehmens sowie unternehmensübergreifend bereit, unabhängig von den verschiedenen Kommunikationstechnologien, ob synchron oder asynchron, und unabhängig vom Format.

Die Autoren

Günther Färber ist Gesellschafter der NEXONTIS IT GmbH, Düsseldorf. Er verantwortet dort die Bereiche Entwicklung und Beratung.

Sein Renommee als erfolgreicher EDV-Autor verhalf ihm während und nach seinem Studium der Informatik als IT-Berater und Entwickler zu zahlreichen großen Projekten bei namhaften Unternehmen aus den Bereichen Industrie und Dienstleistung, bevor er 1997 als Führungskraft in ein Startup-Unternehmen wechselte. 2001 gründete er zusammen mit Julia Kirchner die NEXONTIS IT GmbH. Aktuell unterstützt Günther Färber die SAP beim Design eines neuen Produkts im Bankensektor und beschäftigt sich mit der Weiterentwicklung der unternehmenseigenen Komponentenbibliothek.

Julia Kirchner ist geschäftsführende Gesellschafterin der NEXONTIS IT GmbH, Düsseldorf. Sie verantwortet dort die Bereiche Forschung, Schulung und Organisation.

Während und nach ihrem Studium der Informatik arbeitete Julia Kirchner als Entwicklerin in mehreren Projekten bei namhaften Banken und Dienstleistern, bevor auch sie 1999 als Führungskraft in einem Startup-Unternehmen zu arbeiten begann. 2001 gründete sie zusammen mit Günther Färber die NEXONTIS IT GmbH. Aktuell arbeitet Julia Kirchner an einem e-Learning-Projekt zur Vermittlung von SAP-Wissen.

Die NEXONTIS IT GmbH ist ein hoch qualifizierter Management- und Technologiedienstleister, der sich auf die Beratung im Bereich strategisch bedeutsamer, neuer Softwaretechnologien und betriebswirtschaftlicher Anwendungen im Internet und SAP-Umfeld spezialisiert hat. Unter dem Namen NEXONTIS.net entwickelt und vertreibt NEXONTIS darüber hinaus einen Anwendungsbaukasten, mit dem hoch integrierte, bereichsübergreifende Spezialanwendungen schnell und mit minimalem Programmieraufwand rein auf der Basis von mySAP Technology/SAP NetWeaver erstellt werden können. In Großunternehmen ergänzen die damit erstellten Anwendungen die vorhandenen mySAP-Lösungen und für Kleinunternehmen, Tochterfirmen und Spin-offs wird ein moderner, investitionssicherer und gleichzeitig kostengünstiger Einstieg in die offene und zuverlässige Welt der SAP-Software geboten.

Index

1:1-Relation 217
3GL-Sprachen 113
4GL-Sprachen 113

A

ABA 15
ABAP 21, 115, 481
ABAP Dictionary 481
ABAP Laufzeitumgebung 481
ABAP Objects 11, 23, 332
ABAP Workbench 29, 60, 62, 481
ABAP/4 22
ABAP-Debugger 86
ABAP-Editor 53, 84
ABAP-Laufzeitumgebung 24
abgeleitete Klasse 366
Abgrenzungsliste 413
Adapter 481
Advanced Business Application
   Programming 481
Allgemeiner Berichtsaufbereitungs-
   Prozessor 21
ALV 242
AND, boolscher Operator 186
Anmeldevorgang 38
Anwendung 481
Anwendungsbasis 15
Anwendungsmenü
   einhängen 94
ANY TABLE 152
any, Datentyp 145
API 481
API-Schicht 415
APPEND 153
Application 481
Application Programming Interface 481
Arbeitsplatzrechner 21
Arrays 113
AS CHECKBOX 125
Attribute 336
Ausgabeparameter 163
Ausnahmen 163
Auswahlhilfe 64
Authentifizierung 38

B

Backend 25, 27, 28
BAdI 33
BAPI 33, 481
BEGIN OF 148
BEGIN OF BLOCK 238
BEGIN OF SCREEN 237
Behandlerklasse 388
Behandlermethode 386
   deklarieren 388
   registrieren 389
Benutzername 39
Bereichsmenü 94
   anlegen 94
Berichte 77
beschreibende Eigenschaften 204
betriebswirtschaftliche Standard-
   software 11
BETWEEN, Vergleichsoperator 181
Bildschirmbild 271
boolescher Datentyp 131
Browserbereich 60
Business Application Programming
   Interfaces 481
Business Process 481
Business Scenario 481
Business Server Pages 60, 481
Business-Module 21

C

c, Datentyp 127
CA, Vergleichsoperator 182
Call by Reference 165
Call by Value 165
CALL METHOD 342
CALL SCREEN 274
CALL SELECTION-SCREEN 240
CALL SUBSCREEN 274
CASE ... WHEN 186
Casting 126
CHAIN ... ENDCHAIN 273
CHANGING 164
Character 127
Checkliste für Programmierer 30

Checkman-Prüfungen 477
CLASS 335
CLASS_CONSTRUCTOR 342
CLASS-DATA 343
CLASS-EVENTS 387
CLASS-METHODS 343
Client 21, 39
CLOSE CURSOR 223
CN, Vergleichsoperator 181
CO, Vergleichsoperator 181
COLLECT 153
Component 483
Constants 124
Constraints 203
CONSTRUCTOR 342
CONTINUE 192, 193
Control Beispiele 60
CONTROLS 278
CP, Vergleichsoperator 183
CREATE DATA 124, 131
CREATE OBJECT 335, 340
CS, Vergleichsoperator 182

D

d, Datentyp 129
Data 123
Data Dictionary 481
Daten 123, 336
Datenbankdesign 200
Datenbanktabelle 218
   Felder 218
Datenelement 200
   anlegen 207, 225, 285
   definieren 204
   Dokumentation pflegen 209
   in Tabellen 218
Dateninstanzen 334
Datensatz 148, 215
Datentypen 126
Datenübermittlung 219
DB-Schicht 415
DDIC 481
Debugger 56
Debugging 86
DEFINITION 337
Deklaration 123

deklaratives Programmiermodell 113
DELETE 150, 155, 223
DESCRIBE FIELD 344
DESTINATION 162
dezentrale Builds 57
Dictionary-Datentyp 201
   auswählen 202
   eingebaute 203
Directory 482
DNS-Adresse 36
DO ... ENDDO 192
Domäne 203
   anlegen 225, 283
Drag & Drop 35
Drucktastenleiste 270
DUPLICATES 155
dynamische Daten 124, 131
Dynpro 269, 482
   anlegen 301
   Bestandteile 269
Dynpro-Ablauflogik 115, 269, 271, 313, 317

E

Eingabeelemente 125
Eingabeoberflächen, einfache 237
Eingabeparameter 163
Elternklasse 366
END OF 148, 237
END OF BLOCK 238
ENDFORM 160
ENDING AT 240
Engine 482
EnjoySAP 242
Enterprise Resource Planning 11
Entwicklerschlüssel 26, 27, 29
Entwicklungsklasse 67
   anlegen 73
Entwicklungsobjekt 55
Entwicklungssprache 32
Entwicklungssystem 31
EQ, Vergleichsoperator 179
Ereignis 384, 385
   auslösen 390
   deklarieren 387
ERP 21

Erweiterte Programmprüfung 477
Erweiterungs-ID 98
EXCEPTIONS 164
EXIT 192, 193
EXPORTING 164, 165, 338

F

f, Datentyp 128
F1-Hilfe 61
F4-Hilfe 64
Felder 215
Feldsymbol 126
FETCH 223
FI 11
FIELD 272
FIELD-SYMBOLS 126
Finance 11
flache Struktur 149
Floating point number 128
FORM 160
Framework 365
Fremdschlüssel 216
Frontend 26, 27, 29
Frontend-Integration 35
FUNCTION 161
Funktion 159, 336
Funktionalitätsliste 411
Funktionsbaustein 161
   anlegen 296
Funktionsgruppe 161
   anlegen 295

G

Garbage Collector 131, 340
GE, Vergleichsoperator 180
geschachtelte Struktur 148
Geschäftsprozess 481
Geschäftsszenario 481
GET 116
GET CURSOR 116, 278
GET PF-STATUS 275
GET PROPERTY OF 116
GET REFERENCE OF 117, 124
GET TIME 116
globale Klasse
   anlegen 355, 378

Attribute definieren 359, 379
Ereignis deklarieren 399
Ereignisbehandlungsmethode definieren 401
Methode definieren 356
Methode redefinieren 379
globale Tabellentypen
   234
   definieren 353
Glue-Logic 384
GT, Vergleichsoperator 180
GUI 482
GUIDs 15
GUI-Status 246, 247, 270
   anlegen 300
GUI-Titel
   anlegen 299

H

Hardware 27, 28
Hash-Algorithmus 152
HASHED TABLE 152
Hauptpaket 68
Hauptspeicher 122
help.sap.com 103, 106
Hexadecimal 129
hierarchische Datenbank 20
Hinweise 104

I

i, Datentyp 128
IF ... ELSE 186
IMPLEMENTATION 339
IMPORTING 163, 165, 338
IN 239
INCLUDE 78, 160
INDEX TABLE 152
INHERITING FROM 366
INSERT 150, 153, 221
Instanzkonstruktor 342
Integer 128
interne Tabellen 147, 150
interne Tabellenarten 151
   generische 152
Internetstandards 482
Internet-Technologie 16

IS ASSIGNED, Vergleichsoperator 183
IS BOUND, Vergleichsoperator 184
IS INITIAL, Vergleichsoperator 184
IS REQUESTED, Vergleichsoperator 185
IS SUPPLIED, Vergleichsoperator 184, 185

J
J2EE 482
Java 16
Java 2 Platform Enterprise Edition 482
Just-In-Time-Compiler 53

K
Kindklasse 366
Klasse 334
Klassenattribut 343
Klassendefinition 336
Klassenhierarchie 365
Klassenimplementation 339
Klassenmethode 343
Kommandozeile 42
Kommentare 31
Kommentarsprache 31
Komponente 483
Komponentenbibliothek 365
Komponenteninformationen 49
Konstante 124

L
Landessprache 204
Laufzeitanalyse, SE80 477
LE, Vergleichsoperator 180
LEAVE SCREEN 280
Library 365
Liste 77
Listener-Konzept 386
Listüberschriften 133
Lizenzerneuerung 29
Login 34
logische Ausdrücke 179
lokale Klasse 344
LOOP 154
LOOP ... ENDLOOP 273
LOOP AT SCREEN 276
LT, Vergleichsoperator 180

M
Mandant 31, 39, 483
MAPI-Schicht 415
Mapping 202
Massachusetts Institute of Technology (MIT) 331
Massendaten 147
Material Management 11
MDI-Fenster 34
Menüeintrag erfassen 96
Menüleiste 270
Menüsystem 41
MESSAGE 241
Metadaten 131, 205
METHOD 333, 343
Methode 335
    Übergabeparameter definieren 357
Methodenredefinition 367
Method-Pointer-Konzept 386
METHODS 336, 388
Microsoft 19
Microsoft .NET 483
MM 11
MODIFY 150, 154, 222
MODIFY SCREEN 277
Modularisierung 159
MODULE 272
Modulpool 77
Modus 43
    neuer 51
MOVE 117
MOVE-CORRESPONDING 149
Muster 175
mySAP 11
mySAP Business Suite 23
mySAP CRM 11
mySAP SCM 11
mySAP Technology 22
mySAP.com 22

N
n, Datentyp 127
n:1-Relation 217
n:m-Relation 217
NA, Vergleichsoperator 182
Nachfahre 366
Nachrichten

anlegen 251
ausgeben 241
definieren 297
Nachrichtenklasse 241
  anlegen 251, 297
Namenskonflikte 71
Namenskonventionen
  allgemeine 468
  DDIC-Datentypen 472
  Dynpros 476
  Error-Meldungen 475
  Funktionsbausteine 473
  Funktionsgruppen 473
  Konstanten 471
  Module 475
  Nachrichten 475
  Nachrichtenklassen 474
  programmlokale Datentypen 471
  Unterprogramme 474
  Variablen und Parameter 469
  Warning-Meldungen 475
Namensraum 32, 70
  Kunden- 469
Native SQL 223, 483
NE, Vergleichsoperator 180
NON-UNIQUE KEY 151
NOT, boolscher Operator 186
Notationsregeln 115
NP, Vergleichsoperator 183
NS, Vergleichsoperator 182
Numeric 127

O

Oberflächenelement
  anlegen 302
Object Navigator 55
  Browserbereich 60
  erste Schritte 58
  Objektlistenbereich 60
  Releases 59
  Werkzeugbereich 60
Objekt 331, 334
Objektdereferenzierung 341
Objekterzeugung 340
Objektinstanzen 335
Objektlistenbereich 60

objektorientierte Programmierung 332
Objektorientierung 331
Objektreferenzierung 340
Objekttypen 334
OBJ-Schicht 415
OBLIGATORY 125
Offset 117
Online-Hilfe 103, 104
OPEN CURSOR 223
Open SQL 219, 484
Operatoren 179
OR, boolscher Operator 186
Oracle 19
Originalsprache 32

P

p, Datentyp 129
Packed 129
Paket 67
PARAMETERS 85, 116, 125, 237, 239
Passwort 39
PERFORM 160
Performance-Beispiele 61
Polymorphie 365, 367
Pretty Printer 84
PRIVATE SECTION 337
PROCESS 271
PROCESS AFTER INPUT 271
PROCESS BEFORE OUTPUT 271
PROCESS ON HELP-REQUEST 271
PROCESS ON VALUE-REQUEST 271
Produktivsystem 31
Programm 77, 79
  anlegen 81
  kopieren 141
  Transportauftrag angeben 82
Programmgerüst 82
Programmierrichtlinien 33, 467
Programmprüfung, Tools 476
Programmstart 50
Properties 338
PROTECTED SECTION 336
Prozedur 159
prozedurale Programmierung 159, 332
PUBLIC SECTION 336
Publish and Subscribe 386

R

R/1 19
R/2 20
R/3 21
RAD-Tools 384
RAISE EVENT 390
RAISING 160, 164
RAM 122
Rapid Application Development 384
READ 150, 153
REDEFINITION 343, 367
   Instanzkonstruktoren 368
   Klassenkonstruktoren 369
   Methoden 367
Redundanzvermeidung 159
REF TO 126
REF TO OBJECT 340
Referenzvariable 124, 131
REFRESH CONTROL 279
relationales Datenbankdesign 216
Relationsarten 217
Release 484
Remote Function Call 484
REPORT 88
Report 77, 78
Repository 484
Repository Infosystem 62
RETURNING 338
REUSE_ALV_GRID_DISPLAY 243
REUSE_ALV_GRID_LAYOUT_INFO_GET 244
REUSE_ALV_GRID_LAYOUT_INFO_SET 245
RFC 484
RTTI 345
Rückgabewert 117
Rückwärtsnavigation 52
Runtime Type Identification 344

S

SAP Application Server 15, 21
SAP Basis 21
SAP Easy Access 41, 484
SAP Exchange Infrastructure 413
SAP GUI 38, 484
SAP GUI for Java 27
SAP Help Portal 103, 106
SAP Knowledge Warehouse 107
SAP List Viewer 235, 242
SAP Menu Painter 269
SAP Message Server 37
SAP NetWeaver 22
SAP Notes 110
SAP R/3 11
SAP Screen Painter 26, 269
SAP Service Marketplace 103, 109
SAP System 484
SAP Web Application Server 15, 23
SAP-Basissystem 21
SAP-Bibliothek 107
SAP-Hinweise 104
SAP-System
   Backend 25
   Frontend 26
   Hardware 25
   Linux 26
   Windows 27
SAP-Zugang
   einrichten 24
Schichtenmodell 415
Schleifen 192
Schlüssel 216
Schnittstelle 33, 162
Schnittstellenparameter 159, 162
Schriftkonventionen 14
SELECT 219
SELECTION-SCREEN 237
SELECTION-SCREEN COMMENT 237
SELECTION-SCREEN PUSHBUTTON 238
SELECTION-SCREEN ULINE 237
SELECT-OPTIONS 238
Selektionstexte 133
   pflegen 211
Server-Cluster 37
service.sap.com 103, 109
SET 117
SET CURSOR 277
SET EXTENDED CHECK ON/OFF 117
SET HANDLER 389
SET HOLD DATA 279
SET PARAMETER 117
SET PF-STATUS 275
SET SCREEN 275
SET TITLEBAR 276

Sichtbarkeit 336
Signatur 162
Single Server 36
Single Sign-On 40, 484
SORTED TABLE 151
Speichern 43
Spezifikation 410
SSO 484
Stackliste 88
Stammdatenprüfung 203
STANDARD TABLE 151
Standard-Symbolleiste 270
STARTING AT 240
statische Methode 342
statische Variable 124
statischer Konstruktor 342
statisches Attribut 342
Statuszeile 44, 271
Stop Transaction 41
string, Datentyp 130
Struktur 147, 148
 anlegen 293
Strukturpaket 68
subprogram return code 117
SUPPRESS DIALOG 280
SY 117
sy-dbcnt 118
sy-host 118
sy-index 118, 193
Symbolleiste 42
Systembefehle 116
Systemeinrichtung 34
Systemfelder 117
Systeminformationen 44
System-Status 48
Systemvoraussetzungen 15
sy-subrc 117, 164
sy-tabix 118
sy-uname 118

T

t, Datentyp 130
Tabelle
 anlegen 226, 288
Tabellenschlüssel 151
Tabellentyp
 anlegen 292

Table Control 273
Table Control Wizard 307
TABLE OF 150
TABLES 164
Tableview 273
technische Eigenschaften 203
technische Namen 45
Testsystem 31
Textelemente 133
Textsymbol 134
 anlegen 297
tiefe Struktur 149
TIME ZONE 122
Titelleiste 270
Top-Down-Ansatz 415
Trafoschicht 413
Transaktion 46, 64, 92
 anlegen 92
Transport Management System 66
Transport Organizer 66
Transport Organizer Tools 71
Transportauftrag 74
TRANSPORTING 154
Transportwesen 58
TYPE 124
Type Casting 346
TYPE REF TO 124
TYPES 148
Typprüfung 205
Typsicherheit 205

U

Übergabedaten 162
Übergabeparameter 162
Übergabevariablen 162
Unicode 15
UNIQUE KEY 151
Unterprogramm 159
UPDATE 221
Ursprungsklasse 366
User 39
USING 163

V

VALUE 124, 338
Variablen 123
Veränderungsparameter 163

Vererbung 366
Verwendungserklärung 201
Verzeichnis 482
Verzweigungsanweisungen 178
Vorfahre 366
Vorwärtsnavigation 52

W

Web Dynpro 36, 115, 235, 484
Web Service 485
Werkzeugbereich 60
Werthilfe 64
WHERE 219
WHILE ... ENDWHILE 193
WRITE 83, 116

X

x, Datentyp 129
xstring, Datentyp 131

Z

Zähl-Schleife 192
ZPTB00_BUSINESS_TRANSACTION 281
ZPTB00_HELLO_WORLD 80
ZPTB00_HOTEL_RESERVATION 225
ZPTB00_HOTEL_RESERVATION_COOL 245
ZPTB00_INTERNAL_TABLE_JUGGLER 155
ZPTB00_PERFORMANCE_TESTER 166
ZPTB00_PRODUCT_CONFIGURATOR 347
ZPTB00_PRODUCT_CONFIGURATOR_GLOBAL 353
ZPTB00_PRODUCT_ENHANCER 369
ZPTB00_PRODUCT_ENHANCER_GL 377
ZPTB00_PRODUCT_EVENT 391
ZPTB00_PRODUCT_EVENT_GL 399
ZPTB00_PROVISION_CALCULATOR 188
ZPTB00_ROOM_CHECKER 205
ZPTB00_SALES_ORDER 134
ZPTB00_SALES_ORDER_DYNAMIC 140
ZPTB00_SAVINGS_CALCULATOR 194
ZPTB00_SYSTEM_INFORMATION 119
Zuweisung 117

Alle ABAP-Befehle und ihre Zusätze in alphabetischer Reihenfolge

Knappe und übersichtliche Erläuterungen der Funktionsweise

Mit vollständigen Syntaxdiagrammen

242 S., 29,90 Euro
ISBN 3-89842-680-7, Mai 2005

ABAP-Schnellreferenz

www.sap-press.de

Horst Keller

ABAP-Schnellreferenz

Mit diesem Buch zum schnellen Nachschlagen zwischendurch erhalten erfahrene Entwickler eine kompakte und übersichtliche, alphabetisch sortierte Sprachreferenz im Taschenbuchformat. Zu jedem Schlüsselwort und jedem Zusatz wird knapp die Funktionsweise erläutert und der Zusammenhang im Programm mittels vollständiger Syntaxdiagramme dargestellt.

>> www.sap-press.de/1066

Eleganteres und besseres ABAP schreiben!

ca. 450 S., ca. 59,90 Euro
ISBN 3-89842-354-9, Januar 2005

ABAP Best Practices

www.sap-press.de

Sascha Krüger, Jörg Seelmann-Eggebert

ABAP Best Practices

Lösungen für die täglichen Aufgaben der ABAP-Programmierung

Gutes und elegantes ABAP - das ist die Voraussetzung für Haltbarkeit und Performance Ihrer Programme. "ABAP Best Practices" zeigt Ihnen für die täglich wiederkehrenden Aufgaben der SAP-Programmierung (Datenbankzugriffe, Dynpro-Programmierung, Dateizugriffe u.v.m.) exemplarische Lösungsbeispiele: nicht quick-and-dirty, sondern sauber programmiert. Das Buch eignet sich sowohl für Einsteiger als auch für "alte ABAP-Hasen", die einmal einem Kollegen über die Schulter schauen wollen.

Ausnahmebehandlung, Umgang mit der ABAP-Dateischnittstelle, XSLT, Object Services u. a.

Anleitungen zum Code Inspector, Coverage Analyzer und dynamischem Open SQL

Know-how direkt von den Entwicklern der SAP

432 S., 2005, 69,90 Euro
ISBN 3-89842-522-3

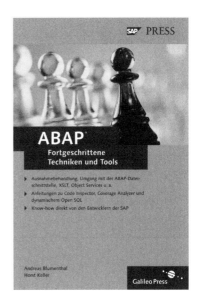

ABAP – Fortgeschrittene Techniken und Tools
www.sap-press.de

Andreas Blumenthal, Horst Keller

ABAP – Fortgeschrittene Techniken und Tools

Wer sollte besser über eine Programmiersprache schreiben können, als ihre Entwickler? Mit diesem Band erhalten Sie Einführungen in Spezialthemen der ABAP-Entwicklung, direkt aus den Werkstätten der SAP: Ob Tools wie der Code Inspector, neue Sprachkonzepte wie in der Ausnahmebehandlung oder dynamisches Programmieren: Kompetent und verständlich werden Sie an das jeweilige Thema herangeführt. Die Texte basieren auf Artikeln aus dem SAP Professional Journal, die für dieses Buch aktualisiert wurden.

>> www.sap-press.de/774

Vollständig überarbeitete und
erweiterte Neuauflage

Detaillierte Beschreibung
aller ABAP-Sprachelemente
bis Release 6.40

Offizielle, von SAP
autorisierte Referenz

1256 S., 2., aktualisierte und
erweiterte Auflage 2004, mit 3 CDs, 79,90 Euro
ISBN 3-89842-444-8

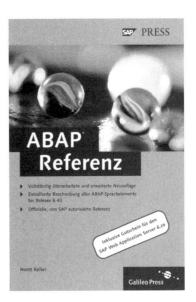

ABAP-Referenz

www.sap-press.de

Horst Keller

ABAP-Referenz

Diese Sprachreferenz bietet in der Neuauflage eine Beschreibung aller Anweisungen von ABAP und ABAP Objects, Release 6.40. Sie finden zu jedem Befehl Erläuterungen, Beispiele und einen Überblick über den Anwendungskontext. Jedem Thema ist eine Einführung in die zugehörigen Konzepte vorangestellt. Zahlreiche Themen sind neu beschrieben oder Sie finden sie, wie z.B. ABAP und XML und Shared Objects, zum ersten Mal in dieser Ausführlichkeit erläutert. Inklusive Gutschein für das Mini-SAP-System 6.20 als Testversion!

>> www.sap-press.de/679

Hat Ihnen dieses Buch gefallen?
Hat das Buch einen hohen Nutzwert?

Wir informieren Sie gern über alle
Neuerscheinungen von SAP PRESS.
Abonnieren Sie doch einfach unseren
monatlichen Newsletter:

www.sap-press.de